집밥도
내 집에서
먹어야 맛있다

HOUSING
SUBSCRIPTION
───

닥터빌리 지음

3기신도시 청약 당첨 프로젝트,
다음번 집밥은 내 집에서!

집밥도
내 집에서
먹어야 맛있다

좋은땅

HOUSING
SUBSCRIPTION

집밥도 내 집에서 먹어야 맛있다

3기신도시 청약 당첨 프로젝트, 다음번 집밥은 내 집에서!

이 책을 읽으시는 분들 중 80% 이상은 30대일 겁니다.
이 책을 읽으시는 분들 중 85% 이상은 분노와 좌절을 거쳐서 희망을 찾고 있는 분일 겁니다.
이 책을 읽으시는 분들 중 90% 이상은 원하는 바를 이루실 겁니다.
이 책을 읽으시는 분들 모두에게 모든 것을 드릴 것이기 때문이죠.

인생은 기본 틀이 있습니다.
그 기본 틀은 지키지 않아도 무방하지만 기본 틀을 지킨다면 적어도 중간은 가는 시대이기에 기본 틀을 잘 유지해 나가고 있습니다.
특히 대한민국은 그 기본 틀에서 잘 안 벗어나려고 많은 노력과 비용을 투입합니다.

그러나 최근 많은 사람들이 다른 사람의 잘못으로 인해 기본 틀을 못 지커서 울기도 하고 좌절도 많이 하고 있습니다.

좌절하는 집단은 30대에서 가장 많이 나타나고 있고요.

어떤 기본 틀을 못 지켰길래 30대는 이렇게 좌절을 하고 있는 것일까요?

우리는 태어나면 어린 시절은 보통 부모님과 지내다가 학교를 들어갑니다.

초중고를 다니고 이제는 대학교까지 기본 틀이 거의 돼 버렸죠.

그리고 남자는 군복무를 하고 전역과 졸업까지 마치면 취업을 하고 연애를 하고 결혼을 합니다.

결혼을 할 때는 보통 돈이 적은 상태로 시작하기 때문에 월세로 시작했다가 돈이 좀 모이면 전세로 들어갔다가 내 집 마련을 하죠.

그리고 여기서 멈추는 사람도 있지만 재테크에 관심이 있는 사람들은 더 좋은 지역에 있는 집으로 들어가기 위해 상당한 노력을 합니다.

그런데 몇 년 전부터 기본 틀이라고 생각했던 내 집 마련이 사실상 불가능에 가까워져서 금수저가 아닌 30대는 대부분 좌절을 하고 있죠.

왜 불가능하게 됐냐.

최근 5년간 두 배가 넘는 가격이 되었기 때문이죠.

그럼 모두에게 좌절이지, 왜 30대에게 좌절이냐.

이제 돈이 모일 시기이기도 하지만 그것보다는 제도 때문에 좌절을 했

—————— 집밥도 내 집에서 먹어야 맛있다

습니다.

  가격이 많이 올랐지만 지금이라도 집을 사려고 하니 대출 규제가 걸려 대출이 적게 나오거나 안 나옵니다.
  저렴하게 분양한다고 하는 아파트 청약엔 원래 추첨제가 있어 운이 좋으면 당첨이 될 수 있었으나 이제는 추첨이 없어 희망도 사라졌습니다.
  또한 재건축 규제로 인해 공급량 자체도 적어서 가점 높은 사람들은 줄어들 생각을 안 하고 당첨 가점은 매번 신기록을 세우고 있습니다.

  좌절을 안 하려야 안 할 수가 없는 상황에 시장이라도 좀 안정이 되면 그나마 마음이 놓일 텐데 실거래가는 매달 높아만지고 있죠.

  이런 상황에서 나온 3기신도시.
  물량이 많다고 하여 그중에 하나 정도는 내 집이 되리라는 희망을 갖고 있긴 하지만 방법을 잘 몰라 막연하실 겁니다.
  사전청약은 무슨 말인지, 특별공급은 뭐고 공공분양은 뭐고 심지어 소득기준과 자산기준이 있다?
  누가 한 방 정리를 해 줬으면 하는 마음이 절실할 겁니다.
  학원이 있으면 학원이라도 다니고 싶고 돈을 달라고 하면 돈이라도 주고 싶은 심정이겠죠.

  이런 마음을 누구보다 잘 알기에 마음을 담아 이 책을 폈으니 이 책을 읽을 때는 희망을, 책을 덮었을 때는 자신감이 여러분들에게 생기실 것이라 자신 있게 말씀드립니다.

01 → 기본 청약

HOUSING
SUBSCRIPTION

01

기본 청약

0. | 매매가 아닌
청약을 선택해야
하는 이유

우리가 집을 구하는 방법은 여러 가지가 있습니다.

부동산에서 거래하는 첫 번째 방법이 있고 경매로 낙찰 받는 두 번째 방법이 있고 상속 및 증여를 받는 세 번째 방법, 그리고 이 책에서 소개해 드리는 청약을 받는 네 번째 방법이 있죠.

첫 번째로 부동산에서 거래하는 방법은 가장 일반적이면서 가장 많은 거래가 이뤄지고 있는 방법입니다.

가장 간단한 방법이라 가장 많이 이용되고 있는 방법이긴 하나 시세를 다 주고 사야 되기 때문에 너무나도 폭등해 버린 2021년 대한민국의 아파트를 그냥 주고 사기엔 너무나도 큰 부담인 것은 사실입니다.

'만약 내가 샀는데 떨어지기라도 했다간 어떻게 되나?'라는 생각도 들고 무엇보다 그만큼의 돈을 마련하는 것 자체가 굉장히 힘듭니다.

그것도 통상 3개월 내라는 짧은 시간 안에 말이죠.

그래서 사람들이 많이 관심을 갖는 것이 바로 두 번째 방법인 경매입니다.

경매는 은행대출을 갚지 못하는 등의 문제가 생겨서 채권자 측, 즉 돈을 빌려준 사람이 강제로 집을 팔아 버리는 시스템이라고 보시면 됩니다.

그러다 보니 아무래도 일반 부동산 거래 시장과는 달리 급하고 사정이 있는 상태로 나와서 저렴하죠.

그러나 지금 같은 시기에는 집값이 워낙 많이 올라 차라리 5000만 원이나 1억 원을 깎아서 팔면 금방 팔리기 때문에 경매로 나오는 물건 자체가 별로 없습니다.

정말 특수한 경우만 나오고 그에 비해 대기하고 있는 수요는 어마어마하죠.

20억 원짜리 아파트를 싸게 사려고 경매를 하려 했더니 막상 낙찰된 금액을 보면 19억 5천만 원 같은 정말 크게 차이 나지도 않는 금액에 낙찰되곤 합니다.

그래서 요즘 경매는 '물건을 싸게 산다'라는 개념보다는 내가 원하는 아파트에서 원하는 호실이 있다, 그러면 그걸 그냥 '제 값 주고 산다'의 개념이 더 맞을 것 같네요.

그래서 이도 저도 못 한 사람들이 가끔 꿈을 꾸는 방법이 바로 세 번째 방법인 상속 및 증여입니다.

'우리 할아버지가 남겨 놓은 유산이 있었으면 좋겠다.'

'사실은 나한테는 교육목적상 숨겼지만 우리 아버지가 엄청난 자산가였으면 좋겠다.'

하는 정말 소설 속에서나 나올 법하고 상상할 때만 행복한, 상상이 끝나면 현자타임으로 오히려 더 우울한 방법이 이 세 번째 방법이죠.

이 세 번째 방법을 이미 갖고 있는 사람이었다면 아마도 이 책을 열어 보지 않았을 겁니다.

즉, 이 책을 보고 계신 바로 당신께서도 이 세 번째에 속할 확률은 극히 낮다고 보이네요.

속상한 소리 더 끌지 않고 바로 네 번째 방법으로 넘어가겠습니다.

첫 번째부터 세 번째까지 모든 방법이 다 부담스럽거나 불가능해서 요즘 대부분의 사람들이 택하고 있는 방법이 이 네 번째 방법입니다.

바로 아파트 청약인데요.

청약은 20억 원짜리 집을 무려 10억 원에 살 수 있는 방법이기 때문에 정말 많은 사람들이 군침을 흘리며 대기하고 있습니다.

절반밖에 안 하는 가격에 사면서 하자도 없고 경매에서 골머리를 앓는 명도 같은 복잡하고 귀찮은 일도 없습니다.

뿐만 아니라 청약시점 기준으로 대한민국 전체 아파트 중에 가장 신축 아파트이죠.

아파트마다, 가격마다, 민간이냐 공공이냐에 따라 다르지만 가장 최신 시스템을 도입하고 있고 현재 주변에서 바라보는 모든 아파트 중에 가장 세련됐습니다.

일부 전문가들은 간혹가다가 청약을 하지 말라는 사람들도 있으나 지금은 당첨만 시켜 주면 돈을 더 주고 산다는 사람들이 줄을 섰을 정도입니다.

아마도 이렇게 과열된 시장은 결국 부동산 가격에 영향을 미치기 때문에 선한 의도에서…겠죠?

하여튼 돈을 더 주고 산다는 사람들이 줄을 섰을 정도라는 것은 결국 지방이 아닌 수도권은 절대적으로 청약을 꼭 해야 하는 시장이라는 거죠.

게다가 청약의 장점 중 하나는 당장 돈이 없어도 됩니다.

이는 다음 장에서 자세히 설명드릴게요.

아무튼 이러한 정말 단점은 거의 없고 장점이 대부분인 이유 때문에 우리는 이 청약에 대비해야 합니다.

물론 청약이 불가능한 사람도 있습니다.

그런 분은 다른 방법으로 접근을 해야 하지만 이 책에서는 여러분들이 어떻게든 청약을 받을 수 있도록 도와드리겠습니다.

물론 도저히 안 되시는 분들도 계시겠지만, 되는데 안 된다고 판단해서 포기하는 경우다,

그러면 너무나도 아쉽겠죠?

1. | 돈이 부족해도 청약해라

앞의 장에서는 매매가 아닌 청약을 해야 하는 이유에 대해 설명을 드렸습니다.

정말 장점투성이인 이 청약에는 사람에 따라 단점이 될 수도 있지만 압도적인 숫자로 장점으로 느낄 만한 것이 있습니다.

곧바로 입주가 불가능하다는 점이죠.

나는 지금 당장 내 집이 생겨서 내 가족들과 걱정 안 하고 따뜻하게 세월을 보내고 싶은데 바로 입주가 안 되는 것이 무슨 장점이냐고요?

계약금만 걸어 놓고 2~3년간 '돈이 들어가지 않기 때문에' 대다수의 분들께는 정말로 큰 장점으로 다가옵니다.

쉽게 말해 5억 원짜리 집을 매매했다.

그러면 바로 5천만 원 계약금을 넣고 1개월 뒤 1억 원 정도 되는 중도금을 또 넣고 그로부터 2개월 뒤 나머지 3억 5천만 원을 넣게 됩니다.

물론 서울 기준으로 40%인 2억 원만큼을 대출받아서 잔금 때 은행 돈 2억 원과 자기자본 1억 5천만 원을 넣겠죠.

그런데 이게 분양으로 오게 되면 내용이 달라집니다.

5억 원짜리 집을 분양(청약)받았다.

그러면 바로 5천만 원 계약금을 넣고 1개월 뒤 5천만 원 정도 되는 2차 계약금을 또 넣고 중도금은 전부 대출을 받습니다.

즉, 1억 원만 넣게 되면 당장 들어가는 돈은 끝이 난다는 거죠.

그리고 한참 후인 3년 뒤 중도금 갚을 돈과 잔금으로 총 4억 원을 넣게 됩니다.

역시 2억 원을 대출받아서 2억 원은 은행 빚으로, 그리고 2억 원은 자기 자본을 넣을 것이고요.

돈 자체는 똑같이 들어가지만 매매는 3개월 만에 목돈이 필요하고 분양은 3년 만에 목돈이 필요한 엄청난 차이가 있습니다.

그럼 지금 직장생활을 하면서 당장 1억 원만 있는 사람은 '매매'라는 방식을 아예 고려하지 못하겠죠?

그러나 당장 1억 원만 있어도 3년 뒤 아끼면 충분히 저 돈을 마련할 수 있겠다 싶으면 청약은 얼마든지 도전할 수 있는 겁니다.

그렇기 때문에 웬만하면 돈이 부족해도 무조건 분양을 받으라고 권해 드리고 싶습니다.

그런데 내가 당장 1억 원을 모아 놨는데 도저히 3년 안에 2억 원이라는 돈을 추가로 모을 수가 없다 하시는 분들도 계실 겁니다.

이런 분들도 무조건 넣으세요.

엄청난 '비기'가 있습니다.

이 '비기'는 일단 자격요건이 다 되는지 그런 것부터 확인해 보고 알려

드리는 것이 순서일 것 같아 〈14. 돈이 없어도 분양받을 수 있다〉에서 공개하겠습니다.

자격요건이 되지도 않는 사람한테 이것부터 말씀드린다….

그럼 기껏 이번 주 로또 당첨번호를 알게 됐는데 정작 사려고 보니 마감 시간이라는 것과 똑같은 얘기인데 이럴 거면 차라리 몰랐던 게 정신건강에 더 좋겠죠?

그리하여 다른 것들을 체크해 본 후 공개를 하겠습니다.

사실 이 '비기'는 사람들이 많이 알 줄 알고 있었는데 실제로 이야기를 나눠 보면 대부분이 완전히 몰랐던 사실이고, '아! 그런 방법이 있었네요?'라고 하길래 개인적으로는 놀랐던 사실입니다.

다음 장부터 자격요건을 한번 알아보도록 할게요.

2. | 내가 자격이 되는지부터 파악하라

우리는 이제 왜 청약을 해야 하는지 청약이 어떠한 장점이 있는지를 알게 됐습니다.

그러나 막상 확인해 보니 자격이 안 된다.

그러면 무용지물인 방법이겠죠?

'압구정 현대아파트가 가격이 오를 거야!'라는 것을 알더라도 돈이 없으면 사지 못하는 것처럼 자격요건은 모든 경우에서 매우 중요한 1차 관문입니다.

저야 여러분들에게 책을 통해 방법을 알려 드리는 사람이니 인세라는 영리적 목적을 갖고 있고 청약자격요건이 되지 않는다고 하더라도 이를 이용하지만 여러분들은 본인에게 해당이 되지 않는 정보를 굳이 알고 있다면 정신적 스트레스뿐만 아니라 오히려 정보를 캐낸 그 시간만큼 손해를 본 셈이 되기 때문에 이 책을 본 것 자체가 낭비가 될 수 있습니다.

책을 구입한 비용도 낭비가 되겠죠.

그래서 자격부터 설명드리겠습니다.

우선 신도시에 분양을 하는 방식은 두 가지로 나뉘어 있습니다.

공공분양과 민간분양이죠.

3기신도시 역시 방식은 동일하게 공공분양과 민간분양으로 나뉘어 있고요.

그리고 여기서 집중을 하셔야 되는 포인트가 있습니다.

바로 공공분양과 민간분양은 서로 다른 분양인 만큼 자격요건이 다르다는 점입니다.

그래서 1차적으로 내가 공공분양과 민간분양 중에 어디에 더 유리한지를 파악해야 합니다.

어디에 유리한지는 4장과 5장에서 확인을 하시면 되고 우선 지금은 자격요건이 되는지만 짚어 보겠습니다.

공통적으로 필요한 자격요건은 다음과 같습니다.

· 무주택세대구성원
· 세대주(다자녀, 신혼부부 특별공급 제외)
· 과거 5년 내 주택당첨사실 없어야 함(세대원 전원)
· 수도권 기준 서울, 인천 또는 경기도 거주(주민등록등본 기준)

물론 무주택세대구성원이 아닌 '1주택자'도 될 수는 있습니다.

그러나 이 장에서는 가장 일반적인 내용을 말씀드리고 1주택자 분양은 〈6. 가점이 낮아도 걱정 마라〉에서 다시 설명드리겠습니다.

하여튼 위에서 언급드린 네 가지 중에 한 가지라도 해당되지 않는다면 안 되기 때문에 언제든지 변경할 수 있는 세대주 같은 사항은 미리 변경하시어 놓치는 일이 없으시길 바라겠습니다.

닥쳐서 하려고 하면 일을 그르치게 되니 이 책을 덮었을 때 충분히 해볼 만하다고 느끼신 분들은 세대주부터 바꿔 놓으세요.

간혹 준비는 다 됐는데 세대주변경을 안 해 놓으셔서 모집공고가 난 이후에 '이제 곧 계약 접수일자인데 신청이 되나요?' 같은 안타까운 질문들이 많거든요.

기본적인 조건은 말씀드렸고 그다음은 공공분양에서 필요한 자격요건을 설명드리겠습니다.

· 〈표1〉 자산요건(특별공급, 일반공급 60㎡ 이상) 충족
· 〈표2〉 소득요건(특별공급, 일반공급 60㎡ 이상) 충족
· 청약통장 가입(청약저축, 주택청약종합저축)
· 청약통장가입기간 일정 이상 충족(특별공급 6~24개월, 일반공급 24개월)
· 입주 시까지 무주택 유지

구분	자산보유기준	자산보유기준 세부내역
부동산 (건물+토지)	215,500천원 이하	• 건축물가액은 해당 세대가 소유하고 있는 모든 건축물을 대상으로 하며, 없는 경우 지자체장이 결정한 시가표준액 적용 (아래 표 참조) • 토지가액은 지목에 상관없이 해당 세대가 소유하고 있는 모든 토지의 공시가격(표준지/개별공시지가)에 면적을 곱한 금액. 단, 아래 경우는 제외 - 「농지법」제2조제1호에 따른 농지로서 같은 법 제49조에 따라 관할 시·구·읍·면의 장이 관리하는 농지원부에 같은 농업인이 소유한 농지로 등재된 경우 - 「초지법」제2조제1호에 따른 초지로서 소유자가 「축산법」제22조에 따른 축산업 허가를 받은 사람이며 축산업 허가증의 사업장 소재지와 동일한 주소인 경우 - 공부상 도로, 구거, 하천 등 공공용지로 사용되고 있는 경우 - 종중소유 토지(건축물 포함) 또는 문화재가 건립된 토지 등 해당 부동산의 사용, 처분 등이 금지되거나 현저히 제한을 받는 경우로서 입주(예정)자가 구체적인 사실관계를 입증하는 경우 • 건축물가액에 토지가액이 포함되지 않는 비주거용 건축물(상가, 오피스텔 등)의 부속토지도 토지가액에 포함됨(개별공시지가 기준)
자동차	34,960천원 이하	• 보건복지부장관이 정하는 차량기준가액(차량기준가액이 없는 경우 자동차 등록당시 과세표준액의 취득가액을 기준으로 최초등록일 또는 이전등록일부터 경과년수에 따라 매년 10%를 감가상각하여 산출한 금액으로 함. 단, 자동차는 「자동차관리법」시행규칙 제2조에서 정한 비영업용 승용자동차에 한하며, 해당 세대가 2대 이상의 자동차를 소유한 경우는 각각의 자동차가액 중 높은 자동차가액을 기준으로 하며 아래의 경우를 제외함 - 「장애인복지법」제39조에 따른 장애인사용 자동차와 「국가유공자 등 예우 및 지원에 관한 법률」에 따른 국가유공자로서 상이등급 1급 내지 7급에 해당하는 자의 보철용 차량으로 • 「대기환경보전법」제58조제3항에 따른 국가나 지방자치단체의 보조를 받고 구입한 저공해자동차의 경우 자동차가액에서 정부와 지방자치단체의 보조금을 제외한 금액으로 함

건축물 종류별 시가표준액

건축물 종류		지방세정 시가표준액
주택	공동주택(아파트, 연립, 다세대)	공동주택가격(국토교통부)
주택	단독주택	표준주택가격(국토교통부) 또는 개별주택가격(시·군·구청장)
건물		지방자치단체장이 결정한 가액
시설물		지방자치단체장이 결정한 가액

〈표2〉 소득요건

공급유형		구 분	3인	4인	5인	6인	7인	8인
일반공급(전용면적60㎡이하)		도시근로자 가구당 월평균소득의 100%	6,030,160	7,094,205	7,094,205	7,393,647	7,778,023	8,162,399
다자녀가구		도시근로자 가구당 월평균소득의 120%	7,236,192	8,513,046	8,513,046	8,872,376	9,333,628	9,794,879
노부모부양		도시근로자 가구당 월평균소득의 120%	7,236,192	8,513,046	8,513,046	8,872,376	9,333,628	9,794,879
생애최초	우선공급(70%)	도시근로자 가구당 월평균소득의 100%	6,030,160	7,094,205	7,094,205	7,393,647	7,778,023	8,162,399
생애최초	잔여공급(30%)	도시근로자 가구당 월평균소득의 130%	7,839,208	9,222,467	9,222,467	9,611,741	10,111,430	10,611,119
신혼부부	우선공급(70%) 배우자소득 無	도시근로자 가구당 월평균소득의 100%	6,030,160	7,094,205	7,094,205	7,393,647	7,778,023	8,162,399
신혼부부	우선공급(70%) 배우자소득 有	도시근로자 가구당 월평균소득의 120%	7,236,192	8,513,046	8,513,046	8,872,376	9,333,628	9,794,879
신혼부부	잔여공급(30%) 배우자소득 無	도시근로자 가구당 월평균소득의 130%	7,839,208	9,222,467	9,222,467	9,611,741	10,111,430	10,611,119
신혼부부	잔여공급(30%) 배우자소득 有	도시근로자 가구당 월평균소득의 140%	8,442,224	9,931,887	9,931,887	10,351,106	10,889,232	11,427,359

※ 4인과 5인은 동일하다.

그다음은 민간분양에서 필요한 자격요건을 설명드리겠습니다.

· 〈표3〉 지역 및 면적별 예치금 충족
· 청약통장 가입(청약예금, 청약부금, 주택청약종합저축)

〈표3〉 지역 및 면적별 예치금

구 분	서울특별시	인천광역시	경기도
전용면적 85㎡ 이하	300만 원	250만 원	200만 원
전용면적 102㎡ 이하	600만 원	400만 원	300만 원
전용면적 135㎡ 이하	1000만 원	700만 원	400만 원
모든 면적	1500만 원	1000만 원	500만 원

가장 대략적인 자격요건을 적어 놓은 것이고 세부적으로 들어가면 위 내용 이외에도 추가적으로 필요한 자격요건이 있습니다.

그리고 그 자세한 내용은 다음 장부터 설명이 들어가겠지만 일단 위의 사항에 충족이 안 된다면, 앞으로도 안 될 것이라면 가능성이 아예 없습니다.

위 내용에 포함되기만 하면 정말 극히 희박한 확률로 당첨이 될 수도 있으나 포함이 안 된다면 특별한 방법이 아니라면 아예 자격요건이 없는 것이기 때문에 말 그대로 불가능합니다.

다만 방금 말씀드린 것처럼 위의 모든 조건이 안 된다 하더라도 특별한 방법으로 3기신도시에 들어갈 수 있는 법을 이 책에서 소개해 드릴 것이기 때문에 끝까지 보시면 분명 많은 도움이 되시리라 생각이 듭니다.

물론 그 방법도 정말 극히 희박한 확률이긴 하나, 개중에 누군가는 당첨이 되니 어차피 다른 방법이 없는 분이라면 모든 것을 자신의 운에 맡기시는 것도 나쁘지 않은 선택일 것 같네요.

3. | 3기신도시, 가점이 10점이어도 당첨될 수 있다

　　자격요건이 되는지 2장에서 확인을 하고 3장으로 넘어왔더니 갑자기 분위기 가점 10점으로 당첨?

　3장의 제목을 보고 '아무리 희망을 준다고 하지만 거짓말 아닌가?' 하는 의구심이 드시는 분들이 계실 것이고 '아, 3기신도시는 추첨으로 하는 것인가?' 하는 생각을 하시는 분들이 계실 겁니다.

　지금부터 제 이야기를 들으신다면 무슨 이야기인지 납득이 되실 겁니다.

　위에서 분양방식은 공공분양과 민간분양 두 가지로 나뉘어 있다는 것을 설명드렸습니다.

　하나만 외우기에도 벅찬데 심지어 두 가지로 나뉘어 있다?

　생각보다 어렵지 않으니 천천히 읽으시면서 내려가면 충분히 외우실 수 있을 겁니다.

　공공분양은 딱 들어도 상대적으로 더 저소득층에게 주려고 하는 '분배'의 성격이 강한 분양이고 민간분양은 수익을 최대한 극대화하기 위한, 즉 분배보단 '수익'의 성격이 강한 분양이죠.

즉, 공공분양은 수익창출보다는 저렴한 가격으로 최대한 많은 사람들에게 공급하는 것을 목표로 하기에 퀄리티는 아무래도 떨어지지만 상대적 저소득층에게 저렴하게 공급하고 민간분양은 최대한 퀄리티를 좋게 해서 수익창출을 극대화시키기 위해 비싸게 공급하는 것을 목표로 분양을 하죠.

그러나 이제 민간분양도 분양가상한제라는 것이 걸려서 공공분양이랑 특별히 다를 것 없이 마지노선으로 정해진 가격 수준으로 짓기 때문에 앞으로 분양하는 현장들은 딱히 공공이라고 해서 빠지거나 민간이라고 해서 퀄리티가 특별히 좋다거나 하는 경우는 적을 겁니다.

민간분양에서 낼 수 있는 극대화된 퀄리티는 보기가 힘들 것이며 또한 공공분양도 날림으로 짓는다는 비판이 많아서 꽤나 공을 들이고 있으니 둘의 차이가 점점 좁혀지고 있죠.

심지어 공공분양을 1군 건설사에서 짓기도 하는데 이런 경우 외형적인 차이는 사실 전혀 없다고 봐도 무방합니다.

그러나 외형적 차이는 점점 좁혀지는 것과 다르게 이 둘의 분양방식 차이는 아주 명확하게 나뉘어 있습니다.

그 차이는 보기 좋게 표로 정리를 해 놨습니다.

구 분	공공분양	민간분양
당첨방식	납입금순	가점순, 추첨
점수 산정방식	매월 최대 10만 원씩 인정	통장가입기간, 부양가족, 무주택기간
일반공급 비율	15%	100%도 가능
자격요건	무주택 일반공급: 면적에 따른 소득, 자산 기준 특별공급: 면적에 관계없이 소득, 자산 기준	지역에 따라 일정 주택 수 이하 일반공급: 없음 특별공급: 공급방식에 따라 소득 기준
신청조건	특별한 조건 없음	예치금 충족
면적	85㎡ 이하	제한 없음
청약통장	청약저축, 주택청약종합저축	청약부금, 청약예금, 주택청약종합저축

위의 표를 정독하셨으면 아시겠지만 공공분양은 가점이랑 전혀 상관이 없습니다.

즉, 제목에서 언급했듯이 가점이 낮아도 얼마든지 당첨이 될 수가 있는 거죠.

가점이랑 전혀 상관이 없는 분양이기 때문에요.

물론 가점이 10점밖에 안 될 정도로 가입한 지 얼마 되지 않았다면 대부분은 납입금액을 넣을 물리적 시간이 부족하기 때문에 당첨이 안 되겠지만 뇌리에 박혔으면 하는 마음에 조금은 자극적으로 제목을 적어 놨으니 이 부분은 양해를 바라겠습니다.

(물론 정말로 가점이 10점인데 납입금은 높은 경우도 있습니다.)

위와 같은 차이점을 보이는 공공분양과 민간분양.
공공분양부터 차근차근 설명드리겠습니다.

4. 공공분양으로 3기신도시 들어가기 (일반분양)

    3기신도시에 공공분양의 비율이 얼마나 될지는 아직 아무도 알 수가 없습니다.

  다만 우리는 기존에 있는 다른 신도시가 어땠는지 그 과거를 통해 유추를 해 볼 수는 있겠죠.

  1기신도시는 너무 먼 미래이기에 2기신도시와 보금자리지구를 기준으로 보겠습니다.

구분	위례		광교		미사		다산진건	
	세대수	비율	세대수	비율	세대수	비율	세대수	비율
공공 분양	9,706	22%	4,528	15%	11,888	29%	5,864	32%
임대	13,497	31%	10,043	32%	18,749	46%	6,532	36%
민간 분양	19,733	46%	16,268	53%	10,056	25%	5,705	32%
특수 (신희타)	508	1%	-	-	-	-	-	-
합계	43,444	100%	30,839	100%	40,693	100%	18,101	100%

2020년 10월자로 가장 최근을 반영하였으나 과거의 자료도 많이 참고하여 조금의 오차는 있을 수 있습니다.

또한 분양아파트 속에 포함돼 있는 임대아파트는 포함되지 않아 실제 수치보다 임대의 수치는 낮게, 분양의 수치는 높게 잡혔으니 이 점도 참고하시기 바랍니다.

위례, 광교, 미사, 다산진건지구를 기준으로 비율 비교를 해 봤는데 위례신도시와 광교신도시는 2기신도시로 공공분양의 비율이 적으며 미사강변도시와 다산진건지구는 보금자리주택지구로 공공분양과 민간분양의 비율이 비슷합니다.

모든 계획도시를 조사할 수는 없지만 대표로 뽑은 표본에서는 이렇게 나왔는데 이 결과로 봤을 때는 3기신도시도 공공분양이 적을 것 같습니다.

아직 지구단위계획이 나오지 않아서 3기신도시가 정확히 얼마나 공공분양의 비율을 가질지는 모르겠습니다.

2021년 4월 21일 사전청약에 대해 정확히 세대수를 발표하기 전만 하더라도 시장에 공급시그널을 주기 위해 공공분양은 최대한 많은 물량을 사전청약으로 뺄 줄 알았으나 막상 발표가 된 세대수를 보면 세대수가 그리 많지 않습니다.

교산신도시는 최초 3만 2천 세대에서 용적률 상향으로 2천 세대 더하여 총 3만 4천 세대가 입주할 예정인데 이 중에서 1천 세대가 사전청약을 한다고 하고 이를 비율로 봤을 때 약 3% 정도입니다.

그러다 보니 현재 상황으로 봤을 때 몇 세대나 공공분양으로 나올지 알 수는 없네요.

비율은 이 정도까지만 알아보고 지금부터는 본론으로 들어가서 공공분양을 받기 위해 어떤 전략을 짜야 하는지, 그리고 현재 상태로 어느 정도의 상태여야 현실적으로 분양을 받을 수 있는지 알아보겠습니다.

우선 3장에서 언급한 것처럼 사실 공공분양의 일반분양은 굉장히 단순합니다.

납입금액이 그냥 높기만 하면 당첨이 되는 시스템이죠.

일반공급의 비중은 전체 공급량의 15%로 1,000세대로 이뤄진 아파트라면 150세대가 분양을 합니다.

전용면적 60㎡ 이하의 경우에서는 소득요건과 자산요건을 따지며 전용면적 60㎡를 초과하는 경우 별도로 소득요건과 자산요건을 보지 않기에 경쟁이 더 치열합니다.

소득요건과 자산요건은 2장 22페이지에서 확인하시기 바라며 매년 기준이 바뀌기 때문에 이번 년도에 당첨되지 않은 경우 모니터링을 하셔야 합니다.

또한 공공분양이기 때문에 돈이 많은 대형 평수 입주가 가능한 사람들을 대상으로 하지 않아 무조건 84㎡ 이하로만 공급이 되고 세대수를 늘리기 위해 60㎡ 이하로만 공급하는 경우도 많습니다.

통장은 2009년부터 만들 수 있던 주택청약종합저축통장이나 청약저축통장을 보유하고 있어야 청약 접수가 가능하고요.

마지막으로 공공분양도 순위가 있습니다.

1순위와 2순위가 있는데 사실상 1순위가 아니면 당첨이 불가능하다고 볼 수 있죠.

순위별 자격요건은 다음과 같습니다.

순위	순위별 자격요건
1순위	- 청약저축 또는 주택청약종합저축에 가입하여 2년이 경과되고 매월 약정납입일에 월납입금을 24회 이상 납입하였을 것. - 세대주일 것. - 무주택세대구성원으로서 과거 5년 이내 무주택세대구성원 전원이 다른 주택의 당첨자가 되지 아니하였을 것.
2순위	- 1순위에 해당되지 아니하는 분으로, 청약저축 또는 주택청약종합저축에 가입한 분에 한함.

1순위만 유지한다고 해서 되는 것은 아니고 1순위 안에서도 우선순위가 나뉩니다.

3년 이상 무주택을 유지해야 그 안에서도 우선순위를 갖는데 공식적인 표에 이 내용이 적혀 있지 않다 보니 놓치시는 분들이 많습니다.

3년 이상 무주택 유지를 꼭 잊지 마시기 바랍니다.

당첨커트라인도 한번 살펴보겠습니다.

통상 당첨커트라인은 납입금 2000만 원~2400만 원 정도 되며 최근 가장 납입금이 높았던 아파트는 위례신도시에 있는 A1-5블록 아파트로 84㎡가 무려 3130만 원에 당첨이 됐습니다.

사실 그동안 2000만 원대 중반이면 그래도 안정권으로 쳤었는데 이제는 그 누구도 안심할 수가 없는 상황이라는 것을 보여 준 사례입니다.

3000만 원대의 통장이 커트라인에 걸렸다는 사실만으로도 만점이 없는 분양방식이다 보니 기존에 비교적 높은 납입금을 가지고 있다고 생각하시던 분들도 다들 불안해하고 있죠.

마지막으로 최근 서울에 분양했던 공공분양의 당첨커트라인을 비교해 보면서 이 장을 마무리하겠습니다.

고덕강일 4단지(2019. 8. 20.)

주택형	일반	
	해당	수도권
49㎡	1440만 원	1460만 원
59㎡	1960만 원	1960만 원

마곡지구 9단지(2020. 2. 26.)

주택형	일반	
	해당	수도권
59㎡	2230만 원	1900만 원
84㎡A	2260만 원	1960만 원
84㎡B	2090만 원	1940만 원

고덕강일 8단지(2020. 6. 2.)

주택형	일반	
	해당	수도권
49㎡	1840만 원	1764만 원
59㎡	2180만 원	2112만 원

고덕강일 14단지(2020. 6. 2.)

주택형	일반	
	해당	수도권
49㎡	1860만 원	1770만 원
59㎡	2190만 원	2160만 원

집 밥 도 내 집 에 서 먹 어 야 맛 있 다

위례신도시 A1-12블록(2020. 11. 19.)

주택형	일반	
	해당	수도권
64㎡	2290만 원	2240만 원
74㎡	2280만 원	2260만 원
84㎡	2340만 원	2300만 원

위례신도시 A1-5블록(2020. 11. 19.)

주택형	일반	
	해당	수도권
66㎡	2466만 원	2328만 원
70㎡	2348만 원	2340만 원
75㎡	2310만 원	2290만 원
80㎡	2370만 원	2300만 원
84㎡	3130만 원	2980만 원

앞 여섯 아파트의 당첨커트라인을 표로 정리해서 작성했는데 충격적이고 안타까운 이야기를 마지막으로 붙이자면 앞의 여섯 개 현장은 제가 표본으로 뽑은 현장이 아닙니다.

고덕강일 4단지를 시작으로 2년 동안 서울에 단 여섯 개의 공공분양만 진행이 된 것이죠.

정말 분양현장이 없다는 것을 알 수 있는 대목인데 아래의 표는 2021년 8월에 찍은 SH공사 홈페이지의 스크린 샷입니다.

구분	단지명	사업유형	계	분양세대수 (전용면적별)									공급시기(예정)
				49㎡	59㎡	64㎡	66㎡	70㎡	74㎡	75㎡	80㎡	84㎡	
신규	마곡지구 9단지	도시개발	962	-	433	-	-	-	-	-	-	529	2020년 2월
신규	고덕강일지구 8단지	공공주택	526	242	284	-	-	-	-	-	-	-	2020년 6월
신규	고덕강일지구 14단지	공공주택	411	206	205	-	-	-	-	-	-	-	2020년 6월
신규	위례지구 A1-5	택지개발	1,282	-	-	-	183	148	-	223	332	396	2020년 11월
신규	위례지구 A1-12	택지개발	394	-	-	84	-	-	154	-	-	156	2020년 11월
	2020년 합계		3,575	448	922	84	183	148	154	223	332	1,081	

1년이 넘었는데 전혀 새로운 현장이 없다 보니 아직도 '2020년 7월 현재'로 돼 있는 모습입니다. 새롭게 업데이트 할 내용이 없다 보니 무심하게 방치가 되고 있는 것이죠.

그만큼 현재 공공분양은 굉장히 귀한 상태이며 사람들이 3기신도시에 목이 말라 있는 이유도 바로 이런 이유입니다.

물론 이런 문제를 SH공사나 국토부에 건의를 했을 때 그들의 답은 땅이 없다고 할 것입니다.

그리고 지금 그린벨트를 풀지 않는 이상 땅이 없는 것도 사실이고요.

그러나 문제는 공공분양만 없는 것이 아니라 다음 장에 소개를 해 드릴 민간분양도 사실 굉장히 적습니다.

공공분양도, 민간분양도 많이 늘려 가려고 하고는 있으나 현재로서 우리가 공급이 너무나도 부족하다고 느끼는 요인은 바로 이런 현상 때문이었던 거죠.

그렇기에 우리는 이번에 오는 기회를 무조건 확실하게 잡아야 하는 것이고 이런 심각한 상황이라는 것을 아는 독자 여러분들께서 이 책을 집으신 거겠죠?

5. 민간분양으로
3기신도시
들어가기

가점은 높은데 납입금액이 낮은 분들이 계실 거고 그분들이 이번 장을 집중해서 보실 겁니다.

불행인지 다행인지 민간분양으로 3기신도시에 들어가는 것은 공공분양과는 달리 당장 발등에 불이 떨어진 것은 아닙니다.

분양을 늦게 하기 때문에 그만큼 시간적 여유는 있으나 반대로 그만큼 오랜 기간을 기다려야 하는 것이고 또한 시간이 많은 만큼 많은 사람들이 쌓여서 경쟁률은 더 치열해질 겁니다.

그 점을 우선 염두에 두시고 보시는 것이 좋을 것 같네요.

민간분양은 공공분양 사전청약이 다 끝나고 본청약이 시작한 이후에 진행이 됩니다.

신도시마다 진행상황이 다르기 때문에 정확하게 예측하기는 어려우나 아무리 빨라도 2024년~2025년에 진행할 것으로 보이죠.

우선 이에 대해선 잠시 후에 알아보고 민간분양을 받기 위해선 어떻게 어떤 절차로 청약을 하는지 알아보겠습니다.

우선 민간분양은 가점 및 추첨으로 당첨자를 추립니다.

주제 자체가 3기신도시가 기준이며 꼭 3기신도시뿐만 아니라도 대부분의 수도권은 현재 투기과열지구 또는 청약과열지역으로 묶여 있습니다.

이곳에서는 85㎡ 이하의 경우 100%가점으로 진행하게 됩니다.

그리고 85㎡를 초과하는 경우 50%는 가점제, 그리고 50%는 추첨제로 진행하고요.

단 이 추첨제 50% 중에서도 75%는 무주택자만 당첨이 되며 나머지 25%는 유주택자에게도 기회를 주지만 이 중에서도 1주택을 포기하겠다는 자에게 더 우선순위를 주기 때문에 사실상 유주택자는 당첨이 불가능하다고 보시면 됩니다.

그런데 무주택자여도 85㎡를 초과하는 경우 가점이 낮아도 무주택자이기만 하면 운이 좋기만 해도 당첨이 되는 시스템이어서 경쟁률이 굉장히 치열합니다.

그래서 무주택자여도 어려운건 마찬가지죠.

2020년 11월에 과천 지식정보타운에는 민간분양 세 현장이 동시에 진행했습니다.

과천 푸르지오 오르투스, 과천 푸르지오 어울림 라비엔오, 과천 르센토 데시앙 세 현장이죠.

이 세 현장의 추첨 경쟁률은 각각 534.9:1, 415.7:1, 470.2:1이었습니다.

아래는 당시 기사입니다.

과천 '지식정보타운 3총사' 청약 경쟁률 평균 458대 1

과천 지식정보타운 청약 경쟁률

위치	단지명	일반공급 (가구)	1순위 청약자 (명)	평균 경쟁률 (대1)
S1블록	푸르지오 오르투스	192	10만2693	534.9
S4블록	푸르지오 어울림 라비엔오	458	19만409	415.7
S5블록	르센토 데시앙	394	18만5288	470.2

※해당지역, 기타지역 포함 　　　　　　　　　　　　　　　자료: 청약홈

1순위 47만8390명 몰려
S1블록, 535대 1로 '최고'

인근 시세 대비 절반 수준의 분양가로 주목받았던 경기 과천시 과천지식정보타운 3개 단지 아파트의 1순위 청약 경쟁률이 평균 458.2 대 1을 기록했다. 총 1044가구 모집에 47만8390명이 신청했다.

3일 한국감정원 청약홈에 따르면 이날 1순위 청약을 받은 과천지식정보타운 3개 단지의 단지별 평균 청약 경쟁률은 각각 △S1블록 534.9 대 1 △S4블록 415.7 대 1 △S5블록 470.2 대 1로 집계됐다. 해당지역과 기타지역 청약자 수를 모두 포함한 값이다.

'푸르지오 오르투스'로 이름 지어진 S1블록은 192가구 모집에 10만2693명이 청약했다. 일반공급 물량이 비교적 더 많았던 S4블록(푸르지오 어울림 라비엔오·458가구 모집), S5블록(르센토 데시앙·394가구 모집)에도 각각 19만409명, 18만5288명이 몰렸다. 주택형별 최고 경쟁률은 S1블록 전용 84㎡A에서 나온

1169.3 대 1이었다. 41가구를 모집했는데 4만7940명이 청약했다.

시장에서는 청약 열기가 뜨거울 것으로 예상했다. 서울 강남과 가까운 과천에서 공급되는 데다 3.3㎡당 평균 분양가가 모두 2400만원 선으로 인근 시세 대비 절반 수준이기 때문이다. 과천 시민뿐 아니라 서울, 인천 등 수도권 거주자라면 누구나 청약 자격이 주어졌다. 청약은 같은 날 진행하지만 당첨자 발표일이 모두 달라 한 사람이 3개 단지에 중복 청약할 수 있다는 점도 경쟁률을 높였다. S4블록과 S5블록은 전용 85㎡를 넘는 추첨제 물량이 각각 291가구, 250가구 나와 가점이 부족한 예비 청약자에게도 기회가 있었다.

과천지식정보타운 S1블록은 지상 29층, 4개 동, 435가구(전용 74~84㎡)로 조성된다. S4블록은 지상 35층, 7개 동, 679가구(전용 84~120㎡), S5블록은 지상 28층, 6개 동, 584가구(전용 84~107㎡) 규모다. 입주는 S4블록이 내년 12월로 가장 빠르다. S5블록은 2023년 4월, S1블록은 2023년 6월 집들이를 한다.

정연일 기자 neil@hankyung.com

가장 경쟁률이 낮은 것도 400:1이 넘어가는데 이를 확률로 계산하면 0.19%~0.24%입니다.

그래서 민영아파트를 '추첨으로 어떻게든 당첨이 될 거다!'라는 계획을 세우신 분들은 그냥 하루라도 빨리 아파트를 매수하시거나 다른 방법을 쓰시는 게 낫죠.

현장 400개가 있어도 당첨이 안 될 수 있는 확률이기에 여기에 모든 것을 거는 것은 정말 의미가 없다고 볼 수 있기 때문입니다.

자 그럼 추첨은 이렇게 알아봤고 다음은 85㎡ 이하에서 100%로 진행하는 방식인 가점에 대해서 알아보겠습니다.

가점의 구성은 다음의 표와 같이 구성돼 있습니다.

가점항목	가점상한	가점구분	점수	가점구분	점수
무주택기간	32	30세 미만	0	9년 미만	18
		1년 미만	2	10년 미만	20
		2년 미만	4	11년 미만	22
		3년 미만	6	12년 미만	24
		4년 미만	8	13년 미만	26
		5년 미만	10	14년 미만	28
		6년 미만	12	15년 미만	30
		7년 미만	14	15년 이상	32
		8년 미만	16		
부양가족 수	35	0명	5	4명	25
		1명	10	5명	30
		2명	15	6명 이상	35
		3명	20		
입주자 저축 가입기간	17	6월 미만	1	9년 미만	10
		1년 미만	2	10년 미만	11
		2년 미만	3	11년 미만	12
		3년 미만	4	12년 미만	13
		4년 미만	5	13년 미만	14
		5년 미만	6	14년 미만	15
		6년 미만	7	15년 미만	16
		7년 미만	8	15년 이상	17
		8년 미만	9		
총 점	84				

여기서 주목을 해야 하는 점은 무주택기간입니다.

결혼을 일찍 한 사람이 아니라면 만 30세 이상이 돼야 무주택기간 점수가 쌓이는데 이를 모르고 낭패를 보는 경우가 더러 있습니다.

20살에 가입해서 이제 30살이 된 사람이 본인은 통장을 가입하고 10년이 지났고 그동안 무주택자였기 때문에 무주택기간 점수를 22점으로 생각하시는 분들이 계시다는 건데 방금의 사례의 경우 아쉽게도 아직 무주택기간 점수는 0점입니다.

단, 만 30살 이전에 결혼을 한 경우 그때부터 무주택기간이 산정이 됩니다.

이후에 이혼을 해도 마찬가지이고요.

이를 이해하기 쉽게 표로 보여 드리자면 다음과 같습니다.

*무주택자(본인 및 세대 전원이 무주택인 자)의 무주택기간 판단사례

과거 주택소유여부	30세 이전 결혼여부	무주택기간	
(신청자 본인 및 배우자가) 주택을 소유(분양권등 포함)한 적이 없는 분	(신청자 본인이) 만30세 이전에 결혼하지 않은 분		(신청자 본인이) 만30세가 된 날 ~ 입주자 모집 공고일
	(신청자 본인이) 만30세 이전에 결혼한 분		혼인신고일 ~ 입주자모집공고일
(신청자 본인 및 배우자가) 주택을 소유(분양권등 포함)한 적이 있는 분	(신청자 본인이) 만30세 이전에 결혼하지 않은 분		(신청자 본인이) 만30세가 된 날과 (본인 및 배우자가) 무주택자가 된 날 중 늦은 날 ~ 입주자모집공고일
	(신청자 본인이) 만30세 이전에 결혼한 분		혼인신고일과 (본인 및 배우자가) 무주택자가 된 날 중 늦은 날 ~ 입주자모집공고일

출처 : 청약홈

이렇게가 가장 기본원칙이고 이 외에 무수히 많은 사례들이 있을 텐데 '나는 어떻게 산정되지?'라고 궁금해하시는 분들 분명히 많을 거라 생각합니다.

———— 집밥도 내 집에서 먹어야 맛있다

이번 장에서는 이 정도 원칙적인 것만 보고 넘어가고 가장 대표적인 질문은 〈21. 자주 묻는 질문〉에서 다루도록 하겠습니다.

그다음 부양가족 점수가 있습니다.

기본적으로 아무 부양가족이 없어도 5점은 주고 가기 때문에 통장가입과 동시에 5점을 얻을 수 있는데, 이는 나 자신을 부양하기 때문에 굳이 주는 점수 같기는 합니다.

그런데 사실 이 점수는 나만 주는 것이 아니라 모든 사람에게 동일하게 주는 점수이기 때문에 사실 5점을 줬다고 계산하기는 좀 민망하죠.

일반적인 4인 가족의 경우 부양가족이 3명이기 때문에 20점이 생깁니다.

한 명, 한 명이 5점이라는 큰 점수이기 때문에 부양가족이 많다면 청약에서 절대적으로 유리하며 자녀를 정말 많이 낳는 사람이 아니라면 사실상 3대가 함께 살고 있어도 만점받기가 참 어려운 게 바로 이 점수이기도 합니다.

그래서 보통은 79점 정도를 만점으로 치는데 2020년 5월 흑석3구역에서 만점짜리 통장이 나와서 모두를 놀라게 했던 사건이 있었습니다.

점점 높아지는 '청약의 벽'
흑석분양 84점 만점 통장도

현금부담 큰 강남보다는
서울전역 '알짜' 찾기 열기↑
가점 60점 넘어야 당첨권

올해 서울 분양단지 경쟁률과 당첨가점

구분	청약경쟁률	최저	최고
호반써밋목동	128.1대1	61	78
르엘신반포	124.8대1	62	74
흑석리버파크자이	95.9대1	59	84
우장산숲아이파크	66.2대1	56	72

※ 자료=청약홈

올해 서울에서 최다 청약통장을 모은 동작구 흑석동 '흑석리버파크자이'에서 청약가점 만점(84점)자가 등장했다. 서울 안에서는 강남·비강남 상관없이 청약경쟁률과 당첨가점이 엇비슷해졌다. 서울 전역이 강남권 수준으로 청약 열기가 뜨거워진 셈이다. 28일 한국감정원 청약홈에 따르면 이날 당첨자를 발표한 흑석리버파크자이의 전용면적 59.98㎡ 당첨자 최고 가점은 84점이다. 이 주택형 최저 가점은 70점이며, 평균은 74.6점이다.

서울에서 청약가점 만점자가 등장한 것은 2018년 12월 은평구 'DMC SK뷰(수색9구역 재개발)' 분양 이후 처음이다. 전국 단위로는 지난 2월 경기 수원 '매교역 푸르지오SK뷰'에서 만점자가 나왔다. 청약가점 만점은 무주택 기간 15년 이상(32점), 부양가족 6명 이상(35점), 청약통장 가입 기간 15년 이상(17점) 이어야 나올 수 있는 점수다.

이 단지의 최저 가점은 59점으로 사실상 60점이 넘어야 당첨이 가능했다. 최저 가점은 전용면적 84.96㎡에서 나왔다. 이는 강남권 분양 단지와 비슷한 수준이다. 지난 3월 서초구 잠원동에서 분양한 '르엘신반포'의 최저 가점은 62점, 최고 가점은 74점이었다. 지난 1월 강남구 개포동에서 분양한 '개포프레지던스자이'는 최저 56점, 최고 79점이었다.

서울 전역 청약 열기가 엇비슷해진 이유는 강남권 분양 아파트가 시세차익은 크지만 현금 부담이 더 크기 때문이다. 최근 강남권 분양 아파트는 대부분 분양가가 9억원이 넘어 중도금 대출이 안됐다. 반면 '흑석리버파크자이'의 전용 59㎡ 타입은 분양가 6억~7억원대로 중도금 대출이 가능하다. 청약가점뿐 아니라 자금력에 따라 청약 가능한 아파트가 정해지는 셈이다.

흑석리버파크자이는 지하 5층~지상 20층 전용면적 39~120㎡ 총 1772가구 규모다. 입주는 2023년 2월 예정이다. 장재현 리얼투데이 본부장은 "오는 8월부터 수도권과 지방 광역시에서 분양권 전매가 금지되면서 앞으로 서울 청약 시장에 관심이 더욱 집중될 것"이라고 말했다.　박윤예 기자

　　　　집 밥 도 　내 　집 에 서 　먹 어 야 　맛 있 다

부양가족을 6명 이상 모시고 살면서 무주택으로 15년 이상 살았다는 것인데 사실 굉장히 어려운 일이죠.

물론 당첨된 면적을 보면 59㎡로 도저히 7명이 살 수 있는 집은 아닌 것을 보니 꼼수를 쓴 것 같긴 한데 아무튼 너무나도 놀라웠던 일이라 신문에까지 난 것을 볼 수 있습니다.

가점 중 마지막 항목은 통장가입기간입니다.

통장가입기간은 사실 점수를 쌓기 가장 쉬운 항목이면서 인내의 시간이 필요한 점수죠.

청약통장은 하루라도 빨리 가입하는 것이 유리하며 미성년자도 가입이 가능하기 때문에 자녀분 명의로 청약통장이 없다면 책을 덮으신 후 당장 만드는 것을 추천드립니다.

그럼 이런 질문이 생길 것 같아요.

"태어나자마자 만들면 중학생 때 만점이 되는 건가요?"

물론 아닙니다.

미성년자일 때 가입했던 모든 기간이 인정되는 것은 아니기에 미성년자 때 만든 것은 32살 때 만점이 되죠.

미성년자의 기준은 만 19세이고 아무리 빨라도, 아무리 느려도 20세에 성년이 되고 그때부터 15년이 지나야 만점인데 그렇게 되면 34살입니다.

그런데 32살에 만점이 된다고 말씀드렸죠?

미성년자 때 2년 이상 가입을 하면 2년까지는 인정이 되기 때문에 그렇습니다.

그래서 괜히 나중에 2년을 딱 채워서 하려고 하다가 까먹게 되니 지금 생각나신 김에 가입을 미리 시켜 놓는 것을 권유드리는 것이죠.

그렇게 되면 무주택기간 점수가 쌓일 때 쯤 통장가입기간은 만점으로 시작하기 때문에 결혼해서 자녀만 있다면 30점 정도가 되어 지금처럼 과열인 시장이 아닐 때, 공급이 많이 쏟아질 때는 충분히 당첨이 가능하기 때문에 미리 준비하시는 게 좋죠.

또한 과열인 시장이더라도 중간에 고분양가로 나오는 현장들이 꼭 있기 마련입니다.

이런 때는 오히려 가점이 높은 사람들은 자신의 통장이 아까워서 안 쓰는 경향을 보이는데 이때 그 빈틈을 파고들어서 당첨이 될 수도 있습니다.

실제로 서초구 방배그랑자이는 30점대로 당첨커트라인이 매우 낮았습니다.

강남 청약열기 이젠 시들?

방배그랑자이 당첨자 가점
30점대로 예상보다 낮아
고분양가 부담·신중론 작용

주동훈 기자   입력 : 2019.05.15 17:27:58   수정 : 2019.05.16 11:14:43   0

강남권 청약시장에서 1년6개월 만에 가점 30점대의 저가점 당첨자가 나왔다.

방배그랑자이 당첨 가점		(단위=점)
타입	최저점	최고점
59㎡	46	64
74㎡	36	77
84㎡	36	78

※ 가점 만점은 84점. 자료=아파트투유

15일 금융결제원 아파트투유에 따르면 이달 초 1순위 청약접수를 한 서울 서초구 '방배그랑자이' 당첨 가점 커트라인 최저점이 36점을 기록했다. 18가구를 모집한 전용면적 74㎡B와 34가구를 모집한 전용 84㎡C 등 총 2개 주택형에서 36점으로도 당첨된 사례가 나온 것이다. 방배그랑자이 일반분양분은 100% 중소형으로만 구성돼 무조건 가점 순서대로 당첨자가 정해지는 것을 감안하면 전체적으로 청약 신청을 한 사람들 가점이 높지 않았음을 뜻한다.

유형과 무관하게 300가구 이상 규모의 강남3구(강남구·서초구·송파구) 아파트 분양에서 30점대 가점 당첨자가 나온 것은 1년 반 만이다.

방배그랑자이는 지난 9일 1순위 청약에서 8.2대1의 평균 경쟁률을 기록했는데 고분양가 논란이 있었던 것치고는 양호한 성적이라는 평가도 있었다.

———— 집 밥 도   내   집 에 서   먹 어 야   맛 있 다

2019년 5월이면 송파헬리오시티 9,500여 세대와 개포래미안블레스티지 1,900여 세대, 도합 11,400여 세대의 입주가 한참 진행 중이라 가격조정이 왔던 시기였습니다. 그런 와중에 가격도 시세와 큰 차이 나지 않게 분양을 하였기에 이런 가점이 가능했던 거죠.

그럼 가점에 대해서는 이렇게 알아봤고 가점이 얼마만큼 중요한지, 그리고 생각보다 얼마나 가점을 쌓기가 힘든지는 글을 읽으시면서 많이 느끼셨을 겁니다. 이번에는 몇 점 정도가 당첨커트라인인지 한번 보겠습니다.

고덕강일 제일풍경채(2021. 2. 18.)

주택형	공급 세대수	당첨가점			
		지역	최저	최고	평균
84A	96	당해	74	82	74.83
		기타	74	79	74.31
84B	42	당해	69	77	71.71
		기타	69	74	70.05
84C	26	당해	69	74	70.15
		기타	69	74	69.92
84D (이하 84생략)	28	당해	69	73	70.07
		기타	69	74	69.05
101A	82	당해	69	70	69.14
		기타	69	74	69.57
101B	37	당해	68	49	68.8
		기타	67	49	68
101C	76	당해	66	49	68
		기타	66	72	68.37
101D	24	당해	65	68	66.17
		기타	66	69	67.5

힐스테이트 리슈빌 강일(2020. 12. 18.)

주택형	공급세대수	당첨가점			
		지역	최저	최고	평균
84A	23	당해	69	74	69.42
		기타	69	72	69.55
84B	37	당해	69	74	69.79
		기타	69	76	69.44
84I	35	당해	69	72	69.33
		기타	69	72	69.35
84J (이하 84생략)	74	당해	69	75	70.05
		기타	69	74	69.43
101A	44	당해	66	74	69.18
		기타	66	79	70.55
101B	37	당해	65	69	66.2
		기타	68	69	68.78
101C	72	당해	69	74	69.89
		기타	69	72	69.5
101D	63	당해	69	75	70
		기타	69	84	70

수색 DMC SK VIEW 아이파크포레(2020. 8. 3.)

주택형	공급세대수	당첨가점			
		지역	최저	최고	평균
39	41	당해	54	70	56.29
49	29	당해	60	69	62.38
53	9	당해	63	69	64.78
59	5	당해	69	70	69.5
76	5	당해	69	71	69.6
84	3	당해	70	74	72.67
102	4	당해	74	74	74
120	5	당해	69	74	70.67

개포 디에이치 퍼스티어 아이파크(2020. 7. 9.)

주택형	공급 세대수	당첨가점			
		지역	최저	최고	평균
34A	116	당해	61	74	64.55
34B	21	당해	64	74	67.9
49A	280	당해	54	73	58.15
49B	44	당해	54	69	58.82
59A	495	당해	63	79	65.59
59B	54	당해	61	72	64.19
112A	46	당해	69	79	70.74
112B	13	당해	65	69	66.57
132A	34	당해	69	74	69.76
132B	16	당해	64	72	67
132C	16	당해	70	74	72.38

위례 호반써밋 1차(2019. 12. 20.)

주택형	공급 세대수	당첨가점			
		지역	최저	최고	평균
108A	507	당해	59	74	62.76
		기타	60	79	64.46
108B	72	당해	59	67	62.17
		기타	60	69	63.67
108C	110	당해	59	67	61.71
		기타	61	69	63.82

표를 보면 지역에 당해만 있는 것이 있고 기타까지 같이 있는 것이 있는
데 둘의 차이는 토지가 민간소유냐, 국가소유냐의 차이입니다.

조금 더 풀어서 설명드리면 재건축조합, 재개발조합에서 가지고 있는
땅은 민간소유입니다.

여러분들이 아파트를 사서 가지고 있는데 이게 오래돼서 나중에 재건축을 한다, 그럼 그 건물뿐만 아니라 땅도 당연히 여러분들 소유이겠죠?

이렇게 한 명, 한 명 모인 게 조합이고 이 여러분들 소유의 땅인 이곳이 바로 민간소유의 땅입니다.

국가소유의 땅은 신도시 같은 사업을 하기 위해 기존 토지주들에게 보상을 주고 사들인 땅을 말하는데 이런 경우 보통 다 공공분양으로만 알고 계십니다.

그러나 공공분양만 있는 것은 아니고 공공분양도 있고 공공택지에 하는 민간분양도 있습니다.

앞의 사례에서 소개시켜 드린 고덕강일 제일풍경채나 힐스테이트 리슈빌 강일, 그리고 위례 호반써밋 1차의 경우가 공공택지에서 진행하는 민간분양이고요.

그냥 민간분양에서만 하는 것과 공공택지에서 하는 민간분양 간의 차이가 조금 있는데 가장 대표적인 것이 바로 지역입니다.

서울의 경우 민간분양은 서울에서 100%를 뽑는 방면, 공공택지에서 하는 민간분양은 서울에서 50%, 서울포함 수도권에서 50%를 뽑게 되죠.

이렇게 민간분양 안에서도 세부적으로 나뉘지만 뽑는 방식은 똑같이 가점입니다.

가점의 추세를 보면 2019년에는 그래도 평균치가 60점대 초중반이었던 방면, 2021년으로 오면서 평균치가 60점대 후반~70점대로 상승한 것을 볼 수 있습니다.

그도 그럴 것이 통장가입점수가 만점이 아닌 사람들이라면 매년 점수가 3점씩 올라가고 통장가입점수가 만점인 사람들도 매년 점수가 2점씩 올라가는데 물량이 적어서 고가점자가 해소는 안 되고 계속 쌓여만 가니 가점이 점점 올라가는 거죠.

그런데 우리가 주목해야 하는 점수는 평균점수가 아닙니다.

최저점수에 주목을 해야죠.

평균이야 저 정도 나와도 하한선에 걸리기만 하면 당첨이 되는 거니 하한선을 봐야 하는데 사실 이 하한선을 보면 더 암담하긴 합니다.

2019년에 하한선이 59점, 60점이었던 점수가 2021년 되면서 거의 69점에 맞춰졌습니다.

이 69점은 2019년에는 최고점수에 해당했던 점수였는데 말이죠.

사실 이 가점표를 분석하면 분석할수록 아마 이 책을 읽으시는 독자 여러분들께서는 더 암담하다고 생각을 하실 겁니다.

희망적이고 건설적인 이야기를 하는 이 책에서 이런 이야기를 하는 것은 우선 현실은 현실로 받아들이고 앞으로 어떻게 될지, 준비는 어떻게 할지를 알려 드리기 위함이니 너무 암담하게만 생각하지는 마세요.

다음 장에서 그 이유를 설명드리겠습니다.

2019년 4월 30점대의 통장도 당첨이 가능했던 방배그랑자이

2020년 5월 84점 만점의 통장이 나온 흑석리버파크자이

6. 가점이 낮아도
걱정 마라

민간분양이 안 되면 공공분양을 권유드리는 것이 일반적이지만 공공분양으로 도저히 답이 안 나오시는 분들이 계실 겁니다.

사실 공공분양을 먼저 소개시켜 드리고 민간분양을 소개시켜드린 이유는 아무래도 민간분양에 비해 공공분양이 먼저 진행을 할 것이고 그럼 그 시간에 따른 금전적인 이득이 생기면서 내 집 마련이라는 심리적 안정감도 먼저 받게 되니 공공분양을 더 추천하고 먼저 공공분양을 진행해 보라는 의미였습니다.

그런데 공공분양을 쭉 봤는데 지금 납입금 상황이 도저히 답이 안 나오는 상황이다, 그래서 '나는 민간분양으로 분양을 받겠다.'라고 생각하신 분들이 〈5. 민간분양으로 3기신도시 들어가기〉를 심도 있게 보셨을 겁니다.

그런데 사실 거의 암담한 이야기를 위주로 했고 정작 '3기신도시는 그래서 어떻게 들어가는데?'라는 질문을 명쾌히 풀어 드리지 못한 게 사실이죠.

사실 민간분양은 어차피 가점으로 진행하기 때문에 민간분양 하나만 놓고 봤을 때는 특별하게 비법이 있지는 않습니다.

제가 설명드렸던 최대한 어린 나이부터 청약통장에 가입을 한다거나,

아니면 일반 민간분양인지, 아니면 공공택지에 하는 민간분양인지에 따라 지역 커트라인이 형성 되는 것이 다르니 본인이 몸담고 있는 지역 이외에도 유심히 살펴보고 관심을 가지라는 우회적인 이야기만을 다뤘을 뿐이죠.

너무 암담한 이야기만 하다 보니 '그럴 거면 이 책을 뭣 하러 샀어?'라는 이야기가 충분히 나올 법합니다.

그래서 이번 장을 굳이 따로 분류해서 만든 거죠.

우리가 가점을 높이는 방법은 사실 쉽지 않습니다.

부양가족수를 늘리는 것 이외에는 억지로 늘릴 수 있는 방법이 없을 뿐더러 '거짓으로 전입신고해서 가족이 같이 사는 것처럼 해라' 같은 불법적인 방법도 설명드릴 수는 없죠.

그럼 우리가 가점을 높이는 것이 아니라 시장이 전체적으로 가점이 낮아지면 해결이 되는 문제죠?

아니면 가점 이외에 다른 요인으로 당첨이 되면 되는 거겠죠?

우리가 할 수 있는 일은 아니지만 시장에 가점이 전체적으로 낮아질 수 있는 요인을 이번 장에서 설명드리겠습니다.

가점이 40~50점 되시는 분들은 절대 포기하지 마시고 제가 드리는 설명을 듣고 냉정히 평가하시면 되겠습니다.

신도시는 공공분양과 민간분양으로 이뤄져 있음을 이미 몇 차례나 설명드렸기 때문에 모두 아시리라 생각이 듭니다.

어차피 공공분양은 당첨되기 어려우니 민간분양으로 눈을 돌리셨을 것이고 그렇다면 이 민간분양이 얼마나 나오는지가 관건이겠죠?

이를 유추하기 위해서는 제가 〈4. 공공분양으로 3기신도시 들어가기 (일반분양)〉에 작성한 표를 확인하면 됩니다.

책을 왔다 갔다 하면서 보면 힘드니 다시 표를 작성했습니다.

아래의 표를 확인해 주세요.

구분	위례		광교		미사		다산진건	
	세대수	비율	세대수	비율	세대수	비율	세대수	비율
공공 분양	9,706	22%	4,528	15%	11,888	29%	5,864	32%
임대	13,497	31%	10,043	32%	18,749	46%	6,532	36%
민간 분양	**19,733**	**46%**	**16,268**	**53%**	**10,056**	**25%**	**5,705**	**32%**
특수 (신희타)	508	1%	-	-	-	-	-	-
합계	43,444	100%	30,839	100%	40,693	100%	18,101	100%

위의 표에서 제가 색깔을 넣은 부분이 민간분양 공급량과 비율을 나타내고 있습니다.

첫 번째와 두 번째인 위례와 광교는 2기신도시로 절반 정도 되는 비율이 민간분양으로 돼 있습니다.

그에 비해 공공분양은 20% 정도밖에 안 되죠.

신도시가 아닌 보금자리주택지구는 어떨까요?

외형적으로는 신도시와 똑같이 생긴 보금자리주택지구는 민간분양이 30% 정도밖에 안 됩니다.

미사강변도시와 다산진건지구가 그렇죠.

신도시에 들어서는 공공분양과 민간분양의 차이가 2~3배 나는 것에 비해 보금자리주택지구는 공공분양과 민간분양의 차이가 없거나 오히려 공공분양이 많습니다.

민간분양을 준비하시는 분들 입장에서는 보금자리주택지구가 들어서는 것보다 신도시가 들어서는 게 절대적으로 유리한 이유죠.

그리고 이 책은 3기신도시를 준비하는 책이죠?

꼭 이 책이 그런 것보다도 앞으로 나오게 될 분양 현장은 3기신도시가 주를 이루게 되니 절대적인 물량이 많은 민간분양 입장에서는 굉장히 유리하다고 볼 수 있습니다.

그럼 아무리 가점이 높은 사람이 많더라도 소화가 될 것이고 가점이 애매한 독자 여러분께서도 충분히 당첨 가능성이 있다고 보이는 겁니다.

우리가 가점이 애매해도 포기하면 안 되는 이유가 이 비율 말고도 또 있습니다.

바로 추첨의 비율이죠.

가점이 낮은 사람은 추첨으로 분양을 노릴 것입니다.

추첨의 경쟁률이 200:1이라고 했을 때 가점으로 가 봐야 확률이 0%이고 추첨으로 가게 되면 확률이 0.5%이니 희박하긴 하지만 운만 좋으면 얼마든지 당첨이 될 수도 있죠.

그리고 이 추첨은 2017년 8월에 발표된 부동산정책인 8.2대책 이후 85㎡ 초과에서만 50% 나오게 변경이 됐습니다.

공공분양에서는 특별공급에서만 추첨이 있는 것에 비해 굉장히 유리하다고 볼 수 있죠.

그럼 여기서 이런 질문이 생기겠죠.

'85㎡ 초과가 많으면 얼마나 많겠어? 실제로 아파트를 보면 대부분 84㎡

이거나 59㎡인데.'

이 질문을 답해 드리기 위해 좋은 자료가 있습니다.

공동주택(아파트)의 주택유형, 세대수, 평균층수, 건폐율, 용적률

블록명	주택 유형	면적 (㎡)	세대수 (호)	인구수 (인)	주택 규모 (㎡)	평균 층수	건폐율 (%)	용적률 (%)	비고
계		1,991,228	38,609	96,522	103	18	50	-	2.5인/ 세대
A1-1	60~85 ㎡	65,147	1,416	3,540	92	17	50	200	분양
A1-2	85㎡ 초과	50,151	690	1,725	138	18	50	190	분양
A1-3	60㎡ 이하	23,297	560	1,400	79	17	50	190	임대
A1-4	85㎡ 초과	46,568	709	1,773	138	17	50	210	분양
A1-5	60~85 ㎡	61,478	1,297	3,242	109	21	50	230	분양
A1-6	85㎡ 초과	33,018	502	1,255	138	18	50	210	분양
A1-7	85㎡ 초과	37,158	565	1,413	138	19	50	210	분양
A1-8	60㎡ 이하	44,191	1,140	2,850	79	20	50	210	분양

블록명	주택 유형	면적 (㎡)	세대수 (호)	인구수 (인)	주택 규모 (㎡)	평균 층수	건폐율 (%)	용적률 (%)	비고
A1-9	60㎡ 이하	25,600	705	1,763	81		50	230	임대
	60~85 ㎡	34,926	735	1,837	106	21	50	230	임대
	85㎡ 초과	3,390	60	150	126		50	230	임대
A1-10	60㎡ 이하	77,386	1,758	4,395	75	16	50	170	임대
	60~85 ㎡	28,203	442	1,105	108		50	170	임대
A1-11	60㎡ 이하	49,439	1,210	3,025	79	18	50	200	분양
	60~85 ㎡	32,959	600	1,500	109		50	200	분양
A1-12	60~85 ㎡	19,809	382	955	109	17	50	210	분양
A1-13	60~85 ㎡	32,454	685	1,712	109	21	50	230	임대
A2-1	60㎡ 이하	79,718	2,334	5,835	58	15	50	170	국민 임대
A2-2	60㎡ 이하	47,724	1,087	2,718	79	15	50	180	분양
	60~85 ㎡	20,453	337	842	109		50	180	분양
A2-3	85㎡ 초과	42,017	517	1,293	138	14	50	170	분양

블록명	주택 유형	면적 (㎡)	세대수 (호)	인구수 (인)	주택 규모 (㎡)	평균 층수	건폐율 (%)	용적률 (%)	비고
A2-4	60㎡ 이하	76,396	2,568	6,420	55	18	50	185	국민 임대 (영구임대 550호 포함)
A2-5	85㎡ 초과	31,446	410	1,025	138	15	50	180	분양
A2-6	60~85 ㎡	33,284	795	1,987	92	19	50	220	임대
A2-7	60~85 ㎡	52,722	1,289	3,223	92	20	50	225	임대
A2-8	85㎡ 초과	64,719	1,137	2,842	128	20	50	225	분양
A2-9	85㎡ 초과	39,467	693	1,733	128	20	50	225	분양
A2-10	85㎡ 초과	98,550	1,385	3,462	128	17	50	180	분양
A2-11	60~85 ㎡	88,977	1,550	3,875	109	17	50	190	분양
A2-12	85㎡ 초과	50,901	627	1,567	138	14	50	170	분양
A2-13	85㎡ 초과	45,307	566	1,415	128	13	50	160	임대
A3-1	85㎡ 초과	35,787	559	1,398	128	18	50	200	분양
A3-2	85㎡ 초과	33,936	477	1,193	128	21	50	180	분양

블록명	주택유형	면적 (㎡)	세대수 (호)	인구수 (인)	주택규모 (㎡)	평균층수	건폐율 (%)	용적률 (%)	비고
A3-1	85㎡ 초과	35,787	559	1,398	128	18	50	200	분양
A3-2	85㎡ 초과	33,936	477	1,193	128	21	50	180	분양
A3-3a	60㎡ 이하	15,863	545	1,362	58	18	50	200	국민임대
A3-3b	60㎡ 이하	21,793	545	1,363	79	18	50	200	임대
A3-4a	85㎡ 초과	60,021	1,078	2,695	128	20	50	230	분양
A3-4b	85㎡ 초과	51,256	921	2,302	128	20	50	230	분양
A3-5	85㎡ 초과	42,118	699	1,748	138	21	50	230	분양
A3-6a	85㎡ 초과	41,450	680	1,700	128	20	50	210	분양
A3-6b	85㎡ 초과	42,474	696	1,740	128	20	50	210	분양
A3-7	85㎡ 초과	57,185	982	2,455	128	19	50	220	분양
A3-8	60~85㎡	81,102	1,673	4,182	109	20	50	225	분양
A3-9	85㎡ 초과	71,388	1,003	2,507	128	17	50	180	분양

앞의 자료는 실제 위례신도시 지구단위계획 시행지침에 있는 틀입니다.

여기서 일부는 신혼희망타운으로 바뀌는 등 약간의 수정은 있습니다.

그러나 큰 틀에서는 거의 변화된 것이 없으니 이것을 기준으로 보시면 되겠습니다.

우선 이 표는 쓸데없는 내용도 많고 보기도 힘드니 핵심내용만 추려서 다시 표를 만들어 보겠습니다.

블록명	주택 유형	면적 (㎡)	세대수 (호)	인구수 (인)	주택 규모 (㎡)	평균 층수	건폐율 (%)	용적률 (%)	비고
계		929, 610	14,330	35,826	-	-	-	-	-
A1-2	85㎡ 초과	50,151	690	1,725	138	18	50	190	분양
A1-4	85㎡ 초과	46,568	709	1,773	138	17	50	210	분양
A1-6	85㎡ 초과	33,018	502	1,255	138	18	50	210	분양
A1-7	85㎡ 초과	37,158	565	1,413	138	19	50	210	분양
A2-3	85㎡ 초과	42,017	517	1,293	138	14	50	170	분양
A2-5	85㎡ 초과	31,446	410	1,025	138	15	50	180	분양
A2-8	85㎡ 초과	64,719	1,137	2,842	128	20	50	225	분양
A2-9	85㎡ 초과	39,467	693	1,733	128	20	50	225	분양
A2-10	85㎡ 초과	98,550	1,385	3,462	128	17	50	180	분양
A2-12	85㎡ 초과	50,901	627	1,567	138	14	50	170	분양

블록명	주택유형	면적 (㎡)	세대수 (호)	인구수 (인)	주택규모 (㎡)	평균층수	건폐율 (%)	용적률 (%)	비고
A3-1	85㎡ 초과	35,787	559	1,398	128	18	50	200	분양
A3-2	85㎡ 초과	33,936	477	1,193	128	21	50	180	분양
A3-4a	85㎡ 초과	60,021	1,078	2,695	128	20	50	230	분양
A3-4b	85㎡ 초과	51,256	921	2,302	128	20	50	230	분양
A3-5	85㎡ 초과	42,118	699	1,748	138	21	50	230	분양
A3-6a	85㎡ 초과	41,450	680	1,700	128	20	50	210	분양
A3-6b	85㎡ 초과	42,474	696	1,740	128	20	50	210	분양
A3-7	85㎡ 초과	57,185	982	2,455	128	19	50	220	분양
A3-9	85㎡ 초과	71,388	1,003	2,507	128	17	50	180	분양

앞의 표는 85㎡를 초과하는, 즉 추첨물량이 나오도록 계획이 돼 있는 아파트만 모아 놓은 표입니다.

위례신도시에 총 38개의 아파트 중에서 19개의 아파트가 추첨이 나오는 아파트죠.

총 세대수는 14,330세대이며 이 세대의 절반인 7,000여 세대가 추첨으로 나올 수 있는 면적입니다.

집밥도 내 집에서 먹어야 맛있다

이 중에서 A2-10 아파트인 부영사랑으로는 상당히 애매하게 전용 85㎡가 있지만 어찌됐던 이 85㎡도 사실 85.××㎡이기 때문에 85㎡를 초과하여 절반이 추첨으로 나올 수 있는 면적이죠.

위례신도시 계획안 기준으로 봤을 때 38,609세대 중에서 14,330세대가 85㎡를 초과하는 면적이고 이 중에 절반인 7,165세대가 추첨이 나올 수 있는 면적이니 전체 세대수 중 약 19%가 추첨으로 나올 수 있는 물량입니다.

한 신도시에 20% 정도가 추첨으로 가능하다면 아무리 가점이 낮아도 충분히 도전해 볼 만한 수치라고 보입니다.

물론 신도시들이 다 위례신도시처럼 이러지는 않을 것이고 거기에 더해 지금 공급량이 굉장히 부족한 상황이기 때문에 50평형짜리를 25평형으로 쪼개서 하나를 둘로 공급하려는 계획으로 움직일 가능성이 높습니다.

이는 사전청약 이후 시장이 얼마나 잠잠해지냐에 따라서 최초 계획안에서 대형평형대를 늘릴 수도 있고 소형평형대를 늘릴 수도 있겠죠.

다만 서울에서 하는 쥐꼬리 같은 추첨만 생각하시면서 '추첨 물량은 원래 거의 없는 것이니 포기해야겠다.' 같은 생각을 하지 마시라고 이렇게 설명을 드리는 겁니다.

물론 돈이 있으시다면 하루라도 빨리 집을 매수하시는 것이 좋으나 돈이 부족한 상황에서 어쩔 수 없이 믿을 수 있는 것이 청약밖에 없는 분들이 청약마저 포기한다면 너무 슬프잖아요….

물론 더 따져 봐야 하는 상황이 있긴 합니다.

이 3기신도시는 기존 1기와 2기신도시 때 적용받았던 법인 택지개발촉진법과는 달리 공공주택특별법으로 진행하게 됩니다.

그렇다는 얘기는 신도시와 같은 비율이 아닌 공공주택특별법에 의한 비율대로 진행이 된다는 뜻입니다.

그래서 제가 말씀드린 내용은 가장 많이 나왔을 때를 가정한다고 생각하시면 됩니다.

2019년 12월 분양한 전 평형이 85㎡를 초과하는 송파호반써밋

이 책은 3기신도시를 준비하는 것을 기본으로 하여 최종적으로 청약에 당첨되는 것을 목표로 합니다.

그렇기 때문에 3기신도시에 대한 내용을 중심적으로 설명드리는 것처럼 보일 수 있지만 자세히 읽으시면 청약 전반에 대한 내용에 대해 설명을 드린다는 것을 알 수 있죠.

3기신도시는 걸려있는 규제가 사실 비슷하여 설명하기 굉장히 쉽습니다.

그러나 그 외의 지역은 지역마다 투기과열지구도 있고 조정대상지역도 있으며 이에 따라 많은 규제가 바뀝니다.

그래서 이를 정확히 인지하신 상태에서 청약에 참여해야 하며 각각 어떤 내용의 차이가 있는지, 그리고 지정이 된 지역은 어디인지 표로 정리를 해 드리겠습니다.

구분		조정대상지역	투기과열지구
금융	가계대출	• 2주택 이상 보유 세대는 주택신규 구입을 위한 주담대 금지(LTV 0%) 주택 구입 시 실거주 목적 제외 주담대 금지 - 예외: 무주택세대가 구입 후 6개월 내 전입, 1주택세대가 기존주택 6개월 내 처분 및 전입 시	
		• LTV : 9억 이하 50%, 9억 초과 30% - (서민·실수요자) 10%p 우대 • DTI 50% - (서민·실수요자) 10%p 우대	• LTV : 9억 이하 40%, 9억 초과 20%, 15억 초과 0% - (서민·실수요자) 10%p 우대 • DTI 40% - (서민·실수요자) 10%p 우대
	사업자대출	• 주택매매업·임대업 이외 업종 사업자의 주택구입 목적의 주택담보 기업자금대출 신규 취급 금지	
		-	• 민간임대매입(신규) 기금융자 중단

구분	조정대상지역	투기과열지구

세제 · 정비 사업	• 다주택자 양도세 중과 · 장특공 배제
	  - 2주택 +20%p,
	   3주택 +30%p('21. 6. 1. 이후 시행)
	  * 분양권도 주택 수에 포함
	• 2주택 이상 보유자 종부세 추가과세
	  - +0.6~2.8%p 추가과세
	• 2주택 이상 보유자 보유세 세부담 상한 상향
	  - 2주택자(300%), 3주택자(300%)
	• 일시적 2주택자의 종전주택 양도기간
	  - 1년 이내 신규주택 전입 및 1년 이내 양도
	• 분양권 전매 시 양도세율 50%
	• 1주택 이상자 신규 취 · 등록 임대주택 세제혜택축소
	  - 양도세 중과, 종부세 합산과세
		• 재건축 조합원 지위양도 제한
		  - 조합설립인가~소유권이전등기
		• 재개발 조합원 분양권 전매제한
		  - 관리처분계획인가~소유권이전등기
		• 정비사업 분양 재당첨 제한
		• 거주요건을 갖춘 경우에만 조합원 분양권 분양 신청 허용(수도권 재건축 적용)

전매 제한	• 분양권 전매제한
	  - (1지역) 소유권이전등기
	   (2지역) 1년 6개월
	   (3지역) 공공택지 1년, 민간택지 6개월
		• 주택 · 분양권 전매제한
		  - 소유권이전등기(최대 5년)
		  - 분양가상한제 적용주택 전매제한기간 강화

기타	• 주택 취득 시 자금조달계획서 신고 의무화
	  - 기존 주택보유현황, 현금증여 등
	  * 투기과열지구는 증빙자료 제출	

구분	투기과열지구(49개)	조정대상지역(111개)
서울	전 지역 ('17. 8. 3.)	전 지역 ('16. 11. 3.)
경기	과천('17. 8. 3.), 성남분당('17. 9. 6.), 광명, 하남('18. 8. 28.), 수원, 성남수정, 안양, 안산단원, 구리, 군포, 의왕, 용인수지 · 기흥, 동탄2 ('20. 6. 19.)	과천, 성남, 하남, 동탄2('16. 11. 3.), 광명('17. 6. 19.), 구리, 안양동안, 광교지구('18. 8. 28.), 수원팔달, 용인수지 · 기흥('18. 12. 31.), 수원영통 · 권선 · 장안, 안양만안, 의왕 ('20. 2. 21.) 고양, 남양주, 화성, 군포, 부천, 안산, 시흥, 용인처인, 오산, 안성, 평택, 광주, 양주, 의정부('20. 6. 19.) 김포('20. 11. 20.) 파주('20. 12. 18.)
인천	연수, 남동, 서('20. 6. 19.)	중, 동, 미추홀, 연수, 남동, 부평, 계양, 서 ('20. 6. 19.)
부산	-	해운대, 수영, 동래, 남, 연제 ('20. 11. 20.) 서구, 동구, 영도구, 부산진구, 금정구, 북구, 강서구, 사상구, 사하구 ('20. 12. 18.)
대구	수성('17. 9. 6.)	수성('20. 11. 20.) 중구, 동구, 서구, 남구, 북구, 달서구, 달성군('20. 12. 18.)
광주	-	동구, 서구, 남구, 북구, 광산구 ('20. 12. 18.)
대전	동, 중, 서, 유성('20. 6. 19.)	동, 중, 서, 유성, 대덕('20. 6. 19.)
울산	-	중구, 남구('20. 12. 18.)
세종	세종('17. 8. 3.)	세종('16. 11. 3.)
충북	-	청주('20. 6. 19.)

충남	-	천안동남·서북, 논산, 공주('20. 12. 18.)
전북	-	전주완산·덕진('20. 12. 18.)
전남	-	여수, 순천, 광양('20. 12. 18.)
경북	-	포항남, 경산('20. 12. 18.)
경남	창원의창('20. 12. 18.)	창원성산('20. 12. 18.)

집 밥 도 내 집 에 서 먹 어 야 맛 있 다

7. | 사전청약

    2018년 9월 21일 참 많은 논란을 일으켰던 3기신도시를 발표합니다.

    잠깐 옆으로 새서 논란을 일으켰던 이유를 말씀드리자면 전 정부에서 '더 이상 신도시 같은 대규모택지지구를 개발하지 않겠다.'라고 선언을 했는데 '이건 그 법이 아니다.'라고 하면서 신도시를 발표했기 때문입니다.

재건축 연한 40→30년 완화…신도시 공급 중단

人 유재명 | ⊙ 입력 2014.09.01 13:45 | 🗐 댓글 0

서울, 경기지역에서 최장 40년이 돼야 아파트 재건축이 가능하던 것이 30년으로 앞당겨집니다.

앞으로 분당, 일산과 같은 대규모 신도시 개발이 사라집니다.

국토교통부는 오늘 이 같은 내용의 '주택 시장 활력 회복 방안'을 발표했습니다.

또, 청약제도대 대폭 손질돼 청약저축과 예금, 부금 등 4종류가 청약종합저축으로 일원화되고, 수도권 1순위 자격도 2년에서 1년으로 줄어듭니다.

서민들의 주거안정을 위해 내집마련 디딤돌 대출 지원이 확대됩니다.

국토교통부는 살아날 조짐을 보이고 있는 주택 시장을 살리기위해 투기 과열 시기에 도입됐던 규제들을 없애는 것이라며 법 개정 등 후속 조치에 최선을 다하겠다고 밝혔습니다.

2014년 '9.1대책' 이후 나온 기사

4. 주택 공급방식 개편

□ 추진배경

○ 과거에는 주택난을 해소하기 위해서 공공이 주도하여 도시 외곽에 대규모 택지를 공급해왔으나,

- 도시의 외연적 확대로 인한 사회적 비용이 발생함에 따라 도시재생 등을 통한 도심내 주택에 대한 수요가 커지고 있는 상황이다.

○ 이제는 기 개발한 공공택지 여유물량이 충분하고, 주택에 대한 수요가 변화하고 있는 점을 감안하여,

- 대규모 택지공급이 아니라 지역실정에 맞는 중소규모의 다양한 택지개발을 유도하고자 하였다.

□ 주요내용

○ 첫째, 대규모 택지 공급시스템인 『택지개발촉진법』을 폐지하고, '17년까지(3년간) LH의 **대규모 공공택지 지정을 중단**한다.

- 택지개발촉진법 폐지 이후에는 공공주택법 및 도시개발법을 통해 중소형 택지 위주로 개발한다.

○ 둘째, 사업계획 승인 이후 착공의무 기간을 현 3년에서 **5년으로 연장**하여 시장상황에 맞게 주택이 공급될 수 있도록 유도한다.

○ 셋째, 수도권 외곽, 혁신도시 등 일부 공급과잉이 우려되는 지역의 LH 분양물량 일부를 시범적으로 후분양한다.

  * '14년은 2천세대에 대해 공정률 40% 후분양 실시
  * '15년은 3천세대에 대해 공정률 60% 후분양 실시('16년 확대여부 검토)

○ 넷째, LH 토지은행을 통해 민간 택지 공급시기를 조절한다.

- 금년 중 수도권에서 약 **2조원**(2만세대 내외) 규모의 택지를 비축하고, 시장상황에 따라 매각시기를 조정한다.

2014년 '9.1대책' 내용 중 발췌

이 당시 아직까지는 어떤 지역으로 할지 정해지진 않았으나 큰 그림에 대한 발표를 이때 했죠.

그리고 같은 해 12월과 2019년 5월, 그리고 2020년 5월 총 세 번에 걸쳐서 총 7군데의 신도시가 발표됐습니다.

그렇게 해서 지정이 된 곳이 남양주 왕숙, 하남 교산, 인천 계양, 고양 창릉, 부천 대장, 과천 과천, 안산 장상입니다.

LH에서는 각 신도시별 면적과 호수에 대해 아래와 같이 정리를 해 놓았습니다.

지구명	남양주		하남 교산	인천 계양	고양 창릉	부천 대장	광명 시흥	과천 과천	안산 장상
	왕숙	왕숙2							
면적	865만㎡	239만㎡	631만㎡	333만㎡	813만㎡	343만㎡	1271만㎡	169만㎡	221만㎡
호수	5만4천	1만4천	3만3천	1만7천	3만8천	2만	7만	7천	1만4천
비고	3기신도시							대규모택지	

광명 시흥이 포함되어 있으나 광명 시흥은 아직 정식적으로 지정이 된 것이 아니기 때문에 저는 따로 언급하진 않았습니다.

또한 이 중에 과천과 안산의 장상지구는 규모가 작아 법적으로 신도시에 포함이 되지는 않기 때문에 3기신도시가 아니라 대규모 택지지구로 들어가게 되었죠.

하여튼 이렇게 3기신도시를 발표를 하긴 했는데 신도시라는 게 당장 뚝딱 지어지는 게 아니다 보니 곧 다가올 공급절벽에 대처를 하기가 쉽지는 않았습니다.

신도시를 발표하면 그 이후에 수많은 절차가 있기 때문이죠.

간단히만 말씀드리자면 우선 토지가격을 평가하고 평가한 가격에 근거하여 땅 주인에게 보상금을 주는데 이때 땅 주인은 그냥 무조건 받아들이는 게 아니라 이의신청이라는 절차를 진행하게 되는데 여기서 또 시간이 딜레이가 됩니다.

그리고 겨우 마무리가 되었다고 하더라도 폐기물이 잔뜩 있는 토지를 정비를 해야 하고 도로를 깔아야 합니다.

그리고 그제야 그 땅을 건설사들에게 분양하고 그럼 건설사들은 땅을 입찰받아서 설계도면을 뽑고 드디어 분양을 하죠.

그런데 또 분양을 해 봤자 지어지는 데 3년 정도의 시간이 소요되니 결국 아무리 빨라도 입주까지 7~8년이 걸린다는 결론에 도달하게 됩니다.

그럼 2019년에 발표한 3기신도시 정책은 2020년부터 겪게 될 공급절벽에 전혀 대처를 할 수가 없죠.

그러다 보니 정부가 선택한 방식은 바로 2010년에 사용을 했었던 사전청약 제도입니다.

사전청약제도는 본청약 1~2년 전에 미리 청약을 해 놓고 나중에 본청약까지 입주자격을 유지시키면 당첨이 되는 시스템으로 실제 공급이 이뤄지진 않더라도 마치 공급이 되는 것과 같은 착시효과를 일으키기 때문에 실제로 성과가 있던 그런 제도입니다.

그리하여 부랴부랴 서두르는 정부는 2021년과 2022년에 걸쳐서 사전청약을 받겠다고 발표를 합니다.

실제 입주는 2027년쯤에 하겠지만 그래도 사람들로 하여금 '뭔가 쏟아지는구나.'라는 느낌을 받게 되면 일반 아파트 매매시장에서도 충분히 안정이 될 수가 있기 때문이죠.

그럼 여기서 생각이 조금 더 깊으신 분들은 이런 생각을 하실 겁니다.
저런 절차가 다 있는데 어떻게 사전청약을 하는 거지?
어찌됐던 건설사들이 LH로부터 땅을 분양받아야 분양할 수 있는 거 아닌가?

가장 인기가 많은 3기신도시인 과천신도시

여기에는 바로 오늘 제가 말씀드리고 싶은 핵심이 있습니다.
사전청약이 가능한 이유는 바로 LH가 LH땅에서 진행을 하기 때문이죠.
즉, 공공분양의 경우에는 토지보상이 되는 순간부터 LH땅이 되는 거고 아무 때나 분양해도 크게 걸릴 게 없게 되는 겁니다.
그럼 폐기물 정리하는 시점에서 분양을 해도 전혀 문제가 없죠.
LH, 본인들의 땅이기 때문에요.

그 땅에 현재 폐기물이 있건 뭐 하건 미리 청약을 받고 나중에 정식청약을 받는 거라 어차피 청약을 받는 사람들로 하여금 전혀 피해를 입지도 않죠.

그렇기 때문에 사전청약으로 나오는 모든 청약물건은 공공분양이고 이게 바로 '핵심'입니다.

제가 3장에서 가점이 10점이어도 당첨이 될 수 있다고 말씀드렸죠?

정확히는 이 사전청약 물건들에 대해서 말씀을 드리는 것이었고, 이 사전청약이 왜 공공분양으로 속하는지도 우리는 알게 됐고 어째서 가점 10점만 가지고도 당첨이 되는지를 우리는 알았으니 다음 장에서는 조금 더 심화 과정으로 들어가겠습니다.

—————— 집 밥 도 내 집 에 서 먹 어 야 맛 있 다

8. | 청약통장 10만 원씩 넣어야 하는 이유, 그러나 우리에게도 희망은 있다

제가 2장에서 공공분양은 가점이 아닌 납입금순으로 당첨이 된다고 말씀을 드렸습니다.

그럼 똑같이 20년을 가입했어도 누구는 2400만 원이 들어 있고 누구는 480만 원밖에 들어가 있지 않습니다.

즉, 납입금이 얼마나 중요한지 선견지명을 가지고 계셨던 분은 매월 부담스럽더라도 10만 원씩 꾸준히 넣은 거고 그렇지 않은 분들은 그냥 유지만 시키고자 2만 원씩을 넣었습니다.

그리고 그 결과는 로또로 보이고 있죠.

참고로 저도 어렸을 때 주택청약종합저축에 가입을 했습니다.

본인의 의지는 아니고 부모님께서 가입을 해 주셨는데 그 당시 시대상황을 잠깐 말씀드리면 주택청약종합저축이라는 게 이제 막 생겼을 때입니다.

즉, 그 전까지는 공공분양을 넣을 건지, 민간분양을 넣을 건지에 따라서 청약통장을 달리 만들었고 민간분양에만 관심이 있던 사람들에게는 이 납입금이라는 게 중요한지 몰랐을 때입니다.

당연히 제 부모님께서도 2만 원을 납입을 해 주셨죠.

이를 알게 된 이후 부랴부랴 10만 원으로 바꿨지만 이미 2만 원으로 인정받은 건 돌이킬 수가 없었습니다.

이와 비슷한 사례가 굉장히 많을 텐데 이 책을 읽으시는 수많은 독자 여러분들은 본인은 늦었을지언정 자녀에겐 꼭 10만 원짜리 통장을 만들어 주시기 바랍니다.

다시 본론으로 돌아와서 제가 이렇게 말씀을 드리는 것은 제가 여러분들에게 현세의 아픔과 미래의 대비를 위해 이런 글을 쓰는 게 아닙니다.

급변하고 급등하는 대한민국의 부동산에서 어떻게든 저렴하게 당장 내 집을 마련하지 않으면 미래가 있기는 한지 불안하신 분들이 대부분이실 텐데 이런 분들께 제가 한가하게 '미래를 열심히 준비해라!' 같은 감성적 위로 글을 쓸 이유가 전혀 없기 때문이죠.

제가 여러분들께 말씀드릴 내용은 바로 늦었더라도 기회는 있다는 것입니다.

공공분양을 너무 받고 싶은데 그동안 청약통장 2만 원씩 넣으셨어도 좋습니다.

10만 원이 아니라 매우 아쉽긴 하나 그래도 대부분의 분들이라면 아직 기회는 있습니다.

바로 특별공급이죠.

민간분양에 익숙한 우리로서는 특별공급이라고 하면 말 그대로 특별한 케이스를 위해 조금의 자리를 마련한 것으로 생각합니다.

실제로 비싼 지역에서는 특별공급이 단 한 세대도 나오지 않기 때문에 특별공급은 나와 관계가 없다고 생각하기 마련이죠.

그리고 꼭 민간분양뿐만 아니라 살아가는 모든 곳에서 일반과 특별이 있으면 특별은 항상 우선시되지만 그만큼 자리가 적은게 일반적이죠.

그러나 공공분양은 그렇지 않습니다

공공분양은 일반공급 15%와 특별공급 85%로 이뤄져 있습니다.

그리고 그렇기 때문에 일반공급의 커트라인은 계속 올라가고 있는 데 비해 특별공급은 어느 정도 소모가 되고 있습니다.

괴물 같은 무적의 통장이 판치는 와중에 살아남을 수 있는 유일한 방법인거죠.

10만 원씩 안 넣었으면 그냥 15%를 포기하면 되는 겁니다.

그래도 타격이 크지를 않죠.

아직 희망이 있다는 것에 분명 많은 분들께서 놀라셨을 것이고 안도의 한숨을 쉬실 겁니다.

그러나 특별공급은 말 그대로 특별공급!

그 특별함에 속하지 않는 분들은 아쉽지만 공공분양 자체를 아예 버려야 하겠죠.

어떤 특별함을 가지고 있어야 특별공급에 참여가 가능한지 다음 장에서 바로 설명을 드리겠습니다.

9. 특별공급의 종류

우리는 지난 장에서 특별공급이 있어서 정말 다행임을 느꼈습니다.
그런데 가장 중요한 건 우리가 그 특별함 안에 들어야겠죠?
그럼 그 특별함은 어떤 것들이 있을까요?
특별공급은 크게 5가지로 나뉩니다.

1. 신혼부부
2. 생애최초
3. 다자녀
4. 노부모부양
5. 기관추천

이 중에 기관추천이라 하면 대다수는 포함이 되지 않습니다.
국가유공자, 장애인, 철거민, 도시활력증진지역 개발사업 또는 도시재생사업 관련 토지 또는 건축물 소유자, 북한이탈주민, 장기복무 제대군인, 우수기능인, 중소기업근로자, 공무원, 의사상자, 납북피해자, 다문화가족이 여기에 속하게 됩니다.
그래서 이는 정말 특별한 분들이기에 자세히 알아보지 않고 그 외 특별하지만 일반적인 4가지 경우를 자세히 한번 알아보도록 하겠습니다.

알아보기 전에 특별공급은 기본적으로 자산요건과 소득요건을 보게 되는데, 이 기준표는 1장에서 보여 드리긴 했으나 넘기면서 보시기 어려우니 여기에도 첨부를 하겠습니다.

〈표1〉 자산요건

구분	자산보유기준	자산보유기준 세부내역		
부동산 (건물+토지)	215,500천원 이하	건축물	• 건축물가액은 해당 세대가 소유하고 있는 모든 건축물의 지방세정 시가표준액으로 하되, 없는 경우 지자체장이 결정한 시가표준액 적용	
			건축물 종류	지방세정 시가표준액
			주택 공동주택(아파트, 연립, 다세대)	공동주택가격(국토교통부)
			단독주택	표준주택가격(국토교통부) 또는 개별주택가격(시·군·구청장)
			건물	지방지치단체장이 결정한 가액
			시설물	지방지치단체장이 결정한 가액
		토지	• 토지가액은 지목에 상관없이 해당 세대가 소유하고 있는 모든 토지의 공시가격(표준지·개별공시지가)에 면적을 곱한 금액. 단, 아래 경우는 제외 – 「농지법」 제2조제1호에 따른 농지로서 같은 법 제49조에 따라 관할 시·구·읍·면의 장이 관리하는 농지원부에 같은 농업인과 소유자로 등재된 경우 – 「초지법」 제2조제1호에 따른 초지로서 소유자가 「축산법」 제22조에 따른 축산업 허가를 받은 사람이며 축산업 허가증의 사업장 소재지와 동일한 주소인 경우 – 공부상 도로, 구거, 하천 등 공공용지로 사용되고 있는 경우 – 종중소유 토지(건축물 포함) 또는 문화재가 건립된 토지 등 해당 부동산의 사용, 처분 등이 금지되거나 현저히 제한을 받는 경우로서 입주(예정)자가 구체적인 사실관계를 입증하는 경우 • 건축물가액에 토지가액이 포함되지 않는 비주거용 건축물(상가, 오피스텔 등)의 부속토지는 토지가액에 포함(개별공시지가 기준)	
자동차	34,960천원 이하	• 보건복지부장관이 정하는 차량기준가액(차량기준가액이 없는 경우 자동차 등록당시 과세표준액인 취득가액을 기준으로 최초등록일 또는 이전등록일로부터 경과년수에 따라 매년 10%를 감가상각하여 산출한 금액)으로 함. 단, 자동차는 「자동차관리법」 시행규칙 제2조에서 정한 비영업용 승용 자동차에 한하며 해당 세대가 2대 이상의 자동차를 소유한 경우는 각각의 자동차가액 중 높은 차량가액으로 하여 아래의 경우를 제외함 – 「장애인복지법」 제39조에 따른 장애인사용 자동차와 「국가유공자 등 예우 및 지원에 관한 법률」에 따른 국가유공자로서 상이등급 1급 내지 7급에 해당하는 자의 보철용 차량의 경우 • 「대기환경보전법」 제58조제3항에 따른 국가나 지방자치단체의 보조를 받고 구입한 저공해자동차의 경우 자동차가액에서 정부와 지방자치단체의 보조금을 제외한 금액으로 함			

〈표2〉 소득요건

공급유형			구 분	3인	4인	5인	6인	7인	8인
일반공급(전용면적60㎡이하)			도시근로자 가구당 월평균소득액의 100%	6,030,160	7,094,205	7,094,205	7,393,647	7,778,023	8,162,399
다자녀가구			도시근로자 가구당 월평균소득액의 120%	7,236,192	8,513,046	8,513,046	8,872,376	9,333,628	9,794,879
노부모부양			도시근로자 가구당 월평균소득액의 120%	7,236,192	8,513,046	8,513,046	8,872,376	9,333,628	9,794,879
생애최초	우선공급(70%)		도시근로자 가구당 월평균소득액의 100%	6,030,160	7,094,205	7,094,205	7,393,647	7,778,023	8,162,399
	잔여공급(30%)		도시근로자 가구당 월평균소득액의 130%	7,839,208	9,222,467	9,222,467	9,611,741	10,111,430	10,611,119
신혼부부	우선공급(70%)	배우자소득 無	도시근로자 가구당 월평균소득액의 100%	6,030,160	7,094,205	7,094,205	7,393,647	7,778,023	8,162,399
		배우자소득 有	도시근로자 가구당 월평균소득액의 120%	7,236,192	8,513,046	8,513,046	8,872,376	9,333,628	9,794,879
	잔여공급(30%)	배우자소득 無	도시근로자 가구당 월평균소득액의 130%	7,839,208	9,222,467	9,222,467	9,611,741	10,111,430	10,611,119
		배우자소득 有	도시근로자 가구당 월평균소득액의 140%	8,442,224	9,931,887	9,931,887	10,351,106	10,889,232	11,427,359

※ 4인과 5인은 동일하다.

먼저 가장 대중적이고 결혼만 한다면 누구나 올 수 있는 신혼부부 특별 공급부터 알아보자면 신청자격은 다음과 같습니다.

1. 입주자모집공고일 기준 신혼부부(혼인기간 7년 이내), 예비신혼부부 (입주 전까지 혼인사실 증명), 한부모가족(만 6세 이하의 자녀를 둔) 중 무주택세대구성원
2. 입주자모집공고일 기준 청약통장(주택청약종합저축, 청약저축)에 가입하여 6개월 이상 경과, 월납입금 6회 이상 납입
3. 입주자모집공고일 기준 〈표1〉의 부동산 및 자동차 소유에 관한 자산 보유기준을 충족
4. 무주택세대구성원 전원의 월평균소득이 〈표2〉의 전년도 도시근로 자 가구당 월평균소득의 ㉠ 우선공급 70%는 100%(맞벌이일 경우 120%) 이하, ㉡ 일반공급 30%는 130%(맞벌이일 경우 140%) 이하

이렇게 네 가지를 충족해야 합니다.

이때 예비신혼부부 특별공급을 준비하시는 분은 몇 가지를 주의하셔야 하는데, 청약 시 '현재 자신의 상태'를 기준으로 하는 것이 아닙니다.

즉, '부모님과 같이 산다고 부모님의 소득을 더하는 것'이 아니고 '혼인 으로 구성할 세대'를 기준으로 주택보유기준, 자산, 소득을 검증합니다.

나에겐 집이 없고 예비배우자에게 집이 있을 경우 당연히 신청이 안 되 겠죠?

또한 A란 배우자와 혼인을 마음먹고 넣었는데 중간에 여러 사정상 B란 배우자와 미래를 약속한 경우에는 예비신혼부부의 당첨내용처럼 이행을 할 수가 없습니다.

———— 집밥도 내 집에서 먹어야 맛있다

청약 신청 시 누구냐가 중요하다는 뜻이죠.

| 상세신청유형 | ○ 신혼부부 | ⊙ 예비신혼부부 | ○ 한부모가족 |
| 미성년 자녀수 | 영 명 | | |

실제 청약을 신청하는 경우, 위와 같은 화면이 나오며 예비배우자의 인적사항까지 넣도록 돼 있다

그리고 이런 모든 조건을 충족했다.

그러면 지금부터 특정 기준을 두고 당첨자를 선발하겠죠?

우선 지역우선공급기준이 있습니다.

서울에서 공급을 하게 될 경우 서울 50%, 그리고 수도권(인천, 겨기도)에서 50%를 뽑게 됩니다.

경기도에서 공급을 하게 될 경우 해당 시에서 30%, 경기도에서 20%, 서울 및 나머지 수도권에서 50%를 뽑습니다.

즉, 경기도 하남시에서 공급을 한다고 가정했을 경우 하남에서 30%, 경기도에서 20%, 그리고 서울 및 나머지 수도권에서 50%를 뽑게 되는 겁니다.

이때 지역거주기준은 2년입니다.

서울에서 2년 이상을 거주해야 서울 50%로 들어갈 수 있고 2년이 안 됐다면 수도권 50%로 들어가게 되죠.

그런데 이럴 경우 이런 궁금증이 생길 수 있습니다.

'어? 그럼 서울이 50%이고 수도권도 50%이면 똑같은 조건 아닌가?'

언뜻 보면 그럴 수 있는데 그렇지 않습니다.

서울 50%에 수도권 50%면 서울 50%를 먼저 뽑고 이후 나머지 50%를 수도권과 먼저 서울 50%에서 떨어진 사람이 경합을 하는 시스템입니다.

즉, 서울 50%에 들어가는 사람은 기회가 총 두 번으로 굉장한 이점을 갖고 출발하게 되는 거죠.

경기도의 경우에는 더 하게 되는데 아까처럼 하남시를 예로 들었을 때 하남에 거주하면 맨 처음 해당 지역구 30%에서 경합을 붙고 여기서 떨어지더라도 경기도 20%와 또 경합을 붙고 여기서 떨어지더라도 나머지 50%와 또 경합을 붙게 되는 겁니다.

그렇기에 굳이 돈을 들여 이사까지 하는 거죠.

하여튼 이 지역기준에 해당이 된 사람들 중에서 본격적으로 경쟁을 하게 되는데 첫 번째로는 순위가 정해지고 이 순위에서도 경쟁이 있다면 신혼부부 특별공급 가점항목에 의한 가점순으로 당첨자를 선발합니다.

만약 이 가점마저 동일하다면 해당 가점에서 추첨으로 선발을 하게 되고요.

먼저 순위를 알아보면 다음과 같습니다.

1순위	1. 혼인기간 중 자녀를 출산(임신, 입양 포함)하여 미성년인 자녀가 있는 신혼부부
	2. 6세 이하 자녀를 둔 한부모가족
2순위	1. 예비신혼부부
	2. 1순위에 해당하지 않는 신혼부부

　그리고 여기서 동순위간의 경쟁이 있을 경우 아래의 가점표에 의해 당첨자를 선발합니다.

항목		기준
가.	가구 소득	해당 세대의 월평균 소득이 전년도 도시근로자 가구당 월평균 소득의 80%(배우자가 소득이 있는 경우 100%) 이하인 경우: **1점**
나.	자녀의 수	3명 이상: **3점** 2명: **2점** 1명: **1점**
다.	해당 주택건설지역 연속 거주기간	3년 이상: **3점** 1년 이상, 3년 미만: **2점** 1년 미만: **1점**
라.	주택청약종합저축 납입 횟수	24회 이상: **3점** 12회 이상, 24회 미만: **2점** 6회 이상, 12회 미만: **1점**
마.	혼인 기간 (신혼부부에 한함)	3년 이하: **3점** 3년 초과, 5년 이하: **2점** 5년 초과, 7년 이하: **1점**
	자녀의 나이 (한부모가족에 한함)	2세 이하(만3세 미만): **3점** 2세 초과, 4세 이하(만5세 미만): **2점** 4세 초과, 6세 이하(만7세 미만): **1점**

　이때 '나' 항목인 자녀의 수의 경우 미성년인 자녀만을 말하고 태아는 포

함이 됩니다.

'다' 항목인 해당주택건설지역 연속 거주기간은 서울의 경우 서울에, 경기도의 경우 경기도에 속한 시 또는 군에 거주한 기간을 말합니다.

'라' 항목인 주택청약종합저축 납입 횟수는 '청약통장 순위확인서'의 납입인정 횟수를 말합니다.

'마' 항목인 혼인기간과 자녀의 나이의 경우 둘이 중복해서 선택할 수 없으며 혼인기간은 신혼부부만 선택이 가능합니다.

즉, 예비신혼부부와 한부모가족은 선택이 안 된다는 거죠.

자녀의 나이는 신혼부부와 예비신혼부부는 선택이 안 됩니다.

이때 자녀가 여러 명이면 가장 어린 자녀의 나이를 기준으로 하되, 자녀가 태아인 경우에는 '자녀의 나이' 가점을 선택할 수 없습니다.

그럼 이제 가점의 기준은 알았고 실제 현실에서는 몇 순위, 몇 점에서 보통 당첨이 될까요?

수도권에 있는 조금만 괜찮은 지역의 아파트라면 최소 1순위의 11점은 돼야 추첨이라도 낄 수가 있습니다.

13점은 100% 당첨, 12점은 안정권, 11점은 추첨.

이런 느낌인겁니다.

즉, '마' 항목에서 아예 점수를 얻을 수 없어 만점이 10점인 예비신혼부부는 사실상 거의 불가능에 가까우며 아이는 무조건 있어야 하는데 소득이 적으면서 자녀가 1명인 가족이거나 평균적인 소득에서 자녀가 2명인 가족이여야만 그나마 추첨에 낄 수가 있다는 것이죠.

그러다 보니 특히 예비신혼부부를 중심으로 많은 불만이 생겼었던 겁니다.

'이런 격변의 세상 속에서 집이 있어 안정이 돼야 결혼을 하고 아이를 낳고 할 것이 아니냐, 집이 없으니까 결혼, 출산을 다 포기하게 되는 것이 아니냐.'

같은 불만이 생기고 있는 건데 이들의 말이 틀린 것 하나 없습니다.

다만 너무나도 적은, 우리를 만족시키기에는 너무나도 모자란 공급량 앞에서 누군가는 우선순위를 가져야 하는 것이고 그 누군가를 결정할 때는 아무래도 더 시급한 사람이 우선순위를 갖는 것이 맞기에 이런 기준이 생겼다는 점을 생각하신다면 아무래도 조금은 가라앉혀지지 않을까 생각이 듭니다.

물론 이러한 불편함을 해결해 주기 위해 '신혼희망타운'이라는 신혼부부만을 위한 새로운 공공분양 제도를 만들었습니다.

이는 잠시 후 다음 장인 〈10. 미혼에게 주는 유일한 희망〉에서 설명드릴게요.

그리고 제가 이런 위와 같은 기준들을 말씀드리면 '그럼 이거는 어떻게 되는 거지?' 하는 뭔가 애매한 것들이 떠오르시는 분들이 계실 겁니다.

가령 자녀의 기준은 어떻게 되는 것인가? 세상 밖으로 나와야 자녀인가 아니면 배 속에 있어도 자녀인가 같은 것들 말이죠.

그래서 그러한 부분도 간단하게 짚고 넘어가겠습니다.

가족의 기준은 기본증명서, 가족관계증명서 및 주민등록표등본으로 판단하게 됩니다.

다만 자녀의 경우 임신을 한 자녀도 자녀로 포함을 시키게 되는데 이 경우에는 행정서류에 올라와 있지 않죠?

임신을 한 경우엔 임신진단서(입주자모집공고일 이후 발급분)를 통해서 증명을 하면 됩니다.

만약 입양을 했는데 아직 행정서류에 올라와 있지 않은 경우엔 입양관계증명서 등으로 확인을 하게 되며 혹시 여러 가지 사유 때문에 파양을 하는 경우도 있는데 입주 시까지 입양자격을 유지해야지만 당첨자 신분을 유지할 수 있습니다.

또한 신혼부부 중에서는 재혼을 한 신혼부부도 있죠?

이 경우 역시 일반 신혼부부와 같은 기준으로 신혼부부가 적용됩니다.

다만 양쪽이 자녀 한 명씩을 데려오면 자녀 점수는 2점을 득하게 되지만 현재 배우자와의 관계에서 출산한 자녀가 아니라면 1순위에는 포함될 수가 없습니다.

또한 이 경우 배우자의 재혼 전 자녀는 청약신청자의 주민등록표등본에 등재된 경우에 한하여 점수로 인정이 되고요.

그래서 이 점을 유념하시기 바랍니다.

근데 혼인기간은 7년이라는 기간이 있죠?

이 기간을 늘리기 위해 동일인과 이혼 후 재혼을 한다, 이런 경우 이전 혼인기간을 합산해서 산정을 하니 혹여나 이런 시도를 하시는 분들은 막혀 있는 방법임을 명심하시기 바랍니다.

다음은 다자녀특별공급입니다.

1. 입주자모집공고일 현재 만 19세 미만인 자녀(태아나 입양아 포함) 3
   명 이상을 둔 무주택세대구성원.
2. 입주자모집공고일 현재 청약통장(주택청약종합저축, 청약저축)에
   가입하여 6개월이 경과되고 매월 약정납입일에 월납입금을 6회 이
   상 납입.
3. 입주자모집공고일 기준 〈표1〉의 부동산 및 자동차 소유에 관한 자산
   보유기준을 충족.
4. 무주택세대구성원 전원의 월평균소득이 〈표2〉 전년도 도시근로자
   가구당 월평균소득의 120% 이하.

이렇게 네 가지를 충족해야 됩니다.

그리고 역시 지역우선공급기준에 충족을 해야 하고 이 기준에 해당되
면 본격적인 경쟁이 시작됩니다.

신혼부부처럼 다자녀특별공급 역시 가점에 의해 경쟁을 하고 여기서
동점이면 ① 미성년 자녀가 많은 순 ② 미성년 자녀가 같을 경우 공급신
청자의 연령이 많은 순으로 당첨이 됩니다.

가점표는 다음과 같습니다.

평점요소	총 배점	배점 기준	
		기준	점수
계	100		
가. 미성년 자녀수	40	5명 이상	40
		4명	35
		3명	30
나. 영유아 자녀수	15	3명 이상	15
		2명	10
		1명	5
다. 세대구성	5	3세대 이상	5
		한부모가족	5
라. 무주택기간	20	10년 이상	20
		5년 이상, 10년 미만	15
		1년 이상, 5년 미만	10
마. 해당 시·도 연속거주 기간	15	10년 이상	15
		5년 이상, 10년 미만	10
		1년 이상, 5년 미만	5
바. 입주자 저축 가입 기간	5	10년 이상	5

이때 '가' 항의 미성년 자녀수는 태아나 입양아를 포함하며 미성년자인 경우만 포함을 합니다.

'나' 항의 영유아 자녀수에서 영유아의 기준은 만 6세 미만을 말하며 역시 태아가 포함됩니다.

'다' 항의 세대구성의 경우 3세대 이상이라고 된 부분은 공급신청자인 여러분과 직계존속(이때 배우자의 직계존속을 포함하며 대상은 무주택자로 한정함)이 입주자모집공고일 현재로부터 과거 3년 이상 계속하여 동일 주민등록표에 등재된 사람만 포함이 됩니다.

———— 집밥도 내 집에서 먹어야 맛있다

한부모가족의 경우는 공급신청자인 여러분이 '한부모가족지원법 시행규칙' 제3조에 따라 여성가족부 장관이 정하는 한부모가족으로 5년이 경과된 자를 말합니다.

'마' 항의 해당 시·도 연속거주기간은 지금까지와는 조금 다른 기준으로 적용합니다.

우선 10년 이상이라는 숫자부터 다른 공급과 차이를 보이고 있는데 이 연속거주기간은 긴 대신 범위가 굉장히 넓습니다.

시는 광역시(부산, 광주 등)와 특별자치시(세종 등)가 기준이고 도는 도(강원도, 충청도 등)와 특별자치도(제주도 등)가 기준입니다.

그리고 수도권의 경우 서울, 경기, 인천 지역 전체를 해당 시·도로 보고 있고요.

여태까지는 기준을 경기도에 속해 있는 한 '시'를 기준으로 했는데 이 다자녀 특별공급은 상당히 유하면서도 대신 기간이 많이 부담스럽다고 보시면 됩니다.

기준은 이렇게 되는데 당첨 커트라인은 보통 어느 정도 될까요?

일반적으로는 70~80점에 자녀 3명에서 결정이 됩니다.

미성년 3명 30점, 영유아 1명 5점, 무주택 10년 이상 20점, 해당 시·도 거주기간 10년 이상 15점, 통장가입 10년 이상 5점하면 75점이 나옵니다.

보통은 이 정도 스펙을 보유해야 가능한 거죠.

다만 가끔 서울이지만 미달이 나는 경우가 있습니다.

세 명 이상의 미성년자가 기본자격인 만큼 자녀가 학교 등에 의한 기숙사 생활이 아니라면 한부모가정이라도 최소 4명이 살아야 하는데 그러기엔 너무 좁은 면적에서 미달이 나곤 합니다.

대표적인 경우가 고덕강일 8단지 49㎡인데, 49㎡면 전용 15평, 흔히 말하는 평형대로 21평형입니다.

방이 안방과 작은방 이렇게 딱 두 개밖에 없어서 부모님이 안방을 쓰면 자녀 세 명이 나머지 방을 써야 하기 때문에 넣기만 하면 당첨이지만 현실적으로 어렵죠.

그 전만 해도 실입주를 안 해도 됐기 때문에 일단 분양을 받고 전세를 주던가 하는 방법으로 해결을 해서 미달이 나지 않았는데 지금은 무조건 실입주를 해야 하기 때문에 미달이 나는 경우가 더러 있는 겁니다.

(그렇다는 얘기는 자녀가 전부 기숙사학교를 다녀서 실질적으로 부부 둘만 사는 경우라면 100% 당첨이 되겠죠?

그 이후에 발생되는 현실적인 문제 등은 그때 다시 풀어 가면 되고요.)

그다음 아래의 내용은 조금 애매할 수 있는 부분들인데 다자녀를 준비하시는 분들은 아래 내용을 보시면서 해당되는 내용을 체크하시기 바랍니다.

입양의 경우 입주 시까지 입양자격을 유지하여야 하고 입주지정기간 개시일 이후 입양상태를 증명할 수 있는 서류(입양관계증명서, 가족관계증명서)를 추가로 제출하여야 하며, 서류 미제출 또는 입주 전 파양한 경우에는 부적격 처리되어 당첨 취소 및 계약 취소되며, 향후 신청이 제한됩니다.

임신의 경우 당첨서류 제출 시 출산관련자료(출생증명서, 유산·낙태 관련 진단서, 임신 지속 시 임신진단서)를 제출하여야 하며 서류 미제출, 허위임신, 불법낙태의 경우 당첨 취소 및 부적격 처리되어 향후 신청이 제한됩니다(출산 관련 자료는 공고일 현재 임신사실 확인이 가능해야 합니다).

※ 당첨서류 제출 시 임신진단서를 제출한 분은 입주 시까지 출생증명서 또는 유산·낙태 관련 진단서를 제출하여야 합니다.

※ 재혼으로 직계가 아닌 자녀를 부양하는 경우 자녀임을 입증할 수 있는 자녀의 가족관계증명서를 제출하여야 합니다.

※ 다자녀 중 전부 또는 일부가 주민등록표등본상 주택공급신청자와 세대를 달리할 경우 「가족관계의 등록 등에 관한 법률」에 따라 가족관계증명서를 제출하여야 합니다.

※ 이혼, 재혼한 경우 주택공급신청자 본인의 자녀는 주택공급신청자 또는 주택공급신청자의 배우자와 동일한 주민등록표등본에 등재된 경우에 한하여 자녀 수에 포함되며, 재혼한 배우자의 자녀는 주택공급신청자와 동일한 주민등록표등본에 등재된 경우에 한하여 자녀 수로 인정됩니다.

다음은 노부모 부양입니다.

1. 입주자모집공고일 현재 만 65세 이상의 직계존속(배우자의 직계존속 포함)을 3년 이상 계속하여 부양(같은 세대별 주민등록표등본상에 등재되어 있는 경우에 한함)하고 있는 무주택세대구성원 중 세대주.
2. 입주자모집공고일 현재 청약통장(주택청약종합저축, 청약저축)에 가입하여 2년이 경과한 자로서 매월 약정납입일에 월 납입금을 24회 이상 납입.
3. 입주자모집공고일 기준 〈표1〉의 부동산 및 자동차 소유에 관한 자산 보유기준을 충족.
4. 무주택세대구성원 전원의 월평균소득이 〈표2〉 전년도 도시근로자 가구당 월평균소득의 120% 이하.

이렇게 네 가지를 충족해야 합니다.

역시 지역우선공급기준에 충족을 해야 하고 기준이 충족된다면 3년 이상의 무주택세대구성원으로서 저축총액이 많은 순으로 당첨이 됩니다.

3년 이상 무주택세대구성원이 별로 없다면 그다음은 그냥 저축총액이 많은 순으로 당첨이 되고요.

이 노부모 부양의 경우 아무래도 부모님을 모시고 거주를 하다 보니 면적이 49㎡ 같은 좁은 면적에서는 납입금 1200만 원선에 당첨이 되기도 하는 등 경우에 따라서는 상당히 낮은 금액으로 당첨이 되기도 합니다.

이 점은 다자녀와 유사하죠?

그런데 그래도 어느 정도 모시고 살 수 있는 면적인 59㎡ 이상부터는 보통 1700만~1800만 원선에 당첨이 되며 일반청약과 비교했을 때 200만~400만 원 정도 차이가 납니다.

연수로 치면 1년 반에서 3년 반 정도 차이가 나는데 생각보다 큰 차이가 나지는 않습니다.

또한 위에서 언급드리지 않은 내용들도 있는데 노부모 부양을 준비하시는 분들은 아래의 내용을 보시면 도움이 되실 겁니다.

※ 피부양 직계존속을 포함한 세대구성원 전원이 무주택이어야 함(피부양 직계존속의 배우자가 있을 경우 그 배우자도 무주택이어야 하며, 신청 시 피부양 직계존속의 배우자도 반드시 기재하여야 하며 피부양 직계존속의 배우자가 주택을 소유하고 있었던 기간은 무주택 기간에서 제외함).

(단, 피부양 직계존속이 입주자모집공고일 기준 최근 3년 이내 계속하여 90일을 초과하여 해외에 체류한 경우는 부양에서 제외, 신청 불가)

※ 호주제가 유지된 2007년 12월 31일 이전 만 60세 이상인 직계존속이나 「장애인복지법」 제2조에 따른 장애인인 직계존속을 부양하고 있는 호주승계예정자로서 세대주로 인정받아 청약저축에 가입한 분 또는 임대주택의 입주자로 선정된 분은 세대주로 간주합니다.

마지막으로 생애최초입니다.

1. 입주자모집공고일 현재 생애최초로 주택을 구입하는 무주택세대구성원 중 세대주(세대에 속한 모든 분이 과거 주택소유사실이 없어야 하며, 배우자가 결혼 전 주택소유사실이 있는 경우도 청약 불가).
2. 입주자모집공고일 현재 청약통장(주택청약종합저축, 청약저축)에 가입하여 2년이 경과한 자로서 매월 약정납입일에 월 납입금 24회 이상 납입한 무주택세대구성원으로서 저축액이 선납금을 포함하여 600만 원 이상.
3. 입주자모집공고일 현재 혼인(재혼 포함)중이거나 미혼인 자녀가 있는 분.
4. 입주자모집공고일 현재 근로자 또는 자영업자, 과거 1년 내에 소득세를 납부한 분(근로자 또는 자영업자가 아닌 경우에 한함)으로서 신청자 본인이 5년 이상 소득세를 납부한 분.
5. 입주자모집공고일 기준 〈표1〉의 부동산 및 자동차 소유에 관한 자산 보유기준을 충족.
6. 무주택세대구성원 전원의 월평균소득이 〈표2〉 전년도 도시근로자 가구당 월평균소득의 100% 이하.

이렇게 여섯 가지를 충족하여야 합니다.

간혹 생애최초라고 해서 정말 생애최초로 집을 구하는 경우이기만 하면 되는 건가 하시는 분들이 계십니다.

그러나 소득세를 5년 이상 납부하고 가장 중요한 '결혼'을 하였거나 '미혼인 자녀'가 있으셔야 이 생애최초에 넣으실 수가 있습니다.

가볍게 보고 접근한 희망을 잃으신 20대 및 30대분들께서는 이번 이야기가 좋게 들리지는 않을 것 같네요.

다시 본론으로 넘어와서 위의 여섯 가지를 충족한 분들은 지역우선공급기준에 충족을 해야 하고 이 기준에 충족이 됐다면 그다음부터는 추첨으로, 정말 말 그대로 운으로 뽑게 됩니다.

이렇게 특별공급은 신혼부부, 다자녀, 노부모부양, 생애최초 등 크게 네가지로 구분되어 나오는데 자녀가 없거나 한 명이면 생애최초로, 자녀가 있으면서 두 명 이상이면 신혼부부로, 미성년 자녀가 세 명 이상이면서 혼인기간이 7년이 넘었다면 다자녀로 가는 것이 가장 일반적인 테크트리입니다.

그리고 결국 부모가 집을 못 구했건 안 구했건 어쨌든 무주택인 상태에서 그 자녀와 같이 살고 있다면 노부모 부양으로 이어지고요.

그리고 큰 의미가 있을까 싶긴 하지만 특별공급은 기관추천을 제외하고는 일반공급과 중복청약이 가능합니다.

2200만 원이 커트라인인 아파트에 접수하면서 한 1200만 원 정도 되는 통장을 갖고 있는데 어차피 가능성이 없으니 생애최초를 넣으면서 일반공급도 넣었는데 운이 너무 좋게도 특정 평형대에 집중되어 내가 넣은 면적에서는 1200만 원에 당첨이 될 수도 있으니 일반공급도 같이 도전을 하시는 게 좋을 듯합니다.

물론 가능성은 독자 여러분들께서 느끼시는 그 정도입니다.

마지막으로 실제 서울 공공분양 특별공급 당첨하한선을 보여 드리면서 이 장을 마무리하겠습니다.

고덕강일 4단지(2019. 8. 20.)

구 분		49㎡	59㎡
다자녀	해당	총점 60점, 미성년자 3명	총점 60점, 미성년자 3명
	수도권	총점 70점, 미성년자 3명	총점 65점, 미성년자 3명
신혼 부부	해당	2순위, 9점에서 추첨	1순위, 11점에서 추첨
	수도권	-	-
노부모 부양	해당	3년 이상, 325만 원	3년 이상, 1460만 원
	수도권	3년 이상, 530만 원	-

고덕강일 8단지(2020. 6. 2.)

구 분		49㎡	59㎡
다자녀	해당	신청자 전원	총점 70점, 미성년자 3명
	수도권	신청자 전원	총점 70점, 미성년자 3명
신혼 부부	해당	1순위, 11점에서 추첨	1순위, 12점에서 추첨
	수도권	1순위, 10점에서 추첨	1순위, 11점에서 추첨
노부모 부양	해당	3년 이상, 1180만 원	3년 이상, 1725만 원
	수도권	3년 이상, 1070만 원	3년 이상, 1520만 원

고덕강일 14단지(2020. 6. 2.)

구 분		49㎡	59㎡
다자녀	해당	신청자 전원	총점 70점, 미성년자 3명
	수도권	신청자 전원	총점 70점, 미성년자 3명
신혼 부부	해당	1순위, 10점에서 추첨	1순위, 9점에서 추첨
	수도권	1순위, 12점에서 추첨	1순위, 11점에서 추첨
노부모 부양	해당	3년 이상, 1680만 원	3년 이상, 1770만 원
	수도권	3년 이상, 1238만 원	3년 이상, 1540만 원

위례신도시 A1-12블록(2020. 11. 19.)

구 분		64㎡	74㎡	84㎡
다자녀	해당	총점 75점, 미성년자 3명	총점 75점, 미성년자 3명	총점 75점, 미성년자 3명
	수도권	총점 70점, 미성년자 3명	총점 75점, 미성년자 3명	총점 75점, 미성년자 3명
신혼 부부	해당	1순위, 11점에서 추첨	1순위, 11점에서 추첨	1순위, 11점에서 추첨
	수도권	1순위, 11점에서 추첨	1순위, 11점에서 추첨	1순위, 11점에서 추첨
노부모 부양	해당	3년 이상, 1760만 원	3년 이상, 1810만 원	3년 이상, 1922만 원
	수도권	3년 이상, 1730만 원	3년 이상, 1800만 원	3년 이상, 1610만 원

위례신도시 A1-5블록(2020. 11. 19.)

구 분		66㎡	70㎡	75㎡
다자녀	해당	총점 75점, 미성년자 3명	총점 75점, 미성년자 3명	총점 75점, 미성년자 3명
	수도권	총점 75점, 미성년자 3명	총점 75점, 미성년자 3명	총점 75점, 미성년자 3명
신혼 부부	해당	1순위, 11점에서 추첨	1순위, 11점에서 추첨	1순위, 12점에서 추첨
	수도권	1순위, 11점에서 추첨	1순위, 11점에서 추첨	1순위, 11점에서 추첨
노부모 부양	해당	3년 이상, 2060만 원	3년 이상, 1990만 원	3년 이상, 1890만 원
	수도권	3년 이상, 2010만 원	3년 이상, 1910만 원	3년 이상, 1670만 원

구 분		80㎡	84㎡
다자녀	해당	총점 75점, 미성년자 3명	총점 85점, 미성년자 3명
	수도권	총점 75점, 미성년자 3명	총점 85점, 미성년자 3명
신혼 부부	해당	1순위, 12점에서 추첨	1순위, 12점에서 추첨
	수도권	1순위, 11점에서 추첨	1순위, 12점에서 추첨
노부모 부양	해당	3년 이상, 2040만 원	3년 이상, 2225만 원
	수도권	3년 이상, 1830만 원	3년 이상, 2170만 원

(02)

숙성 청약

10. 미혼에게 주는 유일한 희망

　　지금까지 공공분양 특별공급에 대해 알아봤고 이번에는 미혼인 사람도 충분히 당첨될 수 있는 신혼희망타운에 대해서 알아보겠습니다.

　신혼희망타운은 이름에서 알 수 있듯이 신혼부부들에게 공급하는 주거정책입니다.

　그리고 신혼부부 특별공급과 굉장히 유사하면서도 다른 방식으로 공급을 합니다.

　우선 기본적인 신청자격은 유사합니다.

1. 입주자모집공고일 기준 신혼부부(혼인기간 7년 이내), 예비신혼부부(입주 전까지 혼인사실 증명), 한부모가족(만 6세 이하의 자녀를 둔) 중 무주택세대구성원.
2. 입주자모집공고일 기준 청약통장(주택청약종합저축, 청약저축)에 가입하여 6개월 이상 경과, 월납입금 6회 이상 납입.
3. 입주자모집공고일 기준 〈표3〉의 부동산 및 자동차 소유에 관한 자산 보유기준을 충족.
4. 무주택세대구성원 전원의 월평균소득이 〈표4〉의 전년도 도시근로자

　　　　　　　　——————　집 밥 도　내 집 에 서　먹 어 야　맛 있 다

가구당 월평균소득의 120%(맞벌이일 경우 130%) 이하.

이 기본적인 내용은 신혼부부 특별공급과 완전히 유사하나 3번 내용인 자산보유기준과 4번 내용인 소득기준이 조금 다르죠.

아까 신혼부부 특별공급에서 나왔던 표와 대조를 해 보시면 부동산과 차량만 봤던 신혼부부 특별공급과는 달리 신혼희망타운은 예금이나 전세 보증금 등도 봅니다.

명확히 차이가 나는 것을 알 수가 있죠.

<표3> 자산보유기준(신혼희망타운)

구 분		자산보유기준 세부내역
① 부동산	건물	• 건축물가액은 해당 세대가 소유하고 있는 모든 건축물의 지방세정 시 가표준액으로 함 (없는 경우 지자체장이 결정한 시가표준 적용)
	토지	• 토지가액은 지목에 상관없이 해당 세대가 소유하고 있는 모든 토지의 공시가격(표준지·개별공시지가)에 면적을 곱한 금액 　단, 아래 경우는 제외 - 「농지법」 제2조제1호에 따른 농지로서 같은 법 제49조에 따라 관할 시·구·읍·면의 장이 관리하는 농지원부에 같은 농업인과 소유자로 등재된 경우 - 「초지법」 제2조제1호에 따른 초지로서 소유자가 「축산법」 제22조에 따른 축산업 허가를 받은 사람이며 축산업 허가증의 사업장 소재지와 동일한 주소인 경우 - 공부상 도로, 구거, 하천 등 공공용지로 사용되고 있는 경우 - 종중소유 토지(건축물을 포함) 또는 문화재가 건립된 토지 등 해당 부동산의 사용, 처분 등이 금지되거나 현저히 제한을 받는 경우로서 입주(예정)자가 구체적인 사실관계를 입증하는 경우 • 건축물가액에 토지가액이 포함되지 않는 비주거용 건축물(상가, 오피스텔 등)의 부속토지도 토지가액에 포함(개별공시지가 기준)
② 금융자산		• 보통예금, 저축예금, 자유저축예금, 외화예금 등 요구불예금: 최근 3개월 이내의 평균 잔액 • 정기예금, 정기적금, 정기저축 등 저축성예금: 예금의 잔액 또는 총납입액 • 주식, 수익증권, 출자금, 출자지분, 부동산(연금)신탁: 최종 시세가액 • 채권, 어음, 수표, 채무증서, 신주인수권 증서, 양도성예금증서: 액면가액 • 연금저축: 잔액 또는 총납입액 • 보험증권: 해약하는 경우 지급받게 될 환급금 • 연금보험: 해약하는 경우 지급받게 될 환급금

구 분	자산보유기준 세부내역
③ 기타자산	• 「지방세법」제104조제4호 및 제5호에 따른 항공기 및 선박: 「지방세법」제4조제2항에 따른 시가표준액 등을 고려하여 보건복지부장관이 정하는 가액 • 주택 · 상가 등에 대한 **임차보증금(전세금을 포함한다)**: 임대차계약서 상의 보증금 및 전세금 • 「지방세법」제6조제11호에 따른 입목: 「지방세법 시행령」제4조제1항 제5호에 따른 시가표준액 • 「지방세법」제6조제13호에 따른 어업권: 「지방세법 시행령」제4조제1 항제8호에 따른 시가표준액 • 「지방세법」제6조제14호부터 제18호까지의 규정에 따른 회원권: 「지방세법 시행령」제4조제1항제9호에 따른 시가표준액 • 「소득세법」제89조제2항에 따른 조합원입주권: 다음 각 목의 구분에 따른 금액 가. 청산금을 납부한 경우: 「도시 및 주거환경정비법」제48조에 따른 관리처분계획에 따라 정해진 가격(이하 "기존건물평가액"이라 한다)과 납부한 청산금을 합한 금액 나. 청산금을 지급받은 경우: 기존건물평가액에서 지급받은 청산금을 뺀 금액 • 건물이 완성되는 때에 그 건물과 이에 부수되는 토지를 취득할 수 있는 권리(위 조합원입주권은 제외): 조사일 현재까지 납부한 금액
④ 자동차	• 사회보장정보시스템을 통해 조사된 보건복지부장관이 정하는 차량기준가액 총자산가액 산출시 적용하는 자동차가액은 해당세대가 보유한 모든 자동차의 가액을 합하여 산출하고 아래의 경우를 제외함 - 「장애인복지법」제39조에 따른 장애인사용 자동차와 「국가유공자 등 예우 및 지원에 관한 법률」에 따른 국가유공자로서 상이등급 1급 내지 7급에 해당하는 자의 보철용 차량의 경우 • 「대기환경보전법」제58조제3항에 따른 국가나 지방자치단체의 보조를 받고 구입한 저공해자동차의 경우 자동차가액에서 정부와 지방자치단체의 보조금을 제외한 금액으로 함

구 분	자산보유기준 세부내역
⑤ 부채	• 「금융실명거래 및 비밀보장에 관한 법률」 제2조제1호에 따른 금융회사 등으로부터 받은 대출금 ※ 조회 시 제외되는 항목 예시: 마이너스통장, 카드론 등 • 공공기관 대출금 • 법에 근거한 공제회 대출금 • 법원에 의하여(판결문, 화해·조정조서) 확인된 사채 • **임대보증금**(단, 해당 부동산가액 이하의 금액만 반영)

※ ①+②+③+④ 합계액에서 ⑤를 차감한 금액이 **307,000,000원 이하.**

※ 보건복지부장관이 정하는 차량기준가액이 없는 경우 자동차 가격 적용 기준.

• 자동차 등록증에 기재되어 있는 경우: 자동차 출고(취득)가격(부가가치세가 제외된 금액).

• 자동차 등록증에 기재되어 있지 않은 경우: 취·등록세 납부 영수증, 지방세납부확인서 등에 표시된 과세표준액 확인 또는 해당 시·군·구청으로 문의.

• 경과년수는 연식이 아닌 최초 신규등록일을 기준으로 계산하며, 경과년수에 따라 매년 10퍼센트씩 감가상각.

<표4> 신혼희망타운 소득요건

구분	가구당 월평균 소득 비율					
	70% 수준		100% 수준		130% 수준	
	배우자 소득無 70%	배우자 소득有 80%	배우자 소득無 100%	배우자 소득有 110%	배우자 소득無 130%	배우자 소득有 140%
3인 이하	4,221,112	4,824,128	6,030,160	6,633,176	7,839,208	8,442,224
4인	4,965,944	5,675,364	7,094,205	7,803,626	9,222,467	9,931,887
5인	4,965,944	5,675,364	7,094,205	7,803,626	9,222,467	9,931,887
6인	5,175,553	5,914,918	7,393,647	8,133,012	9,611,741	10,351,106
7인	5,444,616	6,222,418	7,778,023	8,555,825	10,111,430	10,889,232
8인	5,713,679	6,529,919	8,162,399	8,978,639	10,611,119	11,427,359

※ 4인과 5인은 동일하다. (단위: 원)

또한 이 신혼희망타운은 공급방식도 약간 다릅니다.

우선공급이라는 개념이 있는데 예비신혼부부와 혼인기간 2년 이내의 신혼부부, 그리고 만 3세 미만의 자녀를 둔 신혼부부 및 한부모가족을 대상으로 전체물량의 30%를 공급하는 방식입니다.

그리고 가점순으로 선정을 하는데 가점표는 아래의 표와 같습니다.

가점항목	평가요소	점수	비고
가. 가구소득	70% 이하	3	배우자 소득이 있는 경우 +10%
	70% 초과, 100% 이하	2	
	100% 초과	1	
나. 해당 시 · 도 연속 거주기간	2년 이상	3	
	1년 이상, 2년 미만	2	
	1년 미만	1	
다. 주택청약 종합저축 납입인정횟수	24회 이상	3	
	12회 이상, 23회 이하	2	
	6회 이상, 11회 이하	1	

다른 신혼부부 가점과 차이가 있습니다.

딱 봐도 자녀 점수가 없죠?

자녀가 있어야 1순위였던, 그리고 자녀의 수에 따라 당첨이 됐던 신혼부부 특별공급과는 달리 신혼희망타운 우선공급은 자녀와 무관하게 당첨자 선발이 됩니다.

즉, 미혼상태인 예비신혼부부에게는 절체절명의 기회가 될 수 있는 거죠.

이 신혼희망타운 우선공급 30%는 주로 9점 만점에서 추첨이 들어가며 지역에 따라 8점에서 추첨이 되는 곳도 있습니다.

———— 집밥도 내 집에서 먹어야 맛있다

9점이 되는 분들이라면 생애최초보다 훨씬 낮은 경쟁률로 당첨이 될 수 있어 예비신혼부부들에게는 정말 최고의 정책이지 않나 싶네요.

그리고 잔여공급은 보통 70%인데 나머지 접수자인 혼인기간 2년 초과 7년 이내, 3세 이상 6세 이하 자녀를 둔 신혼부부, 3세 이상 6세 이하 자녀를 둔 한부모가족과 1단계 낙첨자들을 대상으로 진행이 되는데 예비신혼부부는 가점이 모자라서 사실상 불가능합니다.

가점의 기준은 아래의 표와 같습니다.

가점항목	평가요소	점수	비고
가. 미성년 자녀수	3명 이상	3	태아(입양) 포함
	2명	2	
	1명	1	
나. 무주택기간	3년 이상	3	만 30세 기준 (이전에 혼인 시 혼인신고일 기준)
	1년 이상, 3년 미만	2	
	1년 미만	1	
다. 해당 시·도 연속 거주기간	2년 이상	3	
	1년 이상, 2년 미만	2	
	1년 미만	1	
라. 주택청약 종합저축 납입인정횟수	24회 이상	3	
	12회 이상, 23회 이하	2	
	6회 이상, 11회 이하	1	

우선공급과 다른 점은 소득기준이 빠지고 미성년 자녀수와 무주택기간이 추가됐다는 점입니다.

여기서 헷갈리면 안 되는 점은 가점항목에서 소득기준이 없다는 점입니다.

가점항목에서 소득기준이 없더라도 기본 신청자격요건에는 소득기준이 있습니다.

12점 만점 중 통상 11점에서 추첨인데 자녀가 없어 9점밖에 안 되는 예비신혼부부는 당연히 당첨이 안 되겠죠?

그렇기에 어떻게든 예비신혼부부는 우선공급 30%에서 당첨이 돼야 합니다.

그런데 제도적으로 우선공급은 참 불리한 점이 있어서 논란이 되고 있습니다.

얼핏 보면 우선공급에서 떨어진 사람들하고 잔여공급만 참여할 수 있는 사람들하고 대결하는 건데 우선공급이 더 좋은 거 아닌가? 하는 생각이 들 수 있습니다.

그래서 글에 힌트를 넣어 놨죠.

잔여공급 설명드릴 때 '보통' 70%에서 공급을 한다고 말씀드렸죠?

공급은 딱 우선공급과 잔여공급 두 가지로 이뤄져 있고 우선공급이 30%면 잔여공급은 당연 70%여야 할 텐데 이게 어찌 된 일일까요?

바로 우선공급에서 부적격자가 나올 경우 그 물건이 전부 잔여공급 쪽으로 가기 때문에 그렇습니다.

즉, 자격요건이 안 되는 10%가 우선공급으로 당첨됐다가 취소됐다 그러면 결과적으로 우선공급 20%에 잔여공급 80%를 하게 된 셈이 되는 겁니다.

이 부분은 논란이 좀 많아서 나중에 개선될 여지도 분명히 있어 보이긴 하나 아직까지는 제도가 개선되진 않았습니다.

우선공급이 불리한 점은 여기서 끝이 아닙니다.

우선공급자는 자녀가 없거나 있어도 1명일 가능성이 매우 높습니다.

——————— 집밥도 내 집에서 먹어야 맛있다

예비신혼부부가 상당히 많은데 이들은 자녀가 없고, 2세 이하의 자녀를 둔 부부나 한부모가족은 아이가 2명일 가능성이 현저히 떨어지죠.

　이 사람들이 잔여공급 쪽으로 오게 되면 우선공급에서 아무리 9점 중 9점 만점을 받았다고 하더라도 여기선 12점 만점 중 9점이나 10점밖에 되지 않습니다.

　그런데 잔여공급에만 참여하는 사람들은 보통 11점에서 추첨이 되니 10점은 사실상 불가능에 가깝죠.

　그러다 보니 말이 우선공급이지, 사실상 우선공급이 잔여공급에 비해 불리한 포지션에 위치해 있게 되는 겁니다.

　참고로 신혼희망타운 커트라인 추세를 말씀드리면 이 신혼희망타운은 정말 가뭄에 콩 나듯 하나씩 시장에 나오기 때문에 우선공급에서는 무조건 9점이어야만 승산이 있고 대부분이 9점으로 참여를 하기 때문에 사실상 그냥 추첨제라고 보시면 되며, 잔여공급에서는 12점은 당첨, 11점에서 추첨하거나 정말 경쟁률이 가끔 떨어질 때는 극소수의 10점이 당첨되기도 합니다.

　물론 대부분의 분들이 원하시는 지역은 11점에서 커트라인이 걸렸었죠.

　신혼희망타운의 실제 당첨사례를 한번 보도록 하겠습니다.

〈고양 지축 A1블록〉

우선공급			
주택형	당해지역	경기지역	타지역
46㎡A	8	8	-
46㎡B	8	8	-
55㎡	9	9	-
잔여공급			
46㎡A	8	7	7
49㎡B	8	8	7
55㎡	10	10	10

〈고양 지축 A2블록〉

우선공급			
주택형	당해지역	경기지역	타지역
55㎡A	9	9	-
55㎡B	9	9	-
잔여공급			
55㎡A	10	10	-
55㎡B	10	10	-

〈고양 장항 A4블록〉

우선공급			
주택형	당해지역	경기지역	타지역
56㎡A	9	9	9
잔여공급			
56㎡A	9	9	9

집밥도 내 집에서 먹어야 맛있다

〈고양 장항 A5블록〉

주택형	우선공급		
	당해지역	경기지역	타지역
56㎡A	8	8	-
잔여공급			
56㎡A	8	8	8

〈과천 지식정보타운 S3블록〉

주택형	우선공급		
	당해지역	경기지역	타지역
55㎡A	9	9	9
55㎡B	8	9	-
59㎡	9	9	-
잔여공급			
55㎡A	4	11	11
55㎡B	6	10	10
59㎡	10	12	-

〈과천 지식정보타운 S7블록〉

주택형	우선공급		
	당해지역	경기지역	타지역
55㎡A	9	9	-
55㎡B	8	9	-
잔여공급			
55㎡A	6	11	-
55㎡B	7	11	-

〈남양주 별내 A25블록〉

우선공급			
주택형	당해지역	경기지역	타지역
46㎡A	9	9	-
46㎡B	8	8	-
55㎡A	9	9	-
55㎡B	9	9	-
잔여공급			
46㎡A	9	9	-
49㎡B	10	9	-
55㎡A	10	10	-
55㎡B	9	9	-

〈수서역세권 A3블록〉

우선공급		
주택형	당해지역	타지역
46㎡A	9	-
46㎡B	9	-
55㎡A	9	-
55㎡B	9	-
55㎡C	9	-
잔여공급		
46㎡A	10	-
46㎡B	11	-
55㎡A	12	-
55㎡B	11	-
55㎡C	11	-

집밥도 내 집에서 먹어야 맛있다

〈수원 당수 A3블록〉

우선공급			
주택형	당해지역	경기지역	타지역
55㎡A	9	9	-
55㎡B	8	8	8
잔여공급			
55㎡A	7	7	7
55㎡B	5	6	6

〈수원 당수 A4블록〉

우선공급			
주택형	당해지역	경기지역	타지역
46㎡A	8	7	7
46㎡B	7	8	-
55㎡A	9	9	-
55㎡B	8	8	-
잔여공급			
46㎡A	9	3	3
49㎡B	5	2	2
55㎡A	8	8	8
55㎡B	7	7	7

〈시흥 장현 A8블록〉

주택형	우선공급		
	당해지역	경기지역	타지역
55㎡A	9	9	-
55㎡B	7	8	-
	잔여공급		
55㎡A	9	9	9
55㎡B	7	5	5

〈시흥 장현 A12블록〉

주택형	우선공급		
	당해지역	경기지역	타지역
55㎡A	8	8	9
55㎡B	8	8	-
55㎡C	8	8	-
	잔여공급		
55㎡A	4	7	7
55㎡B	8	6	6
55㎡C	5	6	6

〈시흥 장현 A9블록〉

주택형	우선공급		
	당해지역	경기지역	타지역
46㎡	7	6	6
55㎡A	9	9	-
55㎡B	7	8	-
	잔여공급		
46㎡	8	3	3
55㎡A	8	8	8
55㎡B	6	5	5

집 밥 도 내 집 에 서 먹 어 야 맛 있 다

〈양원 S2블록〉

우선공급		
주택형	당해지역	타지역
46㎡	9	-
55㎡A	9	-
55㎡B	9	-
잔여공급		
46㎡A	10	-
55㎡A	11	-
55㎡B	10	-

<위례 A2-6블록>

우선공급			
주택형	당해지역	경기지역	타지역
46㎡	9	9	-
49㎡	9	-	-
55㎡A	9	9	-
55㎡B	9	9	-
59㎡	9	9	-
잔여공급			
46㎡	10	10	-
49㎡	10	10	-
55㎡A	11	11	11
55㎡B	11	11	-
59㎡	11	11	12

<위례 A3-3블록>

우선공급			
주택형	당해지역	경기지역	타지역
46㎡A	9	9	9
46㎡B	8	9	-
55㎡A	9	9	-
55㎡B	9	9	-
잔여공급			
46㎡A	9	10	-
49㎡B	6	10	-
55㎡A	10	11	-
55㎡B	10	11	-

집 밥 도 내 집 에 서 먹 어 야 맛 있 다

〈의왕 초평 A3블록〉

주택형	우선공급		
	당해지역	경기지역	타지역
55㎡A	7	-	-
55㎡B	7	-	9
	잔여공급		
55㎡A	4	-	9
55㎡B	8	-	9

〈파주 와동 A1블록〉

주택형	우선공급		
	당해지역	경기지역	타지역
55㎡A	5	-	6
55㎡B	-	-	4
	잔여공급		
55㎡A	7	-	4
55㎡B	8	-	4

〈파주 운정3 A26블록〉

주택형	우선공급		
	당해지역	경기지역	타지역
55㎡A	8	8	-
55㎡B	6	6	4
	잔여공급		
55㎡A	6	6	6
55㎡B	8	6	6

〈하남 감일 A7블록〉

우선공급			
주택형	당해지역	경기지역	타지역
46㎡A	8	9	-
46㎡B	8	8	-
55㎡	9	9	9
잔여공급			
46㎡A	8	9	9
49㎡B	8	10	-
55㎡	10	11	-

〈화성 능동 B1블록〉

우선공급			
주택형	당해지역	경기지역	타지역
55㎡A	9	-	-
55㎡B	8	-	-
55㎡C	8	-	-
잔여공급			
55㎡A	9	-	-
55㎡B	2	-	9
55㎡C	6	-	-

———— 집 밥 도 내 집 에 서 먹 어 야 맛 있 다

〈화성 동탄2 A104블록〉

우선공급			
주택형	당해지역	경기지역	타지역
46㎡	6	5	4
55㎡A	8	8	-
55㎡B	5	7	6
잔여공급			
46㎡	-	8	1
55㎡A	7	8	8
55㎡B	6	2	1

〈화성 봉담 A2블록〉

우선공급			
주택형	당해지역	경기지역	타지역
55㎡A	9	9	-
55㎡B	6	5	4
잔여공급			
55㎡A	6	6	6
55㎡B	8	7	5

커트라인은 가나다순으로 정렬을 했습니다.

쭉 보시면서 느끼셨겠지만 신혼희망타운이 모두 경쟁률이 높은 것은 아닙니다.

신혼희망타운은 후술할 내용 때문에 입지가 조금만 애매하더라도 경쟁률이 훅 빠지는 경향을 보입니다.

이 점을 참고하셔서 참여하시면 좋은 결과 얻으실 겁니다.

신혼희망타운에 대해 알아보는 김에 이 신혼희망타운에서 정말 특이한

제도가 있는데 그것도 한번 짚어 볼게요.

신혼희망타운은 일반청약이나 매매와는 달리 대출이 무려 70%까지 됩니다.

또한 이율 역시 2021년 1월 기준으로 1.3%밖에 안 되는 월등히 낮은 이율로 대출이 가능하죠.

돈이 당장 없는 분께는 정말 엄청난 이점입니다.

그러나 반대로 돈이 조금 있는 분들께는 굉장히 불리한 제도이기도 해요.

왜냐하면 무조건 30% 이상은 받아야 하기 때문입니다.

'뭐 까짓것 이율도 싼데 받으면 좋지.'

라고 생각할 수 있겠으나 대출을 몇 프로 받았느냐에 따라서 나중에 매각할 때 기금과 그 비율만큼 수익을 공유를 합니다.

<수익공유정산표>

구분		대출기간(년)			
		1~9	14	19	24이상
대출 70%실행 시	자녀0	50%	40%	30%	20%
	자녀1	40%	30%	20%	15%
	자녀2	30%	20%	10%	10%
대출 60%실행 시	자녀0	45%	35%	25%	20%
	자녀1	35%	25%	15%	15%
	자녀2	25%	15%	10%	10%
대출 50%실행 시	자녀0	40%	30%	20%	20%
	자녀1	30%	20%	15%	15%
	자녀2	20%	10%	10%	10%
대출 40%실행 시	자녀0	35%	25%	20%	20%
	자녀1	25%	15%	15%	15%
	자녀2	15%	10%	10%	10%
대출 30%실행 시	자녀0	30%	20%	20%	20%
	자녀1	20%	15%	15%	15%
	자녀2	10%	10%	10%	10%

위의 표에서 표기가 된 비율만큼 수익을 공유하는데 그래서 이 대출 이름을 '수익공유형 모기지'라고 합니다.

취지는 '좋은 입지의 아파트를 저렴하게 신혼부부 너희들을 위해 특별히 너희들끼리만의 경쟁을 통해 분양을 받게 해 줄 테니 아이도 많이 낳고 오래 살아라, 그리고 특별히 대출도 많이 해 주겠다. 단, 저렴한 만큼 세금투입이 되는데 나중에 그 부분을 참작해서 갚아라.'인 것 같습니다.

부동산 시장이 앞으로 침체기이고 가격이 떨어진다고 전망이 되면 소유주에게 유리한, 부동산 시장이 앞으로 활황이고 가격이 오른다고 전망이 되면 은행에게 유리한 제도인데 애초에 가격이 시세의 절반밖에 안 하기 때문에 무조건 기금한테 유리한 제도이죠.

그렇다고 소유주가 절대불리 이런 건 아니고 충분히 혜택을 보지만 혜택에 비해 많은 비용을 지불한다로 해석하면 되겠습니다.

가령 10억 원짜리를 20억 원에 팔았다, 그리고 대출 50%에 5년간 거주를 했고 자녀는 1명이다.

그러면 기금에 나눠야 하는 금액은 30%인데 그 금액이 무려 3억 원이나 됩니다.

또한 양도세는 5억 원을 초과하기 때문에 42%를 내어 약 2억 8천만 원을 내게 됩니다.

물론 취득세 같은 제반비용을 제외하면 양도세가 2억 8천만 원까지는 안 나오겠지만 그래도 2억 원 이상은 나오겠죠.

그럼 사실상 20억 원에 팔았지만 15억 원밖에 안 남게 됩니다.

양도세를 두 번 내는 것과 똑같다고 보면 되죠.

그 돈을 활용하실 것이 아니라면 가급적 대출은 적게 받으시길 권해 드립니다.

중도상환도 안 되는 대출이거든요.

이런 굉장히 특수한 제도까지 있는 게 바로 이 신혼희망타운입니다.

신혼부부 특별공급과 굉장히 비슷하면서도 큰 차이가 있기 때문에 어떤 게 유리할지는 본인이 선택을 하시면 되고 둘의 차이를 한눈에 볼 수 있게 표로 보여드리겠습니다.

민간분양 신혼부부 특별공급까지 같이 비교표에 넣어 드릴 텐데 내용

이해는 잘 안 되시더라도 미리 예습한다고 생각하시고 보시기 바랍니다.

구분	신혼부부특별공급		신혼희망타운
	민간분양	공공분양	
자격요건	7년 이내의 신혼부부		
예비신혼부부 가능여부	불가능	가능	가능
한부모가족 가능여부	불가능	가능	가능
1순위 기준	혼인기간 중 자녀를 출산 혹은 입양하여 자녀가 있는 자		-
신혼특공비율	20% 이하	30% 이하	100%
선정기준	자녀수 많은 순	가점제 가구소득 1점 자녀의 수 3점 해당지역 연속거주기간 3점 청약통장 납입횟수 3점 혼인기간 3점	가점제 - 우선공급 - 가구소득 3점 해당지역 연속거주기간 3점 청약통장 납입횟수 3점 - 잔여공급 - 미성년 자녀수 3점 혼인기간 3점 해당지역 연속거주기간 3점 청약통장 납입횟수 3점
필요통장	주택청약종합저축, 청약예금, 청약부금	주택청약종합저축, 청약저축	

자산요건	-	부동산 2억 1550만 원 이하 자동차 3496만 원 이하	부동산+금융자산+자동차 +기타자산(임대 보증금 등) -부채 = 3억 700만 원 이하
소득요건	우선 70% 100% 이하 (맞벌이 120%) 일반 30% 140% 이하 (맞벌이 160%)	우선 70% 100% 이하 (맞벌이 120%) 일반 30% 130% 이하 (맞벌이 140%)	130% 이하 (맞벌이 140%)
우선순위	-	-	예비신혼부부, 2세 이하 자녀 한부모가족 2년 이내 신혼부부에게 30%
특이사항	분양가 9억 원 이하, 전용 85㎡ 이하에서만 신혼특공 가능	-	우선공급이 더 불리함 수익공유형 모기지
장점	기준이 덜 빡빡하다	기준이 빡빡하다	기준이 빡빡하다 대출이 많이 된다
단점	물량이 적다	물량이 많다	수익을 주택도시기금과 공유한다

———— 집밥도 내 집에서 먹어야 맛있다

10-2. 청약은 가점 낮은 예비 배우자 것으로 신청해라

이 장의 제목을 위와 같이 지었지만 사실 제가 이번에 말씀드리고자 하는 내용은 생각보다 간단합니다.

특수한 경우에서는 오히려 가점 낮은 통장을 사용하는 게 유리할 수 있다는 점이죠.

일반적으로는 부부 두 분이 통장을 각각 소유하고 있을 경우 가점이 높은 통장을 사용하죠?

그리고 그렇게 해서 접수를 해도 청약당첨이 될까 말까 하죠?

그런데 가점이 낮은 통장을 사용하라니 이건 무슨 경우일까요?

이 장의 제목에서 힌트가 있죠.

'예비 배우자'입니다.

결혼을 하지 않았다면, 그리고 결혼을 할 것이라면 가점 낮은 통장을 사용해야 유리합니다.

결혼을 하지 않았는데 1년 안에 결혼을 할 사람을 청약시장에서는 '예비신혼부부'라고 부릅니다.

이 예비신혼부부는 두 가지 청약이 가능합니다.

첫 번째는 공공분양, 두 번째는 신혼희망타운이죠.

그런데 이 중에서 공공분양은 예비신혼부부가 2순위에 있기 때문에 사실상 당첨이 불가능합니다.

1순위에 해당되어도 불가능에 가까운데 2순위라니 말 다했죠.

그럼 신혼희망타운도 마찬가지 아니냐, 할 수 있겠으나 신혼희망타운은 좀 다릅니다.

이는 아까 〈10. 미혼에게 주는 유일한 희망〉에서 충분히 설명을 드려서 내용을 아시겠지만 다시 한번 상기하시라고 간단하게 짚고 넘어가면 신혼희망타운은 우선공급, 그리고 잔여공급이라는 개념이 있는데 예비신혼부부는 바로 이 우선공급에 포함이 되기 때문에 '충분히 당첨 가능성이 있다.'입니다.

그리고 만약 지역구가 같다면 웬만하면 예비신혼부부 둘의 신혼희망타운 점수는 똑같으실 것이기 때문에 일반 가점이 낮은 예비 배우자의 통장을 이용해서 접수를 하라고 말씀을 드리는 겁니다.

인생에서 아파트 분양은 한 번뿐인 사람들이 많지만 나중에 혹여라도 새로운 기회가 있을 수 있는데 만약 신혼희망타운에 당첨이 되어서 통장 하나를 없앤다면 굳이 가점이 더 높은 통장을 미리 없앨 필요가 없죠.

11. 청약을
원하거든
이사를 가라

청약에 당첨되기 위한 거의 필수적인 요소가 있습니다.

바로 거주지 요건이죠.

나는 하남 교산에 넣고 싶은데 서울에 살면 못 넣냐, 하면 그건 아닙니다.

다만 확률이 매우 떨어지죠.

안 그래도 당첨이 될 확률이 낮은 와중에 확률을 더 낮춘다?

사실상 당첨이 불가능한 셈이죠.

공공택지에 분양하는 민간분양이나 공공분양은 수도권의 경우 다음과 같은 비율로 당첨자를 선정합니다.

해당 주택건설지역 2년 이상 계속 거주자 30%

경기도 2년 이상 계속 거주자 20%

서울, 인천, 경기도 및 2년 미만 거주자 50%

이 비율을 보면 궁금증이 몇 가지 생길 겁니다.

예전에 살았었다면? 기준은 언제? 오히려 해당지역이 비율이 낮네? 해당 주택건설지역이라 하면 어디? 하나하나 차근차근 살펴보겠습니다.

먼저 '예전에 살았던 것을 인정해 주냐' 하면 그렇지 않습니다.

가령 평생을 하남에서 거주했는데 직장 때문에 세 달 정도 강남으로 주소를 옮겼다, 이런 경우 그냥 서울 사람이 되는 겁니다.

즉, 전혀 인정해 주지 않는 거죠.

이때 기준은 언제일까요?

모집공고는 2월 24일, 청약접수일자는 3월 10일, 당첨자 발표는 3월 25일에 난다고 했을 때 내 주소지가 언제를 기준으로 하남에 있어야 할까요?

정답은 모집공고가 나왔을 때입니다.

만약 2월 28일까지 하남에 살다가 강남으로 이사를 갔다면 하남 주소지로 들어가는 거죠.

그다음으로 해당지역 비율에 대해 살펴보겠습니다.

해당 주택건설지역 2년 이상 계속 거주자는 30%인데 순위가 가장 낮은 서울, 인천, 경기도 및 2년 미만 거주자에게는 무려 50%나 주죠.

그럼 나는 열심히 하남에서 2년 이상을 살았는데 10명 중 3명이 당첨되는 확률이고 외딴곳에서 사는 사람은 10명 중 5명이 당첨되는 확률이니 오히려 이사를 가면 손해라는 생각을 하실 수가 있습니다.

그러나 그렇게 되면 오히려 이사를 가지 말라고 하겠죠?

이 비율은 아래와 같은 방법으로 당첨자를 선정합니다.

맨 처음 해당지역 2년 이상 거주자 30%에서 낙첨되면 경기도 2년 이상 거주자 20%랑 경쟁하고 여기서 또 떨어지면 나머지 50%와 경쟁하죠.

즉, 하남 2년 이상 거주자는 쉽게 말해 총 세 번의 기회가 있는 거고 경기도 2년 이상 거주자는 총 두 번의 기회가, 그리고 나머지 지역은 한 번의 기회가 있는 거죠.

청약의 당첨이 정말 절실하신 분이라면 가능한 모든 당첨 가능성을 올리는 데에 집중을 해야 하며 어떻게 보면 가장 기본이 되는 것이 바로 이 주소지이기 때문에 이사는 거의 필수코스 정도로 생각을 하시는 게 좋을 것 같습니다.

단, 이사를 갔다고 해서 남들보다 앞서는 것은 아닙니다.

청약에 절실하신 분들이 너무나도 많고 정말 수많은 사람들이 해당지역으로 이사를 갔고, 지금도 계속 가고 있기 때문에 우리도 이사를 가야 비로소 그들과 동일선상에 위치하게 되는 거죠.

12. 이사를 못 간다고 해도 너무 낙심하지는 마라

　　주소지라는 것이 월등히 유리한 조건으로 볼 수가 있는데 그러나 이사를 안 갔다고 해도 너무 낙심할 필요는 없습니다.

　　하남을 예시로 들어서 일반적으로 생각하기에는 현재 2000만 원짜리 통장을 가지고 있는데 하남 2년 이상 커트라인이 2100만 원이라서 '수도권은 분명 더 치열할 테니 난 떨어지겠지?'라고 생각을 합니다.

　　그러나 막상 나머지 지역 커트라인이 1950만 원 이런 식으로 돼서 당첨이 되는 경우가 사실은 대부분입니다.

　　이 얘기는 즉, 우리가 납입금만 높은 통장을 가지고 있다면 충분히 당첨이 될 수 있다는 뜻이죠.

　　몇 가지 실 사례를 보여 드리겠습니다.

　　'해당'과 '수도권'에 적혀 있는 납입금액의 차이를 비교하시면서 보세요.

위례지구 A1-5BL 일반분양 당첨하한선

지구 및 단지	주택형	당첨 하한선	
		해당(당첨자)	수도권(당첨자)
위례지구 A1-5BL	66㎡	1순위, 3년 이상 무주택 세대구성원, 납입금액 24,660천원	1순위, 3년 이상 무주택 세대구성원, 납입금액 23,280천원
	70㎡	1순위, 3년 이상 무주택 세대구성원, 납입금액 23,480천원	1순위, 3년 이상 무주택 세대구성원, 납입금액 23,400천원
	75㎡	1순위, 3년 이상 무주택 세대구성원, 납입금액 23,100천원	1순위, 3년 이상 무주택 세대구성원, 납입금액 22,900천원
	80㎡	1순위, 3년 이상 무주택 세대구성원, 납입금액 23,700천원	1순위, 3년 이상 무주택 세대구성원, 납입금액 23,000천원
	84㎡	1순위, 3년 이상 무주택 세대구성원, 납입금액 31,300천원	1순위, 3년 이상 무주택 세대구성원, 납입금액 29,800천원

위례지구 A1-12BL 일반분양 당첨하한선

지구 및 단지	주택형	당첨 하한선	
		해당(당첨자)	수도권(당첨자)
위례지구 A1-12BL	64㎡	1순위, 3년 이상 무주택 세대구성원, 납입금액 22,900천원	1순위, 3년 이상 무주택 세대구성원, 납입금액 22,400천원
	74㎡	1순위, 3년 이상 무주택 세대구성원, 납입금액 22,800천원	1순위, 3년 이상 무주택 세대구성원, 납입금액 22,600천원
	84㎡	1순위, 3년 이상 무주택 세대구성원, 납입금액 23,400천원	1순위, 3년 이상 무주택 세대구성원, 납입금액 23,000천원

고덕강일 공공주택지구 4단지 분양주택 당첨하한선

주택형	다자녀		신혼부부		노부모부양		일반	
	해당	수도권	해당	수도권	해당	수도권	해당	수도권
49㎡	총점 60점, 미성년자 3명	총점 70점, 미성년자 3명	2순위 총점 9점에서 추첨	1순위	3년 이상 무주택 구성원 3,250천원	3년 이상 무주택 구성원 5,300천원	1순위, 3년 이상 무주택 세대구성원, 납입금액 14,400천원	1순위, 3년 이상 무주택 세대구성원, 납입금액 14,600천원
59㎡	총점 60점, 미성년자 3명	총점 65점, 미성년자 3명	1순위 총점 11점에서 추첨	-	3년 이상 무주택 구성원 14,600천원	-	1순위, 3년 이상 무주택 세대구성원, 납입금액 19,600천원	1순위, 3년 이상 무주택 세대구성원, 납입금액 19,600천원

고덕강일 공공주택지구 8단지 분양주택 당첨하한선

주택형	다자녀		신혼부부		노부모부양		일반	
	해당	수도권	해당	수도권	해당	수도권	해당	수도권
49㎡	신청자 전원	신청자 전원	1순위 총점 11점에서 추첨	1순위 총점 10점에서 추첨	3년 이상 무주택 구성원 11,800천원	3년 이상 무주택 구성원 10,700천원	1순위, 3년 이상 무주택 세대구성원, 납입금액 18,400천원	1순위, 3년 이상 무주택 세대구성원, 납입금액 17,640천원
59㎡	총점 70점, 미성년자 3명	총점 70점, 미성년자 3명	1순위 총점 12점에서 추첨	1순위 총점 11점에서 추첨	3년 이상 무주택 구성원 17,250천원	3년 이상 무주택 구성원 15,200천원	1순위, 3년 이상 무주택 세대구성원, 납입금액 21,800천원	1순위, 3년 이상 무주택 세대구성원, 납입금액 21,120천원

집 밥 도 내 집 에서 먹 어 야 맛 있 다

고덕강일 공공주택지구 14단지 분양주택 당첨하한선

주택형	다자녀		신혼부부		노부모부양		일반	
	해당	수도권	해당	수도권	해당	수도권	해당	수도권
49㎡	신청자 전원	신청자 전원	1순위 총점 10점 에서 추첨	1순위 총점 9점에서 추첨	3년 이상 무주택 구성원 16,800 천원	3년 이상 무주택 구성원 12,380 천원	1순위, 3년 이상 무주택 세대구성원, 납입금액 18,600천원	1순위, 3년 이상 무주택 세대구성원, 납입금액 17,700천원
59㎡	총점 70점, 미성년 자 3명	총점 70점, 미성년 자 3명	1순위 총점 12점 에서 추첨	1순위 총점 11점 에서 추첨	3년 이상 무주택 구성원 17,700 천원	3년 이상 무주택 구성원 15,400 천원	1순위, 3년 이상 무주택 세대구성원, 납입금액 21,900천원	1순위, 3년 이상 무주택 세대구성원, 납입금액 21,600천원

마곡지구 9단지 일반분양 당첨하한선

지구 및 단지	주택형	당첨 하한선	
		해당(당첨자)	수도권(당첨자)
마곡지구 9단지	59㎡	1순위, 3년 이상 무주택 세대구성원, 납입금액 22,300천원	1순위, 3년 이상 무주택 세대구성원, 납입금액 19,000천원
	84㎡	1순위, 3년 이상 무주택 세대구성원, 납입금액 22,600천원	1순위, 3년 이상 무주택 세대구성원, 납입금액 19,600천원
	84㎡N	1순위, 3년 이상 무주택 세대구성원, 납입금액 20,900천원	1순위, 3년 이상 무주택 세대구성원, 납입금액 19,400천원

향동지구 2단지 일반분양 당첨하한선

지구 및 단지	주택형	당첨 하한선	
		해당(당첨자)	수도권(당첨자)
향동지구 2단지	59㎡	1순위, 3년 이상 무주택 세대구성원, 납입금액 17,100천원	1순위, 3년 이상 무주택 세대구성원, 납입금액 16,300천원
	74㎡	1순위, 3년 이상 무주택 세대구성원, 납입금액 18,960천원	1순위, 3년 이상 무주택 세대구성원, 납입금액 18,600천원
	84㎡	1순위, 3년 이상 무주택 세대구성원, 납입금액 20,950천원	1순위, 3년 이상 무주택 세대구성원, 납입금액 20,400천원

향동지구 4단지 일반분양 당첨하한선

지구 및 단지	주택형	당첨 하한선	
		해당(당첨자)	수도권(당첨자)
향동지구 4단지	59㎡	1순위, 3년 이상 무주택 세대구성원, 납입금액 13,650천원	1순위, 3년 이상 무주택 세대구성원, 납입금액 13,000천원

앞에서 보여 드린 표 중에서는 고덕강일 4단지만 유일하게 수도권이 더 치열했고 나머지는 전부 당해지역보다 수도권의 커트라인이 더 낮았습니다.

물론 커트라인이 낮다고 해서 납입금액이 낮아도 상관없다는 아닙니다.

말 그대로 커트라인이기 때문에 수도권 20명을 뽑는다고 가정했을 때 19명까지는 전부 당해지역보다 높고 마지막 20번째가 조금 낮아도 결과는 저런 식으로 나오기 때문에 수도권지역은 무조건 당해지역보다 높아야 되는 건 맞습니다.

다만 낮아도 크게 차이 나는 선이 아니라면 너무 걱정하시거나 전전긍긍하실 필요는 없다는 거죠.

가장 중요한 건 납입금액이니 말입니다.

또한 조금 늦게 이사를 가더라도 괜찮을 수 있습니다.

현재 정부의 계획대로라면 본청약은 사전청약 1년 이후 정도쯤에 하게 됩니다.

이 경우 본청약 때까지만 2년을 채우면 되는 거죠.

2021년에 사전청약 하는 현장들은 2022년에 본청약을 진행할 테니 당장 이사를 가더라도 쉽지 않겠지만 2022년에 사전청약 하는 현장들은 2023년에 본청약이 될 것이고 그렇다는 얘기는 지금 이사를 가더라도 늦지 않을 수 있다는 겁니다.

아직 이사하지 않은 분 중 납입금액이 특별히 많지 않다면 신중하게 고려해 보시기 바랍니다.

13. 이 조건이 안 되면 당첨이 되는 게 더 지옥일 것이다

우리는 3기신도시 사전청약이 공공분양이라는 것에 많은 집중을 해야 됩니다.

왜냐하면 바로 지금부터 말씀드릴 내용 때문에 그렇죠.

공공분양은 민간분양과는 다르게 복지의 개념이 강합니다.

지금이야 민간분양도 저렴하게 분양하여 복지의 개념처럼 다가와서 크게 차이가 안 나지만 공공은 저렴하게 상대적 저소득층에게 공급하기 위해 있는 제도로 보시면 됩니다.

그리고 그렇기 때문에 내가 얼마나 취약한지를 증빙해야만 공공분양아파트를 받을 수가 있죠.

즉, 3기신도시 사전청약은 일반 아파트에 비해 조금 더 강한 조건을 가지고 있다는 겁니다.

그 조건은 바로 소득요건과 자산요건입니다.

취약계층을 구분하는 것은 재산입니다.

그러면 당연히 소득과 자산이 적어야 공공분양의 취지와 맞겠죠?

그렇기 때문에 이 3기신도시 사전청약은 소득요건과 자산요건을 맞춰야 합니다.

그런데 그냥 단순히 '소득요건, 자산요건 있습니다.' 하고 담백하게 끝낼 것이었으면 이렇게 새로운 장을 만들지 않았겠죠?

소득요건과 자산요건은 어떤 공급인지에 따라 차등적으로 돼 있기 때문에 이런 장을 만들면서까지 여러분들께 설명을 드리는 겁니다.

자, 우선 공공분양인 만큼 특별공급이 상당히 많을 겁니다.

그래서 특별공급부터 알아보겠습니다.

특별공급은 가장 대중적인 다자녀, 신혼부부, 생애최초, 노부모부양을 기준으로 설명드릴게요.

공급유형		구 분	3인	4인	5인	6인	7인	8인
일반공급(전용면적60㎡이하)		도시근로자 가구당 월평균소득액의 100%	6,030,160	7,094,205	7,094,205	7,393,647	7,778,023	8,162,399
다자녀가구		도시근로자 가구당 월평균소득액의 120%	7,236,192	8,513,046	8,513,046	8,872,376	9,333,628	9,794,879
노부모부양		도시근로자 가구당 월평균소득액의 120%	7,236,192	8,513,046	8,513,046	8,872,376	9,333,628	9,794,879
생애최초	우선공급(70%)	도시근로자 가구당 월평균소득액의 100%	6,030,160	7,094,205	7,094,205	7,393,647	7,778,023	8,162,399
	잔여공급(30%)	도시근로자 가구당 월평균소득액의 130%	7,839,208	9,222,467	9,222,467	9,611,741	10,111,430	10,611,119
신혼부부	우선공급(70%) 배우자소득 無	도시근로자 가구당 월평균소득액의 100%	6,030,160	7,094,205	7,094,205	7,393,647	7,778,023	8,162,399
	배우자소득 有	도시근로자 가구당 월평균소득액의 120%	7,236,192	8,513,046	8,513,046	8,872,376	9,333,628	9,794,879
	잔여공급(30%) 배우자소득 無	도시근로자 가구당 월평균소득액의 130%	7,839,208	9,222,467	9,222,467	9,611,741	10,111,430	10,611,119
	배우자소득 有	도시근로자 가구당 월평균소득액의 140%	8,442,224	9,931,887	9,931,887	10,351,106	10,889,232	11,427,359

※ 4인과 5인은 동일하다.

위에 적혀 있는 이 표가 일반공급과 특별공급의 소득기준 표입니다.

이 표는 2021년 기준이기 때문에 2022년에는 이것보다 조금 더 인상이 될 것입니다.

일반공급과 생애최초 우선공급, 그리고 신혼부부 우선공급 외벌이의 경우 도시근로자 가구당 월평균소득의 100%에 해당되며 3인 이하 약 600

만 원, 4인 약 700만 원입니다.

그리고 가족이 많은 노부모 부양, 다자녀, 신혼부부 우선공급 맞벌이의 경우에는 도시근로자 가구당 월평균소득이 20%가 올라간 기준인 120%에 해당되며 3인 이하 약 730만 원, 4인 약 850만 원입니다.

그 외 잔여공급인 130%와 140%는 3인 이하 약 780만 원과 약 840만 원, 4인 약 920만 원, 990만 원이고요.

신혼부부는 여기서 조금 더 세부적으로 들어가는 게 있는데 제가 조금 이따가 다시 짚어 드릴게요.

앞에 표에서 보시다시피 8인 가구까지만 나와 있습니다.

요즘엔 거의 없지만 9인 이상 가구가 있을 수가 있겠죠?

그럴 경우엔 8인 가구 월평균소득금액에 1인당 약 38만 원씩을 추가하면 된다고 적혀 있습니다.

공공분양에 조금 관심이 있으신 분들이라면 신혼부부의 경우 가점을 통해 당첨이 된다는 것을 아실 겁니다.

13점 만점의 가점인데 소중한 가점 1점을 주는 소득기준이 또 있습니다.

기존에 있던 가점표보다 소득이 더 낮을 경우 가점 1점을 준다고 하는 건데 원래보다 20%씩 낮습니다.

맞벌이의 경우 100%이고 외벌이의 경우 80%에 해당되면 가점을 1점씩 주기 때문에 유리한 위치에서 분양을 받을 수가 있죠.

자, 그럼 소득기준은 봤으니 이번엔 자산기준을 한번 보도록 하겠습니다.

아무래도 상대적으로 더 서민인 사람들에게 주려고 하는 취지가 있다 보니 당장 월급만 낮고 재산은 많은 사람에게 돌아간다면 취지에 어긋나겠죠?
그래서 자산도 기준이 있습니다.

이건 세부적으로 어떤 특별공급이냐를 나누지 않고 특별공급이든 일반공급이든 부동산은 215,500,000원 이하, 자동차는 34,960,000원 이하여야 자격요건이 됩니다.

참고로 자동차 가액의 기준은 '보험개발원'에서 나오는 금액을 기준으로 선정하며 차량기준가액이 없는 경우에는 조금 귀찮은 방식으로 계산이 됩니다.
신규등록일을 기준으로 매년 10%씩 감가상각을 하는 방식으로 계산이 되며 자동차 등록증에 차량가액이 적혀 있는 경우 그 가액을 기준으로 감가상각하며 등록증에 기재가 되지 않은 경우에는 취·등록세 납부영수증, 지방세납부확인서 등에 표시된 과세표준액을 확인하거나 해당 시·군·구청으로 문의하도록 돼 있죠.

이렇게 소득기준과 자산기준을 실컷 설명드렸는데 오늘 설명드린 이 소득기준에는 사실 굉장한 맹점이 하나 있습니다.
이 맹점 때문에 백날 이렇게 책을 봐도 소용이 없는 분들이 계실 수가 있습니다.

그건 바로 소득에도 종류가 있다는 점이고 이 종류에 따라 다르게 적용이 된다는 점입니다.

소득의 종류에는 근로소득, 사업소득, 금융소득 등 다양하게 있으나 가장 많은 소득의 비중인 근로소득과 사업소득만을 가지고 설명을 드리자면 소득의 기준을 사업소득은 전년도 것을, 근로소득은 올해 것을 기준으로 삼습니다.

즉, 올해 분양을 한다고 했을 때 작년까지 사업하다 올해 직장인이 된 사람들은 그 소득이 동일하다고 가정한다면 소득이 두 배로 잡힙니다.

반대의 경우, 작년에는 근로소득만 있다가 올해에는 사업소득만이 있다면 아예 소득이 잡히질 않습니다.

이건 공공기관에서도 사실 참 머리가 아픈 부분인데 근로소득은 건강보험료를 직장가입자로 납부하는 것을 보통 기준으로 삼습니다.

그런데 사업소득은 지역가입자입니다.

즉, 건강보험료로 산출을 할 수가 없다는 뜻입니다.

그렇다고 최근 3개월 소득을 잡자니 스키장같이 한 계절 장사 하는 사람들이 피를 볼 수도, 말도 안 되는 혜택을 볼 수도 있기 때문에 그렇게 할 수도 없습니다.

어쩔 수 없이 종합소득세 신고한 것을 기준으로 소득을 판단하기 때문에 이런 결과가 나오는 거죠.

그런데 그렇다고 또 형평성을 위해 근로소득자에게 작년 거를 기준으로 한다고 해도 말도 안 되는 겁니다.

나중에는 어떤 식으로 변경이 될지는 모르겠으나 현재는 이러한 사정 때문에 누군가는 재수 없으면 소득이 두 배로 잡힐 수도 있으니 그 점을 염두에 두시기 바랍니다.

이건 뭐 따진다고 해서 해결이 될 문제가 아니기 때문에 특히 신혼부부의 경우 소득 가점으로 당첨이 되면 부적격이 날 수도 있고 이러면 향후 10년간 재당첨이 제한되기 때문에 당첨이 된 것이 오히려 지옥처럼 느껴지실 겁니다.

이 부분을 꼭 염두에 두서서 청약을 접수하시기 바랍니다.

13-2. 문제없이
당첨됐어도 더
지옥일 수 있다

일단 이 장을 설명드리기 이전에 3기신도시는 정말 좋은 곳이 될 것이고 주변보다 싸게 분양할 예정이기 때문에 당첨이 되는 것이 거의 무조건 좋다고 보입니다.

다만 너무 희망회로만 돌리면서 당첨될 준비만 하다 막상 당첨되고 예상치 못한 문제에 봉착하게 될까 봐 이번 장에서는 단점을 위주로 설명드리겠습니다.

첫 번째로 유념해야 하는 사항은 바로 분양가입니다.

3기신도시의 분양가는 주변에 비해 저렴하게 나올 예정입니다.

이 저렴한 분양가는 사실 지금 폭등에 가까운 부동산사태를 만든 공신 중 하나이긴 한데 청약에 당첨된 사람, 청약에 가능성이 있는 사람한테는 귓등에도 안 들어오는 소리죠?

하여튼 오늘은 이런 시장 전반을 말씀드리는 것이 아니니 넘어가고 분양가가 생각보다 비쌀 수 있다는 내용을 말씀드리고 싶습니다.

아 그리고 3기신도시를 대표해서 교산신도시를 말씀드리지만 독자 여러분들은 각자 본인이 관심 있으신 3기신도시를 떠올리시면 됩니다.

본론으로 넘어오자면 우리는 이 분양가가 어떻게 책정될지 사실 알 수 없습니다.

다만 여러 가지를 놓고 유추를 할 수는 있죠.

1. 현재 하남의 땅값.
2. 토지보상금의 정도.
3. 대토의 비율.
4. 공급의 신속성 및 중요성.

이 외에도 많지만 딱 떠오르는 건 이 정도쯤이네요.

이 정도만으로도 상황이 생각보다 좋지 않다는 것을 알 수 있는데요.
다음의 기사는 2020년 토지보상이 본격화되면서 나온 기사입니다.

21조 '3기 신도시 보상' 본격화...유동성 얼마나 풀릴까

이효지 기자 ⏱ 승인 2020.12.22 08:42 💬 댓글 0

(세종=연합인포맥스) 이효지 기자 = 3기 신도시 토지보상 계약이 이번 주 본격화하면서 부동산 시장으로의 유동성 유입 가능성에 이목이 쏠린다.

다만 대토 보상에 대한 주민들의 관심이 높고 보상 절차가 지연되는 사업장도 있는 만큼 한꺼번에 막대한 유동성이 흘러들진 않을 것으로 보인다.

22일 부동산 업계에 따르면 한국토지주택공사(LH)는 오는 24일 인천 계양 테크노밸리 택지 소유주에 대한 협의보상가를 개별 통지하고 토지 보상을 시작할 방침이다.

소유주가 보상가를 수용하면 현금 혹은 땅(대토)으로 협의보상 계약을 체결하는데, 수용할 경우 계약은 이르면 28일께로 예상되며 소유권 이전 등기 등의 절차를 고려하면 실제 토지보상금이 지급되는 것은 내달 하순이 될 전망이다.

하남교산 지구에 대한 협의보상 계약도 내달 중 이뤄질 것으로 알려졌다.

토지보상·부동산개발정보 플랫폼 지존에 따르면 인천계양 테크노밸리와 하남교산 지구에 풀리는 토지보상금 규모를 각각 1조1천500억원, 6조8천억원으로 추산되며 3기 신도시를 모두 포함하면 보상금이 21조200억원에 달한다.

국토교통부는 3기 신도시 보상금이 자산시장으로 쏠리지 않도록 원주민이 땅을 협의 양도할 경우 특별공급으로 아파트를 한 채 지급하고 아파트 용지로도 토지 보상을 받을 수 있도록 하는 등 다양한 보상 방법을 제시했다.

내용에 보면 교산 기준으로 6조 8천억 원이 풀린다는 것을 알 수 있죠.

6조 8천억 원이라고 해서 '와…' 하실 수도 있지만 물론 면적에 비하면 생각보다는 적은 액수로 평가를 한 거 같습니다.

교산신도시는 약 190만 평인데 6조 8천억 원이면 평당 340만 원꼴로 보상이 나간 거거든요.

그리고 이 6조 8천억 원은 다 현금으로 풀 수가 없으니 대부분은 채권으로 풀게 됩니다.

그런데 채권이야 조금만 손해를 보면 은행에서 바로 현금화를 해 주기 때문에 문제가 없고 이번 3기신도시는 대토를 많이 준다고 하는데 그럼 아무래도 땅에 묻어 두게 되면 당장 현금이 풀리지는 않겠죠?

자, 그런데 문제는 4번에서 말씀드렸던 신속성과 중요성입니다.

지금 3기신도시 사전청약은 당장 2021년 하반기 공급을 하는 것으로 목표하고 있으나 지금 집값이 지칠 줄 모르고 오르고 있죠.

심지어 실수요지수로 판단할 수 있는 전세가격까지 말도 안 되는 가격으로 오르고 있습니다.

그렇다는 얘기는 신속하게 공급이 돼야 한다는 것인데 신속하려면 어떻게 해야 되냐, 바로 돈을 더 푸는 방법밖에는 없습니다.

제가 만약 땅 주인이고 LH가 제 땅을 100억 원으로 평가를 했다.

그런데 난 아무리 생각해도 200억 원은 받아야겠다고 생각하면 시작이 되는 겁니다.

시간과의 싸움이 말이죠.

그럼 오히려 아쉽고 시간이 부족한 건 LH 쪽인데 저는 최대한 시간을 끌겠죠.

법적으로 끌 수 있는 한도가 있으나 작정하고 끌려면 얼마든지 끌 수 있습니다.

그럼 진행은 안 되고 시간은 부족하고 국민들은 집 달라고 아우성이고 결국 110억, 120억, 130억, 140억 원 이렇게 늘려 갈 수밖에 없는 겁니다.

물론 사전청약은 차질 없이 공급할 수 있을 겁니다.

어차피 정계약이 아니고 LH 땅으로 될 것은 어김없는 사실이기 때문에
요.

그러나 사전청약으로 공급환각을 불러일으키는 거는 유효기간이 있습
니다.

실제 공급이 된 것이 아니기 때문에 불안한 마음을 무한정 잠재울 수가
없다는 거죠.

지금 사전청약을 준비하는 사람이 갖고 있는 가장 큰 불안함은 일단 사
전청약은 받는데 이게 과연 언제 실제로 공급이 되느냐입니다.

부동산방송을 하는 많은 곳, 그리고 경제신문에서도 이를 가장 크게 우
려하고 있습니다.

토지보상 속도도 늦는 와중에 LH사태까지 터져서 수사와 보상을 동시
에 진행하고 있습니다.

속도는 더 늦어질 수밖에 없죠.

실제로 2012년 사전청약을 받은 아파트 중에 2019년에 본청약을 시작
한 아파트가 있습니다.

바로 하남감일 B1블록이죠.

이곳 말고도 여러 현장이 있습니다.

——————— 집 밥 도 내 집 에 서 먹 어 야 맛 있 다

'사전 예약' 보금자리, 8년 만에 청약 받는다

김진수 기자
입력 2018.02.19 18:24 | 수정 2018.02.20 05:32 | 지면 A27

LH 시흥은계·하남감일, SH 구로 항동, 경기도시공사 진건지구
토지보상 지연 등으로 늦어져

LH "2010년 가격으로 공급...8년 무주택 예약자 혜택줄 것"

2010년 보금자리주택지구로 지정돼 아파트 사전예약을 받았던 경기 시흥 은계, 남양주 진건지구 등에서 8년 만에 본청약이 이뤄질 전망이다. 사진은 2012년 입주를 시작한 서울 세곡동 보금자리지구 /한경DB

2010년 '반값 아파트'를 내세운 보금자리주택지구(현 공공주택지구)에서 아파트 사전예약을 받은 단지 중 일부가 8년 만에 본청약을 받을 전망이다. 이들 단지는 토지보상 지연, 공기관의 재무구조 악화 등의 이유로 본청약은 물론 입주가 5년 넘게 지연됐다. 사전예약자들은 그동안 무주택 가구로 남아야 하는 등 상당한 불편을 겪었다.

결국 이런 문제를 발생시키지 않기 위해선 정계약이 빠르게 이루어져야 하기 때문에 무리한 보상을 시도하다 결국 가격을 올리고 그 영향은 당연 분양가로 올 겁니다.

잘 풀리면 5년 후쯤 입주가 가능하지만 그렇지 않는 상황에선 분양가가 인상이 되건 공급이 늦어지건 둘 중 하나가 되겠죠.

분양가에 영향을 미치는 것은 교산의 토지보상금뿐이 아닙니다.
교산은 3호선 연장이 되냐 마냐에 따라서도 영향을 미칩니다.

3호선 연장이 아닌 송파-하남 경전철이 된다면 분양가가 올라갈 수 있다는 뜻인데 왜 그럴까요?
3호선 연장은 국가재정으로 하게 됩니다.
그러나 송파-하남 간 도시철도는 LH하고 경기도시공사, 그리고 하남도시공사가 부담하는 사업이기 때문에 그 재원을 당연히 하남에서 뽑으려 할 것이고 현재 기득권으로 볼 수 있는 기존에 있던 하남시민한테 걷어가는 것은 여러 가지 큰 리스크가 있을 수 있기 때문에 아직 정해지지 않은 예비 교산입주민들에게 분양가를 올리면서 받아 가게 되는 거죠.

그럼 결국 지금 위례건 어디선 하남은 현재 평당 2000만 원 어간으로 분양을 하는데 2500만 원으로 분양할 수도 있게 되는 겁니다.
그런데 보상이 제대로 되지도 않았는데 마음이 급하다고 사전청약을 2000만 원으로 때려 버린다.
이미 사전청약 한 것을 올릴 수 있는지는 모르겠으나 올리지 못한다면 아직 사전청약을 하지 않은 곳이 몰빵되거나 아니면 다른 토지가 비싸지게 될 겁니다.

그리고 여기서 두 번째 문제가 발생합니다.
바로 인프라 문제이죠.

다른 토지가 비싸진다.

만만한 게 상가부지입니다.

상가부지를 비싸게 분양한다면 그 비싼 땅값은 역시 비싼 분양가로 이어지게 될 것이고 결국 임차인은 높은 임대료를 내게 되겠죠.

높은 임대료를 내고 들어와서 장사를 하면 그나마 다행인데 분명 눈치 보느라 잘 안 들어갈 겁니다.

지금 신도시들은 웬만하면 1층 전용 10평에 250만~500만 원 정도를 내고 쓰고 있습니다.

역이 얼마나 가까운가 등을 고려하여 분양가가 책정됐고 그에 따른 가격이죠.

그런데 지금 저 금액도 비싸서 공실이 오랜 기간 지속되는 경우가 많은데 교산에 들어오는 상가가 전용 10평에 400만~700만 원이다.

여러분들이 장사를 한다고 했을 때 과연 매월 저 금액을 감당할 수가 있을까요?

심지어 인건비와 관리비 등도 내야 하는데 최소 월 1000만 원 이상은 나간다고 보면 됩니다.

자 그럼 어찌어찌해서 들어왔다고 가정해 보겠습니다.

일반적으로 6,000~8,000원 정도 하는 김치찌개 같은 일반가정식, 또는 중국요리가 저 금액을 받고 유지할 수가 없겠죠?

기본 1만 원부터 시작하는 겁니다.

그럼 외식비용이 엄청나게 들기 때문에 사람들은 직접 해 먹으려 할 것이고 장사는 더 안 되고 결국 다시 공실.

그럼 활성화가 되기까지 시간이 상당히 걸릴 것이고 그 전까지 엄청나게 불편한 생활을 할 겁니다.
대신 그만큼 기존에 있던 하남상권은 조금 활성화가 되겠죠.

그런데 문제는 여기서 끝이 아닙니다.
바로 세 번째 문제로 이어집니다.

'까짓것 당첨됐는데 인프라가 안 갖춰져서 불편하면 임대 주면 되지.'
예전이었으면 가능했으나 이제는 전부 실입주를 해야 합니다.
시세 대비 얼마나 저렴하게 분양하냐에 따라 다르지만 실거주를 좋아하는 현 정부의 추진방향을 봤을 때 적어도 3기신도시는 실제 시세보다 월등히 저렴하지 않더라도 실거주기간을 최대로 할 수도 있다고 봅니다.
일단 정책 방향자체가 그렇기 때문에 그게 올바른 일이라고 생각을 할 것이고 그렇기에 당연히 그렇게 추진을 하겠죠.

그렇게 되면 인프라가 전혀 갖춰지지 않으면서 여기저기 공사하는 곳에서 5년간 거주를 하게 되는 겁니다.
서울 및 수도권이 미세먼지로 고통받고 있는데 이곳은 미세먼지가 아니라 모래먼지로 고생을 해야 하죠.
시끄럽고 먼지 날리고 상권도 안 갖춰져서 불편한데 교통까지 불편합니다.
지하철은 최초로 입주한 사람들은 절대로 이용할 수가 없습니다.

———— 집밥도 내 집에서 먹어야 맛있다

자 그럼 지금 하남 교산의 모습을 한번 보겠습니다.

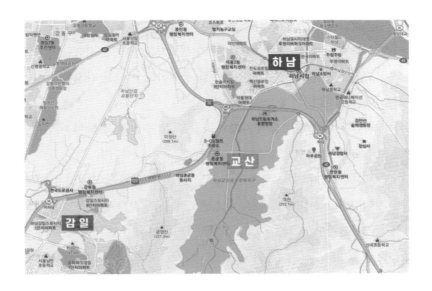

붙어 있는 구 하남과 인근에 감일이 있죠?

버스는 운행을 할 겁니다.

이 버스를 타고 감일을 가든 하남을 가든 해야 뭔가 있어도 있게 되는 거죠.

버스 타고 한 세월을 가야 하남이 나오고 거기서부터 모든 교통이 시작이 되는 겁니다.

자가용이 없다면 너무나도 불편한 거죠.

신도시의 장점은 비교적 적은 비용으로 엄청난 인프라와 쾌적성을 누릴 수 있다는 것인데 적어도 최초로 입주한 5년 중 최소 4년은 그런 쾌적과 엄청난 인프라를 기대만 하며 살게 될 가능성이 높습니다.

3기신도시 정말 매력적이고 위치도 전반적으로 다 좋습니다.

이번 장 서두에서 말씀드린 것처럼 이런 단점이 있음에도 불구하고 3기 신도시는 정말 좋은 게 사실이죠.

그러나 너무 낙관적으로만 생각하다가 생각보다 너무 불편하다면 하루하루가 고통일 것이고 거주 도중 거주를 포기하고 이사를 가고자 하시는 분들도 나올 겁니다.

특히 직장은 먼데 사무실에 자가용은 들고 갈 수 없는 분들이 대부분이겠죠.

어쩌면 한 학기 내지 두 학기는 학교도 없을 수도 있을 뿐더러 설령 학교가 지어졌다고 하더라도 아직 시스템도 제대로 갖추지도 못했고 여기저기가 공사판이어서 소음 등으로 인해 아이들이 공부할 만한 환경이 되지도 않을 겁니다.

그게 고3이라면 너무나도 치명적일 거고요.

도저히 못 참아서 거주를 포기하면 집도 포기해야 하고 중요한건 1년 이하의 징역이나 1천만 원 이하의 벌금을 낼 수도 있습니다.

3기신도시 초기 입주자들은 당첨이 끝이 아닙니다.

그곳에서 5년간 버텨야 하는 것이 크면서 새로운 숙제로 남게 되는 거죠.

심지어 나 혼자 버티는 것이 아니라 가족까지 같이 버텨야 하기 때문에 고통은 더 가중될 것입니다.

이 5년을 버티면 매미처럼 땅 밖으로 나와서 진정한 자유와 행복을 느낄 것이고 기껏 당첨되고 5년을 못 버티고 꼼수 쓰다가 걸리면 당첨된 것만 못하는 상황이 오다 보니 이런 점 꼭 유념하셔서 도전하시기 바랍니다.

그게 자신이 없으신 분들은 아직도 늦지 않았습니다.
하루라도 빨리 집을 사는 게 좋을 것 같습니다.

14. | 돈이 없어도 분양받을 수 있다

책을 집필하는 중에 발표된 내용이 있습니다.

바로 이 돈이 없어도 분양받을 수 있는 곳이 굉장히 축소가 됐다는 거죠.

(그만큼 집필하는 데 빠르게 안 끝내고 질질 끌고 있다는 뜻이기도 합니다….)

어찌됐던 축소가 되었을지언정 아직 가능한 현장이 있다는 것이고 어떤 방법인지, 그 현장들은 어디에 나올 현장들인지 설명을 드리겠습니다.

제가 〈1. 돈이 부족해도 청약해라〉에서 분양의 장점 중 하나가 당장 돈이 부족해도 돈을 모을 수 있는 시간적 여유가 충분하기 때문에 돈이 부족해도 분양을 받으시라고 권유를 드렸습니다.

그러면서 그런데도 불구하고 앞으로 돈을 더 모아도 도저히 각이 안 나오시는 분들은 이 장을 참고하라고 말씀드렸죠.

이 방법은 정말로 돈이 하나도 없어도 가능한 방법인데 그게 어떻게 가능할까요?

말을 듣는 순간 '아~ 그렇게 하면 되겠구나~' 하실 겁니다.

왜냐하면 여러분들도 이미 알고 계시는 방법인데 응용을 하지 않았던 내용이기 때문이죠.

돈이 없어도 분양받을 수 있는 방법은 바로 '전세'입니다.

물론 처음에 들어가는 계약금 20%는 현금으로 보유해야 합니다.

만약 이 금액마저 없으면서 '돈이 없어도 된다더니 장난하냐!' 이런 식으로 말씀하신다면 그건 정말 도둑놈 심보죠?

제가 운영하는 유튜브에 가끔 악의적인 댓글을 다시는 분들이 계신데 딱 그분들이 생각하시는 마인드입니다.

돈을 모으지 못한 건 외부요인이 더 크겠지만 먹을 거 다 먹으면서 집도 공짜로 받길 바라고 좋은 방법을 알려 드려도 불평만 갖는 분들은 정말 딱 도둑놈 심보죠.

적어도 이 장까지 읽으신 절실하고 성실하신 분들은 그런 분이 없다고 생각이 드는데 혹여라도 그런 생각을 조금이나마 하고 계신 분들이 계시다면 그나마 이런 획기적인 방법도 머리 좋은 사람들은 이미 활용을 하고 있고 자신의 집에 자기가 들어가서 살지 않는 것을 매우 싫어하는 윗분들의 생각 때문에 많이 제한적인 방법이 됐기 때문에 조금이나마라도 남은 것에 적용시키는 것이 더 좋을 것 같습니다.

옆길로 잠깐 샜는데 다시 본론으로 돌아오면 이 방법은 앞서 말씀드린 것처럼 일부 지역에서는 막혔습니다.

정확히 말씀드리면 일부 제한이 걸려 있는 분양에서는 이 방법이 안 된다는 거죠.

그 제한이 무엇이냐면 바로 '분양가 상한제'입니다.

분양가 상한제가 걸려 있는 분양현장에서는 이 방법이 2021년 2월 19일부터 막히게 됐습니다.

분양가 상한제는 현재 서울 25개 중 13개구(강남구, 서초구, 송파구, 강동구, 영등포구, 마포구, 성동구, 동작구, 양천구, 용산구, 중구, 광진구, 서대문구)와 포함되지 않은 나머지 12개 구 중 5개구의 37개동(강서구-방화동·공항동·마곡동·등촌동·화곡동, 노원구-상계동·월계동·중계동·하계동, 동대문구-이문동·휘경동·제기동·용두동·청량리동·답십리동·회기동·전농동, 성북구-성북동·정릉동·장위동·돈암동·길음동·동소문동2.3가·보문동1가·안암동3가·동선동4가·삼선동1.2.3가, 은평구-불광동·갈현동·수색동·신사동·증산동·대조동·역촌동) 그리고 수도권 중 일부(광명시-광명동·소하동·철산동·하안동, 하남시-창우동·신장동·덕풍동·풍산동, 과천시-별양동·부림동·원문동·주암동·중앙동)입니다.

길게 작성하긴 했으나 보기가 너무 불편하기 때문에 간단하게 표로 작성해서 보여 드리겠습니다.

〈민간택지 분양가상한제 적용지역〉

구분	지역	
집값 상승 선도 서울 13개구	강남, 서초, 송파, 강동, 영등포, 마포, 성동, 동작, 양천, 울산, 중구, 광진, 서대문	
개발 추진 5구구 37동	강서(5개동)	방화, 공항, 마곡, 등촌, 화곡
	노원(4개동)	상계, 월계, 중계, 하계
	동대문(8개동)	이문, 휘경, 제기, 용두, 청량리, 답십리, 회기, 전농
	성북(13개동)	성북, 정릉, 장위, 돈암, 길음, 동소문동2·3가, 보문동1가, 안암동3가, 동선동4가, 삼성동1·2·3가
	은평(7개동)	불광, 갈현, 수색, 신사, 증산, 대조, 역촌
집값 상승 선도 경기 3개시 13개동	광명(4개동)	광명, 소하, 철산, 하안
	하남(4개동)	창우, 신장, 덕풍, 풍산
	과천(5개동)	별양, 부림, 원문, 주암, 중앙

——————— 집 밥 도 내 집 에 서 먹 어 야 맛 있 다

현재까지는 이 지역이나 이후에 분양가상한제 지역이 추가될 수도 있습니다.

그래서 간략히 표로 분양가상한제는 어떤 기준으로 정해지는지를 알려드릴 테니 원하는 지역이 나중에 해당이 될까? 하는 참고자료 정도로만 보시면 도움이 되실 겁니다.

〈민간택지 내 분양가상한제 적용지역 지정기준〉

구분		현행	개선
필수 요건	주택 가격㉮	직전3개월 주택가격상승률이 물가상승률의 2배 초과	주택가격상승률 물가상승률보다 현저히 높아 투기과열지구로 지정된 지역
선택 요건	분양 가격㉯	직전12개월 분양가격상승률이 물가상승률의 2배 초과	직전12개월 평균 분양가격상승률이 물가상승률의 2배 초과 (단, 분양실적 부재 등으로 분양가격상승률 통계가 없는 경우 주택건설지역의 통계를 사용)
	청약경 쟁률㉰	직전2개월 모두 5:1 (국민주택규모 10:1) 초과	좌동
	거래㉱	직전3개월 주택거래량이 전년동기 대비 20%이상 증가	좌동
정량요건 판단		㉮+[㉯or㉰or㉱]	

그런데 지금 앞에서 빠진 지역들은 사실 위와 같은 기준이 아니기 때문에 빠졌다기보단 재건축이나 재개발을 할 만한 현장이 거의 없어서 빠진 경우라서 아쉽지만 특히 서울에서는 거의 없다고 보시면 됩니다.

자, 그럼 이렇게 지역들을 소개시켜 드렸는데 아마도 이 책을 보고 계시는 독자 여러분들의 가장 큰 관심은 3기신도시이겠죠?

'어? 과천, 하남이 들어가긴 했지만 3기신도시 지역도 아니니 3기신도시는 전세를 놓을 수 있겠다!' 하시는 생각을 가질 수 있습니다.

그러나 아쉽게도 반은 맞고 반은 틀린 생각입니다.

〈7. 사전청약〉에서 대략적으로 흐름을 알려 드렸습니다.

이 흐름에 맞춰 생각해 보면 왜 틀렸는지 알 수 있죠.

일단 우리가 1차적으로 접하게 될 수 있는 것은 바로 사전청약입니다.

그런데 이 사전청약은 아쉽게도 공공택지에 분양이 되죠.

〈3. 3기신도시, 가점이 10점이어도 당첨될 수 있다〉에서 살짝 흘리듯이 말했으나 공공택지는 아주 예전부터 분양가상한제가 걸려 있었기 때문에 3기신도시 사전청약은 이 방법이 불가능합니다.

그럼 반은 맞는 얘기는 뭐냐?

3기신도시 개발이 본격적으로 이뤄질 때 LH는 일부 땅을 민간건설사에게 분양을 할 겁니다.

아파트 건설사들은 추첨을 통해 이 땅을 분양받게 되고 이 땅은 민간택지가 되는 거죠.

이곳은 이 방법이 가능하며 얼마든지 공짜로 집을 들어갈 수가 있는 겁니다.

그리고 마지막으로 이 장에서 전세를 놓는데 도대체 어떻게 그게 돈이 안 들어가는 거냐는 궁금증을 가지실 수가 있습니다.

보통 10억 원짜리 집이면 낡은 집이 아닌 이상 전세가 5억~6억 원 정도 하기 마련인데 어떻게 하길래 가능한 걸까요?

요즘 주변 시세가 10억 원이면 분양은 보통 5억~6억 원 정도에 합니다.

그렇기 때문에 로또분양이라고 하는 것이고 당첨과 동시에 4억~5억 원의 차액을 보는 거죠.

집값이 하나도 오르지 않아도 전세와 매매가의 시세가 같고 집값이 더 오르거나 요즘처럼 전세가 귀한 시기에는 전세가격은 더 올라서 오히려 돈이 남을 수도 있습니다.

그렇기에 돈 안 들고 분양을 받을 수 있는 거죠.

15. 청약통장 없이 3기신도시 들어가기

청약통장 없이 3기신도시에 들어갈 수 있는 방법은 매매와 무순위 청약, 그리고 방법이 유일합니다.

무순위 청약은 다음 장인 〈16. 이도저도 아니면 무순위 청약제도를 이용하자〉에서 다시 설명드리기로 하고 매매는 어차피 몇 년간 할 수가 없습니다.

무순위 청약을 제외하면 이 방법이 유일하죠.

심지어 임대로 들어가고 싶다고 하더라도 임대아파트에 당첨되지 않는 이상 이 방법이 유일합니다.

거주의무가 있기 때문에요.

결국 최소 5년간 3기신도시는 청약통장을 소지해야 들어갈 수 있다는 결론에 도달하게 됩니다.

그런데 지금부터 말씀드릴 내용은 청약통장 없이 들어갈 수 있는 방법이며 그것도 임대가 아닌, 혹은 임대를 포함한 취득을 해서 들어가는 방법을 설명드릴게요.

청약통장 없이 3기신도시에 들어갈 수 있는 첫 번째 방법으로는 오피스텔입니다.

오피스텔의 경우에는 별도의 청약통장이 필요가 없죠.

물론 일정 세대수가 넘어가는 것은 전매제한이 있으나 이 전매제한도 소유권이전등기 시 즉, 등기를 하면 바로 거래가 됩니다.

또한 오피스텔이라 하면 보통 원룸을 떠올리시는 분들이 많이 계신데 요즘은 트렌드가 가급적 원룸원거실이나 투룸을 빼는 형식으로 설계를 하고 있습니다.

원룸은 별로 인기가 없고 투룸은 소형아파트의 대체재가 되기 때문이죠.

거기다 아예 단지를 형성하는 경우도 있는데 넓은 평수에 단지까지 있다면 아파트와 준하는 가격으로 취급을 받기 때문에 좋은 곳에 위치한 단지형 넓은 오피스텔을 취득하시는 것은 상당히 괜찮을 수 있습니다.

예시를 들어 드리면 어떤 느낌을 말씀드리는지 감을 잡으실 수가 있을 겁니다.

교산신도시 기준 인근에는 미사강변도시와 위례신도시가 있습니다.

이곳에는 상당히 괜찮은 단지형 오피스텔이 하나씩 있는데, 위례신도시부터 설명드리자면 위례스타필드 바로 위쪽에 지웰푸르지오라는 건물이 있습니다.

68타입과 74타입, 84타입만 있는 이곳은 원룸이 하나도 없습니다.

그리고 제일 중요한 가격!

2015년에 분양한 이곳은 84타입 기준 분양가가 4억 원대 중반에서 5억 원대 초반이었습니다.

그리고 현재는 13억~14억 원 정도의 시세로 형성이 돼 있습니다.

세 배가량 오른 건데 2018년에 준공할 당시만 해도 프리미엄이 한 2000만 원 정도였던 걸로 기억하고 있습니다.

사실상 3년 만에 9억 원이 뛴 거죠.

그다음엔 미사강변도시의 오피스텔인 힐스테이트 미사역입니다.

이곳은 원룸도 있지만 대부분은 72타입과 84타입으로 이뤄져있습니다.

세대수가 무려 2,000세대가 넘는 곳인데 심지어 지하철역이랑 지하로 연결이 돼 있기까지 합니다.

다만 위례지웰푸르지오에 비해 뷰가 답답한 게 흠인데 그래도 지하철과 지하로 연결되어 있는 초역세권이라 이곳도 가격이 많이 올랐습니다.

2017년에 분양을 한 이곳은 84타입 기준으로 분양가가 4억 원 중반에서 5억 원이었었고 현재는 뷰에 따라서 9억~10억 원까지 하는 곳입니다.

이렇듯 괜찮은 오피스텔을 잡는 것 역시 아파트 못지않음을 알 수 있는데요.

다만 아쉬운 점은 별도의 분양가제한을 받지 않아 주변 시세보다 약간 비싸게 분양을 하는 것이 일반적입니다.

주변 시세가 10억 원이라고 했을 때 아파트는 5~7억 원 정도에 분양하는데 오피스텔은 되려 11억 원 정도에 분양을 한다는 거죠.

그래서 향후 부동산의 가격흐름이 어떻게 될지 충분히 분석을 해 보신 후에 들어가시는 것을 권해 드립니다.

참고로 오피스텔은 서비스면적이 없어 84타입이 아파트 25평형과 사실상 같은 면적이라고 보시면 되고 힐스테이트 미사역이 분양하던 당시 아파트 25평형의 가격이 4억~5억 원이었던 것을 보면 딱 그 가격만큼을 다

반영한다는 것을 알 수가 있죠.

　다만 오피스텔은 아파트에 비해 다른 장점이 있습니다.
　대출비율이죠.
　40%밖에 되지 않는 아파트의 대출비율에 비해 오피스텔은 통상 70%가 가능합니다.
　또한 실거주를 하지 않아도 됩니다.
　그리고 실거주를 하지 않아도 대출이 저만큼 나오고요.
　게다가 100세대 미만은 전매도 가능합니다.
　물론 100세대 미만은 그만큼 투자가치가 적지만 간혹가다 꼼수로 사실상 똑같은 단지인데 1단지, 2단지 이런 식으로 단지를 분리해서 분양하는 곳이 있기 때문에 잘 보시기 바랍니다.
　대출도 그렇고 전매도 그렇고 이 부분만큼은 확실히 오피스텔이 유리하네요.

주상복합으로 착각하게끔 만드는 하남 힐스테이트 미사역 오피스텔

청약통장 없이 3기신도시에 들어갈 수 있는 두 번째 방법으로는 바로 땅입니다.

저는 보통 땅 얘기는 잘 하지 않습니다.

법적으로 복잡하기도 하고 활용하실 것이 아니라면 시간도 오래 걸리면서 돈이 묶여 있기 때문이죠.

근데 여기서 제가 말씀드리는 땅은 우리가 흔히 어렵고 사고가 많은 그런 땅이 아닙니다.

신도시에는 단독주택을 지을 수 있는 두 종류의 잘 정비된 땅이 있습니다.

첫 번째로는 상가주택이라 불리는 땅인데 1층에는 상가가 있고 위에는 주택으로 이루어진 곳이죠.

참고로 이런 상가주택용 땅은 공개입찰로 분양을 하게 되는데 2017년까지는 추첨으로 분양을 받을 수 있던 게 너무 과열이 되어 당첨과 동시에 피가 몇천, 몇억 원씩 붙다 보니 공개입찰로 변경이 됐죠.

그렇다는 얘기는 절대다수의 평범하신 분들은 접근하기가 어렵다는 얘기입니다.

일단 얼마를 적어야 당첨이 될지도 애매하죠.

너무 많이 적으면 말 그대로 호구가 되는 거고 너무 적게 적으면 당첨이 안 되니깐요.

그래서 우리도 비교적 쉽게 접근이 가능한 땅이 있습니다.

두 번째인 바로 주거전용 단독주택용지입니다.

이곳은 보통 2~3층 정도의 높이로 지을 수 있으며 상가 같은 것은 못 넣고 무조건 주택만 지을 수 있는 땅인데 판교의 고급주택이 바로 이런 땅입니다.

상가가 안 들어가서 굉장히 깔끔하고 고급스럽게 주택을 지을 수 있는 것이 특징이나 상가주택에 비해 가치가 비교적 떨어져서 과열이 덜 돼 있는 땅입니다.

그래서 아직까지 추첨으로 분양을 하고 있죠.

분위기와 지역에 따라 다르지만 요즘 같은 부동산 분위기에서는 괜찮은 지역에 적당한 가격으로 분양가가 형성이 된다면 여기도 무조건 처음부터 프리미엄이 붙는 상태로 출발합니다.

추첨해서 되면 좋은 거고 안 돼도 타격이 없죠.

자격요건도 필요 없고요.

단 면적이 아파트에 비해 넓다 보니 기본적으로 비싼 게 단점이긴 합니다.

위례신도시 기준으로 상가주택용 땅이 보통 80평 정도 되는데 워낙 띄엄띄엄 여러 번 분양해서 가격을 특정 지을 순 없으나 보통 7억~8억 원 정도 됐습니다.

그런데 지금은 한 30억~35억 원 정도 되는 걸로 알고 있습니다.

주거전용 단독주택용지는 9억 원 정도 됐는데 지금은 25억~30억 원 정도 하는 것으로 알고 있습니다.

당시 주거전용 단독주택용지 분양가가 왜 더 비싼지는 깊게 안 들어가 봐서 모르겠지만 아무튼 확실한 건 둘 다 엄청나게 올랐다는 거죠.

참고로 이런 토지분양은 LH청약센터를 통해서 공적으로 진행이 되는 거니 흔히 우리가 경계하고 있는 기획부동산과는 전혀 상관없는 곳이라 안심하고 투자하셔도 됩니다.

이곳 역시 오피스텔처럼 대출이 아파트에 비해 잘 나옵니다.

돈이 부족하신 분들은 땅은 50% 정도 대출을 빌려서 분양받고 건물은 땅콩주택을 지어서 전세를 주어 건물값을 충당하는 방식으로 진행하곤 합니다.

또는 아예 다가구로 지어서 6세대 정도를 뽑고 6세대를 전부 다 전세를 주는 분도 있죠.

물론 이런 땅도 경쟁이 굉장히 치열하게 싸우지만 아직 이런 게 돈이 된다는 것을 아는 사람은 거의 없습니다.

모두가 아파트에 목매고 있을 때 상대적으로 경쟁률이 더 낮은 이 방법을 선택하는 것이 틈새시장을 노리는 방법이라고 볼 수 있죠.

단 이 땅은 3기신도시가 발표되기 전부터 갖고 있던 사람들에게 우선적으로 주는 땅으로서 다 주고 남은 땅을 주기 때문에 물량이 상당히 적다는 것이 아쉬운 부분입니다.

실제 사례로 지금 세종시와 세종시 원주민들 간의 법적 다툼까지 있는 상황인데 원주민들에 비해 공급되는 토지의 숫자가 워낙 적어 원주민들조차도 땅을 분양받을 수 없다고 합니다.

실제 내막은 어떤지 들어가 봐야 정확하게 알겠지만 땅이 부족하다는 것만큼은 변함이 없죠.

꼭 아파트에만 집중하지 마시고 아파트가 현실적으로 불가능하신 분들은 이런 위의 방법을 고려하심이 좋을 것 같습니다. (아파트가 현실적으로 불가능하신 분들은 꼭 아파트에만 집중하지 마시고 이런 위의 방법을 고려하심이 좋을 것 같습니다.)

단독주택이 근사하게 지어진 위례신도시

16. 이도 저도 아니면 무순위 청약제도를 이용하자

　오로지 운으로만 승부를 하는 청약제도가 있습니다.

　바로 제목에서도 언급했듯이 무순위 청약제도라는 것이죠.

　무순위 청약제도는 흔히 줍줍이라는 용어로 쓰이는데 미분양 난 것을 줍는다는 뜻이죠.

　경우에 따라 미분양일 수도 있고 부적격으로 인한 당첨 취소가 될 수도 있고 당첨은 됐는데 계약은 하지 않은 미계약분이 나올 수 있기 때문에 꼭 미분양 난 물건만 나오는 것은 아니기에 이미 준공이 된 아파트도 간혹가다 나오는 경우가 있습니다.

　가장 대표적으로 2021년 5월에 무순위 청약을 진행한 보라매SK뷰라는 아파트가 있죠.

　단, 재건축용어에는 보류지 매각이라는 것이 있는데 이것과 혼동하시면 안 됩니다.

　보류지 매각은 나중에 어떤 상황이 닥칠지 몰라 재건축조합 측에서 2세대가량 빼놓고 분양시킨 다음 건물이 다 지어진 때쯤에 파는 것을 보류지 매각이라고 하기에 시세만큼, 혹은 시세보다 비싸게 매각을 하기도 하는 거고 무순위 청약은 계약이 안 됐거나 취소가 된 것이기 때문에 시세보다 저렴하게 분양을 하는 것입니다.

또한 보류지 매각은 일반적으로는 별다른 요건이 없고 무순위 청약은 요건이 있다는 게 큰 차이죠.

이 무순위 청약은 이전에는 상당히 간단한 분양이었습니다.

미계약, 미분양, 부적격 등으로 나온 호실을 원하는 사람이 분양을 받을 수 있고 원하는 사람이 여러 명이면 추첨을 해서 가져가는 방식이었죠.

그러다가 점점 사람들이 너무 몰려 분위기를 띄워 버리니 하나둘씩 규제가 생기기 시작했습니다.

우선 사전이냐, 사후냐, 계약취소주택 재공급이냐에 따라 신청대상자가 조금씩 다릅니다.

비교표는 다음과 같습니다.

구 분		사전 예약접수	사후 추가접수	계약취소주택 재공급
내용		미계약, 미분양 대비 사전 접수	계약완료 후 잔여분 발생 시 추가접수	불법전매, 공급질서 교란자 주택회수 후 재공급
시행 지역		모든 지역	투기 및 청약과열지역 (무순위/잔여세대 20세대 이상)	투기 및 청약과열지역 또는 기타 시·도지사가 지정한 단지 (취소 후 재공급세대 20세대 이상)
청약 자격	대상자	성년자 1인 1청약 (과열 우려 시 세대주로 제한)	성년자 1인 1청약 (과열 우려 시 세대주로 제한)	성년자 1인 1청약

청약자격	거주지	해당 광역권 (인근주택건설지역) 거주자 과열 우려 시: 해당 주택건설지역 거주자로 제한 위축 우려 시: 전국지역으로 확대	해당 광역권 (인근주택건설지역) 거주자 과열 우려 시: 해당 주택건설지역 거주자로 제한	해당 광역권 (인근주택건설지역) 거주자
청약신청제한사항	기당첨자	동일주택 당첨자 청약불가	동일주택 당첨자 청약불가	기당첨 여부와 상관없음
	부적격 당첨자	동일주택 부적격당첨자는 청약불가	동일주택 부적격당첨자는 청약불가	부적격당첨 제한기간 중에는 청약불가
	공급질서 교란자	청약가능	청약가능	청약불가
	주택소유	유주택자도 청약가능	유주택자도 청약가능	본인 및 배우자의 주택소유 시 청약불가 (나머지 세대구성원 주택소유 시에는 청약가능)
	재당첨 제한	미적용	미적용	본인 및 배우자의 재당첨 제한기간 중에는 청약불가 (나머지 세대구성원 재당첨 제한 시에는 청약가능)
	중복청약 (당첨자 발표일이 동일한 다른 주택)	중복청약 가능	중복청약 가능	중복청약 불가 (단, 사전 또는 사후 접수와 중복청약은 가능)

———— 집밥도 내 집에서 먹어야 맛있다

당첨자선정	추첨	추첨	추첨
당첨자관리	관리대상 아님	관리대상 아님	관리대상
향후 다른 주택 청약 시 제한적용	해당사항 없음	해당사항 없음	재당첨 제한 투기과열지구 또는 청약과열지역 청약제한 (주택에 따라 다를 수 있음)

이 무순위 청약의 가장 매력적인 부분은 바로 청약통장 보유 여부입니다.

청약통장을 보유하지 않고 있어도 얼마든지 신청이 가능하며 청약통장을 보유하고 있어도 이 통장이 소모되는 것이 아니라는 점이 가장 큰 매력이죠.

단, 그만큼 경쟁이 굉장히 치열한 것도 사실입니다.

청약통장이 없어도 되니 너 나 할 것 없이 다 도전하죠.

또한 물량이 적다는 것도 상당히 아쉬운 부분입니다.

요즘 같은 때 웬만큼 인기 있는 지역이라면 미계약이나 미분양은 거의 없다시피 하고 잔여분 역시 거의 없다시피 하죠.

가장 많이 나올 법한 것이 불법전매나 부적격자에 대한 부분인데 워낙 불법전매에 대해 강하게 단속을 하다 보니 부동산에서도 부담을 크게 느껴 거래 자체를 안 해 주는 추세입니다.

중개인이 없으니 아무리 팔고 싶어도 잘 못 파는 것이 현실이죠.

그리고 중개인이 있다고 하더라도 너무 큰 위험을 감수해야 하기 때문에 불법전매는 사실상 거의 없다고 봐도 됩니다.

부적격은 간혹가다 나오는데 본인이 정말 생으로 무주택자인 게 틀림 없다, 그런 사람들이 대부분 당첨되기 때문에 부적격도 거의 안 나오긴 합니다.

결국 몇 달에 한 번씩 나오는데 그 마저도 일반 청약처럼 최소 몇십 세대가 나오는 것이 아니라 10세대도 안 나오는 세대수이기 때문에 수량이 엄청나게 부족한 게 사실이죠.

그래도 사실상 아무 조건 없이 청약이 가능하기 때문에 무주택자이신 분들 중에서 아무리 이 책을 봐도 내가 당첨이 될 기미가 보이지 않는다.

그러신 분들은 이 무순위 청약이라도 노리서서 당첨이 되길 바랍니다.

혹시 모르잖아요?

누군가는 당첨이 되고 그게 여러분이 될지요.

457:1의 경쟁률을 보인 최근 줍줍현장 '보라매SK뷰'

3기신도시 청약

17. | 3기신도시 예상분양가

분양이라는 것이 아무리 저렴하다 한들 공짜는 아니겠죠?

아무리 저렴하다 한들 한 3000만 원으로 살 수 있지는 않겠죠?

모든 조건이 다 되어도 결국 돈이 부족하면 청약은 불가능합니다.

이런 경우 옛날에는 불법으로 통장을 거래하고는 했지만 지금은 훨씬 더 법이 강화가 되어 그런 불법은 꿈도 꾸지 않는 것이 좋으며 걸리면 강력한 처벌만이 기다릴 뿐입니다.

모든 조건을 맞추셨으면 이제부터는 자신이 부족한 금액만큼을 모으기 위해 치열하게 사셔야 합니다.

차라리 조건이라도 안 되면 억울하지라도 않지만 조건이 되는 상태에서 돈 때문에 분양을 못 받는다?

수익을 날리는 것과 다름이 없습니다.

그럼 우리가 얼마나 모자란지를 알기 위해선 첫 번째로 자신이 가지고 있는 금액이 얼마인지를 아셔야겠죠?

이 금액은 제가 알 수 없는 부분이니 스스로 잘 체크하시기 바라며 두 번째로 분양가가 얼마인지를 아셔야 합니다.

그리고 대출이 얼마나 나오는지를 체크해야 하고 마지막으로 추가적인 부대비용을 체크하셔야죠.

추가적인 부대비용이라 하면 가장 대표적으로 취득세와 등록세가 있습니다.

이 모든 것을 알아야 내가 이곳을 들어갈 수 있는지 아닌지 여부를 판단할 수가 있죠.

그럼 본격적으로 분양가가 얼마나 될지 예상을 해 보겠습니다.

참고로 이 예상분양가는 말 그대로 예상일 뿐입니다.

그렇기 때문에 폭을 넓게 잡을 겁니다.

또한 현재를 기준으로 보기 때문에 집값이 계속 올라가는 이런 상승장에서는 제가 말씀드린 범위보다 높게 잡힐 수 있다는 점, 역세권 쪽으로 들어가면 높게 잡일 수 있다는 점을 감안 하신 상태에서 보시기 바랍니다.

우리가 분양가를 예상하는 방법은 몇 가지가 있습니다.

특히나 분양가상한제가 걸려 있는 곳은 그 기준이 있죠.

그 기준에 맞춰서 예상을 할 수가 있습니다.

분양가상한제가 어느 곳에서 시행하는지는 주택법 제57조를 보면 나와 있습니다.

1. 공공택지.

2. 공공택지 외의 택지에서 주택가격 상승 우려가 있어 주거정책심의위원회 심의를 거쳐 지정하는 지역.

   (기준 : 주택가격상승률이 물가상승률보다 현저히 높은 지역으로서
   그 지역의 주택가격·주택거래 등과 지역 주택시장 여건 등을 고려

하였을 때 주택가격이 급등하거나 급등할 우려가 있는 지역으로 구체적으로 보면,

① 직전월부터 소급하여 12개월간의 아파트 분양가격상승률이 물가상승의 2배를 초과한 지역

② 직전월부터 소급하여 3개월간의 주택매매거래량이 전년 동기 대비 20% 이상 증가한 지역

③ 직전월부터 소급하여 주택공급이 있었던 2개월 동안 해당 지역에서 공급되는 주택의 월평균 청약경쟁률이 모두 5:1을 초과하였거나 해당 지역에서 공급되는 국민주택규모 주택의 월평균 청약경쟁률이 모두 10:1을 초과한 지역)

여기에서 1번인 공공택지 부분이 바로 우리가 계속 준비를 하고 있는 3기신도시 땅 같은 곳을 말합니다.

그럼 분양가상한제가 걸려있는 땅이라는 것은 알았으니 분양가상한제가 걸려 있는 땅에서는 분양가격이 어떤 식으로 산출되는지도 한번 알아보겠습니다.

이 역시 주택법 제57조에 적혀 있습니다.

1. 분양가격은 택지비와 건축비(기본형건축비+건축비가산비용)로 구성된다.

① 기본형건축비는 지상층건축비와 지하층건축비로 구분한다.

② 공공택지의 경우 택지비는 해당 택지의 공급가격에 택지와 관련된 비용(말뚝박기 공사비, 암석지반 공사비 등등)을 가산한 금액을 산정한다.

——————— 집밥도 내 집에서 먹어야 맛있다

그런데 위와 같은 내용으로는 우리가 유추를 전혀 할 수가 없습니다.

택지비가 얼마인지도 모르고 기본형건축비가 뭔지도 모르는 상태인데 그게 얼마인지 알 턱은 전혀 없죠.

게다가 택지비와 건축비를 안다고 해도 건물의 연면적이 얼마냐에 따라서 금액이 천차만별이 될 텐데, 즉 수량이 얼마냐에 따라서 금액이 엄청나게 차이가 날 텐데 우리는 연면적도 모르죠.

그래서 우리가 유추할 수 있는 방법은 딱 하나입니다.

바로 비교방식이죠.

이 비교방식이라는 것은 실제로 감정평가를 할 때에도 쓰이는 방식으로써 허무맹랑한 수치는 아닙니다.

그리하여 지금부터 이 비교방식으로 한번 가격을 유추해 보도록 하겠습니다.

같은 공공택지였으면서 최근에 분양을 한 위례신도시와 고덕강일지구를 비교해 보겠습니다.

우선 본격적으로 비교하기 전에 참고할 자료가 하나 있습니다.

바로 전매제한기간인데 전매제한기간이 몇 년이냐에 따라 주최 측에서 파악하고 있는 주변 시세가 얼마인지를 유추할 수 있고 현재 시세 대비 몇 퍼센트로 해당 현장을 측정했는지를 알 수 있기 때문이죠.

다음의 표는 인근시세 대비 분양가격에 따른 전매제한기간입니다.

구 분			전매제한기간	
			투기과열	그 외
과거 ~ 2019. 10. 28.	공공택지	분양가격 인근 시세의 100% 이상	3년	3년
		85~100%	4년	4년
		70~85%	6년	6년
		70% 미만	8년	8년
	민간택지	분양가격 인근 시세의 100% 이상	3년	1년 6개월
		85~100%	3년	2년
		70~85%	3년	3년
		70% 미만	4년	4년
현재 2019. 10. 29. ~	공공택지	분양가격 인근 시세의 100% 이상	5년	3년
		80~100%	8년	6년
		80% 미만	10년	8년
	민간택지	분양가격 인근 시세의 100% 이상	5년	-
		80~100%	8년	-
		80% 미만	10년	-

이 표를 보면 시세의 몇 퍼센트로 분양했는가에 따라 전매제한기간이 다르다는 것을 알 수 있습니다.

다만 부동산은 규격화된 제품이 아니기 때문에 기관에 따라서 시세를 다르게 파악하고 있습니다.

가령 어떤 기관은 가장 최근의 실거래가를 기준으로 삼기도 하고 어떤 기관은 호가를 기준으로 삼죠.

감정평가기관도 비교방식, 원가방식 등 방식에 따라 가격측정이 조금씩 달라지죠.

그 점은 참고하시면서 보시기 바랍니다.

2020년 중순 고덕강일지구에 8단지와 14단지가 동시에 분양을 했습니다.

전매제한 기간 및 거주의무 일람표						
지구	단지	전용면적 (㎡)	해당주택의 입주자로 선정된 날	전매제한기간	최초 입주가능일	거주의무기간
고덕강일 (공공주택지구)	8	49	2020.06.26.	10년	2021.02.15. (예정)	5년
		59				
	14	49				
		59				

위의 표는 실제 당시 모집공고상에 있던 내용인데 이 두 단지는 5년 거주의무기간에 10년간의 전매제한이 있는 것을 볼 수 있죠.

그리고 이곳은 공공택지이죠.

10년의 전매제한기간이 있으면서 공공택지이면 시세의 80% 미만임을 알 수 있습니다.

그런데 아까 기관마다 시세를 다르게 파악한다고 했죠?

또한 80% 미만이라고는 했지만 50%인지, 60%인지는 위의 자료만으로는 알 수 없습니다.

그래서 당시의 실거래가와 해당 현장의 분양가를 비교해 보면 실거래가 대비 몇 퍼센트에 분양했는지를 알 수 있죠.

우선 고덕강일 8단지의 25평형 시세는 평당 약 1900만 원입니다.

그리고 인근 25평형의 당시 시세는 평당 약 2900만 원입니다.

정확히는 2940만 원이죠.

약 65% 정도에 분양했음을 알 수 있습니다.

그리고 이번에는 위례신도시로 넘어가겠습니다.

위례 우미린2차를 한번 비교해 보겠습니다.

참고로 위례 우미린2차는 공공택지에 분양하는 민간분양이기 때문에
별도로 거주의무는 없고 10년 전매제한만 있습니다.

■ 분양권 전매 제한
　- 「주택법」 제64조 및 「주택법 시행령」 제73조에 의거 입주자 선정일로부터 10년까지 전매가 금지됩니다.(단, 향후 「주택법」 및 관련 법령 개정에 따라 조정될 수 있음)

아까 10년 전매제한기간이면 주변 시세 대비 80% 미만이라고 말씀드렸
었죠?

이곳의 평당 분양가는 약 2100만 원입니다.

그리고 분양 당시 하남위례의 시세는 평당 약 3000만 원 정도였습니다.

그럼 약 70% 정도에 분양한 것을 알 수 있죠.

마지막으로 2021년에 분양한 성남위례에 위치한 위례자이더시티도 알
아보겠습니다.

■ 금회 공급되는 주택은 「공공주택 특별법」에 의한 공공주택이며 투기과열지구에서 공급되는 분양가 상한제 적용주택으로 재당첨제한은 10년 적용되고, 「주택법 시행령」 제73조에 의해
　전매제한이 10년 적용되며, 「공공주택 특별법 시행령」에 의거 거주의무 기간이 적용 되며, 최초 입주가능일부터 5년 동안 계속하여 거주하여야 합니다.

구분	기준일(~로부터)	기간	관련 법령
재당첨제한	당첨자 발표일	10년	「주택공급에 관한 규칙」제54조
전매제한	당첨자 발표일	10년	「주택법 시행령」제73조
거주의무	최초 입주가능일	5년	「공공주택 특별법 시행령」제49조

위례자이더시티는 위의 표에서 보시다시피 전매제한 10년과 거주의무
5년이 있습니다.

역시 80% 미만이라는 얘기인데 위례자이더시티 33평형의 평당 분양가는 약 2300만 원입니다.

당시 성남위례 33평형의 평당가는 약 4200만 원이었습니다.

약 55% 정도에 분양한 것을 알 수 있죠.

지금까지 세 현장을 대표적으로 알아봤는데 가지각색입니다.

시세 대비 분양가가 55%~70%라는 꽤나 포괄적인 범위 안에 들어가 있습니다.

그래서 3기신도시의 예상분양가는 주변 시세 대비 55%~70% 정도쯤으로 판단할 수 있고 저는 55%와 70% 두 가지를 기준으로 삼아서 설명드리겠습니다.

그리고 LH에서 막상 싸게 분양한다고 해 놓고 80%에 딱 맞춰서 할 수 있으니 80% 기준까지 해서 총 세 가지 경우의 수를 보겠습니다.

우선 가장 인기가 많은 교산신도시부터 알아보겠습니다.

그런데 교산신도시 주변에는 규모가 비슷한 계획도시인 미사강변도시와 구하남으로 불리는 기존 하남이 있죠?

LH에서 어디를 기준으로 삼을지 모르기 때문에 둘 다 알아보겠습니다.

면적은 세대를 최대한 쪼개기 위해서 25평형을 위주로 나올 것으로 판단이 되며 25평형을 기준으로 삼겠습니다.

2021년 5월 기준 시세 및 예상분양가는 다음의 표와 같습니다.

구 분 (25평형 기준)		인근 가격		교산신도시 예상가격	
		시세 (호가기준)	평당가격	평당가격	분양가
계획 도시 (미사)	55%	9.2억	3680만	2000만	5억
	70%			2560만	6.4억
	80%			2920만	7.3억
구도심 (하남 덕풍동)	55%	7억	2800만	1520만	3.8억
	70%			1960만	4.9억
	80%			2240만	5.6억

(단위: 원)

위의 표를 기준으로 봤을 때 하남 교산신도시의 25평형 분양가는 3.8억 ~7.3억 원 수준으로 나온다는 것을 알 수 있습니다.

그런데 지금 이 책을 보시는 여러분들이 무슨 생각을 하시는지 알고 있습니다.

너무 포괄적이라는 생각을 하고 계시겠죠.

기준이 조금은 불명확하고 너무 많은 경우의 수가 있기 때문에 일단 모든 경우의 수를 다 표기해 봤습니다.

그러나 이 결과가 독자 여러분들이 원하시는 결과가 아니라는 것을 알기 때문에 제 생각을 조금 보태서 이 광범위한 범위를 줄여 보겠습니다.

여기에는 몇 가지 단서들이 더 붙을 겁니다.

2021년도 하반기는 상승장으로 예측이 되기 때문에 가격은 오른다는 단서와 LH사태와 같은 사건으로 인해 토지보상이 비싸게 될 것이라는 단서가 추가될 것입니다.

—————— 집 밥 도 내 집 에 서 먹 어 야 맛 있 다

그리하여 제가 예측하는 분양가는 현재 미사의 70%~80% 수준으로 분양이 되지 않을까 싶으며 6.5억~7.5억 원쯤에 분양을 하지 않을까 싶습니다.

이 정도의 가격도 주변에 비해 상당히 저렴한 가격이긴 하지만 엄청 저렴하게 나올 것으로 기대하시는 분들에게는 조금 실망스러울 수 있지만 제가 봤을 때 자금계획을 아무리 못해도 최소한 이 정도는 생각을 하셔야 나중에 문제되지 않을 것 같습니다.

물론 토지임대부 분양주택 같은 것도 나올 예정인데 이게 나온다면 가격은 제가 위에서 언급한 6.5억~7.5억 원의 절반 정도 수준에 그칠 겁니다.

그러나 말이 분양이지 전세나 다름없는 그런 건 분양받는 게 아닙니다.

과거 이명박 정부 시절 토지임대부 분양주택을 생각하시면 절대 안 됩니다.

자, 그럼 하남 교산신도시의 분양가는 알아봤고 어떤 식으로 예상을 하는지에 대해 계산식을 말씀드렸으니 나머지 과천, 남양주 왕숙, 고양 창릉, 부천 대장, 인천 계양, 안산 장상의 예상분양가는 얼마일지 표로 정리해 보겠습니다.

구 분 (25평형 기준)		인근 가격		3기신도시 예상가격	
		시세 (호가기준)	평당가격	평당가격	분양가
계획 도시 (다산)	55%	7.8억	3120만	1720만	4.3억
	70%			2200만	5.5억
	80%			2480만	6.2억
구도심 (남양주 퇴계원읍)	55%	4억	1600만	880만	2.2억
	70%			1120만	2.8억
	80%			1280만	3.2억
계획 도시 (항동)	55%	8.7억	3480만	1910만	4.8억
	70%			2430만	6.1억
	80%			2780만	7억
구도심 (고양 행신동)	55%	5억	2000만	1120만	2.8억
	70%			1400만	3.5억
	80%			1600만	4억
계획 도시 (옥길)	55%	6.3억	2520만	1380만	3.5억
	70%			1760만	4.4억
	80%			2000만	5억
구도심 (부천 오정동)	55%	4.8억	1920만	1050만	2.6억
	70%			1340만	3.4억
	80%			1530만	3.8억

(단위: 원)

구 분 (25평형 기준)		인근 가격		3기신도시 예상가격	
		시세 (호가기준)	평당가격	평당가격	분양가
계획 도시 (검단)	55%	5억	2000만	1100만	2.8억
	70%			1400만	3.5억
	80%			1600만	4억
구도심 (인천 병방동)	55%	3.5억	1400만	770만	1.9억
	70%			1000만	2.5억
	80%			1120만	2.8억
계획 도시 (안산 스마트 시티)	55%	7억	2800만	1520만	3.8억
	70%			1960만	4.9억
	80%			2240만	5.6억
구도심 (안산)	55%	3.5억	1400만	770만	1.9억
	70%			1000만	2.5억
	80%			1120만	2.8억
계획 도시 (지식정보타운 - 푸르지오 오르투스)	74㎡ (30 평형)	7억	2330만	2470만	7.4억
구도심 (과천)	55%	16억	6400만	3520만	8.8억
	70%			4480만	11.2억
	80%			5120만	12.8억

(단위: 원)

과천은 계획도시인 지식정보타운이 전매제한 등으로 인해 정확한 시세를 파악할 수 없으므로 가장 최근에 분양을 했던 과천 푸르지오 오르투스의 분양가를 기준으로 5% 인상한 가격이며 25평형이 없어서 가장 작은 면적인 30평형을 예시로 가져왔다는 점 참고하시기 바랍니다.

또한 안산은 스마트시티를 제외하고는 계획도시랄 것이 없어서 사실 스마트시티가 애매하긴 하지만 스마트시티를 계획도시로 넣었고 부천의 경우도 상당히 규모가 작지만 계획도시가 그 외에는 없기 때문에 옥길을 넣었습니다.

그리고 아까 교산에서 굉장히 넓은 범위를 조금 줄여 놓은 금액이 있었죠?

마지막으로 모든 신도시들의 예상분양가 범위를 줄여 놓아 정리해 보겠습니다.

구 분		교산	왕숙	창릉	대장	계양	장상	과천
예상 분양가	최대	6.5억	6.2억	5.8억	4.2억	3.5억	4.5억	7억
	최소	7.5억	7.2억	6.8억	5.2억	4.5억	5.5억	8억

(단위: 원)

앞의 표를 보시고 여러분들이 희망하는 지역의 대략적인 가격을 파악하시기 바랍니다.

참고로 책을 집필하는 과정 중에 인천계양의 분양가격이 나왔습니다.

3기신도시가 시작하면서 분양가격이 나왔는데 정확하게 제가 줄여 놓은 범위 안쪽으로 들어왔음을 알 수 있습니다.

제가 잘나서 맞췄다기보다는 추세가 그러하였기 때문에 맞춘 거죠.

사실 마음속으로는 저것보다는 좀 적게 나오겠지 하는 생각으로 나름 높게 부른 감이 있었는데 그 금액으로 나왔다는 것이 조금 씁쓸하긴 하네요.

다만 앞으로 나올 분양가는 훨씬 더 높아질 수도 있습니다.

그렇기 때문에 앞서 말씀드린 것처럼 최대한 보수적으로 준비를 하시되 너무 최고가로 잡아서 도전할 수 있는데 하지 않는 불상사는 없었으면 하고요.

그리고 일단 확실한 것은 9억 원을 넘어갈 것 같지는 않으니 아무리 제가 말씀드린 예상금액보다 더 비싸게 분양할 것 같다고 판단하셔도 최대를 9억 원 미만으로 잡으시면 될 것 같습니다.

지구	단지(BL)	주택형	개략 공급 면적 (단위:㎡)	총건설 호수	사전청약 공급호수	다자녀	신혼 부부	생애 최초	노부모	기타	일반 공급	추정분양 가격 (천원)
						특별공급						
총 공급호수				2,518	2,388	235	713	595	116	351	378	-
인천계양	합계			747	709	70	212	177	35	105	110	-
	A2	소계		747	709	70	212	177	35	105	110	-
		59	83	539	512	51	154	128	26	77	76	356,280
		74	103	178	169	17	51	42	8	25	26	436,850
		84	116	30	28	2	7	7	1	3	8	493,870
남양주진접2	합계			1,156	1,096	108	327	273	53	161	174	-
	A1	소계		920	873	87	261	218	43	130	134	-
		51	74	359	341	34	102	85	17	51	52	304,120
		59	86	561	532	53	159	133	26	79	82	351,740
	B1	소계		236	223	21	66	55	10	31	40	-
		74	97	188	178	17	53	44	8	25	31	402,560
		84	110	48	45	4	13	11	2	6	9	454,280
성남복정1	합계			615	583	57	174	145	28	85	94	-
	A1	소계		615	583	57	174	145	28	85	94	-
		51	75	184	174	17	52	43	8	25	29	586,090
		59	86	431	409	40	122	102	20	60	65	676,160

3억 원대 중반으로 나온 인천계양지구 25평형 공공분양 아파트

집밥도 내 집에서 먹어야 맛있다

18. 행복주택에
    들어가라

이번에 설명드릴 내용은 임대주택입니다.

'분양을 설명하는 책에서 왜 임대주택을 설명하느냐.'라고 뜬금없이 생각하시는 분들이 계시겠지만 우리는 분양만을 받는 것을 목표로 한다면 너무 리스크가 큽니다.

많은 분들이 이 책을 보면 당첨이 될 것이라 생각을 하지만 떨어지는 사람도 분명히 있을 겁니다.

2년, 3년 집을 계속 안 사면서 분양만 노리고 있는데 이게 7년, 8년 되지 말란 법 없죠.

그럼 결국 그때 돼서 남아 있는 건 아무것도 없을 겁니다.

집값은 현재 추세대로 간다면 계속 오를 거고 그에 따라 전세와 월세도 계속 오를 거고 그렇게 되면 주거비용은 계속 늘어날 텐데 집이 없는 것뿐만 아니라 가지고 있는 많은 것들을 잃게 될 수도 있습니다.

2020년 7월 임대차3법 시행으로 인해 전월세의 가격은 급등을 했습니다.

분양만 기다리다간 가난해지기 딱 좋은 구조가 된 거죠.

그렇기 때문에 우리는 행복주택이 됐건 국민임대가 됐건 나라에서 운영하는 임대아파트에 들어갈 필요가 있습니다.

분양은 분양대로 준비하면서 임대아파트는 임대아파트대로 준비하지 않으면 아무것도 되지 않았을 때 상실감은 말도 못 하죠.

　요즘말로 치면 말 그대로 벼락거지가 되는 겁니다.

　분양이 되기에는 더 많은 시간이 걸릴 수 있기 때문에 그 전까지 최대한 주거비용을 아끼는 게 정말 중요한 포인트죠.

　다행인 점은 분양준비가 된 사람들은 거의 대부분 행복주택에도 넣을 수 있는 자격요건이 된다는 점이고 경쟁률이 월등히 낮다는 것입니다.

　또한 청약통장이 필요하긴 하나 통장을 쓰는 것이 아니기 때문에 같이 준비하지 않을 이유가 전혀 없죠.

　단, 주의하실 점이 한 가지 있습니다.

　임대아파트 청약에는 통장이 필요하되 통장을 쓰는 것은 아니라고 말씀드렸는데 임대아파트 중에 통장을 써야 되는 임대아파트도 있습니다.

　경우에 따라서는 그런 임대아파트에 당첨되는 것이 좋은 판단이 될 수 있지만 원치 않게 통장을 써 버리면 굉장히 낙심을 하실 테니 그게 어떤 임대아파트인지 명확히 확인을 하는 작업이 필요하죠.

　그리고 지금부터 정리를 해 드리겠습니다.

　　　　　　　　　　──────　집 밥 도　 내　집 에 서　 먹 어 야　 맛 있 다

19. | 임대아파트의 종류

우리나라의 임대아파트는 크게 두 가지로 나뉩니다.

공공과 민간이죠.

여기까지는 아파트 청약과 동일하죠?

임대아파트는 여기서부터 세부적으로 나뉘기 시작합니다.

공공에는 공공임대, 국민임대, 행복주택, 장기전세, 영구임대, 매입임대, 전세임대 등이 있고 민간에는 일반전월세, 4년 단기임대, 8년 장기임대, 10년 장기임대, 공공지원 민간임대, 뉴스테이가 있습니다.

뭔가 다 비슷한 거 같은데 종류가 굉장히 많죠?

물론 이 외에도 역세권청년임대주택이나 신혼희망타운 등 다양하게 더 있긴 하나 공공주택 특별법에서 규정하고 있는 공공임대는 이 정도입니다.

특히 공공임대나 국민임대나 이름만 들었을 때는 거기서 거기인거 같고 행복주택 같은 경우에는 이름을 딱 들었을 때 뭔가 직관적이지가 않습니다.

뭐가 다르며 각각 무엇일까요?

우선 공공임대는 굉장히 특이한 방식의 임대아파트입니다.

이 공공임대아파트는 다시 5년 공공임대, 10년 공공임대, 50년 공공임대로 나뉘죠.

이 중에서 5년 공공임대와 10년 공공임대는 분양전환이 되는 굉장히 독특한 방식을 취하고 있습니다.

50년 공공임대는 50년 뒤에 재건축을 해야 할 상황이 올 텐데 굳이 분양하려 하지 않겠죠?

그대로 분양한다면 입주자들은 완전 대박이 되는 거지만 LH 측에서는 남 좋은 일만 시키고 땅 빼앗기는 꼴이 되기 때문에, 차라리 재건축해서 새로운 사람들에게 깨끗하고 저렴하게 주는 것이 낫기 때문에 분양을 하지 않습니다.

하여튼 50년을 제외한 5년과 10년 공공임대는 5년 뒤, 혹은 10년 뒤 분양전환이 되는 건데 그러다 보니 청약통장을 사용하게끔 되어 있습니다.

애초에 추후 분양을 목적으로 하기 때문에 나중에 분양으로 실제 전환을 하던, 아니면 퇴거를 하던 상관없이 통장은 소모를 하게 됩니다.

그래서 공공임대 아파트를 넣으시려면 이곳은 실제 아파트청약이라고 생각하시고 넣으셔야 합니다.

그럼 그분들은 추후 분양가가 어떻게 될지에 따라 결정을 달리하시겠죠?

임대료를 내다가 분양할 때 분양가는 10년의 경우 감정평가금액 이하로, 5년의 경우 건설원가와 감정평가금액을 산술평균한 가액으로 합니다.

다만 이 경우 공공임대주택의 건축비 및 택지비를 기준으로 분양전환 당시에 산정한 해당 주택의 가격에서 임대기간 중의 감가상각비를 뺀 금액을 초과할 수 없습니다.

그 외에 항목별 산출방법도 있는데 아마 대부분의 독자께서는 궁금하지 않으실 수도 있으나 혹시 모르니 관련 법률적 근거를 적어 놓겠습니다.

궁금하시거나 공공임대를 준비하시는 분들은 읽어 보시면 도움이 되실 겁니다.

■ 공공주택 특별법 시행규칙 [별표 7]

공공건설임대주택 분양전환가격의 산정기준
(제26조제1호, 제29조, 제40조 관련)

1. 분양전환가격의 산정

　가. 임대의무기간이 10년인 경우 분양전환가격은 감정평가금액을 초과할 수 없다.

　나. 임대의무기간이 5년인 경우 분양전환가격은 건설원가와 감정평가금액을 산술평균한 가액으로 하되, 공공임대주택의 건축비 및 택지비를 기준으로 분양전환 당시에 산정한 해당 주택의 가격(이하 "산정가격"이라 한다)에서 임대기간 중의 감가상각비(최초 입주자 모집 공고 당시의 주택가격을 기준으로 산정한다)를 뺀 금액을 초과할 수 없다.

2. 항목별 산출방법

　가. 건설원가 = 최초 입주자 모집 공고 당시의 주택가격 + 자기자금이자 - 감가상각비

　　1) 최초 입주자 모집 공고 당시의 주택가격: 건축비와 택지비의 합계액으로 한다.

　　2) 자기자금이자 = (최초 입주자 모집 공고 당시의 주택가격 - 주택도시기금 융자금 - 임대보증금과 월 임대료의 상호전환 전 임대보증금)×이자율×임대기간

　　　가) 이자율: 해당 공공임대주택의 임대시작일과 분양전환 당시 각각의 「은행법」에 따른 은행의 1년 만기 정기예금 평균 이자율을 산술평균한 이자율.

　　　나) 임대기간: 임대시작일부터 분양전환시작일 전날까지의 기간.

　　3) 감가상각비: 계산은 임대기간 중 「법인세법 시행령」 제26조에 따른 계산방식에 따른다.

　나. 감정평가금액: 영 제56조제1항 및 이 규칙 제42조에 따라 두 곳의 감정평가법인이 평가한 해당 주택의 감정평가금액을 산술평균한 금액으로 한다.

다. 산정가격 = 분양전환 당시의 표준건축비(국토교통부장관이 고시하는 가격을 말한다) + 최초 입주자 모집 공고 당시의 택지비 + 택지비 이자

택지비 이자 = 택지비×이자율×임대기간

※ 이자율 및 임대기간의 계산은 자기자금 이자의 계산과 같은 방법에 따른다.

라. 건축비 및 택지비: 공공임대주택의 가격산정의 기준이 되는 건축비 및 택지비는 다음과 같다.

1) 건축비

가) 건축비는 최초 입주자모집공고 당시의 건축비로 하되, 표준건축비를 상한(上限)으로 한다. 이 경우 건물의 층수는 동별로 해당 동의 최고층을 기준으로 적용한다.

나) 다음의 구조형식에 해당하는 주택에 대해서는 다음의 구분에 따른 금액을 표준건축비에 더할 수 있다.

(1) 철근콘크리트 라멘구조(무량판구조를 포함한다)로 건축하는 주택: 표준건축비의 5퍼센트에 상당하는 금액.

(2) 철골철근콘크리트구조로 건축하는 주택: 표준건축비의 10퍼센트에 상당하는 금액.

(3) 철골조로 건축하는 주택: 표준건축비의 16퍼센트에 상당하는 금액.

다) 주택사업자가 해당 주택의 시공 및 분양에 필요하여 납부한 보증수수료는 표준건축비에 더할 수 있다.

라) 사업계획승인권자로부터 최초 입주자모집공고에 포함하여 승인을 받은 지하층 면적[지하주차장 면적을 포함하되, 지하피트(방습·방열 및 배관설비 설치 등을 위한 공간을 말한다)는 제외한다]은 표준건축비의 100분의 63에 상당하는 금액을 표준건축비에 더할 수 있다.

마) 공공주택사업자는 공공임대주택의 건설과 관련된 법령 또는 조례 등의 개정으로 주택건설에 추가되거나 감액되는 비용이 있는 경우에는 그 비용을 표준건축비에 추가하거나 표준건축비에서 감액할 수 있다.

바) 그 밖에 표준건축비에 더할 수 있는 항목은 다음과 같다.

(1) 공공주택사업자가 발코니 새시를 한꺼번에 시공하는 주택인 경우 표준건축비의 100분의 5 이내에서 드는 비용.

(2) 「도서개발 촉진법」 제2조에 따른 도서지역에 건축하는 주택인 경우 표준건축비의 100분의 3.

(3) 「폐기물관리법」 제15조의2에 따른 음식물류 폐기물 공동 처리시설의 설치비.

———— 집 밥 도 내 집 에 서 먹 어 야 맛 있 다

(4) 「공동주택 분양가격의 산정 등에 관한 규칙」 별표 1의3 제3호의 비용.

(5) 공공주택사업자가 발코니를 확장하는 주택인 경우 발코니 확장비용[(1)에
따른 비용은 제외한다].

2) 택지비

가) 공공택지의 공급가격

나) 공공택지의 공급가격에 가산할 수 있는 항목은 다음과 같다.

(1) 택지를 공급받기 위하여 선수금, 중도금 등 택지비의 일부 또는 전부를 선
납한 경우에는 선납일부터 최초 입주자 모집 공고 후 6개월이 되는 날까
지의 택지대금에 대한 기간이자. 이 경우 기간이자는 최초 입주자 모집
공고 당시의 「은행법」에 따른 은행의 1년 만기 정기예금 평균 이자율을
적용하되, 일할계산한다.

(2) 제세공과금, 등기수수료 등 필요적 경비.

(3) 그 밖에 택지와 관련된 것임을 증명할 수 있는 비용.

그다음은 국민임대인데 국민임대는 가장 흔히 알고 있는 일반적인 복
지성격을 띄고 있는 임대아파트입니다.

우리 대부분은 임대아파트에 삽니다.

그러나 대부분이 살고 있는 곳은 일반전월세죠.

흔히 임대아파트 산다고 했을 때 떠오르는 곳이 바로 이 국민임대이죠.

즉, 주인이 국가나 지자체 혹은 LH 같은 공기업인 아파트로 서민을 대
상으로 공급하는 주거정책의 형태입니다.

국민임대와는 달리 영원히 임대아파트인 곳으로써 최대 30년간 거주가
가능합니다.

주로 소형면적이 많으나 최근에는 25평형 등 중형면적도 많이 공급을
하고 있습니다.

SH공사에서 관리하고 있는 국민임대아파트를 날 잡아서 1차, 2차, 3차
등으로 무더기로 다양한 지역에 공급을 합니다.

역시 청약통장이 필요하지만 공공임대와는 달리 청약통장을 소모하지는 않죠.

다음은 행복주택입니다.

사실상 국민임대주택인데 입주자격대상을 조금 더 세분화했고 국민임대주택에 비해 좋은 입지에 자리 잡고 있죠.

국민임대주택은 통상 사회적 약자를 대상으로 하는 것에 비해 행복주택은 대학생, 사회초년생, 신혼부부, 고령자 등을 대상으로 합니다.

그것 역시 사회적 약자 아니냐? 할 수 있으나 국민임대주택에서의 사회적 약자는 생활수급대상자 등 지원이 없다면 평범하게 살기가 힘든 사람들이 대상이고 행복주택에서의 사회적 약자는 기득권층이 아닌 것을 사회적 약자라고 정의하는 것 같고 둘은 그런 차이를 갖고 있죠.

또한 행복주택은 장기간 거주가 가능한 국민임대아파트와는 달리 아직 기득권이 아닐 뿐이지, 곧 사회에서 충분히 자리를 잡을 만한(고령층 제외) 사람들이 대상이기 때문에 최대 6년까지만 입주가 가능합니다.

말 그대로 자리 잡을 때까지만 잠깐 살도록 하는 주택인거죠.

행복주택은 일반적으로 교통도 좋고 집도 깨끗하기 때문에 길게 살 것이 아니라면 국민임대보다 선호되는 것이 사실입니다.

다음은 장기전세입니다.

장기전세는 서울시 SH에서 최초로 진행했기 때문에 과거 쉬프트라고 불리었던 정책인데 기존 월세와는 달리 중산층을 위해 만들어진 전세임대아파트입니다.

지금은 서울 외에도 하고는 있으나 자금적인 부분 등 문제가 많은 정책이어서 거의 폐지 수순을 밟고 있는 중이죠.

그래서 아마 거의 찾아보기는 힘드실 겁니다.

특히 서울에서는요.

당장 목돈 여유가 있기만 하다면 월세가 안 나가기 때문에 국민임대보다 유리할 수도 있죠.

다만 물건은 거의 안 나오고 사람들은 많이 원하니 당첨되기는 사실상 어려울 겁니다.

이 장기전세 역시 통장이 필요합니다.

그리고 소모하지는 않죠.

다음은 영구임대입니다.

영구임대는 사회 취약계층에게 소형의 임대아파트를 주기 위한 목적으로 만들어진 정책입니다.

전용 7평같이 작은 평수가 대부분인데 그러다 보니 임대료도 상당히 저렴하죠.

보증금 600만 원에 월세 5만 원 정도 수준이니 경제적으로 넉넉하지 않은 사람 중 혼자 사는 사람들은 정말 누구나 가고 싶은 그런 곳이 아닌가 생각이 듭니다.

다만 금액이 저렴한 만큼 생활환경도 안 좋기 때문에 막상 들어가서 살려고 하면 눈물이 날 수도 있죠….

이곳 역시 통장은 필요하나 통장을 소모하지 않는 임대아파트입니다.

다음은 매입임대입니다.

임대아파트라고 하기엔 주로 빌라가 여기에 포함이 되는데 매입임대는 빌라 같은 것을 지자체나 공기업에서 매입을 한 뒤 임대를 놓는 정책입니다.

부도매입, 기존주택매입, 건설 중 매입 등 다양하게 있는데 지자체나 공기업 본인들이 지은 것이 아니기 때문에 건축비 등이 더 비싸고 그에 따라 매입가격이 본인들이 지었을 때보다 현저히 비쌀 수밖에 없기 때문에 기본적으로 임대료는 다른 임대주택에 비해 비싼 편입니다.

매입임대는 특정 '뭐다!'라고 정의할 수 없는 게 어떤 주택을 매입했느냐, 그게 면적이 얼마나 되느냐에 따라 청년에게 주기도, 고령자에게 주기도, 신혼부부에게 주기도 하는 등 굉장히 포괄적인 주거복지정책인데 그러다 보니 기준도 조건도 다양합니다.

어떤 모집공고를 보면 통장이 필요하기도 하고, 어떤 모집공고를 보면 필요 없기도 하죠.

그렇다는 얘기는 결국 통장은 준비가 돼 있어야 모든 것을 할 수 있다는 거겠죠?

그다음은 민간임대에 대해 알아보겠습니다.

민간임대의 가장 대표적인 것은 일반전월세죠.

이건 설명드리지 않아도 잘 아실 겁니다.

그냥 부동산을 가서 평범하게 계약하는 그게 일반전월세인데 자유도가 굉장히 높죠.

내가 원하는 지역에 원하는 건물로 들어갈 수 있는 가능성이 가장 높은 거래방식입니다.

그리고 자유시장 경제에서 사용되는 대표적인 방식인 만큼 자격요건도 당연히 없죠.

다만 자유로워서 가장 많은 사람들이 이 방법으로 거래를 하고는 있지만 가장 비싼 방법이기도 합니다.

물론 이 일반 전월세도 100% 자유시장체제에서 운영되고 있지는 않습니다.

임대차보호법이라는 것이 있기 때문에 모든 것을 민간에서 협의한 대로 진행이 되지는 않지만 가장 자유도가 높은 건 사실이죠.

그다음은 일반 전월세랑 상당히 유사한 건데 4년 단기임대, 8년 장기임대, 10년 장기임대가 있습니다.

개인 혹은 법인이 임대사업자를 만들어서 말 그대로 임대사업을 운영하는 거죠.

일반 전월세와 비교했을 때 자유도는 비슷하나 금액은 더 저렴한 경우가 대부분이죠.

그러나 가끔은 금액이 더 비싼 경우도 있습니다.

이 임대사업을 하면서 처음으로 놓게 되는 가격이 기준이 되어 계약갱신마다 5%씩밖에 못 올리게 돼서 신축의 경우에는 주변 시세에 비해 비싸게 놓는 경우가 많죠.

신축이 아닌 일반적인 주택에서는 저렴한 게 일반적입니다.

공공과 민간의 사이쯤으로 생각하시면 되는데 임대사업자 물건은 사실 찾기가 굉장히 어렵습니다.

어디 공고로 나오는 것도 아니고 부동산을 이 잡듯 뒤져야 되는데 그 아파트에 임대사업자가 있는지 여부조차 불명확하죠.

또한 나왔다 하면 워낙 저렴해서 바로 나가고 이제는 아파트 임대사업자 제도 자체를 아예 폐지를 해서 그나마도 물량이 더 없어질 겁니다.

일반전월세건 임대사업자 임대주택이건 민간으로 운영하는 것이기 때문에 당연히 자격요건이나 통장은 필요가 없습니다.

다음은 공공지원 민간임대입니다.

공공에서 지원을 해 주어서 건물을 짓는 기업형 임대주택입니다.

조금 전에 말씀드린 임대사업자형 임대주택은 법인이더라도 사실 개인에 가까운 법인인 경우가 대부분인데 이 공공지원 민간임대는 말 그대로 대형 건설사 같은 큰 기업에서 공급을 하는 것이기 때문에 규모가 훨씬 크죠.

게다가 공공지원이기 때문에 자본력도 뛰어나고요.

대신 공공의 지원을 받기 때문에 자격요건이 있습니다.

다만 공공의 성격을 띠지만 어찌됐던 민간임대이기 때문에 청약통장은 따로 필요하지 않습니다.

그럼 자격요건은 뭐냐.

무주택자여야 한다는 점이죠.

무주택자 입장에서 깔끔한 새 집에서 산다는 점은 좋으나 민간임대이기에 임대료가 저렴하지는 않습니다.

다만 5%씩밖에 못 올리기 때문에 처음에는 시세와 같지만 장기적으로 봤을 때는 저렴하게 될 것이니 여유가 있으신 분들은 이곳에서 몇 년간 주거안정을 취하다가 분양받는 것도 좋은 방법일 듯합니다.

특히 이곳은 최대 10년까지 입주가 가능하기 때문에 10년 차에 보면 주변에 비해 월등히 저렴하죠.

그다음은 뉴스테이입니다.

기업형임대주택이라는 것인데 공공지원민간임대와 다른 것은 지원을 받지 않는다는 점이죠.

그렇기 때문에 조금 더 조건이 가볍습니다.

무주택자가 아니어도 관계가 없죠.

이건 뉴스테이가 나오게 된 배경을 알면 이해하기가 더 쉬운데 하여튼 조금 더 가볍죠.

대신 공공지원을 받은 민간임대 같은 경우엔 10년간 임대를 해야 하지만 뉴스테이는 단기임대로 4년만 할 수도 있기 때문에 4년차를 기준으로 봤을 때는 주변에 비해 저렴할 수 있겠으나 너무 짧은 느낌이 있습니다.

결국 조건이 무거운 순으로 따지면 국민임대＞공공지원 민간임대＞뉴스테이 순이고 반대로 임대료가 무거운 순으로 치면 뉴스테이＞공공지원 민간임대＞국민임대 순입니다.

역시 통장은 필요하지 않고요.

공공지원 민간임대가 됐건 국민임대가 됐건 나중에 분양으로 전환을 할 수도 있고 안 할 수도 있는데 중요한 건 공공임대처럼 특별한 기준은 없다는 점입니다.

그렇기에 주변 시세에 준하여 분양할 것이고 아파트에 따라 해당 임차인에게 우선권을 부여하지 않을 수도 있습니다.

다만 우선권을 부여하지 않으면 임차인들이 단체로 항의를 할 수 있어서 웬만하면 우선권은 부여하겠으나 가격은 일반분양처럼 저렴할 수는 없는 구조입니다.

그렇기 때문에 나중에 저렴하게 분양받을 수 있을 거란 희망으로 뉴스테이 같은 곳을 프리미엄까지 줘 가면서 임대로 들어가는 분들이 계신데 그러지 않으시는 게 좋을 것 같습니다.

19-2. 임대주택 자격요건

이번에는 임대주택 자격요건에 대해 알아보겠습니다.

다만 이 책의 성격은 분양을 안내해 드리는 책이기 때문에 임대주택자격요건은 별도로 풀어서 설명드리진 않고 법조문을 그대로 적어 넣겠습니다.

필요하신 분은 한번 보시면 도움이 되실 겁니다.

국민임대주택의 입주자 자격(제15조제1항 관련)

1. 일반공급

국민임대주택은 입주자 모집공고일 현재 무주택세대구성원으로서 아래에 해당되는 공급신청자를 1세대 1주택의 기준으로 순위에 따라 선정한다. 다만, 가목의 경우 단독세대주는 전용면적 40㎡ 이하의 주택에 한정하여 공급하되, 입주자 모집공고 당시 해당 시·군·자치구에 공급되는 주택 중 전용면적 40㎡ 이하의 주택이 없는 경우와 「장애인 고용촉진 및 직업 재활법」 제2조에 따른 중증장애인의 경우에는 전용면적 50㎡ 미만인 주택을 공급할 수 있다.

구분	입주자격	선정순위
가. 전용면적 50㎡ 미만	1) 해당 세대의 월평균소득이 전년도 도시근로자 가구원수별 가구당 월평균소득의 50%(가구원 수가 1명인 경우에는 70%, 2명인 경우에는 60%를 말한다) 이하인 사람 2) 1)에 따른 공급 후 남은 주택에 대해서는 전년도 도시근로자 가구원수별 가구당 월평균소득 70%(가구원 수가 1명인 경우에는 90%, 2명인 경우에는 80%를 말한다) 이하인 사람	가) 경쟁 시 아래 순위에 따라 입주자를 선정한다. (1) 제1순위: 해당 주택이 건설되는 시·군·자치구에 거주하는 사람 (2) 제2순위: 해당 주택이 건설되는 시·군·자치구에 연접한 시·군·자치구 중 공공주택사업자가 지정하는 시·군·자치구에 거주하는 사람 (3) 제3순위: 제1순위 및 제2순위에 해당되지 아니하는 사람
나. 전용면적 50㎡ 이상, 60㎡ 이하	3) 해당 세대의 월평균소득이 전년도 도시근로자 가구원수별 가구당 월평균소득의 70%(가구원 수가 1명인 경우에는 90%, 2명인 경우에는 80%를 말한다) 이하인 사람 (단독세대주는 제외한다)	나) 경쟁 시 아래 순위에 따라 입주자를 선정하며, 동일 순위에서는 해당 주택이 건설되는 시·군·자치구 거주자에게 우선공급 할 수 있다. (1) 제1순위: 주택청약종합저축에 가입하여 24회 이상 납입한 사람 (2) 제2순위: 주택청약종합저축에 가입하여 6회 이상 납입한사람 (3) 제3순위: 제1순위 및 제2순위에 해당되지 아니하는 사람
다. 전용면적 60㎡ 초과	4) 해당 세대의 월평균소득이 전년도 도시근로자 가구원수별 가구당 월평균소득의 100%(가구원 수가 1명인 경우에는 120%, 2명인 경우에는 110%로 한다) 이하인 사람 (단독세대주는 제외한다)	

2. 우선공급

공공주택사업자는 일반공급의 입주자선정순위에도 불구하고 아래의 공급비율 범위 내에서 아래에 해당하는 사람에게 국민임대주택을 1세대 1주택의 기준으로 우선 공급할 수 있다. 이 경우 공급신청자 중 입주자로 선정되지 못한 자에 대하여는 별도의 신청절차 없이 일반공급 신청자에 포함하여 입주자를 선정하여야 한다.

구분	공급비율	입주자격
가. 철거 민 등	10% 범위 (시·도지사 의 승인을 얻은 경우 에는 10% 를 초과할 수 있다)	무주택세대구성원으로서 아래에 어느 하나에 해당하는 자. 다만, 1), 2), 3), 4), 5) 및 7)에 따라 우선공급을 받을 수 있는 자는 관계법령에 따라 해당 사업을 위한 고시 등이 있은 날 현재 3개월 이상 거주한 자이어야 하고, 6)에 따라 우선공급을 받을 수 있는 자는 재해가 발생한 날 현재 전입신고를 하고 거주하고 있는 사람이어야 하며, 8)에 따라 우선공급을 받을 수 있는 사람은 개발제한구역의 해제를 위한 도시·군관리계획을 결정·고시한 날 현재 해당 지역에 3년 이상 거주하는 사람으로서 시장·군수 또는 구청장(이하 이 별표에서 "시장 등"이라 한다)이 확인하는 경우로 한정한다. 1) 공공주택사업자가 해당 주택건설사업을 위하여 철거하는 주택의 소유자 또는 세입자로서 일반공급의 입주자격(소득요건은 제외한다)을 충족하는 사람 2) 「도시 및 주거환경정비법」에 따른 주거환경개선사업 또는 재개발사업의 시행을 위하여 철거되는 주택의 세입자(주거환경개선사업의 경우에는 주택의 소유자를 포함한다)로서 일반공급의 입주자격(소득요건을 제외한다)을 충족하는 사람 3) 해당 주택이 건설되는 시·군·자치구의 도시·군계획시설사업(「국토의 계획 및 이용에 관한 법률」제2조제10호에 따른 도시·군계획시설사업을 말한다)으로 철거되는 주택의 소유자 및 세입자로서 일반공급의 입주자격(소득요건은 제외한다)을 충족하는 사람 4) 공공주택사업자가 공공사업에 의하여 조성된 택지를 공급받아 주택을 건설하는 경우 해당 공공사업의 시행을 위하여 철거되는 주택의 소유자 및 세입자로서 일반공급의 입주자격(「택지개발촉진법」에 따른 택지개발사업 또는 「도시개발법」에 의한 도시개발사업을 위하여 「개발제한구역의 지정 및 관리에 관한 특별조치법」에 따라 개발제한구역을 해제하고 해당 공공사업을 시행하는 경우 해당 공공사업의 시행을 위하여 철거되는 주택의 소유자(「주택공급에 관한 규칙」 제37조제1호에 따라 분양주택을 특별공급받은 자는 제외한다) 및 세입자의 경우에는 소득요건은 제외한다)을 충족하는 사람 5) 공공주택사업자가 공공사업에 의하여 조성된 택지를 공급받아 주택을 건설하는 경우 연접한 시·군·자치구에서 「택지개발촉진법」에 따른 택지개발사업 및 「산업입지 및 개발에 관한 법률」에 따른 산업단지개발사업(개발계획상 주택건설용지에 관한 계획이 포함된 경우로 한정한다)의 시행을 위하여 철거되는 주택의 세입자로서 일반공급의 입주자격(소득요건은 제외한다)을 충족하는 사람

		6) 재해로 인하여 철거되는 주택의 소유자 및 세입자로서 일반공급의 입주자격을 충족하는 사람
		7) 시·도지사, 한국토지주택공사 또는 지방공사가 주택의 내력구조부 등에 중대한 하자가 발생하여 해당 거주자의 보호를 위하여 이주 및 철거가 필요하다고 인정하는 주택의 소유자 및 세입자로서 일반공급의 입주자격을 충족하는 사람
		8) 「개발제한구역의 지정 및 관리에 관한 특별조치법 시행령」 제2조제3항제2호에 따라 주거환경개선 및 취락정비가 필요하여 개발제한구역이 해제되는 지역에서 다른 지역으로 이주하게 되는 타인의 토지에 소재한 주택의 소유자 또는 세입자로서 일반공급의 입주자격을 충족하는 사람
		9) 주택도시기금을 지원받아 건설된 임대주택거주자로서 사업주체의 부도 등으로 인하여 해당 주택에서 퇴거하였거나 퇴거하여야 하는 사람 중 일반공급의 입주자격(소득요건은 제외한다)을 충족하는 자로서 관할 시장 등의 확인을 받은 사람
		10) 「공익사업을 위한 토지 등의 취득 및 보상에 관한 법률」 제4조에 따른 공익사업의 시행을 위하여 철거되는 주택[1)부터 5)까지에 해당하는 사업을 위하여 철거되는 주택은 제외한다]을 관계법령에 따라 해당 사업시행을 위한 고시 등이 있은 날 이전부터 소유하고 있는 사람 및 철거되는 주택의 세입자 중 일반공급의 입주자격(소득요건은 제외한다)을 충족하는 사람으로서 관할 시장 등의 확인을 받은 사람
나. 노부모 부양, 장애인, 국가유공자 등	20% 범위	무주택세대구성원[1]의 경우에는 피부양자의 배우자도 무주택자이어야 한다]으로서 아래의 어느 하나에 해당하는 사람
		1) 입주자모집공고일 현재 65세 이상의 직계존속(배우자의 직계존속을 포함한다)을 1년 이상 계속하여 부양(같은 세대별 주민등록표상에 등재되어 있는 경우로 한정한다)하고 있는 사람으로서 일반공급의 입주자격을 충족하는 사람
		2) 「장애인복지법」 제32조에 따라 장애인등록증이 교부된 사람(지적장애인·정신장애인 및 장애의 정도가 심한 뇌병변장애인의 경우에는 그 배우자를 포함한다)으로서 일반공급의 입주자격을 충족하는 사람. 이 경우 장애의 정도가 심한 장애인을 입주자로 우선 선정해야 한다.
		3) 다음의 어느 하나에 해당하는 사람으로서 일반공급의 입주자격을 충족하는 사람 중 소득수준 등을 고려하여 국가보훈처장이 입주가 필요하다고 인정하는 사람 가) 「국가유공자 등 예우 및 지원에 관한 법률」에 따른 국가유공자 또는 그 유족 나) 「보훈보상대상자 지원에 관한 법률」에 따른 보훈보상대상자 또는 그 유족 다) 「5·18민주유공자 예우에 관한 법률」에 따른 5·18민주유공자 또는 그 유족 라) 「특수임무유공자 예우 및 단체설립에 관한 법률」에 따른 특수임무유공자 또는 그 유족 마) 「참전유공자예우 및 단체설립에 관한 법률」에 따른 참전유공자

4) 「제대군인지원에 관한 법률」에 따른 장기복무 제대군인으로서 일반공급의 입주자 격을 충족하는 자 중 소득수준 등을 고려하여 국가보훈처장이 입주가 필요하다 고 인정하는 사람

5) 「북한이탈주민의 보호 및 정착지원에 관한 법률」 제2조제1호에 따른 북한이탈주 민으로서 일반공급의 입주자격을 충족하는 사람

6) 「군사정전에 관한 협정 체결 이후 납북피해자의 보상 및 지원에 관한 법률」 제2조 제3호에 따른 납북피해자로서 일반공급의 입주자격을 충족하는 사람

7) 「중소기업인력지원 특별법」 제2조제1호 및 제3조에 따른 중소기업에 종사하는 근 로자로서 일반공급의 입주자격을 충족하는 사람

8) 일반공급의 입주자격을 충족하는 사람 중 비정규직 근로자의 주거안정을 위하여 국민임대주택의 우선공급이 필요한 경우로서 고용노동부장관이 정하는 기준에 해당하는 사람

9) 「가정폭력방지 및 피해자보호 등에 관한 법률」 제2조제3호에 따른 피해자로서 일 반공급의 입주자격(신청자와 동일한 세대별 주민등록표 상에 등재되어 있지 아 니한 배우자 및 배우자와 동일한 세대를 이루고 있는 세대원의 무주택 및 소득요 건은 제외한다)을 충족하는 사람 중 같은 법 시행령 제4조의2에 따라 여성가족 부장관이 정하는 기준에 해당하는 사람

10) 「성폭력방지 및 피해자 보호 등에 관한 법률」 제2조에 따른 성폭력피해자 또는 성폭력피해자를 보호하는 가족으로서 일반공급의 입주자격을 충족하는 자 중 여 성가족부장관이 정하는 기준에 해당하는 사람

11) 「한부모가족지원법 시행규칙」 제3조에 따라 여성가족부장관이 정하는 기준에 해당하는 지원대상 한부모가족

12) 소년·소녀가정으로서 시장 등이 국민임대주택의 공공주택사업자에게 추천하는 사람

13) 「아동복지법」 제3조제6호에 따른 가정위탁을 통하여 아동을 보호·양육하는 조 부모 또는 친인척으로서 일반공급의 입주자격을 갖춘 자 중 시장 등이 국민임대 주택의 공공주택사업자에게 추천하는 사람

14) 입주자모집공고일 현재 65세 이상인 자로서 일반공급의 입주자격을 충족하는 자

15) 「범죄피해자 보호법」 제3조제1항제1호에 따른 범죄피해자로서 일반공급의 입주 자격을 갖춘 자 중 법무부장관이 정하는 기준을 충족하는 사람

16) 「폐광지역 개발 지원에 관한 특별법」 제11조의4에 따른 탄광근로자이거나 탄광 근로자였던 자 또는 같은 법 시행령 제16조의3제1항에 따른 유족으로서 입주자 모집공고일 현재 폐광지역에 3년 이상 거주한 자 중 일반공급의 입주자격을 갖 춘 사람

		17) 투자촉진 또는 지역경제의 활성화 등을 위하여 해외에서 15년 이상 거주한 후 대한민국에 영구귀국 또는 귀화하는 재외동포에게 주택의 특별공급이 필요한 경우로서 해당 시·도지사가 정하여 고시하는 기준에 해당하는 사람 18) 「국군포로의 송환 및 대우 등에 관한 법률」 제2조제5호에 따른 등록포로 19) 1963년 12월 21일부터 1977년 12월 31일까지의 기간 중에 독일연방공화국으로 진출하였던 근로자 중 간호사, 광부 및 이에 준하는 직업에 종사한 사실이 인정되는 자로서 일반공급의 입주자격을 갖춘 사람
다. 다자녀 가구	10% 범위	입주자모집공고일 현재 미성년자인 2명 이상의 자녀(태아를 포함한다. 이하 이 별표에서 같다)를 둔 무주택세대구성원으로서 일반공급의 입주자격을 충족하는 사람
라. 국가유공자 등	10% 범위	일반공급의 입주자격(입주자선정순위는 제외한다)을 충족하고 아래의 어느 하나에 해당하는 무주택세대구성원으로서 국가보훈처장이 국민임대주택 입주가 필요하다고 인정하는 사람 1) 「국가유공자 등 예우 및 지원에 관한 법률」에 따른 국가유공자 또는 그 유족 2) 「보훈보상대상자 지원에 관한 법률」에 따른 보훈보상대상자 또는 그 유족 3) 「5·18민주유공자 예우에 관한 법률」에 따른 5·18민주유공자 또는 그 유족 4) 「특수임무유공자 예우 및 단체설립에 관한 법률」에 따른 특수임무유공자 또는 그 유족 5) 「참전유공자 예우 및 단체설립에 관한 법률」에 따른 참전유공자
마. 영구임대주택 퇴거자	3% 범위	영구임대주택의 입주자로서 입주자격 상실 등의 사유로 그 주택에서 퇴거하는 무주택세대구성원
바. 비닐간이공작물 거주자	2%(시·도지사의 승인을 받은 경우에는 10%) 범위	아래의 어느 하나에 해당하는 무주택세대구성원(한 차례로 한정한다) 1) 비닐·부직포 등으로 건축되어 그 전부 또는 일부가 주거의 용도로 제공되는 간이공작물(이하 이 별표에서 "비닐간이공작물"이라 한다)에 거주하고 있는 사람으로서 영 제13조제2항의 공고 당시 해당 주택지구 안에서 1년 이상 거주한 사람(이하 "비닐간이공작물 거주자"라 한다) 2) 비닐간이공작물 거주자이었던 사람으로서 국토교통부장관이 정하는 바에 따라 한국토지주택공사 또는 지방공사로부터 전세임대주택을 공급받은 사람

사. 신혼부 부, 한부 모가족	30% 범위	1) 입주자모집공고일 현재 신혼부부(혼인 중인 사람으로서 혼인기간이 7년 이내이 거나 6세 이하의 자녀를 둔 사람을 말한다), 예비신혼부부(혼인을 계획 중이며 해당 주택의 입주 전까지 혼인사실을 증명할 수 있는 사람을 말한다) 또는 한부 모가족(6세 이하 자녀를 둔 경우로 한정한다. 이하 이 별표에서 같다)인 무주택 세대구성원(예비신혼부부의 경우 혼인으로 구성될 세대의 세대구성원 모두 무 주택자인 경우를 말한다)으로서 일반공급의 입주자격(입주자 선정순위는 제외 한다. 다만, 50㎡ 이상인 주택의 경우에는 주택청약종합저축에 가입하여 6개월 이 경과되고 매월 약정납입일에 월납입금을 6회 이상 납입한 자이어야 한다)을 충족하는 자(임신 또는 입양으로 입주자격을 취득한 자는 국토교통부장관이 정 하는 출산 등과 관련한 자료를 제출하거나 입주 시까지 입양이 유지되어야 한다) 가) 제1순위: 다음의 어느 하나에 해당하는 경우 　　(1) 혼인기간 중 자녀를 출산(임신 중이거나 입양한 경우를 포함한다)하여 자 　　　녀(미성년자로 한정한다. 이하 이 별표에서 같다)가 있는 신혼부부 　　(2)「민법」제855조제2항에 따라 혼인 중의 출생자로 인정되는 혼인외의 출 　　　생자가 있는 경우 　　(3) 한부모가족 나) 제2순위: 제1순위에 해당하지 않는 경우 2) 제1순위 및 제2순위에서 경쟁이 있는 경우에는 다음의 기준을 적용하여 산정한 점수가 높은 순으로 입주자를 선정하고, 산정한 점수가 동일한 경우에는 추첨의 방법으로 입주자를 선정한다. 가) 해당 세대의 월평균소득이 전년도 도시근로자 가구원수별 가구당 월평균소 득의 50%(가구원 수가 1명인 경우에는 70%, 2명인 경우에는 60%를 말한 다) 이하인 경우: 1점 나) 자녀의 수 　　(1) 3명 이상: 3점 　　(2) 2명: 2점 　　(3) 1명: 1점 다) 해당 주택건설지역(주택이 건설되는 특별시·광역시·특별자치시·특별자치 도 또는 시·군의 행정구역을 말한다)의 연속 거주기간 　　(1) 3년 이상: 3점 　　(2) 1년 이상, 3년 미만: 2점 　　(3) 1년 미만: 1점 라) 주택청약종합저축 납입 횟수 　　(1) 24회 이상: 3점 　　(2) 12회 이상, 24회 미만: 2점 　　(3) 6회 이상, 12회 미만: 1점

		마) 신혼부부의 경우 혼인기간
		(1) 3년 이하: 3점
		(2) 3년 초과, 5년 이하: 2점
		(3) 5년 초과, 7년 이하: 1점
		바) 한부모가족의 경우 자녀의 나이. 같은 연령대 자녀가 2명 이상인 경우에는 1명으로 본다.
		(1) 2세 이하: 3점
		(2) 3세 또는 4세: 2점
		(3) 5세 또는 6세: 1점
아. 무허가 건축물 등에 입주한 세입자	2% (시·도지사의 승인을 받은 경우 10%) 범위	무주택세대구성원으로서 「공익사업을 위한 토지 등의 취득 및 보상에 관한 법률 시행규칙」 제54조제2항 단서에 따라 주거이전비를 보상받는 무허가건축물 등(같은 규칙 제24조에 따른 무허가건축물 등을 말한다)에 입주한 세입자(한 차례로 한정한다)

3. 그 밖의 사항

　가. 공공주택사업자는 국토교통부장관이 해당 지역의 실정 등을 고려하여 필요하다고 인정하는 경우에는 제
　　2호에 따른 우선공급 기준에도 불구하고 공급 물량의 50% 범위에서 시장 등이 공공주택사업자와 협의를
　　거쳐 별도로 정하는 기준 및 절차에 따라 우선공급 대상자를 선정할 수 있다.

　나. 공공주택사업자는 제1호에 따른 일반공급의 제1순위, 제2순위 및 제3순위에서 경쟁이 있으면 미성년자인
　　자녀 3명 이상을 둔 공급신청자 중 미성년자인 자녀 수가 많은 순으로 입주자를 선정하여야 하며, 자녀 수
　　가 같거나 입주자를 선정하고 남은 주택이 있는 경우와 제2호나목, 다목, 마목, 바목 및 아목에 따른 입주
　　자 선정 시 경쟁이 있는 경우에는 아래의 배점을 합산한 순위에 따라 입주자를 선정하고 동일한 점수인 경
　　우에는 추첨으로 입주자를 선정하되, 동일한 사유로 중복하여 합산하지 아니한다. 다만, 아래 4), 7) 및 8)
　　은 제2호나목에 따른 우선공급에는 이를 적용하지 아니한다.

　　1) 공급신청자의 나이
　　　가) 50세 이상: 3점
　　　나) 40세 이상, 50세 미만: 2점
　　　다) 30세 이상, 40세 미만: 1점
　　2) 부양가족의 수(태아를 포함한다)
　　　가) 3인 이상: 3점
　　　나) 2인: 2점
　　　다) 1인: 1점
　　3) 해당 주택건설지역에서의 거주기간
　　　가) 5년 이상: 3점
　　　나) 3년 이상, 5년 미만: 2점
　　　다) 1년 이상, 3년 미만: 1점
　　4) 65세 이상의 직계존속(배우자의 직계존속을 포함한다)을 1년 이상 부양하고 있는 경우: 3점
　　5) 미성년자인 자녀 수
　　　가) 3자녀 이상: 3점
　　　나) 2자녀: 2점
　　6) 주택청약종합저축 납입횟수
　　　가) 60회 이상 납입한 사람: 3점
　　　나) 48회 이상 납입한 사람: 2점
　　　다) 36회 이상 납입한 사람: 1점
　　7) 「중소기업기본법」 제2조제1항에 따른 중소기업 중 제조업에 종사하는 근로자(임원을 제외한다)인 경
　　　우: 3점
　　8) 사회취약계층
　　　아래 어느 하나에 해당하는 사람의 경우: 3점. 이 경우 둘 이상의 사유에 해당하는 사람의 경우라도 3
　　　점만을 부여한다.
　　　가) 별표3 제1호가목부터 마목까지, 사목, 아목, 자목 및 카목에 해당하는 사람(가목의 경우에는 세대
　　　　원을 포함한다)

나) 「국민기초생활 보장법」 제2조제10호에 따른 차상위계층에 속한 사람(「국민기초생활 보장법」 제2조제2호에 따른 수급자로서 같은 법 제7조제1항제1호에 따른 생계급여 수급자 또는 같은 항 제3호에 따른 의료급여수급자가 아닌 자와 그 가구원을 포함한다)

다) 영구임대주택에 거주하는 사람 중 주택청약종합저축가입자

9) 「건설근로자의 고용개선 등에 관한 법률」 제11조에 따른 피공제자 중 1년 이상 공제부금이 적립된 사람: 3점

10) 해당 공공주택사업자가 공급하는 국민임대주택에 대하여 과거에 계약을 체결한 사실이 있는 사람인 경우: 계약체결일부터 경과기간에 따라 -1점에서 -5점의 범위에서 해당 공공주택사업자가 정하는 배점

다. 국민임대주택 공급신청 시 태아를 자녀로 인정받아 입주예정자로 선정된 자는 공공주택사업자가 정한 입주기간이 시작하기 전까지 임신진단서, 출생증명서, 유산·낙태 관련 진단서 등 임신 또는 출산과 관련된 서류를 공공주택사업자에게 제출하여야 하며, 공공주택사업자는 입주예정자가 관련 서류를 제출하지 않거나 「모자보건법」 제14조를 위반하여 인공임신중절수술 등을 한 경우에는 공급계약을 취소하여야 한다.

라. 제1호 및 제2호에 따라 입주자를 선정할 때 제13조제2항에 따른 국민임대주택의 자산요건을 충족하는 사람을 선정하여야 한다. 다만, 제2호가목1)부터 5)까지, 9), 10) 및 같은 호 나목9)의 경우에는 제13조제2항에 따른 자산요건을 적용하지 아니한다.

행복주택의 입주자 자격 및 거주기간(제17조제1항 및 제2항 관련)

1. 행복주택의 공급비율 및 입주자 자격

입주자모집공고일 현재(재계약을 체결하거나 종전 입주자가 퇴거함에 따라 예비 입주자로 선정된 날부터 2년이 경과한 예비입주자와 공급계약을 체결하는 경우에는 계약하는 때를 말한다) 다음 각 목의 구분에 따라 해당 자격 요건을 만족하는 자에게 1세대 1주택의 기준으로 공급한다. 다만, 대학생, 청년 또는 예비신혼부부의 경우에는 성년자가 아닌 경우에도 공급할 수 있으며, 1인 1주택 또는 2인 1주택의 기준으로 공급할 수 있다.

가. 일반형: 나목에 해당하지 않는 행복주택

구분	공급비율	입주자격
1) 대학생· 청년· 신혼부부·한부모가족	80% (세부 비율은 지역 특성을 고려하여 변동될 수 있다)	가) 대학생: 무주택자로서 아래의 요건을 모두 갖춘 사람 　(1) 다음의 어느 하나에 해당하는 사람 　　(가) 대학(「고등교육법」 제2조제1호부터 제4호까지, 제6호 및 제7호에 따른 학교, 「평생교육법」 제31조제4항에 따라 교육부장관의 인가를 받은 고등기술학교 및 「근로자직업능력 개발법」 제2조제5호에 따른 기능대학을 말한다. 이하 이 별표에서 같다)에 재학 중이거나 다음 학기에 입학 또는 복학 예정인 사람 　　(나) 대학 또는 고등학교(「초·중등교육법」 제2조제3호에 따른 고등학교·고등기술학교 및 이와 동등한 학력이 인정되는 교육기관을 말한다. 이하 이 별표에서 같다)를 졸업 또는 중퇴한 사람으로서 대학 또는 고등학교를 졸업 또는 중퇴한 날부터 2년이 지나지 않은 사람 　(2) 혼인 중이 아닐 것 　(3) 본인 및 부모의 월평균소득 합계가 전년도 도시근로자 가구원수별 가구당 월평균소득의 100%(가구원 수가 1명인 경우에는 120%, 2명인 경우에는 110%로 한다) 이하일 것 　(4) 대학생 본인의 자산이 제13조제2항에 따른 자산요건을 충족할 것 나) 청년: 무주택자로서 아래의 요건을 모두 갖춘 사람 　(1) 다음의 어느 하나에 해당하는 사람 　　(가) 19세 이상이면서 39세 이하인 사람 　　(나) 소득(「소득세법」 제19조제1항에 따른 사업소득 또는 같은 법 제20조제1항에 따른 근로소득을 말한다. 이하 이 별표에서 같다)이 있는 업무에 종사하는 사람 또는 퇴직한 후 1년이 지나지 않은 사람으로서 「고용보험법」 제43조에 따라 구직급여 수급자격을 인정받은 사람. 다만, 소득이 있는 업무에 종사한 기간(대학 또는 고등학교 재학 중에 소득이 있는 업무에 종사한 기간은 제외한다. 이하 이 별표에서 같다)이 총 5년을 초과하는 사람은 제외한다.

집 밥 도　내　집 에 서　먹 어 야　맛 있 다

		(다) 「예술인 복지법」 제2조제2호에 따른 예술인. 다만, 소득이 있는 업무에 종사한 기간이 총 5년을 초과하는 사람은 제외한다.
		(2) 혼인 중이 아닐 것
		(3) 해당 세대의 월평균소득(주택공급신청자가 세대원인 경우 주택공급신청자의 월평균소득을 말한다)이 전년도 도시근로자 가구원수별 가구당 월평균소득의 100%(가구원 수가 1명인 경우에는 120%, 2명인 경우에는 110%로 한다) 이하일 것
		(4) 삭제 〈2020. 12. 23.〉
		(5) 제13조제2항에 따른 자산요건을 충족할 것
		(6) 해당 주택의 입주 전까지 주택청약종합저축 가입사실을 증명할 수 있을 것
		다) 신혼부부, 한부모가족: 혼인 중인 사람[혼인기간이 7년 이내이거나 6세 이하의 자녀(태아를 포함한다. 이하 이 별표에서 같다)를 둔 사람을 말한다], 예비신혼부부(혼인을 계획 중이며 해당 주택의 입주 전까지 혼인사실을 증명할 수 있는 사람을 말한다. 이하 같다) 또는 한부모가족(6세 이하 자녀를 둔 경우로 한정한다. 이하 이 별표에서 같다)으로서 다음의 요건을 모두 갖춘 사람
		(1) 무주택세대구성원(예비신혼부부의 경우 혼인으로 구성될 세대의 세대구성원 모두 무주택자인 경우를 말한다)일 것
		(2) 삭제 〈2018. 12. 19.〉
		(3) 해당 세대의 월평균소득(예비신혼부부의 경우 혼인으로 구성될 세대의 세대구성원 월평균소득의 합계를 말한다)이 전년도 도시근로자 가구원수별 가구당 월평균소득 대비 다음의 구분에 따른 비율 이하일 것
		(가) 혼인 중인 사람 또는 예비신혼부부: 100%[배우자(예비신혼부부의 경우 혼인할 상대방을 말한다. 이하 이 별표에서 같다)가 소득이 있는 경우에는 120%를 말한다]. 다만, 가구원 수가 2명인 경우에는 110%(배우자가 소득이 있는 경우에는 130%를 말한다)로 한다.
		(나) 한부모가족: 100%(가구원 수가 2명인 경우에는 110%를 말한다)
		(4) 제13조제2항에 따른 자산요건을 충족할 것
		(5) 해당 주택의 입주 전까지 주택공급신청자 본인 또는 배우자의 주택청약종합저축 가입사실을 증명할 수 있을 것
2) 주거급여수급자, 고령자	20%(세부비율은 지역 특성을 고려하여 변동될 수 있다)	가) 무주택세대구성원인 「주거급여법」 제2조제2호 및 제3호에 따른 수급권자 또는 수급자(이하 이 별표에서 "주거급여수급자"라 한다)
		나) 다음의 요건을 모두 갖춘 무주택세대구성원으로서 65세 이상인 사람(이하 이 별표에서 "고령자"라 한다)
		(1) 해당 세대의 월평균소득이 전년도 도시근로자 가구원수별 가구당 월평균소득의 100%(가구원 수가 1명인 경우에는 120%, 2명인 경우에는 110%로 한다) 이하일 것
		(2) 제13조제2항에 따른 자산요건을 충족할 것

비고

가) 재계약을 하는 경우에는 1)가)(1), 1)나)(1)(가), 1)나)(1)(나) 단서, 1)나)(1)(다) 단서, 1)나)(6), 1)다)(2) 및 1)다)
(5)는 적용하지 않고, 신혼부부 또는 한부모가족의 경우 혼인 중일 것을 요건으로 하지 않는다.

나) 세대수가 50호 또는 50세대 이하인 경우, 임대주택 유형이 혼합된 경우 또는 가목 및 나목의 입주자격 중 하
나의 입주자유형에게만 공급하는 경우에는 공공주택사업자가 관할 시장 등의 의견을 들어 공급비율을 별도로
정할 수 있으며, 시·도지사, 시장 등 또는 지방공사가 행복주택의 공공주택사업자인 경우에는 관할 시·도지
사가 국토교통부장관과 협의하여 공급비율을 별도로 정할 수 있다.

다) 공공주택사업자는 지역별 특성을 고려할 필요가 있는 경우 시장 등의 의견을 들어 1)과 2)에서 정한 공급비율
을 10%포인트 범위에서 서로 조정할 수 있다.

　나. 산업단지형: 「산업입지 및 개발에 관한 법률」 제2조제8호에 따른 산업단지, 같은 법 제46조의2제1항에 따
른 지원단지 또는 「경제자유구역의 지정 및 운영에 관한 특별법」 제2조제1호에 따른 경제자유구역(산업단
지 근로자인 경우에만 해당한다)에 건설되거나 이와 인접한 지역에 건설되는 행복주택(사업계획 승인권자
가 산업단지형으로 인정하는 경우로 한정한다)

구분	공급비율	입주자격
1) 산업 단지 근로자 · 대학생 · 청년 · 신혼부부 · 한부모 가족	90%(세부 비율은 지 역 특성을 고려하여 변동될 수 있다)	가) 산업단지 근로자: 다음의 요건을 모두 갖춘 사람 (1) 다음의 구분에 따른 기업 등에 근무 중인 사람. 이 경우 해당 기업에 소속되지 않고 근무 중인 경우에는 1년 이상 근무 중이거나 1년 미만 근무 중이더라도 1년 이상 근무 예정인 사람만 해당한다. (가)「산업입지 및 개발에 관한 법률」제2조제8호에 따른 산업단지 또는 같은 법 제46조의2제1항에 따른 지원단지에 건설되거나 이와 인접한 지역의 경우: 해당 지역 및 연접 지역에 입주 또는 입주예정인 기업 및 교육 · 연구기관 (나)「경제자유구역의 지정 및 운영에 관한 특별법」제2조제1호에 따른 경제자유구역에 건설되거나 이와 인접한 지역의 경우: 해당 지역 및 연접 지역에 입주 또는 입주 예정인 중소기업 (2) 해당 세대의 월평균소득이 전년도 도시근로자 가구원수별 가구당 월평균소득 대비 다음의 구분에 따른 비율 이하일 것 (가) 가구원 수가 1명인 경우: 120% (나) 가구원 수가 2명인 경우: 110%(배우자가 소득이 있는 경우에는 130%를 말한다) (다) 그 밖의 경우: 100%(배우자가 소득이 있는 경우에는 120%를 말한다) (3) 제13조제2항에 따른 자산요건을 충족할 것 (4) 해당 주택의 입주 전까지 주택공급신청자 본인 또는 배우자의 주택청약종합저축 가입사실을 증명할 수 있을 것 (5) 다음의 구분에 따른 사람이 주택을 소유하지 않을 것 (가) 혼인 중인 경우:「주택공급에 관한 규칙」에 따른 세대원 (나) 그 밖의 경우: 입주자 본인 나) 대학생 · 청년 · 신혼부부 · 한부모가족: (가목1)가)부터 다)까지에 해당하는 자
2) 고령자	10%	제1호가목2)에 해당하는 사람 중 고령자

2. 입주자 선정 방법

　가. 제1호가목 및 나목에도 불구하고 행복주택 사업을 위하여 철거하는 주택[해당 행복주택 사업과 관련된 「산업입지 및 개발에 관한 법률」에 따른 산업단지 개발사업 또는 산업단지 재생사업(이하 이 별표에서 "관련 사업"이라 한다)을 위하여 철거하는 주택을 포함한다]이 있는 경우에는 해당 주택의 소유자 또는 세입자 중 행복주택의 공급을 신청하는 사람[행복주택 사업 및 관련 사업의 고시 등이 있은 날 현재 3개월 이상 거주한 자(이하 이 별표에서 "기존거주자"라 한다)로 한정한다]에게 공급하고 남은 물량에 같은 규정에 따른 공급비율을 적용한다.

　나. 공공주택사업자는 가목에 따라 기존거주자에게 공급하고 남은 물량의 50% 이내의 범위에서 시장 등이 공공주택사업자와 협의를 거쳐 별도로 정하는 기준 및 절차에 따라 우선공급 대상자를 선정할 수 있다. 다만, 시·도지사, 시장 등 또는 지방공사가 행복주택의 공공주택사업자인 경우에는 해당 공공주택사업자가 100% 이내의 범위에서 별도로 정하는 기준 및 절차에 따라 우선공급 대상자를 선정할 수 있다. 이 경우 지방공사는 관할 시·도지사 또는 시장 등의 의견을 들어야 한다.

　다. 공공주택사업자는 산업단지 근로자에게 공급하는 경우로서 주거여건과 주택의 수요·공급 상황 등을 고려하여 필요하다고 인정하는 경우에는 나목에 따른 우선공급 물량을 시장 등의 의견을 들어 해당 시·군·자치구에 위치한 산업단지의 입주 기업 및 교육·연구기관(소속 직원의 관사나 숙소로 사용하는 경우로 한정한다)에 공급할 수 있다. 이 경우 입주자는 제1호나목1)가)에 따른 자로 한정한다.

　라. 공공주택사업자는 나목에 따라 우선공급을 하고 남은 물량에 대해서는 다음의 구분에 따른 방법으로 입주자를 선정한다. 이 경우 우선공급 신청자 중 입주자로 선정되지 못한 자에 대해서는 별도의 신청절차 없이 일반공급 신청자에 포함하여 선정하여야 한다.

　　1) 제1호가목의 일반형 행복주택 중 같은 목 1)에 따라 대학생·청년·신혼부부 또는 한부모가족에게 공급하는 행복주택: 다음의 순위에 따라 선정하되, 같은 순위에서 경쟁이 있는 경우에는 추첨의 방법으로 선정한다.

　　　가) 제1순위: 대학생의 경우 거주지 또는 재학 중인 대학 소재지, 청년·신혼부부 또는 한부모가족의 경우 주택공급신청자 본인 또는 배우자의 거주지 또는 소득 근거지(이하 이 별표에서 "거주지 등"이라 한다)가 해당 주택건설지역 또는 연접지역인 경우

　　　나) 제2순위: 거주지 등과 해당 주택건설지역이 「주택공급에 관한 규칙」 제4조제3항 각 호의 구분에 따라 동일한 지역에 속하는 경우로서 제1순위에 해당하지 않는 경우

　　　다) 제3순위: 제1순위 및 제2순위에 해당하지 않는 경우

　　2) 제1호나목의 산업단지형 행복주택 중 같은 목 1)가)에 따라 산업단지 근로자에게 공급하는 행복주택: 다음의 순위에 따라 선정하되, 같은 순위에서 경쟁이 있는 경우에는 추첨의 방법으로 선정한다.

　　　가) 제1순위: 다음의 어느 하나에 해당하는 산업단지 근로자

　　　　(1) 취업 합산 기간이 5년 이내인 경우

　　　　(2) 혼인 중인 사람으로서 혼인기간이 7년 이내이거나 6세 이하의 자녀를 둔 사람인 경우

　　　　(3) 한부모가족의 경우

　　　나) 제2순위: 제1순위에 해당하지 않는 경우

　　3) 1) 또는 2)에 해당하지 않는 행복주택: 추첨의 방법으로 선정한다.

마. 공공주택사업자는 입주자를 선정하고 남은 물량이 있는 경우 제1호가목 및 나목에 따른 공급비율에도 불구하고 시장 등의 의견을 들어 해당 주택의 공급비율(세부비율을 포함한다)을 조정하여 입주자를 선정할 수 있다.

바. 공공주택사업자는 제17조제3항에 따라 산업단지형 행복주택의 입주자를 선정하고 남은 주택이 있는 경우에는 제1호나목1)가)(5)에도 불구하고 해당 주택건설지역 또는 연접지역에 주택을 소유하지 않은 사람을 입주자로 선정할 수 있으며, 제13조제2항에 따른 자산요건을 적용하지 않을 수 있다. 이 경우 행복주택 거주기간은 제3호에도 불구하고 6년을 초과할 수 없다.

3. 행복주택의 거주기간

가. 대학생 및 청년: 6년

나. 신혼부부, 한부모가족, 창업지원주택 및 지역전략산업지원주택의 입주자 또는 별표 6의3 제4호가목4)라)에 따른 장기근속자: 자녀 수를 기준으로 아래에서 정한 기간

1) 자녀가 없는 경우: 6년

2) 자녀가 1명 이상인 경우: 10년

다. 주거급여수급자: 20년

라. 고령자: 20년

마. 산업단지 근로자: 6년. 다만, 예비입주자가 없거나 재공급을 통한 신규 입주희망자가 없는 경우에는 2년씩 연장할 수 있다.

바. 제2호가목에 따른 입주자: 20년

4. 그 밖의 사항

가. 제1호부터 제3호까지의 규정에도 불구하고 대학생인 행복주택 입주자가 거주하는 중 청년, 신혼부부 또는 한부모가족의 입주자격을 갖추거나 청년인 행복주택 입주자가 거주하는 중 신혼부부 또는 한부모가족의 입주자격을 갖추는 경우에는 제1호에 따른 공급대상(이하 이 별표에서 "공급대상"이라 한다)을 변경하여 새로 계약을 할 수 있으며, 새로 계약을 하는 시점부터 변경된 공급대상의 최대 거주기간을 새로 적용한다. 다만, 거주기간을 새로 적용하는 것은 자격이 변동되는 경우에 한하며 해당 행복주택 입주자의 전체 거주기간은 10년을 초과할 수 없다.

나. 행복주택의 입주자는 동일한 공급대상의 입주자로 다시 선정될 수 없다. 다만, 다음의 어느 하나에 해당하는 경우는 예외로 한다.

1) 출산, 입양, 사망 등의 사유로 세대구성원수가 증가하거나 감소하는 경우

2) 행복주택 입주자가 병역 의무 이행을 위하여 계약을 해지하거나 재계약을 하지 않는 경우

3) 대학생으로서 편입 등의 사유로 재학 중인 대학의 소재지가 변경된 경우

4) 주택공급신청자 본인 또는 배우자의 소득 근거지가 변경된 경우

5) 주택공급신청자의 거주지가 불가피한 사유로 인해 변경되었다고 주택공급을 신청하려는 주택의 공공주택사업자가 인정하는 경우

다. 병역 의무 이행 이전의 거주기간과 이후의 거주기간을 합산하여 가목 단서에 따른 최대 거주기간을 적용한다.

라. 예비신혼부부의 경우 계약자 1명을 정하여 당사자 두 명이 함께 1주택을 신청하여야 한다.

분양전환공공임대주택 및 공공분양주택의 입주자 자격(제19조제1항 관련)

1. 일반공급

입주자 모집공고일부터 입주할 때까지 무주택세대구성원인 사람(다만, 입주자로 선정된 후 결혼 또는 상속으로 인하여 무주택세대구성원의 자격을 상실하게 되는 사람과 공급계약 후 입주할 수 있는 지위를 양수한 사람의 경우에는 예외로 한다)에게 1세대 1주택의 기준으로 「주택공급에 관한 규칙」 제27조에 따라 공급하여야 한다. 이 경우 아래의 요건을 충족하여야 한다.

가. 제13조제2항에 따른 자산요건을 충족할 것

나. 전용면적이 60제곱미터 이하인 주택인 경우에는 국토교통부장관이 정하는 바에 따라 산정한 해당 세대(신청자 본인 및 배우자, 영 제42조제1항 각 호의 사람으로 구성된 세대를 말한다. 이하 이 별표에서 같다)의 월평균소득이 전년도 도시근로자 가구당 월평균소득(태아를 포함한 가구원 수가 4명 이상인 세대와 분양전환공공임대주택은 가구원수별 가구당 월평균소득으로 한다. 이하 이 별표에서 같다)의 100퍼센트(분양전환공공임대주택은 가구원 수가 1명인 경우에는 120퍼센트, 2명인 경우에는 110퍼센트를 말한다) 이하인 사람일 것

2. 특별공급

가. 입주자 모집공고일 현재 3명 이상의 자녀(태아를 포함하며, 미성년자로 한정한다. 이하 이 별표에서 같다)를 둔 무주택세대구성원으로서 아래의 입주요건을 갖춘 사람을 대상으로 그 건설량의 10퍼센트의 범위에서 한 차례에 한정하여 1세대 1주택의 기준으로 특별공급할 수 있다.

1) 제13조제2항에 따른 자산요건을 충족할 것

2) 국토교통부장관이 정하는 바에 따라 산정한 해당 세대의 월평균소득(무주택세대구성원 전원의 소득을 말한다. 이하 이 호에서 같다)이 전년도 도시근로자 가구당 월평균소득의 120퍼센트 이하일 것

나. 입주자모집공고일 현재 신혼부부(혼인 중인 사람으로서 혼인기간이 7년 이내인 사람을 말하며, 분양전환공공임대주택의 경우 6세 이하의 자녀를 둔 사람을 포함한다), 예비신혼부부(혼인을 계획 중이며 해당 주택의 입주 전까지 혼인사실을 증명할 수 있는 사람을 말한다) 또는 한부모가족(6세 이하 자녀를 둔 경우로 한정한다. 이하 이 별표에서 같다)인 무주택세대구성원(신혼부부는 혼인신고일부터 입주자모집공고일까지 계속하여 무주택자여야 하며, 예비신혼부부의 경우에는 혼인으로 구성될 세대의 세대원 모두 무주택자인 경우를 말한다)으로서 1)에 따른 입주요건을 갖춘 사람에게 그 건설량의 30퍼센트의 범위에서 한 차례에 한정하여 1세대(예비신혼부부의 경우에는 혼인으로 구성될 세대를 말한다. 이하 이 별표에서 같다) 1주택의 기준으로 특별공급할 수 있다.

1) 입주요건

가) 제13조제2항에 따른 자산요건을 충족할 것

나) 국토교통부장관이 정하는 바에 따라 산정한 해당 세대의 월평균소득이 전년도 도시근로자 가구당 월평균소득의 130퍼센트(배우자가 소득이 있는 경우에는 140퍼센트를 말한다) 이하일 것. 다만, 분양전환공공임대주택으로서 가구원 수가 2명인 경우에는 140퍼센트(배우자가 소득이 있는 경우에는 150퍼센트를 말한다) 이하로 한다.

———— 집 밥 도 내 집 에 서 먹 어 야 맛 있 다

2) 입주자 선정 방법

　가) 1)에 따른 입주요건을 갖춘 사람 중 국토교통부장관이 정하는 바에 따라 산정한 해당 세대의 월
　　평균소득이 전년도 도시근로자 가구당 월평균소득의 100퍼센트[배우자가 소득이 있는 경우에는
　　120퍼센트를 말하며, 분양전환공공임대주택은 가구원 수가 2명인 경우에는 110퍼센트(배우자가
　　소득이 있는 경우에는 130퍼센트를 말한다)로 한다] 이하인 사람에게 특별공급 주택수의 70퍼센
　　트(소수점 이하는 올림한다)를 3)에 따른 순위에 따라 우선 공급하되, 같은 순위에서 경쟁이 있는
　　경우에는 4)에 따른 기준에 따라 입주자를 선정한다.

　나) 가)에 따라 공급하고 남은 주택에 대해서는 가)에 따라 입주자로 선정되지 않은 사람과 국토교통부
　　장관이 정하는 바에 따라 산정한 해당 세대의 월평균소득이 전년도 도시근로자 가구당 월평균소
　　득의 130퍼센트[배우자가 소득이 있는 경우에는 140퍼센트를 말하며, 분양전환공공임대주택은
　　가구원 수가 2명인 경우에는 140퍼센트(배우자가 소득이 있는 경우에는 150퍼센트를 말한다)로
　　한다] 이하인 사람을 대상으로 3)에 따른 순위에 따라 입주자를 선정하되, 같은 순위에서 경쟁이
　　있는 경우에는 추첨의 방법으로 입주자를 선정한다.

3) 입주자 선정 순위

　가) 제1순위: 다음의 어느 하나에 해당하는 경우

　　(1) 혼인기간 중 자녀를 출산(임신 중이거나 입양한 경우를 포함한다)하여 자녀가 있는 신혼부부

　　(2) 「민법」 제855조제2항에 따라 혼인 중의 출생자로 인정되는 혼인외의 출생자가 있는 경우

　　(3) 한부모가족

　나) 제2순위: 제1순위에 해당하지 않는 경우

4) 3)에 따른 제1순위 및 제2순위에서 경쟁이 있는 경우에는 다음의 기준을 적용하여 산정한 점수가 높은
　순으로 입주자를 선정하고, 산정한 점수가 동일한 경우에는 추첨의 방법으로 입주자를 선정한다.

　가) 해당 세대의 월평균 소득이 전년도 도시근로자 가구당 월평균 소득의 80퍼센트(배우자가 소득이
　　있는 경우에는 100퍼센트를 말한다) 이하인 경우: 1점

　나) 자녀의 수

　　(1) 3명 이상: 3점

　　(2) 2명: 2점

　　(3) 1명: 1점

　다) 해당 주택건설지역(주택이 건설되는 특별시·광역시·특별자치시·특별자치도 또는 시·군의 행정
　　구역을 말한다)의 연속 거주기간

　　(1) 3년 이상: 3점

　　(2) 1년 이상, 3년 미만: 2점

　　(3) 1년 미만: 1점

　라) 주택청약종합저축 납입 횟수

　　(1) 24회 이상: 3점

　　(2) 12회 이상, 24회 미만: 2점

　　(3) 6회 이상, 12회 미만: 1점

마) 신혼부부의 경우 혼인기간

    (1) 3년 이하: 3점

    (2) 3년 초과, 5년 이하: 2점

    (3) 5년 초과, 7년 이하: 1점

바) 한부모가족의 경우 자녀의 나이. 이 경우 같은 연령대 자녀가 2명 이상인 경우에는 1명으로 본다.

    (1) 2세 이하: 3점

    (2) 3세 또는 4세: 2점

    (3) 5세 또는 6세: 1점

다. 입주자 모집공고일 현재 생애 최초(세대에 속한 모든 사람이 과거 주택을 소유한 사실이 없는 경우로 한정한다)로 주택을 구입하는 사람으로서 1)에 따른 입주요건을 갖춘 사람을 대상으로 한 차례에 한정하여 1세대 1주택의 기준으로 그 건설량의 25퍼센트의 범위에서 특별공급할 수 있다.

1) 입주요건

가) 「주택공급에 관한 규칙」 제27조제1항의 제1순위에 해당하는 무주택세대구성원으로서 저축액이 선납금을 포함하여 600만 원 이상일 것

나) 입주자 모집공고일 현재 혼인 중이거나 자녀가 있을 것

다) 입주자 모집공고일 현재 근로자 또는 자영업자[과거 1년 내에 소득세(「소득세법」 제19조 또는 제20조에 해당하는 소득세를 말하며, 납부할 세액이 없는 경우를 포함한다. 이하 이 목에서 같다)를 납부한 자를 포함한다]로서 5년 이상 소득세를 납부했을 것

라) 제13조제2항에 따른 자산요건을 충족할 것

마) 국토교통부장관이 정하는 바에 따라 산정한 해당 세대의 월평균소득이 전년도 도시근로자 가구당 월평균소득(가구원수별 가구당 월평균소득을 산정할 때 가구원 중 공급신청자의 직계존속은 1년 이상 같은 세대별 주민등록표상에 등재되어 있는 경우만 가구원 수에 해당한다. 이하 2)에서 같다)의 130퍼센트(분양전환공공임대주택은 가구원 수가 2명인 경우에는 140퍼센트를 말한다) 이하일 것

2) 입주자 선정 방법

가) 1)에 따른 입주요건을 갖춘 사람 중 국토교통부장관이 정하는 바에 따라 산정한 해당 세대의 월평균소득이 전년도 도시근로자 가구당 월평균소득의 100퍼센트(분양전환공공임대주택은 가구원 수가 2명인 경우에는 110퍼센트를 말한다) 이하인 사람에게 특별공급 주택수의 70퍼센트(소수점 이하는 올림한다)를 우선 공급하되, 추첨의 방법으로 입주자를 선정한다.

나) 가)에 따라 공급하고 남은 주택에 대해서는 가)에 따라 입주자로 선정되지 않은 사람과 국토교통부장관이 정하는 바에 따라 산정한 해당 세대의 월평균소득이 전년도 도시근로자 가구당 월평균소득의 130퍼센트(분양전환공공임대주택은 가구원 수가 2명인 경우에는 140퍼센트를 말한다) 이하인 사람을 대상으로 추첨의 방법으로 입주자를 선정한다.

3) 삭제 〈2021. 2. 2〉

4) 삭제 〈2021. 2. 2〉

5) 삭제 〈2021. 2. 2〉

라. 「주택공급에 관한 규칙」 제27조제1항의 제1순위에 해당하는 자로서 입주자 모집공고일 현재 65세 이상의 직계존속(배우자의 직계존속을 포함한다)을 3년 이상 계속하여 부양(같은 세대별 주민등록표상에 등재되어 있는 경우에 한정한다)하고 있는 다음 각 목의 입주요건을 갖춘 무주택세대구성원(피부양자의 배우자도 무주택자이어야 하고 피부양자의 배우자가 주택을 소유하고 있었던 기간은 무주택기간에서 제외한다)을 대상으로 한 차례에 한정하여 1세대 1주택의 기준으로 그 건설량의 5퍼센트의 범위에서 특별공급할 수 있다. 이 경우 제1순위에서 경쟁이 있으면 「주택공급에 관한 규칙」 제27조제2항에 따라 입주자를 선정한다.

1) 제13조제2항에 따른 자산요건을 충족할 것

2) 국토교통부장관이 정하는 바에 따라 산정한 해당 세대의 월평균소득이 전년도 도시근로자 가구당 월평균소득의 120퍼센트(분양전환공공임대주택은 가구원 수가 2명인 경우에는 130퍼센트를 말한다) 이하일 것

마. 그 밖에 「주택공급에 관한 규칙」 제35조, 제37조, 제42조, 제45조, 제47조 및 제49조제2항의 규정에 따라 특별공급 입주자를 선정한다.

바. 공공주택사업자가 특별공급 입주자를 선정하는 경우의 입주자저축의 종류별 요건에 관하여는 「주택공급에 관한 규칙」 제48조를 준용하며, 특별공급 입주자를 선정하는 경우의 특별공급 비율 조정에 관하여는 같은 규칙 제49조를 준용한다.

영구임대주택의 입주자 자격(제14조제1항 관련)

1. 일반공급

영구임대주택은 입주자모집공고일 현재 무주택세대구성원으로서 아래에 해당되는 공급신청자를 1세대 1주택의 기준으로 순위에 따라 선정한다. 다만, 무주택세대구성원 여부를 적용할 때 사목의 경우에는 피부양자의 배우자도 무주택자여야 한다.

순위	입주자격
1순위	가. 「국민기초생활 보장법」 제7조제1항제1호에 따른 생계급여 수급자 또는 같은 항 제3호에 따른 의료급여 수급자(이하 이 별표에서 수급자라 한다).
	나. 다음의 어느 하나에 해당하는 사람으로서 해당 세대의 월평균소득이 전년도 도시근로자 가구원수별 가구당 월평균소득의 70%(가구원 수가 1명인 경우에는 90%, 2명인 경우에는 80%를 말한다) 이하이고 제13조제2항에 따른 영구임대주택의 자산요건을 충족한 사람. 1) 「국가유공자 등 예우 및 지원에 관한 법률」에 따른 국가유공자 또는 그 유족. 2) 「보훈보상대상자 지원에 관한 법률」에 따른 보훈보상대상자 또는 그 유족. 3) 「5·18민주유공자 예우에 관한 법률」에 따른 5·18민주유공자 또는 그 유족. 4) 「특수임무유공자 예우 및 단체설립에 관한 법률」에 따른 특수임무유공자 또는 그 유족. 5) 「참전유공자예우 및 단체설립에 관한 법률」에 따른 참전유공자.
	다. 「일제하 일본군위안부 피해자에 대한 생활안정지원 및 기념사업 등에 관한 법률」 제3조에 따라 여성가족부장관에게 등록한 일본군위안부 피해자.
	라. 「한부모가족지원법 시행규칙」 제3조에 따라 여성가족부장관이 정하는 기준에 해당하는 지원대상 한부모가족.
	마. 「북한이탈주민의 보호 및 정착지원에 관한 법률」 제2조제1호에 따른 북한이탈주민으로서 해당 세대의 월평균소득이 전년도 도시근로자 가구원수별 가구당 월평균소득의 70%(가구원 수가 1명인 경우에는 90%, 2명인 경우에는 80%를 말한다) 이하이고 제13조제2항에 따른 영구임대주택의 자산요건을 충족한 사람.
	바. 「장애인복지법」 제32조에 따라 장애인등록증이 교부된 사람(지적장애인·정신장애인 및 제3급 이상의 뇌병변장애인의 경우에는 그 배우자를 포함한다. 이하 이 별표에서 같다)으로서 해당 세대의 월평균소득이 전년도 도시근로자 가구원수별 가구당 월평균소득의 70%(가구원 수가 1명인 경우에는 90%, 2명인 경우에는 80%를 말한다) 이하이고 제13조제2항에 따른 영구임대주택의 자산요건을 충족한 사람.
	사. 65세 이상의 직계존속(배우자의 직계존속을 포함한다)을 부양(같은 세대별 주민등록표상에 세대원으로 등재되어 있는 경우로 한정한다)하는 사람으로서 가목의 수급자 선정기준의 소득인정액 이하인 사람.

	아. 「아동복지법」 제16조에 따라 아동복지시설에서 퇴소하는 사람 중 아동복지시설의 장이 추천하는 사람으로서 해당 세대의 월평균소득이 전년도 도시근로자 가구원수별 가구당 월평균소득의 70%(가구원 수가 1명인 경우에는 90%, 2명인 경우에는 80%를 말한다) 이하이고 제13조제2항에 따른 영구임대주택의 자산요건을 충족한 사람.
	자. 65세 이상인 사람으로서 「국민기초생활 보장법」 제2조제1호에 따른 수급권자 또는 같은 조 제10호에 따른 차상위계층에 해당하는 사람.
2순위	차. 해당 세대의 월평균소득이 전년도 도시근로자 가구원수별 가구당 월평균소득의 50%(가구원 수가 1명인 경우에는 70%, 2명인 경우에는 60%를 말한다) 이하인 사람으로서 제13조제2항에 따른 영구임대주택의 자산 요건을 충족한 사람.
	카. 가목부터 라목까지의 규정에 준하는 사람으로서 국토교통부장관 또는 시·도지사가 영구임대주택의 입주가 필요하다고 인정하는 사람.
	타. 「장애인복지법」 제32조에 따라 장애인등록증이 교부된 사람으로서 해당 세대의 월평균소득이 전년도 도시근로자 가구원수별 가구당 월평균소득의 100%(가구원 수가 1명인 경우에는 120%, 2명인 경우에는 110%로 한다) 이하이고 제13조제2항에 따른 영구임대주택의 자산요건을 충족한 사람.

2. 우선공급

가. 해당 세대의 월평균소득이 전년도 도시근로자 가구원수별 가구당 월평균소득의 70%(가구원 수가 1명인 경우에는 90%, 2명인 경우에는 80%를 말한다) 이하이고 무주택세대구성원으로서 국가보훈처장이 영구임대주택 입주가 필요하다고 인정하는 아래에 해당되는 공급신청자의 경우에는 일반공급에 따른 입주자선정순위에도 불구하고 그 건설량의 10%를 1세대 1주택의 기준으로 우선공급할 수 있다. 이 경우 공급신청자 중 입주자로 선정되지 못한 사람에 대해서는 별도의 신청절차 없이 일반공급 신청자에 포함하여 입주자를 선정하여야 한다.

    1) 「국가유공자 등 예우 및 지원에 관한 법률」에 따른 국가유공자 또는 그 유족

    2) 「보훈보상대상자 지원에 관한 법률」에 따른 보훈보상대상자 또는 그 유족

    3) 「5·18민주유공자 예우에 관한 법률」에 따른 5·18민주유공자 또는 그 유족

    4) 「특수임무유공자 예우 및 단체설립에 관한 법률」에 따른 특수임무유공자 또는 그 유족

    5) 「참전유공자 예우 및 단체설립에 관한 법률」에 따른 참전유공자

나. 무주택자로서 「국군포로의 송환 및 대우 등에 관한 법률」 제2조제5호에 따른 등록포로에 대해서는 일반공급에 따른 입주자선정순위에도 불구하고 우선공급할 수 있다.

다. 입주자모집공고일 현재 신혼부부[혼인 중인 사람으로서 혼인기간이 7년 이내이거나 6세 이하의 자녀(태아를 포함한다. 이하 이 별표에서 같다)를 둔 사람을 말한다] 또는 예비신혼부부(혼인을 계획 중이며 해당주택의 입주 전까지 혼인사실을 증명할 수 있는 사람을 말한다)로서 무주택세대구성원(예비신혼부부의 경우 혼인으로 구성될 세대의 세대구성원 모두 무주택자인 경우를 말한다. 이하 이 별표에서 같다)인 수급자에 대해서는 일반공급에 따른 입주자선정순위에도 불구하고 그 건설량의 10%를 다음의 순위에 따라 1세대 1주택의 기준으로 우선공급할 수 있다.

1) 제1순위: 다음의 어느 하나에 해당하는 경우

　가) 혼인기간 중 자녀를 출산(임신 중이거나 입양한 경우를 포함한다)하여 자녀(미성년자로 한정한다. 이하 이 별표에서 같다)가 있는 경우

　나) 「민법」 제855조제2항에 따라 혼인 중의 출생자로 인정되는 혼인외의 출생자가 있는 경우

2) 제2순위: 제1순위에 해당하지 않는 경우

라. 다목의 제1순위 및 제2순위에서 경쟁이 있는 경우에는 다음의 기준을 적용하여 산정한 점수가 높은 순으로 입주자를 선정하고, 산정한 점수가 동일한 경우에는 추첨의 방법으로 입주자를 선정한다.

1) 자녀의 수

　가) 3명 이상: 3점

　나) 2명: 2점

　다) 1명: 1점

2) 해당 주택건설지역(주택이 건설되는 특별시·광역시·특별자치시·특별자치도 또는 시·군의 행정구역을 말한다)의 연속 거주기간

　가) 3년 이상: 3점

　나) 1년 이상, 3년 미만: 2점

　다) 1년 미만: 1점

3) 주택청약종합저축 납입 횟수

　가) 24회 이상: 3점

　나) 12회 이상, 24회 미만: 2점

　다) 6회 이상, 12회 미만: 1점

4) 혼인기간

　가) 3년 이하: 3점

　나) 3년 초과, 5년 이하: 2점

　다) 5년 초과, 7년 이하: 1점

마. 다목에 따라 우선 공급하고 남은 주택이 있는 경우에는 수급자 중 자녀가 있는 무주택세대구성원에게 다음 각 호의 순위에 따라 1세대 1주택의 기준으로 공급할 수 있다.

1) 자녀 수가 많은 사람

2) 자녀 수가 같은 경우에는 추첨으로 선정된 사람

장기전세주택의 입주자 선정 등

① 공공주택사업자는 영 제2조제1항제4호에 따른 장기전세주택(이하 "장기전세주택"이라 한다)을 공급하는 경우에는 다음 각 호에 따라 입주자를 선정하여야 한다.

    1. 전용면적이 85제곱미터 이하인 주택: 제15조에 따라 입주자를 선정하되, 별표1에 따른 소득요건의 50% 범위에서 공공주택사업자가 별도로 소득요건을 정할 수 있다.

[별표1]

구분	입주자격
가. 전용면적 50제곱미터 미만	1) 해당 세대의 월평균소득이 전년도 도시근로자 가구원수별 가구당 월평균소득의 50%(가구원 수가 1명인 경우에는 70%, 2명인 경우에는 60%를 말한다) 이하인 사람. 2) 1)에 따른 공급 후 남은 주택에 대해서는 전년도 도시근로자 가구원수별 가구당 월평균소득 70%(가구원 수가 1명인 경우에는 90%, 2명인 경우에는 80%를 말한다) 이하인 사람.
나. 전용면적 50제곱미터 이상 60제곱미터 이하	3) 해당 세대의 월평균소득이 전년도 도시근로자 가구원수별 가구당 월평균소득의 70%(가구원 수가 1명인 경우에는 90%, 2명인 경우에는 80%를 말한다) 이하인 사람(단독세대주는 제외한다).
다. 전용면적 60제곱미터 초과	4) 해당 세대의 월평균소득이 전년도 도시근로자 가구원수별 가구당 월평균소득의 100%(가구원 수가 1명인 경우에는 120%, 2명인 경우에는 110%로 한다) 이하인 사람(단독세대주는 제외한다).

    2. 전용면적이 85제곱미터를 초과하는 주택: 「주택공급에 관한 규칙」 제4장에 따라 입주자를 선정하되, 소득요건은 공공주택사업자가 별도로 정할 수 있다.

② 공공주택사업자는 제1항에도 불구하고 같은 순위에서 경쟁이 있는 때에는 다음 각 호의 내용이 포함된 기준을 별도로 정하여 입주자를 선정할 수 있다. 〈개정 2020. 12. 23.〉

    1. 주택청약종합저축(「주택공급에 관한 규칙」 제75조제2항에 따른 주택청약종합저축을 말한다. 이하 같다) 가입기간 또는 납입횟수·금액
    2. 무주택기간(「주택공급에 관한 규칙」 제2조제8호가목에 따른 무주택기간을 말한다. 이하 같다)
    3. 부양가족 수(「주택공급에 관한 규칙」 제2조제8호나목에 따른 부양가족 수를 말한다. 이하 같다)

4. 해당 주택건설지역(「주택공급에 관한 규칙」 제2조제2호에 따른 주택건설지역을 말한다. 이하 같다) 거주 기간

5. 과거 장기전세주택 입주자 선정 여부

6. 그 밖에 공공주택사업자가 필요하다고 판단하는 사항

매입임대주택의 입주자자격

일반 매입임대주택의 입주자 선정

① 시장 등은 제6조제1항제1호에 따라 매입한 주택을 관할 사업대상지역에 거주(주민등록 등재로 확인한다.
이하 같다)하는 무주택세대구성원("주택공급에 관한 규칙」제2조제4호에 따른 무주택세대구성원을 말한다.
이하 같다)을 대상으로 다음 각 호의 순위에 따라 입주자를 선정하여 공급한다.

  1. 제1순위는 다음 각 목의 어느 하나에 해당하는 사람으로 한다.

    가. 「국민기초생활보장법」 제7조제1항제1호에 따른 생계급여 수급자 또는 제7조제1항제3호에 따른 의료
      급여 수급자(이하 "수급자"라 한다).
    나. 「한부모가족지원법 시행규칙」 제3조에 따라 여성가족부장관이 정하는 기준에 해당하는 한부모가족.
    다. 「국민기초생활보장법」 제2조제1호 또는 제2조제10호에 해당하는 사람 중 최저주거기준에 미달(별표1
      제5호에 해당하는 경우를 말한다)하거나 소득 대비 임차료(임차료는 입주자 모집 공고일 전 6개월 동안
      의 평균 금액으로 하며, 임차보증금은 연 4%의 비율로 임차료에 합산한다)의 비율이 30% 이상인 경우.
    라. 「국민기초생활보장법」 제2조제1호 또는 제2조제10호에 해당하는 고령자인 경우.
    마. 「장애인복지법」 제32조제1항에 따라 장애인등록증이 교부된 사람(이하 "장애인"이라 한다. 이 경우 지
      적장애인·정신장애인 및 제3급 이상의 뇌병변장애인의 경우에는 그 배우자를 포함한다)중 해당 세대
      의 월평균 소득이 전년도 도시근로자 가구원(태아를 포함한다) 수별 가구당 월평균 소득(이하 "전년도
      도시근로자 가구당 월평균소득"이라 한다)의 70% 이하이고 규칙 제13조제2항에 따라 국토교통부장관
      이 정하는 영구임대주택의 자산기준을 충족하는 경우.

  2. 제2순위는 다음 각 목의 어느 하나에 해당하는 사람으로 한다.

    가. 해당 세대의 월평균 소득이 전년도 도시근로자 가구당 월평균 소득의 50% 이하이고 규칙 제13조제2항
      에 따라 국토교통부장관이 정하는 영구임대주택의 자산기준을 충족하는 경우.
    나. 「장애인복지법」 제32조제1항에 따라 장애인등록증이 교부된 사람(지적장애인·정신장애인 및 제3급
      이상의 뇌병변장애인의 경우에는 그 배우자를 포함한다) 중 해당 세대의 월평균 소득이 전년도 도시근
      로자 가구당 월평균 소득의 100% 이하이고 규칙 제13조제2항에 따라 국토교통부장관이 정하는 영구
      임대주택의 자산기준을 충족하는 경우.

  3. 제3순위는 해당 세대의 월평균 소득이 전년도 도시근로자 가구당 월평균소득의 70% 이하로서, 제3항제
    3호 또는 제6항에 따라 시장 등이 입주자를 선정하는 경우에 해당하는 사람으로 한다.

② 제1항에서 경합이 있는 경우에는 별표1 각 항목의 배점을 합산하여 총점이 높은 순으로 입주자를 선정하되, 동일 점수인 경우에는 별표1 제5호와 제6호에 따른 점수의 합이 높은 순으로 입주자를 선정한다.

[별표1]

1. 최근 3년간 국가 또는 지방자치단체가 운영하는 자활사업 프로그램에 참여한 기간 또는 취업1)·창업2)을 통해 경제활동에 참여한 기간을 합산한 총 기간(세대원이 참여한 기간 포함)에 대하여 다음 각 목에 따라 산정한다.

   가. 24개월 이상: 3점.

   나. 12개월 이상, 24개월 미만: 2점.

   다. 12개월 미만: 1점.

2. 입주자 선정 기준일 현재까지 해당 사업대상지역인 시(특별시·광역시 포함)·군에 연속 거주한 기간에 대하여 다음 각 목에 따라 산정한다.

   가. 5년 이상: 3점.

   나. 3년 이상, 5년 미만: 2점.

   다. 3년 미만: 1점.

3. 부양가족(제9조제7항의 세대원을 말함)의 수에 대하여 다음 각 목에 따라 산정한다. 다만, 「민법」상 미성년인 자녀가 있는 경우(1명: 1점, 2명: 2점, 3명 이상: 3점), 65세 이상의 직계존속을 부양하는 경우(1점, 세대별 주민등록표상에 세대원으로 등재된 경우를 말하며 배우자의 직계존속을 포함), 세대주를 포함한 가구 구성원 중 중증장애인(「장애인고용촉진 및 직업재활법 시행령」 제4조에 해당하는 경우에 한함)이 있는 경우(1점)에는 별도의 가점을 추가로 부여한다.

   가. 3인 이상: 3점.

   나. 2인: 2점.

   다. 1인: 1점.

4. 청약저축 또는 주택청약종합저축 납입 회차(인정 회차를 기준으로 함)에 대하여 다음 각 목에 따라 산정한다.

   가. 24회 이상: 3점

   나. 12회 이상, 24회 미만: 2점

   다. 6회 이상, 12회 미만: 1점

5. 현 거주지의 최저주거기준 미달 여부에 대하여 다음 각 목에 따라 산정한다. 다만, 「국민기초생활보장법」 제32조의 보장시설 거주자는 전용입식부엌, 전용수세식화장실을 모두 구비한 것으로 본다.

   가. 전용입식부엌, 전용수세식화장실을 모두 구비하지 못한 주택에 거주하는 경우: 4점

   나. 전용입식부엌, 전용수세식화장실 중 어느 하나를 구비하지 못한 주택에 거주하는 경우: 2점

   ※ 입주자 선정 기준일 현재 3개월 이상(최근 1년간의 거주기간 합산 가능) 가목 또는 나목에 해당하는 곳에 거주한 경우에 인정한다.

집 밥 도 내 집 에 서 먹 어 야 맛 있 다

6. 소득 대비 임차료 비율에 대하여 다음 각 목에 따라 산정한다.

    가. 80% 이상: 5점

    나. 65% 이상, 80% 미만: 4점

    다. 50% 이상, 65% 미만: 3점

    라. 30% 이상, 50% 미만: 2점

※ 주거급여 수급자의 경우 임차료는 주거급여액 차감 후 금액을 의미하며, 부양의무자(「국민기초생활보장법」 제2조제5호에 해당하는 사람을 말함)와 체결한 임대차계약에 따른 임차료는 인정하지 않는다.

③ 공공주택사업자 또는 시장 등은 제1항 및 제2항에도 불구하고 다음 각 호의 어느 하나에 해당하는 사람을 우선 입주자로 선정할 수 있다. 이 경우 제1호, 제5호, 제6호에 해당하는 사람을 공급물량의 5% 범위에서 우선 입주자로 선정할 수 있다.

1. 시장 등이 긴급히 주거지원이 필요하다고 인정하는 부도공공임대아파트의 임차인으로서 경락을 희망하지 않거나 경락을 받을 수 없어 퇴거하였거나 퇴거하는 무주택세대구성원인 경우.

2. 기존주택 등 매입 시 해당 주택에 거주 중인 가구가 전년도 도시근로자 가구당 월평균 소득의 50% 이하이거나 제1항제1호마목 또는 제1항제2호나목의 입주자격을 갖추고 해당 주택에 계속 거주하기를 희망하는 경우.

3. 세대주를 포함하여 5인 이상인 가구로서 제1항에 따른 입주자격을 갖춘 경우, 한 호의 방 수가 3개 이상인 규모가 큰 주택의 입주자로 선정할 수 있다.

4. 「기존주택 전세임대 업무처리지침」 제7조제1항 또는 제7조제3항제1호에 따른 입주자로서 전세임대주택에 입주 후 전세계약의 해지 등 부득이한 사유로 해당 주택에서 퇴거한 사람으로서 전세주택의 마련이 곤란하거나 긴급히 주택지원이 필요한 경우.

5. 「긴급복지지원법」에 따라 긴급지원대상자로 선정된 사람 중 시장 등이 주거지원이 필요하다고 인정하여 공공주택사업자에게 통보한 경우.

6. 「재난 및 안전관리 기본법 시행령」 제34조의2제1항에 따라 특정관리대상지역에서 E등급으로 관리하는 주택에 거주하는 사람이 제1항에 해당하는 경우.

7. 「주거급여 실시에 관한 고시」 제21조에 따른 구조 안전상 심각한 결함으로 거주가 불가능한 주택에 거주하는 사람이 제1항에 해당하는 경우.

8. 「국민기초생활보장법」 제2조제1호 또는 제2조제10호에 해당하는 사람이 무주택세대구성원으로서 최저 주거기준에 미달(별표1 제5호에 해당하는 경우를 말한다)하고 소득 대비 임차료(임차료는 입주자 모집 공고일 전 6개월 동안의 평균 금액으로 하며, 임차보증금은 연 4%의 비율로 임차료에 합산한다)의 비율 이 30% 이상인 경우.

④ 공공주택사업자는 제1항 및 제2항에도 불구하고 무주택세대구성원으로서 해당 세대의 월평균 소득이 전년 도 도시근로자 가구당 월평균소득의 70% 이하이고 규칙 제13조제2항에 따라 국토교통부장관이 정하는 영구임대주택의 자산기준을 충족하는 사람이 다음 각 호의 어느 하나에 해당하여 국가보훈처장이 매입임 대주택의 입주가 필요하다고 인정하는 경우에는 공급물량의 2% 범위에서 우선 입주자로 선정할 수 있다.

1. 「국가유공자 등 예우 및 지원에 관한 법률」에 따른 국가유공자 또는 그 유족.

2. 「5·18민주유공자 예우에 관한 법률」에 따른 5·18민주유공자 또는 그 유족.

3. 「특수임무유공자 예우 및 단체설립에 관한 법률」에 따른 특수임무유공자 또는 그 유족.

4. 「참전유공자 예우 및 단체설립에 관한 법률」에 따른 참전유공자.

⑤ 공공주택사업자(한국토지주택공사에 한한다)는 제1항 및 제2항에도 불구하고 무주택세대구성원으로서 해 당 세대의 월평균 소득이 전년도 도시근로자 가구당 월평균 소득의 100% 이하이고 공공임대주택사업을 위하여 주택을 매도한 지 2년 이내인 사람이 매도한 주택의 대금을 10년 이상 매월 분할하여 지급(매월 지 급 금액이 전년도 도시근로자 월평균 소득의 100% 이하인 경우에 한함)받는 경우에는 우선 입주자로 선정 할 수 있다.

⑥ 공공주택사업자 또는 시장 등은 제1항 및 제2항에도 불구하고 공공주택사업자와 시장 등이 상호 협의한 후 필요 시 도지사 등과 협의하여 공급물량의 30% 범위에서 지역 특성 및 입주 수요 등을 감안하여 입주자를 별도로 선정할 수 있다. 다만, 입주자 선정 대상은 제1항에 해당하는 사람(단, 관할 사업대상지역 거주 요건 은 적용하지 아니한다)에 한한다.

⑦ 제1항의 소득 산정 및 자산 확인은 세대별 주민등록표상 세대주 및 세대원(「주택공급에 관한 규칙」 제2조제 2의제3호 각 목에 해당하는 사람을 포함한다)을 대상으로 한다. 단, 세대원의 실종, 별거 등으로 소득파악 이 불가능한 경우에는 주민등록표 말소를 확인하고 소득산정의 대상에서 제외하며, 다음 각 호의 어느 하 나에 해당하는 경우에는 소득 산정 및 자산 확인 대상에서 제외한다.

1. 「국민기초생활보장법」 제7조에 따른 생계·주거·의료·교육급여 중 어느 하나에 해당하는 급여를 받는 수급자 가구.

2. 「한부모가족지원법 시행규칙」 제3조에 따라 여성가족부장관이 정하는 기준에 해당하는 한부모가족.

3. 「국민기초생활보장법」 제2조제10호에 해당하는 가구.

⑧ 입주자로 선정된 사람은 계약 시까지 입주자격을 유지하여야 한다.

공공전세 주택의 입주자 선정

① 공공주택사업자는 제6조제1항제1호에 따라 매입한 주택에 대해 소득과 자산요건을 적용하지 않고 무주택 세대구성원(「주택공급에 관한 규칙」 제2조제4호에 따른 무주택세대구성원을 말한다. 이하 같다)을 대상으로 공급할 수 있다.

② 제1항에서 경합이 있는 경우에는 공공주택사업자가 무작위 추첨을 통해 입주자를 선정한다.

청년 매입임대주택의 입주자 선정

① 공공주택사업자는 제6조제1항제2호에 따라 매입한 주택 또는 제6조의2에 따라 개량한 주택을 무주택자인 미혼 청년을 대상으로 다음 각 호의 순위에 따라 입주자를 선정하여 공급한다.

1. 제1순위는 다음 각 목의 어느 하나에 해당하는 청년으로 한다.

   가. 「국민기초생활보장법」 제7조에 따른 생계·주거·의료급여 중 어느 하나에 해당하는 급여를 받는 수급자 가구.
   나. 「한부모가족 지원법 시행규칙」 제3조에 따라 여성가족부장관이 정하는 기준에 해당하는 한부모가족.
   다. 「국민기초생활보장법」 제2조제10호에 해당하는 가구.

2. 제2순위는 본인과 부모의 월평균 소득이 전년도 도시근로자 가구당 월평균 소득의 100% 이하이고 본인과 부모의 자산이 규칙 제13조제2항에 따라 국토교통부장관이 정하는 국민임대주택의 자산기준을 충족하는 청년으로 한다.

3. 제3순위는 제1순위 및 제2순위에 해당하지 아니하는 사람 중 본인의 월평균 소득이 전년도 도시근로자 가구당 월평균 소득의 100% 이하이고 규칙 제13조제2항에 따라 국토교통부장관이 정하는 행복주택 (청년)의 자산기준을 충족하는 청년으로 한다.

② 제1항에서 경합이 있는 경우에는 별표1의2 각 항목의 배점을 합산하여 총점이 높은 순으로 입주자를 선정하되, 동일 점수인 경우에는 별표1의2 각 항목의 순서에 따라 점수가 높은 순으로 입주자를 선정한다.

1. 수급자 등에 대하여 다음 각 목에 따라 산정한다.

   가. 「국민기초생활보장법」제7조에 따른 생계급여 또는 의료급여 수급자: 3점.

   나. 「한부모가족지원법 시행규칙」제3조에 따라 여성가족부장관이 정하는 기준에 해당하는 한부모가족:
     3점.

  ※ 1순위 자격 경합 시에만 적용한다.

2. 소득수준이 해당 순위 소득기준의 50% 이하인 경우: 3점.

  ※ 2순위 또는 3순위 자격 경합 시에만 적용한다.

3. 부모가 무주택인 경우: 2점.

4. 공급대상지역 이외의 시(특별시ㆍ광역시를 포함한다)ㆍ군 또는 해당 시(광역시 포함)ㆍ군 안에서 교량 등
   으로 연륙되지 않은 섬 지역 출신인 경우: 2점.

5. 현재 민간임대주택 전ㆍ월세로 6개월 이상 거주하고 있는 경우: 1점.

6. 장애 여부 등에 대하여 다음 각 목에 따라 산정한다.

   가. 「장애인복지법」제32조제1항에 따라 장애인등록증이 교부된 사람: 2점.
   나. 「장애인복지법」제32조제1항에 따라 장애인등록증이 교부된 가구의 청년: 1점.

③ 제1항에 따라 주택을 공급하는 경우, 가구 1호에 2인 이상 거주(이하 이 조에서 "공동거주"라 한다)를 희망하는 청년에게 매입임대주택의 일부를 따로 공급할 수 있다.

④ 제3항에서 경합이 있는 경우에는 각각의 공동거주 신청자 중 제1항 각 호에서 정하는 순위가 앞서는 사람을 기준으로 입주자를 선정한다.

⑤ 공공주택사업자는 제1항부터 제4항까지에도 불구하고 무주택자로서 다음 각 호의 어느 하나에 해당하는 사람을 공급물량의 5% 범위에서 우선 입주자로 선정할 수 있다.

  1. 「아동복지법」제16조에 따라 아동복지시설(가정위탁 포함)에서 퇴소 예정이거나 퇴소한 지 5년이 지나지 아니한 사람.

  2. 「청소년복지지원법」제31조에 따라 청소년 쉼터에서 퇴소 예정이거나 퇴소한 지 5년이 지나지 아니한 사람(청소년 쉼터를 2년 이상 이용한 사람에 한한다) 중 여성가족부장관이 주거지원이 필요하다고 인정하여 공공주택사업자에게 통보한 사람.

⑥ 공공주택사업자는 제1항부터 제4항까지에도 불구하고 국토교통부장관과 협의하여 공급물량의 30% 범위에서 지역 특성 및 입주 수요 등을 감안하여 입주자를 별도로 선정할 수 있다. 다만, 입주자 선정 대상은 제1항에 해당하는 사람(단, 타 지역 출신 요건은 적용하지 아니한다)에 한한다.

⑦ 제1항에 해당하는 소득 산정 및 자산 확인은 제9조제7항에 따른다.

⑧ 입주자로 선정된 사람은 계약 시까지 입주자격을 유지하여야 한다.

신혼부부 매입임대주택Ⅰ의 입주자 선정

① 공공주택사업자는 제6조제1항제3호에 따라 매입한 주택을 무주택세대구성원으로서 해당 세대의 월평균
소득이 전년도 도시근로자 가구당 월평균 소득의 70%(배우자가 소득이 있는 경우에는 90%) 이하이고 규
칙 제13조제2항에 따라 국토교통부장관이 정하는 국민임대주택의 자산기준을 충족하는 신혼부부, 예비 신
혼부부, 6세 이하 자녀가 있는 한부모가족, 6세 이하 자녀가 있는 혼인 가구를 대상으로 다음 각 호의 순위
에 따라 입주자를 선정하여 공급한다.

1. 제1순위: 임신 중(임신진단서 등으로 확인한다. 이하 같다)이거나 출산(자녀의 기본증명서상 출생신고일
기준으로 확인한다. 이하 같다)·입양(입양신고일 기준으로 확인한다. 이하 같다)하여 자녀가 있는 신혼
부부, 예비 신혼부부 및 6세 이하 자녀가 있는 한부모가족.

2. 제2순위: 자녀가 없는 신혼부부, 예비 신혼부부.

3. 제3순위: 제1순위와 제2순위에 해당하지 아니하는 사람 중 6세 이하 자녀가 있는 혼인 가구.

② 제1항에서 경합이 있는 경우에는 별표2 각 항목의 배점을 합산하여 총점이 높은 순으로 입주자를 선정하되,
동일 점수인 경우에는 별표2 각 항목의 순서에 따라 점수가 높은 순으로 입주자를 선정한다.

[별표2]

1. 수급자 등에 대하여 다음 각 목에 따라 산정한다. 　가.「국민기초생활보장법」제7조에 따른 생계급여 또는 의료급여 수급자: 3점. 　나.「한부모가족지원법 시행규칙」제3조에 따라 여성가족부장관이 정하는 기준에 해당하는 한부모가족: 　　3점. 　다.「국민기초생활보장법」제2조제10호에 따른 차상위계층: 2점.
2. 자녀의 수에 대하여 다음 각 목에 따라 산정한다. 　가. 3인 이상: 3점. 　나. 2인: 2점. 　다. 1인: 1점.

3. 청약저축 또는 주택청약종합저축 납입 회차(인정 회차를 기준으로 함)에 대하여 다음 각 목에 따라 산정한다. 가. 24회 이상: 3점. 나. 12회 이상, 24회 미만: 2점. 다. 6회 이상, 12회 미만: 1점.
4. 입주자 선정 기준일 현재까지 해당 사업대상지역인 시(특별시·광역시 포함)·군에 연속 거주한 기간에 대하여 다음 각 목에 따라 산정한다. 가. 5년 이상: 3점. 나. 3년 이상, 5년 미만: 2점. 다. 3년 미만: 1점.
5. 「장애인복지법」 제32조제1항에 따라 장애인등록증이 교부된 사람: 2점.
6. 65세 이상의 직계존속(세대별 주민등록표상에 세대원으로 등재된 경우를 말하며, 배우자의 직계존속을 포함함)을 부양하는 사람: 1점.

③ 공공주택사업자는 제1항 및 제2항에도 불구하고 국토교통부장관과 협의하여 공급물량의 30% 범위에서 지역 특성 및 입주 수요 등을 감안하여 입주자를 별도로 선정할 수 있다. 다만, 입주자 선정 대상은 제1항에 해당하는 사람에 한한다.

④ 제1항에 해당하는 소득 산정 및 자산 확인은 제9조제7항에 따른다. 이 경우 예비 신혼부부의 소득 산정 및 자산 확인은 예비 신혼부부가 혼인하여 독립세대를 구성한 것으로 간주하여 확인한다.

⑤ 공공주택사업자는 입주자로 선정된 예비 신혼부부가 매입임대주택 입주일 전일까지 혼인신고를 하지 아니한 경우에는 입주자로 선정된 자와 임대차 계약을 체결할 수 없다.

⑥ 입주자로 선정된 사람은 계약 시까지 입주 자격을 유지하여야 한다.

신혼부부 매입임대주택 II 의 입주자 선정

① 공공주택사업자는 제6조제1항제4호에 따라 매입한 주택을 무주택세대구성원으로서 해당 세대의 월평균 소득이 전년도 도시근로자 가구당 월평균 소득의 100%, 배우자가 소득이 있는 경우에는 120% 이하(제4순위는 해당세대의 월평균 소득이 전년도 도시근로자 가구당 월평균 소득의 120%, 배우자가 소득이 있는 경우에는 140% 이하)이고 규칙 제13조제2항에 따라 국토교통부장관이 정하는 행복주택 입주자격 중 신혼부부(제4순위는 신혼희망타운주택 중 공공분양주택)의 자산기준을 충족하는 신혼부부, 예비 신혼부부, 6세 이하 자녀가 있는 한부모가족, 6세 이하 자녀가 있는 혼인 가구를 대상으로 다음 각 호의 순위에 따라 입주자를 선정하여 공급한다.

1. 제1순위: 임신 중이거나 출산·입양하여 자녀가 있는 신혼부부, 예비 신혼부부 및 6세 이하 자녀가 있는 한부모가족.

2. 제2순위: 자녀가 없는 신혼부부, 예비 신혼부부.

3. 제3순위: 제1순위와 제2순위에 해당하지 아니하는 사람 중 6세 이하 자녀가 있는 혼인 가구.

4. 제4순위: 혼인가구.

② 제1항에서 경합이 있는 경우에는 별표2 각 항목의 배점을 합산하여 총점이 높은 순으로 입주자를 선정하되, 동일 점수인 경우에는 별표2 각 항목의 순서에 따라 점수가 높은 순으로 입주자를 선정한다.

③ 공공주택사업자는 제1항 및 제2항에도 불구하고 국토교통부장관과 협의하여 공급물량의 30% 범위에서 지역 특성 및 입주 수요 등을 감안하여 입주자를 별도로 선정할 수 있다. 다만, 입주자 선정 대상은 제1항에 해당하는 사람에 한한다.

④ 제1항에 해당하는 소득 산정 및 자산 확인은 제9조제7항에 따른다. 이 경우 예비 신혼부부의 소득 산정 및 자산 확인은 예비 신혼부부가 혼인하여 독립세대를 구성한 것으로 간주하여 확인한다.

⑤ 공공주택사업자는 입주자로 선정된 예비 신혼부부가 매입임대주택 입주일 전일까지 혼인신고를 하지 아니한 경우에는 입주자로 선정된 자와 임대차 계약을 체결할 수 없다.

⑥ 입주자로 선정된 사람은 계약 시까지 입주 자격을 유지하여야 한다.

청년·신혼부부 매입임대리츠주택의 입주자 선정

① 공공주택사업자는 제6조제1항제5호에 따라 매입한 주택을 무주택세대구성원으로서 해당 세대의 월평균 소득이 전년도 도시근로자 가구당 월평균 소득의 100%(배우자가 소득이 있는 경우에는 120%) 이하이고 규칙 제13조제2항에 따라 국토교통부장관이 정하는 분양전환공공임대주택의 자산기준을 충족하는 신혼부부, 예비 신혼부부, 6세 이하 자녀가 있는 한부모가족, 6세 이하 자녀가 있는 혼인 가구, 청년 등을 대상으로 다음 각 호의 순위에 따라 입주자를 선정하여 공급한다.

1. 제1순위: 신혼부부, 예비 신혼부부 및 6세 이하 자녀가 있는 한부모가족.

2. 제2순위: 청년.

3. 제3순위: 제1순위와 제2순위에 해당하지 않는 사람 중 6세 이하 자녀가 있는 혼인 가구.

② 제1항제1호에서 경합이 있는 경우에는 별표2 각 항목의 배점을 합산하여 총점이 높은 순으로 입주자를 선정하되, 동일 점수인 경우에는 별표2 각 항목의 순서에 따라 점수가 높은 순으로 입주자를 선정하고, 제1항제2호 및 제1항제3호에서 경합이 있는 경우에는 추첨으로 입주자를 선정한다.

③ 공공주택사업자는 제1항 및 제2항에도 불구하고 제1항의 입주 자격을 충족하는 입주 희망자가 기존주택 등 소유자와 협의하여 제6조제1항제5호에 따른 기존주택 등 매입을 신청한 경우에는 해당 주택을 매입한 후 입주 희망자를 우선 입주자로 선정할 수 있다.

④ 제1항에 해당하는 소득 산정 및 자산 확인은 제9조제7항에 따른다. 이 경우 예비 신혼부부의 소득 산정 및 자산 확인은 예비 신혼부부가 혼인하여 독립세대를 구성한 것으로 간주하여 확인한다.

⑤ 공공주택사업자는 입주자로 선정된 예비 신혼부부가 매입임대주택 입주일 전일까지 혼인신고를 하지 아니한 경우에는 입주자로 선정된 자와 임대차 계약을 체결할 수 없다.

⑥ 입주자로 선정된 사람은 계약 시까지 제1항의 자격을 유지하여야 한다.

고령자 매입임대주택의 입주자 선정

① 공공주택사업자 또는 시장 등은 제6조의2에 따라 개량한 주택을 관할 사업대상지역에 거주하는 무주택세대구성원인 고령자를 대상으로 다음 각 호의 순위에 따라 입주자를 선정하여 공급한다.

  1. 제1순위: 제9조제1항제1호에 해당하는 사람(일반 매입임대주택 1순위).
  2. 제2순위: 제9조제1항제2호에 해당하는 사람(일반 매입임대주택 2순위).

② 제1항에서 경합이 있는 경우에는 별표3 각 항목의 배점을 합산하여 총점이 높은 순으로 입주자를 선정하되, 동일 점수인 경우에는 해당 사업대상지역으로의 전입일이 빠른 순서대로 입주자를 선정한다.

[별표3]

1. 최근 3년간 국가 또는 지방자치단체가 운영하는 자활사업 프로그램에 참여한 기간 또는 취업1) · 창업2)을 통해 경제활동에 참여한 기간을 합산한 총 기간(세대원이 참여한 기간 포함)에 대하여 다음 각 목에 따라 산정한다. 　가. 24개월 이상: 3점. 　나. 12개월 이상, 24개월 미만: 2점. 　다. 12개월 미만: 1점.
2. 입주자 선정 기준일 현재까지 해당 사업대상지역인 시(특별시 · 광역시 포함) · 군에 연속 거주한 기간에 대하여 다음 각 목에 따라 산정한다. 　가. 5년 이상: 3점 　나. 3년 이상, 5년 미만: 2점 　다. 3년 미만: 1점

3. 입주 신청자의 나이에 대하여 다음 각 목에 따라 산정한다.

    가. 75세 이상: 3점

    나. 70세 이상, 75세 미만: 2점

    다. 65세 이상, 70세 미만: 1점

4. 가구원의 수(세대주 및 세대원 포함)에 대하여 다음 각 목에 따라 산정한다.

    가. 3인 이상: 3점

    나. 2인: 2점

    다. 1인: 1점

    ※ 가구원의 수에 대한 가점은 2인용 이하의 주택을 신청한 경우에만 인정한다.

5. 청약저축 또는 주택청약종합저축 납입 회차(인정 회차를 기준으로 함)에 대하여 다음 각 목에 따라 산정한다.

    가. 24회 이상: 3점

    나. 12회 이상, 24회 미만: 2점

    다. 6회 이상, 12회 미만: 1점

6. 자동차를 보유하지 아니한 사람: 5점.

※ 자동차는 장애인용 자동차를 제외한 비영업용 자동차를 대상으로 한다.

③ 공공주택사업자 또는 시장 등은 제1항 및 제2항에도 불구하고 다음 각 호의 어느 하나에 해당하는 고령자를 우선 입주자로 선정할 수 있다. 이 경우 제1호, 제3호 및 제4호에 해당하는 사람을 공급물량의 5% 범위에서 우선 입주자로 선정할 수 있다.

    1. 제9조제3항제1호에 해당하는 경우.

    2. 제9조제3항제4호에 해당하는 경우.

    3. 제9조제3항제5호에 해당하는 경우.

    4. 「재난 및 안전관리 기본법 시행령」 제34조의2제1항에 따라 특정관리대상지역에서 E등급으로 관리하는 주택에 거주하는 경우.

    5. 「주거급여 실시에 관한 고시」 제21조에 따른 구조 안전상 심각한 결함으로 거주가 불가능한 주택에 거주하는 경우.

④ 공공주택사업자는 제1항 및 제2항에도 불구하고 무주택세대구성원으로서 제1항제1호에 해당하는 고령자가 다음 각 호의 어느 하나에 해당하여 국가보훈처장이 매입임대주택의 입주가 필요하다고 인정하는 경우에는 공급물량의 2% 범위에서 우선 입주자로 선정할 수 있다.

1. 「국가유공자 등 예우 및 지원에 관한 법률」에 따른 국가유공자 또는 그 유족.

2. 「5·18민주유공자 예우에 관한 법률」에 따른 5·18민주유공자 또는 그 유족.

3. 「특수임무유공자 예우 및 단체설립에 관한 법률」에 따른 특수임무유공자 또는 그 유족.

4. 「참전유공자 예우 및 단체설립에 관한 법률」에 따른 참전유공자.

⑤ 공공주택사업자(한국토지주택공사에 한한다)는 제1항 및 제2항에도 불구하고 무주택세대구성원으로서 해당 세대의 월평균 소득이 전년도 도시근로자 가구당 월평균 소득의 100% 이하이고 공공임대주택사업을 위하여 주택을 매도한 지 2년 이내인 사람이 매도한 주택의 대금을 10년 이상 매월 분할하여 지급(매월 지급 금액이 전년도 도시근로자 월평균 소득의 100% 이하인 경우에 한함)받는 경우에는 우선 입주자로 선정할 수 있다.

⑥ 공공주택사업자 또는 시장 등은 제1항 및 제2항에도 불구하고 공공주택사업자와 시장 등이 상호 협의한 후 필요 시 도지사 등과 협의하여 공급물량의 30% 범위에서 지역 특성 및 입주 수요 등을 감안하여 입주자를 별도로 선정할 수 있다. 다만, 입주자 선정 대상은 제1항에 해당하는 사람(단, 관할 사업대상지역 거주 요건은 적용하지 아니한다)에 한한다.

⑦ 제1항에 해당하는 소득 산정 및 자산 확인은 제9조제7항에 따른다.

⑧ 입주자로 선정된 사람은 계약 시까지 입주 자격을 유지하여야 한다.

다자녀 매입임대주택의 입주자 선정

① 공공주택사업자 또는 시장 등은 제6조제1항제6호에 따라 매입한 주택 또는 제6조의2에 따라 개량한 주택을 무주택세대구성원으로서 해당 세대의 월평균 소득이 전년도 도시근로자 가구당 월평균 소득의 70% 이하이고 규칙 제13조제2항에 따라 국토교통부장관이 정하는 국민임대주택의 자산기준을 충족하는 다자녀 가구를 대상으로 다음 각 호의 순위에 따라 입주자를 선정하여 공급한다.

1. 제1순위는 다음 각 목의 어느 하나에 해당하는 사람으로 한다.

가. 「국민기초생활보장법」 제7조에 따른 생계·주거·의료·교육급여 중 어느 하나에 해당하는 급여를 받는 수급자 가구.
나. 「국민기초생활보장법」 제2조제10호에 해당하는 가구.

2. 제2순위는 제1순위에 해당하지 아니하는 사람으로 한다.

② 제1항에서 경합이 있는 경우에는 별표3의2 각 항목의 배점을 합산하여 총점이 높은 순으로 입주자를 선정하되, 동일 점수인 경우에는 별표3의2 각 항목의 순서에 따라 점수가 높은 순으로 입주자를 선정한다.

———— 집 밥 도 내 집 에 서 먹 어 야 맛 있 다

[별표3의2]

1. 자녀의 수에 대하여 다음 각 목에 따라 산정한다.

  가. 4인 이상: 5점.

  나. 3인: 3점.

  다. 2인(태아가 아닌 두 자녀의 성별이 다른 경우만 해당): 1점.

2. 현 거주지의 상태에 대하여 다음 각 목에 따라 해당 점수를 합산하여 산정한다. 다만, 「국민기초생활보장법」 제32조의 보장시설 거주자는 다음 각 목에 해당하지 아니하는 것으로 본다.

  가. 전용면적이 26㎡ 이하인 경우: 2점.

  나. 「건축법」 제2조제1항제5호에 따른 지하인 경우: 1점.

3. 현 거주지의 최저주거기준 미달 여부에 대하여 다음 각 목에 따라 산정한다. 다만, 「국민기초생활보장법」 제32조의 보장시설 거주자는 전용입식부엌, 전용수세식화장실을 모두 구비한 것으로 본다.

  가. 전용입식부엌, 전용수세식화장실을 모두 구비하지 못한 주택에 거주하는 경우: 2점.

  나. 전용입식부엌, 전용수세식화장실 중 어느 하나를 구비하지 못한 주택에 거주하는 경우: 1점.

※ 입주자 선정 기준일 현재 3개월 이상(최근 1년간의 거주기간 합산 가능) 가목 또는 나목에 해당하는 곳에 거주한 경우에 인정한다.

③ 공공주택사업자 또는 시장 등은 제1항 및 제2항에도 불구하고 공공주택사업자와 시장 등이 상호 협의한 후 필요 시 도지사 등과 협의하여 공급물량의 30% 범위에서 지역 특성 및 입주 수요 등을 감안하여 입주자를 별도로 선정할 수 있다. 다만, 입주자 선정 대상은 제1항에 해당하는 사람에 한한다.

④ 제1항에 해당하는 소득 산정 및 자산 확인은 제9조제7항에 따른다.

⑤ 입주자로 선정된 사람은 계약 시까지 입주 자격을 유지하여야 한다.

⑥ 공공주택사업자는 최저주거기준을 충족하는 주택을 공급하되, 5인 이상 가구로서 공급대상지역에 최저주거기준을 충족하는 주택이 없는 경우에는 입주자로 선정된 사람과 협의하여 공급할 수 있다.

매입임대주택의 입주자 선정 등에 관한 특례

① 제9조부터 제14조까지에도 불구하고 가구원 수별 가구당 월평균 소득기준에 대하여 1인가구는 20%p, 2인가구는 10%p 가산하여 적용한다.

② 공공주택사업자는 매입임대주택이 최초 입주자 모집 공고에도 불구하고 임대되지 않은 주택은 사업 유형별 입주 자격을 일부 완화하여 입주자를 선정할 수 있다.

③ 제2항에 의해 선정된 입주자는 입주 당시 입주자격을 유지하고 있는 경우 재계약이 가능하며, 입주 당시의 소득 또는 자산요건을 초과한 입주자가 해당 임대주택에 계속 거주하기를 희망하는 경우 제17조제4항을 준용한다.

공공지원민간임대주택의 임차인 자격 및 선정방법(제14조의3 관련)

1. 공공지원민간임대주택의 임차인 자격

공공지원민간임대주택은 임차인모집공고일 현재(재계약을 체결하거나 예비임차인으로 선정된 후 2년이 경과된 예비임차인이 종전 임차인이 퇴거함에 따라 공공지원민간임대주택의 임차인으로 선정된 경우에는 임대차계약을 체결하는 때를 말한다) 다음 각 목의 구분에 따라 해당 자격을 충족하는 자에게 1세대 1주택(주택의 공급을 신청하는 경우는 1세대 1명을 말한다) 기준으로 공급한다. 다만, 청년, 예비신혼부부(계약자 1명을 정하여 예비신혼부부 두 명이 함께 1주택을 신청하여야 한다)의 경우에는 세대주, 세대원 및 성년자가 아닌 경우에도 공급할 수 있고, 1인 1주택 또는 2인 1주택의 기준으로 공급할 수 있으며, 제1조의2제3호가목에 따른 공공지원민간임대주택의 공급비율은 국토교통부장관이 따로 정할 수 있다.

주택유형	공급비율	임차인 자격
가. 일반공급대상자에게 공급하는 주택	80%미만	「주택공급에 관한 규칙」 제2조에 따른 무주택세대구성원(이하 "무주택세대구성원"이라 한다).
나. 특별공급대상자에게 공급하는 주택	20%이상	1) 청년: 무주택자로서 가)부터 라)까지의 요건을 모두 갖춘 사람. 　가) 연령: 19세 이상이면서 39세 이하일 것. 　나) 혼인: 혼인 중이 아닐 것. 　다) 소득: 다음의 구분에 따른 기준을 충족할 것. 　　(1) 주택공급신청자가 소득이 있는 경우: 해당 세대의 월평균소득이 전년도 도시근로자 가구원(태아를 포함한다) 수별 가구당 월평균소득(이하 "전년도 도시근로자 가구원 수별 가구당 월평균소득"이라 한다)의 120% 이하일 것. 　　(2) 주택공급신청자가 소득이 없는 경우: 부모의 월평균소득 합계가 전년도 도시근로자 가구원 수별 가구당 월평균소득의 120% 이하일 것. 　라) 자산: 제14조의3제2항에 따른 자산요건을 충족할 것. 2) 신혼부부: 혼인 중인 사람 또는 예비신혼부부(혼인을 계획 중이며 해당 주택의 입주 전까지 혼인사실을 증명할 수 있는 사람을 말한다. 이하 이 별표에서 같다)로서 무주택세대구성원(예비신혼부부의 경우 혼인으로 구성될 세대의 세대구성원 모두 무주택자인 경우를 말한다)이면서 가)부터 다)까지의 요건을 모두 갖춘 사람. 　가) 혼인: 주택공급신청자의 혼인 합산 기간이 7년 이내일 것. 　나) 소득: 해당 세대(예비신혼부부인 경우 혼인으로 구성될 세대의 세대구성원 모두를 말한다)의 월평균소득이 전년도 도시근로자 가구원수별 가구당 월평균소득의 120% 이하일 것. 　다) 자산: 제14조의3제2항에 따른 자산요건을 충족할 것.

　　　　　————　　집 밥 도　 내 집 에 서　 먹 어 야　 맛 있 다

| | | 3) 고령자: 무주택세대구성원으로서 가)부터 다)까지의 요건을 모두 갖춘 사람.

가) 연령: 65세 이상인 사람.

나) 소득: 해당 세대의 월평균소득 합계가 전년도 도시근로자 가구원수별 가구당 월평균소득의 120% 이하일 것.

다) 자산: 제14조의3제2항에 따른 자산요건을 충족할 것. |

비고

1) 해당 주택건설지역의 관할 시·도지사 또는 시장·군수·구청장의 요청이 있는 경우에는 주택유형에 따른 임차인 자격을 갖춘 자로서 해당 주택건설지역에 거주하는 자에게 우선 공급할 수 있다.

2) 가목에 따른 일반공급대상자에게 공급하는 주택(이하 이 별표에서 "일반공급주택"이라 한다)은 임대사업자와 관할 지방자치단체의 장이 협의하는 경우 청년, 신혼부부, 고령자로 그 임차인을 한정하여 선정할 수 있다. 이 경우 나목에 따른 임차인 요건 중 소득 및 자산 요건은 적용하지 않는다.

3) 나목에 따른 임차인 자격에도 불구하고 재계약을 체결하는 경우에는 다음의 구분에 따른 임차인 자격 요건은 적용하지 않는다. 다만, 소득 요건의 경우 그 기준을 30% 포인트 초과하여 증액된 경우는 제외한다.

가) 나목1)에 해당하는 경우: 나목1)가) 및 다)에 따른 연령 및 소득 요건.

나) 나목2)에 해당하는 경우: 나목2)가) 및 나)에 따른 혼인 및 소득 요건.

다) 나목3)에 해당하는 경우: 나목3)나)에 따른 소득 요건.

2. 주택유형별 세부 비율

가. 공공지원민간임대주택(제1조의2제3호가목에 따른 공공지원민간임대주택은 제외한다)의 임차인 유형별 세부 비율은 임대사업자가 지역 특성을 고려하여 시·도지사 또는 시장·군수·구청장의 의견을 들어 「주택법」 제15조에 따른 사업계획승인 전에 정한다.

나. 제1호에 따른 공급비율(이하 이 별표에서 "공급비율"이라 한다)에도 불구하고 세대수가 50호 또는 50세대 미만인 주택단지의 경우 임대사업자는 시·도지사 또는 시장·군수·구청장의 의견을 들어 공급비율을 달리 정할 수 있다.

3. 우선공급 등

가. 제1호가목에도 불구하고 임대사업자는 공공지원민간임대주택을 건설하기 위하여 철거하는 주택이 있는 경우 해당 주택의 소유자(대지와 건물의 소유자가 같아야 한다) 또는 세입자(이하 "기존거주자"라 한다)로 서 다음의 기준을 모두 충족하는 자가 주택을 신청하는 경우에 1세대 1주택 기준으로 일반공급주택을 우선 공급할 수 있다.

1) 기존거주자가 임차인모집공고일 현재 무주택세대구성원일 것.

2) 기존거주자가 해당 주택의 매매계약일 현재 철거되는 주택에 1년 이상 거주할 것.

나. 제1호가목에도 불구하고 임대사업자는 해당 공공지원민간임대주택을 건설·운영하기 위한 사회적협동조합(「협동조합 기본법」 제2조제3호의 사회적협동조합을 말한다)이 설립된 경우 해당 조합의 조합원으로서 입주자모집공고일 현재 무주택세대구성원인 자가 주택을 신청하는 경우에 1세대 1주택을 기준으로 일반공급주택을 우선 공급할 수 있다.

다. 제1호가목에도 불구하고 「개발제한구역의 지정 및 관리에 관한 특별조치법」에 따라 개발제한구역을 해제하고 공공지원민간임대주택 공급촉진지구 개발사업을 시행하는 경우 영 제32조제5항제3호에 따라 조성토지를 공급받을 수 있는 자에 해당되나 조성토지를 공급받지 못한 자로서 입주자모집공고일 현재 무주택세대구성원인 자에게 1세대 1주택의 기준으로 일반공급주택을 우선 공급할 수 있다. 다만, 「공익사업을 위한 토지 등의 취득 및 보상에 관한 법률」 제78조에 따라 수립된 이주대책의 대상자에 포함되어 있거나 이주정착금을 지급받은 자는 제외한다.

라. 제1호나목에 따른 특별공급대상자에게 공급하는 주택(제1조의2제3호가목에 따른 공공지원민간임대주택은 제외한다)의 임차인(예비임차인을 포함한다)을 최초로 선정하는 경우 다음의 순위에 따라 선정하여야 한다. 이 경우 같은 순위에서 경쟁이 있으면 추첨의 방법으로 선정한다.

    1) 제1순위: 소득 요건이 전년도 도시근로자 가구원수별 가구당 월평균소득의 100% 이하.

    2) 제2순위: 소득 요건이 전년도 도시근로자 가구원수별 가구당 월평균소득의 110% 이하.

    3) 제3순위: 소득 요건이 전년도 도시근로자 가구원수별 가구당 월평균소득의 120% 이하.

집 밥 도 내 집 에 서 먹 어 야 맛 있 다

당첨
실사례

공부를 아무리 많이 해 봤자 기출문제나 예상문제를 풀어 보는 것만큼 확실히 실력을 늘릴 수는 없겠죠.

우리가 아무리 떠들어 봤자 경험만 한 좋은 책이 없습니다.

그러나 우리는 당첨 경험이 있지 않은 경우가 대부분일 것이고 당첨이 됐다고 해도 한 번 정도의 사례에 지나지 않죠.

직접경험이 부족한 만큼 간접경험을 많이 체험해 보시는 것이 좋을 것 같고 이 간접경험을 지금부터 여러분들에게 들려 드리겠습니다.

- '가장 기본'이 중요하다. '가장 기본'을 놓친다면 향후 '가장 기분'을 망칠 것이다.

추웠던 겨울이 지나 어느덧 밤의 햇빛도 길어지고 몸도 마음도 녹아질 무렵이었던 2018년 3월이었습니다.

개구리가 겨울잠에서 깨어 굶주린 배를 채우고 있을 무렵에 전화 한 통이 왔습니다.

이제 막 자녀를 대학교로 보낸 두 자녀의 어머니였습니다.

그동안 자녀를 키우는 데 온 시간과 돈과 정신을 쏟느라 부동산의 '부'

자도 모르는 부동산 초보엄마인데 이제 자녀들 대학교도 보냈고 노후대비도 해야 하는데 집이 한 채도 없다는 전화였죠.

이때부터 하나둘씩 물어보기 시작했습니다.

청약통장은 가입이 되어 있는지, 어떤 통장으로 가입이 되어 있는지, 가입한 지는 얼마나 됐는지, 명의는 누구인지 간단하지만 중요한 내용들을 하나둘씩 차근차근 물어보았던 거죠.

이야기를 들어 보니 본인명의의 통장으로 그냥 잊고 살며 계속 납입을 해서 통장은 꽤나 쓸 만했던 통장이었습니다.

몇 년이 지났기에 정확하게 기억이 나진 않지만 가족이 본인 포함 네 명이였고 무주택기간과 통장가입기간이 모두 만점이었던 것으로 기억을 하고 있습니다.

다만 몇 가지의 경우가 그 통장을 쓸 수 없게끔 만들었기에 그 부분에 대한 전면적인 수정이 필요했죠.

전면적으로 수정이 필요한 부분은 어떤 거냐?

바로 세대주 수정입니다.

2016년 11월 3일 발표된 대책에서 경기도 하남시의 공공택지는 세대주가 아닌 자는 1순위에서 제외되도록 되었었는데 이분은 본인이 세대주가 아니었던 거죠.

사실 이는 너무 당연했던 것이 이분은 평범한 가정주부 평범한 두 자녀의 어머니였고 이런 경우 일반적인 경우는 집안의 가장인 아버지가 세대주인 경우가 일반적입니다.

그리고 사실 세대주는 말이 세대주지, 실질적으로 세대주라고 해서 특별한 무언가가 없기 때문에 누구를 세대주로 할지 대부분 고민을 하지 않았죠.

부동산에 관심이 없었던 이분은 여느 평범한 주부들처럼 세대주에 대한 생각이 전혀 없었으며 이는 큰 기회의 박탈로 이어지기 일보 직전의 상황까지 왔던 겁니다.

부랴부랴 세대주를 변경하여 첫 번째 고비를 넘겼습니다.

그리고 또 두 번째 고비가 찾아왔죠.

정말 짚고 넘어가지 않았다면 이 역시 신청조차 못 하고 떨어졌을 그런 고비가 말입니다.

두 번째 고비는 전혀 예상하지 못했던 상황에서 발생이 됐습니다.

청약통장이 꽤나 오래됐고 꾸준하게 부었다고 하여, 심지어 본인 입으로 예치금도 조건충족을 한다고 하였기에 전혀 의심하지 않았었는데 어쩌다가 예치금이 부족하다는 것을 알게 되었습니다.

이 두 번째 고비는 정말 시간이 촉발할 때 알게 되어 그분의 표현을 빌려 말씀드리면 '심장이 덜컥 내려앉는 느낌을 받았다.'라고 하더군요.

지금 이 사례의 주인공이 넣은 현장은 5호선 미사역 초역세권에 위치한 아파트인 미사역 파라곤입니다.

미사역 파라곤은 경기도 하남시 미사강변도시에 위치해 있고 당연히 주소지는 하남시이죠.

여기서 그분이 헷갈리고 예치금이 준비되어 있다고 판단을 했던 건데 표를 보여 드리겠습니다.

구 분	하남시 및 기타 경기도	서울특별시	인천광역시
전용면적 135㎡ 이하	400만 원	1000만 원	700만 원
모든 면적	500만 원	1500만 원	1000만 원

위의 표는 민영주택 청약 예치금 기준표입니다.

이분은 당연히 하남시에 넣는 주택이기 때문에 하남시에서 전용면적 135㎡ 이하로 금액을 맞춰놨었는데 그렇기에 400만 원이 조금 넘게 있었죠.

주소지는 서울이었고요.

예치금으로 1000만 원이 이상 필요한 이분은 예치금 미달로 신청조차 못 할 상황이었던 겁니다.

부랴부랴 추가 금액을 입금하고 바로 며칠 뒤 모집공고가 열리면서 아슬아슬하게 세이프로 신청을 하였죠.

그리고 당첨 가점도 정말 아슬아슬했던 것으로 기억하고 있습니다.

당시 미사역 파라곤 커트라인은 다음과 같습니다.

주택형	세대수	1순위지역	경쟁률	당첨가점		
				최저	최고	평균
102㎡	403	해당지역	41.55	59	79	64.03
		기타경기	424.35	72	84	74.1
		기타지역	264.05	69	79	71.6
107㎡	201	해당지역	26.18	54	72	58.73
		기타경기	206.63	68	74	70.2
		기타지역	131.32	67	74	68.32
117㎡	203	해당지역	33.21	58	79	64.35
		기타경기	246.2	73	79	75.29
		기타지역	178.26	70	80	73.49
195㎡	2	해당지역	22	65	65	65
		기타경기	-	-	-	-
		기타지역	129	73	73	73

집 밥 도 내 집 에 서 먹 어 야 맛 있 다

가족 네 명에 무주택기간과 통장가입기간 만점이면 69점입니다.

이분은 기타지역에 포함이 되고요.

102㎡의 기타지역 최저점수가 69점, 107㎡의 기타지역 최저점수가 67점, 117㎡의 기타지역 최저점수가 70점이니 정말 아슬아슬하게 당첨이 된 것입니다.

저는 이분이 102㎡였는지, 107㎡였는지 기억이 나지는 않지만 정말 천운이 도운 사람이라는 생각밖에 들지 않았었던 기억이 있습니다.

당시 기억으로는 자녀분이 그해 서울대에 입학하고 본인은 이 아파트에 당첨이 되어 정말 최고의 한 해를 맞았던 것으로 기억을 하고 있습니다.

그 어떤 봄날보다 따뜻했던 한 해였겠죠.

그리고 곧 꿈에 그리던 초역세권 새 아파트로 입주를 하게 됩니다.

2021년 7월 입주 예정인 이 미사역 파라곤 청약의 사례였는데 정말 큰 것만 보다 작은 것을 놓칠 뻔한, 즉 가점만 보다 세세한 조건들을 놓칠 뻔한 것을 잡아 드려 개인적으로 기억에 참 남는 사례였던 기억이네요.

- 가점이 안 된다면 가장 확률이 높은 방법으로, 지금 안 좋은 것이 영원히 안 좋은 것이 아니다.

이 방법은 이제는 널리 퍼진 방법이나 처음에는 주로 제가 주변 분들께 알려 드렸던 방법입니다.

제 주변 분들은 저처럼 아직 가점이 모자란 경우가 많습니다.

아무래도 저에게 가장 많은 문의를 하는 사람들은 저의 친구들이며 아직 30대 초반이기에 가점이 모자란 건 너무나도 당연한 거죠.

청약광풍이 불기 전, 사람들은 오로지 가점 또는 추첨에만 목을 매었죠.

제 한 친구는 경기도 어느 한 도시에서 살고 있습니다.

그 도시가 개발이 된 때부터 새로운 아파트로 분양받는 것까지 그 지역 원주민 그 자체인 친구죠.

열심히 직장생활을 하던 그 친구는 오랜 기간 교제한 연인이 있었습니다.

이제 슬슬 결혼을 해야 하는 나이이기도 했으며 조금 더 늦는다면 오히려 결혼에 대한 생각을 다시 하게 될 가능성이 높기에 어떻게든 추진을 했어야 하는 상황에 처한 친구였습니다.

그런데 단 하나 걸리는 것이 있었죠.

바로 집입니다.

무주택자에게는, 새롭게 가정을 꾸려 가기에는 너무나도 추웠던 겨울에 연락이 왔습니다.

결혼을 곧 하게 되는데 집을 어떻게 해야 할지, 집을 못 구한다면 결혼이 어떻게 될지 모르는 상황에서 신혼부부 특별공급을 이야기하면서 우리는 안부도 묻고 현실적인 대화도 오가는 전화통화를 하고 있었죠.

자녀가 없다면 현실적으로 불가능한 신혼부부청약을 어떤 식으로 풀어 가야 하는지에 대한 이야기도 했죠.

그리고 이때부터 지극히 현실적으로 접근을 했습니다.

지금 중요한 게 무엇인지를 가장 먼저 물었습니다.

집도 있어야 되고 기왕이면 저렴해야 되고 기왕이면 강남권이었으면 좋겠고 새 집이었으면 좋겠고 면적도 어느 정도 됐으면 좋겠고 계속 나열을 하더라고요.

그런 집은 세상에 없다고 반 혼내는 이야기를 하면서 다시 물었죠.

지금 '가장' 중요한 게 무엇이냐.
아파트라고 하더라고요.

그리고 두 번째 질문을 했습니다.
그럼 돈은 얼마나 모았나?
둘이서 모아 놓은 돈을 이야기했습니다.

세 번째 질문을 했습니다.
몸테크를 할거냐?
신혼부부인데 그래도 깔끔한 곳에서 시작을 하고 싶다.
젊을 때 고생하는 것도 나쁘지 않지만 당장 그러고 싶지는 않다고 하더군요.

마지막 질문을 했습니다.
직장까지 출퇴근은 최대 얼마까지 가능하냐, 지금 감정에 휘둘려서 자신감 있게 무리하게 잡지 말고 현실적으로 참을 수 있을 만큼의 시간을 얘기해 봐라.
대중교통 타고 1시간, 도보까지 1시간 10분 정도가 최대라고 하였죠.
참고로 이 친구의 직장은 강남 쪽이었습니다.

그럼 결국 이 네 가지를 조합하면 신축급 아파트를 젊은 신혼부부가 모은 돈으로 강남까지 대중교통으로 약 1시간 거리인거죠.
우선 신축을 들어가기 위해서 서울은 불가능했습니다.
신축을 사서 들어가는 건 말이 안 되는 상황이었고 서울에는 분양 자체를 거의 하지 않았기 때문이죠.

경기도도 인기가 많은 곳은 불가능했습니다.

투기과열지구 같은 경우 가점이 100%였기 때문에 나이가 나이인지라 가능성이 아예 없기 때문입니다.

그렇다고 큰 것을 넣고 추첨을 기다리자니 돈이 안 됐죠.

그래서 결국 현재 살고 있는 경기도 인근에 지하철이 멀지 않은 곳으로 신축아파트 분양현장을 찾아봤죠.

투기과열지구가 아니었기 때문에 추첨이 75%였고 마침 주변에 비해 분양가가 좀 비싼 편인 아파트가 분양을 준비하고 있었는데 분양가가 분양가인지라 당첨 가능성이 높다고 판단이 됐습니다.

신축이기에 무조건 주변 시세보다는 비싸질 것이고 분양이기 때문에 당장 돈이 좀 적어도 충분히 가능해 보였죠.

"앞으로 오르지 않을 수도 있다. 그러나 주변 개발호재도 있고 해서 충분히 오를 가능성이 보이고 지금 저평가가 되어 있는 것으로 보인다. 얼마가 오를지는 모르겠으나 무조건 오를 것으로 보이고 단점이 몇 가지가 있긴 하니 그냥 오른다는 생각하지 말고 내 집 마련을 비교적 편하게 들어간다고 생각해라. 그리고 그 지역은 앞으로 괜찮아질 것이다. 무엇보다 지금 주택시장 자체가 떨어질 수가 없다 보니 애매하게 시간만 버리면 일을 하면서 점점 가난해질 것이다."

그리고 친구는 걱정이 많았으나 말을 듣고 청약을 넣어서 추첨으로 당첨이 됐습니다.

지금은 억대의 프리미엄이 붙었으며 집 걱정 없이 새집에 들어갈 준비

———— 집 밥 도 내 집 에 서 먹 어 야 맛 있 다

만을 하고 있죠.

제가 이번 장에서 하고 싶은 이야기는 바로 이것입니다.

되지도 않는 가점을 물고 늘어져 봤자 아무 소용이 없습니다.

가점 30점짜리 통장을 갖고 그 가점이 아깝다면서 아무것도 못하는 사람들이 있습니다.

손에 쥐고 있는 게 정말 별 볼 일 없는 것인데 그 별 볼 일 없는 것을 잃지 않기 위해 아등바등하는 것이죠.

가점이 안 된다면 공공분양이 가능한지, 특별공급은 어떤 것이 있는지, 그것도 다 아니라면 추첨을 노려야 하는데 추첨도 경쟁률이 말도 안 되는 곳에 넣으면서 됐으면 좋겠다 기도해 봤자 전생에 나라를 구한 것이 아니라면 절대 안 됩니다.

눈을 한참 낮춰야 합니다.

지금 경쟁률이 낮고 가격이 저렴하다고 해서 영원히 낮은 것이 아닙니다.

3년 전에 했던 경쟁률이 상당히 낮던 현장들, 2년 전에 했던 경쟁률이 상당히 낮던 현장들은 모두 지금은 들어갈 수가 없는 높은 벽이 되어 버렸습니다.

그렇다고 아무 지역이나 막 들어가는 것은 리스크가 상당하지만 몇 가지 원칙을 세워서 그 원칙에 맞다면 조금 부족하더라도 일단 집을 장만하시는 것을 권유드립니다.

도저히 청약으로 불가능하다면 매매로 빨리 눈을 돌리시길 바라며 매매마저 불가능하다면 빨리 결혼을 준비하여 다시 특공을 노리는 식으로 어떻게든 집을 마련하시기 바랍니다.

단 가장 안타까운 실수는 꼼꼼하지 못하다는 것.

확인을 한 번 하고 두 번 하고 세 번 하고 네 번까지 해 보시면 무조건 놓친 게 하나는 나옵니다.

그리고 내가 알고 있는 것이 진짜 최신정보인지 파악하는 것이 참 중요하겠죠?

요즘처럼 몇 달에 한 번씩 법이 바뀌는 세상 속에서는 무조건 최신화된 정보를 가지고 있어야 합니다.

그렇지 않으면 당첨이 될 수 있는 자격이 있음에도 불구하고 떨어지는 정말 최악의 상황이 되니까요.

21. | 자주 묻는
질문

- 무주택자의 기준이 어떻게 되나요?

무주택자의 기준은 본인 및 세대원입니다.

즉, 같은 집에 살고 있는 사람들이 전부 무주택이여야 한다는 거죠.

이때 같은 집에 주소를 두고 살고 있다고 하더라도 모두가 그런 것은 아니고 주민등록표등본에 등재되어 있는 본인, 직계존속, 직계비속만이 세대원으로서 결정이 됩니다.

직계존속은 부모님, 직계비속은 자녀이니 방계인 형제는 포함이 안 되는 점 잊지 마시고요.

단 세대원 중에 집이 있는 사람이 있더라도 내가 무주택으로 결정되지 않는 경우가 있는데 만 60세 이상인 직계존속이 주택을 소유한 경우가 바로 그 경우죠.

즉, 우리 부모님이랑 나랑 같이 사는데 부모님의 연세가 만 60세가 넘었다면 나는 무주택자로 판단이 되는 거죠.

물론 이런 경우에도 무주택자로 판단되지 않는 경우가 있습니다.

바로 노부모부양 특별공급이죠.

이 경우 취지랑 어긋나기 때문에 무주택자로 판단되지 않습니다.

03 3기신도시 청약 ——————   *253*

다음의 표는 청약홈에서 직접 작성한 예시 표입니다.

청약신청자와 동일 주민등록표등본에 등재된 자 중	청약신청자의 무주택자 여부	비고
65세인 부친이 주택을 소유한 경우	무주택자	60세 이상 직계존속
58세인 시모가 주택을 소유한 경우	아님	
형제자매 중 주택을 소유한 경우	무주택자	
배우자가 주택을 소유한 경우	아님	
자녀가 주택을 소유한 경우	아님	

- 무주택기간 산정방법은 어떻게 되나요?

기본적으로 무주택기간의 산정은 만 30세부터입니다.

다만 만 30세 이전에 결혼을 한 경우에는 혼인신고일을 기준으로 합니다.

그래서 일반적으로 시간이 지날수록 불리해지는 신혼부부 특별공급으로 각으로 잡고 가는 사람들은 혼인신고를 최대한 늦게 하고 그럴 만한 특별한 계획이 없다면 혼인신고를 최대한 일찍 하죠.

이를 표로 작성해 보면 다음과 같습니다.

배우자의 주택소유여부	무주택기간	무주택시작일
소유한 적 없음	만 30세 이전 결혼한 경우	혼인신고일
	만 30세 이후 결혼한 경우	만 30세
소유한 적 있음	만 30세 이전 결혼한 경우	무주택자가 된 날과 만 30세가 된 날 중 늦은 날
	만 30세 이후 결혼한 경우	

추가적으로 말씀드리자면 '나는 집을 5년 전에 팔고 배우자는 2년 전에 팔았을 경우 무엇이 기준인가요?'라는 질문도 많이 있는데 둘 중에 더 짧은 날이 기준입니다.

방금과 같은 경우에서는 무주택기간이 2년이 되는 거죠.

그리고 만약 '무주택자인 상태로 나는 만 35살, 배우자는 만 31살인 경우'에 내가 넣으면 5년으로 인정이 되지만 배우자가 넣을 경우 1년으로밖에 인정되지 않습니다.

- 오피스텔을 가지고 있어도 청약이 가능한가요?

오피스텔은 주택이 아니기 때문에 오피스텔을 소유하고 있더라도 청약이 가능합니다.

주택소유를 판정하는 기준은 「주택공급에 관한 규칙」 제53조에 보면 나와 있습니다.

1. 상속으로 주택의 공유지분을 취득한 사실이 판명되어 사업주체로부터 제52조제3항에 따라 부적격자로 통보 받은 날부터 3개월 이내에 그 지분을 처분한 경우.

2. 도시지역이 아닌 지역 또는 면의 행정구역(수도권은 제외한다)에 건축되어 있는 주택으로서 다음 각 목의 어느 하나에 해당하는 주택의 소유자가 해당 주택건설지역에 거주(상속으로 주택을 취득한 경우에는 피상속인이 거주한 것을 상속인이 거주한 것으로 본다)하다가 다른 주택건설지역으로 이주한 경우.

   가. 사용승인 후 20년 이상 경과된 단독주택.

   나. 85제곱미터 이하의 단독주택.

   다. 소유자의 「가족관계의 등록 등에 관한 법률」에 따른 최초 등록기준지에 건축되어 있는 주택으로서 직계존속 또는 배우자로부터 상속 등에 의하여 이전 받은 단독주택.

3. 개인주택사업자가 분양을 목적으로 주택을 건설하여 이를 분양 완료하였거나 사업주체로부터 제52조제3항에 따른 부적격자로 통보 받은 날부터 3개월 이내에 이를 처분한 경우.

4. 세무서에 사업자로 등록한 개인사업자가 그 소속 근로자의 숙소로 사용하기 위하여 법 제5조제3항에 따라 주택을 건설하여 소유하고 있거나 사업주체가 정부시책의 일환으로 근로자에게 공급할 목적으로 사업계획 승인을 받아 건설한 주택을 공급받아 소유하고 있는 경우.

5. 20제곱미터 이하의 주택 또는 분양권 등을 소유하고 있는 경우. 다만, 2호 또는 2세대 이상의 주택 또는 분양권 등을 소유하고 있는 사람은 제외한다.

6. 60세 이상의 직계존속(배우자의 직계존속을 포함한다)이 주택 또는

분양권 등을 소유하고 있는 경우.

7. 건물등기부 또는 건축물대장 등의 공부상 주택으로 등재되어 있으나 주택이 낡아 사람이 살지 아니하는 폐가이거나 주택이 멸실되었거나 주택이 아닌 다른 용도로 사용되고 있는 경우로서 사업주체로부터 제52조제3항에 따른 부적격자로 통보 받은 날부터 3개월 이내에 이를 멸실시키거나 실제 사용하고 있는 용도로 공부를 정리한 경우.

8. 무허가건물[종전의 「건축법」(법률 제7696호 건축법 일부개정법률로 개정되기 전의 것을 말한다) 제8조 및 제9조에 따라 건축허가 또는 건축신고 없이 건축한 건물을 말한다]을 소유하고 있는 경우. 이 경우 소유자는 해당 건물이 건축 당시의 법령에 따른 적법한 건물임을 증명하여야 한다.

9. 소형·저가주택 등을 1호 또는 1세대만을 소유한 세대에 속한 사람으로서 주택공급에 관한 규칙 제28조에 따라 민영주택의 일반공급을 신청하는 경우(국민주택 청약 시에는 적용되지 않습니다).

   *소형·저가주택의 주택가격은 별표1 제1호가목2)의 기준을 적용 (청약안내-주택청약 용어설명-소형 저가주택 소유자를 무주택자로 보는 경우 참조).

10. 주택공급에 관한 규칙 제27조제5항 및 제28조제10항제1호에 따라 입주자를 선정하고 남은 주택을 선착순의 방법으로 공급받아 분양권 등을 소유하고 있는 경우(해당 분양권 등을 매수한 자는 제외한다).

위의 경우에 해당되면 무주택자로 봅니다.

다만 위의 내용에 몇 조 몇 항에 따라 어쩌고저쩌고 적혀 있는데 원래

법령이라는 게 이렇게 꼬리에 꼬리를 물고 들어가기 때문에 아주 상세히 알고자 하시면 직접 인터넷으로 들어가셔서 보시는 것을 추천드립니다.

그리고 찾기 귀찮으신 분들이 많으실 테니 QR코드를 첨부해 놓을게요.

사실 이 내용뿐만 아니라 청약에 관한 근간이 되는 내용들이 들어 있는 법령이라 쭉 읽어보시는 것도 분명 도움이 되실 겁니다.

세상 참 좋아졌다.

그죠?

- 청약저축을 가입했습니다. 민영아파트를 넣고 싶은데 청약예금으로 변경이 되나요?

우선 청약통장의 종류를 정확하게 숙지해야겠죠?

청약통장의 종류는 총 네 가지가 있습니다.

1. 주택청약종합저축
2. 청약저축
3. 청약예금
4. 청약부금

첫 번째로 주택청약종합저축은 모든 종류를 넣을 수 있는 통장입니다.

두 번째로 청약저축은 국민주택에 넣을 수 있습니다.

즉, 공공분양에 참여가 가능한 통장이죠.

세 번째와 네 번째로 청약예금과 청약부금은 민간분양에 참여가 가능한 통장입니다.

청약부금은 전용면적 85㎡ 이하의 민영주택에 신청할 수 있으며 2순위 자격으로 청약 시에는 주택규모와 관계없이 청약신청이 가능한 통장입니다.

지금이야 주택청약종합저축으로 가입하면 만사 오케이지만 주택청약종합저축은 2009년에 나왔고 그 이전에 가입한 사람은 주택청약종합저축으로 변경이 불가능합니다.

그렇기 때문에 청약저축에 가입한 사람은 오로지 공공분양만, 청약예금에 가입한 사람은 오로지 민간분양만 가능하죠.

그런데 만약 내가 청약저축에 가입했는데 민간분양에 너무 넣고 싶어서 바꾸고 싶다면 바꿀 수 있을까요?

정답은 '가능하다'입니다.

청약저축에서 청약예금으로 변경하는 것은 가능하고 청약부금에서 청약예금으로 변경하는 것 역시 가능하죠.

단, 청약예금에서 청약저축으로 바꿀 수는 없는 점 명심하시기 바랍니다!

- 원하는 아파트 두 군데가 비슷한 시기에 하는데 동시에 접수해도 되나요?

위 질문에 대한 답을 드리자면 같이 해도 되는 현장이 있고 그렇지 않은 현장도 있습니다.

어떤 경우에는 당첨이 돼도 취소가 되기 때문에 유의하셔서 청약을 신청하셔야 합니다.

문제를 하나 드리겠습니다.

청약 신청 시 특정 일자가 같다면 절대로 동시에 접수하면 안 되는데 어떤 날짜일까요?

1. 모집공고일
2. 청약접수일
3. 당첨자발표일
4. 계약작성일

정답은 3번 당첨자발표일입니다.

7월 1일에 모집공고가 동시에 난 A아파트와 B아파트의 당첨자 발표일이 둘 다 7월 30일이다,

그럼 이 현장 중에서는 한 현장에만 청약접수를 해야 하며 모집공고 날짜가 같던 다르던 당첨자 발표일이 A아파트는 7월 29일, B아파트는 7월 30일이다,

이런 경우에는 두 현장 다 신청하셔도 됩니다.

당첨자 발표일이 같은 두 현장에 동시에 당첨이 되든, 한 곳만 당첨이 되든 무조건 취소 처리가 되니 당첨자 발표일을 꼭 기억하시기 바랍니다.

- 통장명의를 변경할 수 있나요?

통장명의를 변경할 수 있습니다.

그렇기 때문에 혹여나 유주택자분들 중에서 통장이 더 이상 필요 없을 거라 생각하신 분들도 가급적 해지하지 않는 것이 좋을 것 같네요.

그런데 이게 헬스장 명의 변경하듯이 자유롭게 바꿀 수 있는 것은 아닙니다.

청약통장은 어떤 청약통장을 가입했느냐에 따라서 조금 다릅니다.

청약통장 종류		명의변경가능 사유
주택청약종합저축		• 가입자가 사망한 경우 • 가입자가 개명한 경우
청약저축		• 가입자가 사망한 경우 • 가입자가 개명한 경우 • 가입자가 혼인한 경우 • 가입자의 배우자 또는 세대원인 직계존·비속으로 세대주를 변경하는 경우
청약예금	2000. 3. 26. 이전 가입	• 청약저축과 동일
청약부금	2000. 3. 27. 이후 가입	• 주택청약종합저축과 동일

일부에 대해(청약저축, 2000. 3. 26. 이전 가입 청약예금) 생각보다 쉽게 명의변경이 바뀌는 것을 알 수 있습니다.

이를 잘 활용한다면 엄청난 기회가 생기겠죠?

- 청약당첨이 됐습니다. 그런데 계약을 안 했는데 다시 쓸 수 있나요?

우선 당첨이 됐는데 계약을 해도 되고 안 해도 되는 자유를 준다면 사람들은 가점이 높던 낮건 심심해서 신청할 겁니다.

그리고 정확한 경쟁률을 산출할 수 없을 뿐만 아니라 과한 경쟁률은 주택시장의 수요를 불러일으키게 되겠죠.

또한 그렇게 해서 사람들이 당첨되고 포기하면서 예비자한테 기회가 가게 되는데 예비자도 그냥 심심해서 넣어 본 거고 그럼 그다음 예비자한테 가는 등 이런 행정적 낭비가 너무 심하게 될 겁니다.

가장 큰 문제는 실제로 분양을 받으려고 하는 사람들이 정상적인 판단을 하기 어렵게 만든다는 점이겠죠.

그런 이유로 당첨이 됐는데도 불구하고 포기를 한다면 그에 따른 제재를 받게 됩니다.

우선 그 통장은 사용을 할 수가 없습니다.

그럼 통장가입기간에 따른 가점을 받을 수가 없게 되는 거죠.

또한 일정기간 동안 다른 주택의 당첨을 제한받습니다.

이는 당첨이 된 자뿐만 아니라 그 세대에 속한 자도 제한을 받으며 배우자 같은 경우는 세대에 속하지 않고 분리세대로 돼 있음에도 불구하고 재당첨제한을 받습니다.

단, 모든 주택이 다 적용받는 것은 아닙니다.

가령 인기가 정말 없는 곳까지 이런 규제를 넣어 버리면 그나마라도 참여할 의사가 있던 사람들까지도 참여를 꺼려하게 될 수 있기 때문이죠.

단, 이때 공공분양은 최소 1년의 재당첨제한은 있습니다.

재당첨제한이 없을 수 있다는 것은 민영아파트만 해당됩니다.

주택에 당첨됐을 때 발생하는 재당첨제한 기간은 아래의 표와 같습니다.

당첨된 주택의 구분	적용기간(당첨일로부터)		
• 투기과열지구에서 공급되는 주택 • 분양가상한제 적용주택	10년간		
• 청약과열지역에서 공급되는 주택	7년간		
• 토지임대주택 • 투기과열지구 내 정비조합	5년간		
• 이전기관종사자 특별공급 주택 • 분양전환공공임대주택 • 기타당첨자	과밀억제 권역	85㎡ 이하	5년
		85㎡ 초과	3년
	그 외	85㎡ 이하	3년
		85㎡ 초과	1년

위의 표에서 대부분은 읽었을 때 직관적으로 아실 겁니다.

그런데 기타당첨자는 내가 포함이 되는 건가, 안 되는 건가 저 표만 보고는 직관적으로 알 수가 없습니다.

그래서 기타당첨자가 어떤 사람들인지를 정리해 드리면 다음과 같습니다.

법조항만 읊어 드리면 너무 내용이 복잡하면서 읽기도 어렵고 해석만 보여 드리면 빠지는 내용이 있을 수 있으니 법조항을 먼저 읊어 드리고 그 밑에 해석을 적어 드리겠습니다.

1. 다음 각 목의 주택: 제4조제1항부터 제3항까지(나목에 따라 법인이 군인에게 공급하기 위하여 건설하는 주택의 경우에는 제4조제1항에 따른 거주요건을 적용하지 아니한다), 제22조, 제52조, 제54조 및 제57조.

가. 주택법 제5조제3항에 따른 고용자인 사업주체가 그 소속근로자에게 공급하기 위하여 건설하는 주택.

(해석 : 고용자가 그 근로자의 주택을 건설하는 경우에는 대통령령으로 정하는 바에 따라 등록사업자와 공동으로 사업을 시행하여야 하는데 이 경우 고용자와 등록사업자를 공동사업주체로 보며 여기서 고용자가 소속근로자에게 공급하기 위해 건설하는 주택을 말합니다)

나. 국가기관, 지방자치단체 또는 법인이 공무원(공무원연금수급권자를 포함한다), 군인(군인연금수급권자를 포함한다) 또는 그 소속 근로자에게 공급할 주택을 다른 사업주체에게 위탁하여 건설하는 경우 그 위탁에 의하여 건설되는 주택「공공주택 특별법」 제2조제1호에 따른 공공주택(이하 "공공주택"이라 한다)은 제외한다].

(해석 : 나라나 법인이 공무원이나 군인, 또는 그 소속 근로자에게 공급할 주택을 아웃소싱 맡겨서 건설하는 경우 그 주택)

2. 주택법 제80조에 따라 발행되는 주택상환사채를 매입한 자에게 공급하기 위하여 건설하는 주택: 제4조, 제22조, 제54조, 제57조.

(해석 : LH와 사업자가 주택으로 상환하는 사채를 발행할 수 있는데 이 주택상환사채를 매입한 자에게 주기 위해 건설하는 주택)

4. 공공임대주택의 입주자가 퇴거함으로써 사업주체에게 명도된 주택: 제4조, 제22조, 제52조, 제57조.

6. 주택법 제64조제2항 단서에 따라 한국토지주택공사 또는 지방공사가 취득한 지위에 근거하여 공급하는 주택: 제19조, 제22조, 제54조,

제57조 및 제59조.

(해석 : 전매제한이 있는 주택을 분양받은 자가 피치 못한 사정에 의해 LH나 지방도시공사에 다시 넘긴 주택)

6의2. 주택법 제64조제3항 및 제65조제3항에 따라 사업주체가 취득한 지위에 근거하여 공급하는 주택: 제19조부터 제23조까지, 제32조, 제47조의3, 제50조, 제52조부터 제59조까지.

(해석 : 전매제한이 있는 주택을 분양받은 자가 피치 못한 사정에 의해 민간건설사 등에 다시 넘긴 주택)

8. 다음 각 목의 주택: 제22조, 제54조, 제57조.

가. 공공사업의 시행에 따른 이주대책용으로 공급하는 다음의 주택.

1) 공공사업의 시행자가 직접 건설하는 주택.

2) 공공사업의 시행자가 다른 사업주체에게 위탁하여 건설하는 주택.

3) 공공사업의 시행자가 조성한 택지를 공급받은 사업주체가 건설하는 주택.

4) 공공사업의 시행자로부터 택지를 제공받은 이주대책대상자가 그 택지에 건설하는 주택.

신도시의
역사

      이 책이 3기신도시에 들어가기 위해 준비를 하는 책인 만큼 이번 장은 신도시의 역사에 대해서 설명을 드리겠습니다.

  사실 역사에 대해 뭐가 중요하냐고 생각할 수 있는 사람도 있고 중요도 자체가 많이 떨어지기 때문에 가장 뒤에 넣었는데 이 역사를 아는 것은 사실 굉장히 중요합니다.

  이 책을 아무리 읽었다고 한들 준비가 전혀 안 되었거나, 정말 운마저도 잘 안 따르는 사람들은 다음번 기회를 노려야 합니다.

  가령 부동산을 다 잡겠다고 호언장담한 현재 정부의 말을 듣고도 과감하게 아파트를 매수하신 분들은 과거의 흐름을 알기 때문에 할 수 있던 거고 그 흐름은 역사를 알기 때문에 알게 된 것으로 볼 수 있죠.

  또한 그 흐름을 알기만 하는 것은 아무 소용이 없습니다.

  인과관계를 명확하게 알아야죠.

  B라는 사건은 왜 일어났고 그 대책은 어떤 대책이었는데 결과는 어떻게 됐고 이런 흐름을 명확하게 알지 않으면 집값이 올랐는데 시간이 지났으니까 떨어졌겠거니, 세계 위기가 와서 떨어졌겠거니 하는 걸 핥기식으로 알게 되어 추후 투자 시 상당히 위험할 수 있습니다. 또한 신도시라고 다 잘된 것이 아니니 어떤 현장이 잘될 그릇인지 판단하는 데 이 역사를

아는 게 상당히 도움이 될 수가 있죠. 그래서 이번 장에서는 간단하지만 명료하게 대한민국 신도시의 역사에 대해 알아보도록 하겠습니다.

신도시는 1기와 2기를 지나 현재 3기를 눈앞에 두고 있습니다.
우리가 신도시 하면 떠올리는 곳은 분당, 일산, 판교, 위례, 광교, 동탄 정도인데 실제로는 더 많은 신도시가 있습니다.

구분	위치	신도시명	정권
1기 신도시	경기도 성남시	분당신도시	노태우 대통령
	경기도 고양시	일산신도시	
	경기도 부천시	중동신도시	
	경기도 안양시	평촌신도시	
	경기도 군포시	산본신도시	
2기 신도시	서울시 송파구 경기도 성남시 경기도 하남시	위례신도시 (구 송파신도시)	노무현 대통령
	경기도 성남시	판교신도시	
	경기도 화성시	동탄신도시	
	경기도 파주시	운정신도시	
	경기도 수원시 경기도 용인시	광교신도시	
	경기도 김포시	한강신도시	
	경기도 양주시	양주신도시	
	경기도 평택시	고덕국제신도시	
	인천시 서구	검단신도시	
	충청남도 아산시 충청남도 천안시	아산신도시	
	대전 서구 대전 유성구	도안신도시	

구분	위치	신도시명	정권
3 기 신 도 시	경기도 하남시	교산신도시	문재인 대통령
	경기도 남양주시	왕숙신도시	
	인천시 계양구	계양신도시	
	경기도 고양시	창릉신도시	
	경기도 광명, 시흥시	과천시흥신도시	
	경기도 안산시	장상신도시	
	경기도 과천시	과천신도시	
	경기도 부천시	대장신도시	

앞서 언급한 도시 중에서 사실 신도시에 들어가지 않는 곳도 있습니다. 가령 과천신도시 같은 경우가 대표적이죠.

신도시가 되기 위해서는 법적 기준이 있는데 그에 미달하기 때문에 신도시에 들어가지는 않는데 정부에서는 이들을 같이 대규모 택지지구 개발로 넣고 그냥 직관적이게 3기신도시로 표현하기 때문에 포함을 시켰습니다.

신도시의 기준이나 정의는 국토교통부 내부 법규인 '지속가능한 신도시 계획기준'에서 확인할 수 있는데 여기서 신도시를 다음과 같이 정의하고 있습니다.

"

"신도시"라 함은 330만 제곱미터 이상의 규모로 시행되는 개발사업으로서 자족성, 쾌적성, 편리성, 안전성 등을 확보하기 위해 국가적인 차원의 계획에 의하여 국책사업으로 추진하거나 정부가 특별한 정책적인 목표를 달성하기 위하여 추진하는 도시를 말한다.

"

──────── 집 밥 도 내 집 에 서 먹 어 야 맛 있 다

즉, 쉽게 요약하면 정부가 특정한 목표를 달성하기 위해 추진하는 사업 중 330만㎡(100만 평) 이상이 되는 사업을 "신도시"라고 정의를 하는 거죠.

그런데 정부가 추진하는 330만㎡ 이상의 사업을 다 "신도시"라고 칭하지는 않습니다.

신도시는 330만㎡가 넘어야 하지만 330만㎡를 넘는 것이 무조건 신도시는 아니라는 거죠.

면적이 넓은데도 불구하고 신도시로 들어가지 않는 곳 중 대표적인 곳이 바로 미사강변도시입니다.

미사강변도시는 보금자리주택지구입니다.

보금자리주택지구와 신도시가 외형적으로는 똑같아 보일지 몰라도 세부적으로 들어가면 관련 법규자체가 완전히 다릅니다.

보금자리주택지구는 '보금자리주택 건설 등에 관한 특별법'에 의해 시행이 되는 계획도시이고 신도시는 '택지개발촉진법'에 의해 시행이 되는 계획도시입니다.

둘의 차이는 여럿이 있지만 임대의 비율이 다르고 민간과 공공의 비율이 다르고 하는 세부적인 차이가 있죠.

근데 제가 〈6. 가점이 낮아도 걱정 마라〉에서 설명드렸던 내용이 있습니다.

이번 3기신도시는 「택지개발촉진법」이 아닌 「공공주택특별법」으로 진행하게 된다고 했었죠.

그래서 이걸 3기'신도시'라고 불러야 되는 건지 다른 이름을 붙여야 되는 건지에 대한 논쟁은 아직도 있습니다.

그리고 그렇게 된 이유를 지금부터 설명드릴게요.

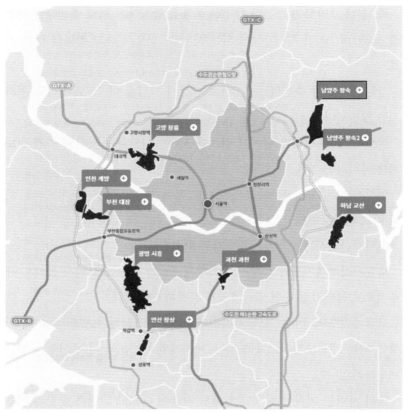

3기신도시 위치

　때는 1980년대 경제호황과 88올림픽에 대한 기대감이 맞물리면서 집값
이 상당히 오르면서 집값이 하나의 사회문제로 자리를 잡았을 때입니다.
　86서울아시안게임, 88서울올림픽 등이 유치되면서 서울은 본격적으로
개발이 되기 시작합니다.
　물론 그 이전에 강남개발이 있었지만 이번에는 세계인이 오는 축제가
서울에서 열리다 보니 스케일은 더 컸죠.

　　　　　　　　집 밥 도　내　집 에 서　먹 어 야　맛 있 다

그 당시에는 지금처럼 집값만이 문제가 됐던 시기가 아니라 정말로 집이 부족했던 시기여서 전두환 대통령은 본격적으로 목동과 상계동을 개발하기 시작합니다.

그럼에도 불구하고 엄청난 개발호재와 성공적인 아시안게임, 올림픽의 영향으로 서울의 집값은 떨어질 줄을 모르고 상승했죠.

그때 바통을 이어받은 노태우 대통령은 중동, 평촌, 산본에, 그리고 그럼에도 불구하고 부족하다는 목소리가 높자 일산과 분당에 1기신도시를 발표합니다.

그리고 계획한 지 3년도 안 되는 시간 만에 수십만 호가 들어오는 엄청난 추진력을 보여 줬죠.

그 당시를 저는 기억을 할 수 없으나 기간만 본다면 거의 불가능에 가까운 일인데 지금보다는 훨씬 개인의 재산권보호가 약했고 국가권력이 강했기 때문에 가능했던 일로 해석이 됩니다.

그리고 역시 막대한 공급이 투여되니 시장은 빠르게 안정이 되었죠.

이후 대한민국 부동산은 안정기를 겪다가 김대중 대통령 시기에 다시 오르기 시작합니다.

IMF라고 불리는 외환위기를 극복하기 위해, 그리고 2002한일월드컵의 성공적인 개최를 위해 여기저기 개발을 하기 시작했고 꽁꽁 쌓여져 있는 시장의 돈을 돌리기 위해 LTV완화, 취등록세 감면 등을 시행한 덕분에 외환위기는 극복하였지만 집값이 상승하기 시작한 거죠.

이렇게 상승한 집값은 걷잡을 수 없이 상승하였고 판교 등 2기신도시가 슬슬 개발에 들어가면서 노무현 대통령에게 바통을 넘겨줬습니다.

기존 김대중 대통령부터 추진한 2기신도시 사업은 아직 입주를 하지 않았기 때문에 시장에 전혀 영향을 미치지 않았고 노무현 대통령은 온갖 규제정책과 함께 추가적으로 2기신도시를 발표하게 되었습니다.

2기신도시가 입주를 시작할 무렵 이명박 대통령에게 바통을 이어 주게 되었고 여기에 이명박 대통령은 부동산 문제가 몇 년 동안 너무나도 심각했기에 들어올 신도시만 기다리는 것이 아니라 보금자리주택지구를 추가로 발표하였죠.

그리고 그린벨트에 들어서는 보금자리주택지구인 만큼 빠르게 추진이 되어 2기신도시와 보금자리주택지구는 비슷한 시기에 입주를 시작했고 그렇게 집값은 안정화가 되었습니다.

그런데 집값이 안정화되긴 했으나 이명박 대통령 초기부터 터졌던 세계금융위기의 여파가 남아 있어 현금 흐름은 제대로 돌지 못했고 실물경제도 무너질 수 있다는 공포감을 사람들은 갖게 되면서 더더욱 집을 사지 않았습니다.

그리고 그렇게 바통은 박근혜 대통령에게 넘어갔죠.

경제상황이 별로 좋지 않은 상황에 사람들이 집은 안 사고 저렴하게 개발되는 공공분양만을 분양받기 위해 현금을 쌓아 놓고 있으니 이 현금을 시장으로 풀어야겠다고 생각했던 경제총수는 시장주도의 개발에 온 힘을 부었습니다.

그리고 그렇게 '앞으로 신도시는 없다'라는 발표를 하게 됩니다.

즉, 앞으로 저렴하게 하는 공공분양은 하지 않을 테니 민간건설사 너희들이 분양해서 빨리 시장 중심으로 자유롭게 돌아가라는 시그널을 보낸 거죠.

그리고 그렇게 집값은 다시 조금씩 상승하기 시작합니다.

그리고 슬슬 벅찰 것 같다고 판단한 박근혜 대통령은 부동산 규제정책을 내놓았지만 그 시기는 탄핵국면으로 부동산 문제보다는 정치 문제에 초점을 두었을 겁니다.

그리고 그렇게 탄핵이 되고 문재인 대통령이 떨어진 바통을 주웠고 온갖 부동산 정책을 내놓습니다.

그러나 반시장적이고 징벌적인 내용으로만 가득 차 있는 부동산정책은 결국 사람들을 강제적으로 팔지 못하게끔 만들었고 결과는 공급 부족으로 가격은 상승하게 되었죠.

하늘 높은 줄 모르고 올라가는 집값에 제동을 걸 필요가 있다고 느낀 정부는 지금까지 보였던 수요억제정책에서 공급정책으로 노선을 바꿔 3기 신도시를 발표합니다.

그러나 그 전 정부였던 박근혜 대통령시절 발표했던 '앞으로 신도시는 없다'의 택지개발촉진법 폐지가 이뤄졌기에 신도시를 발표하긴 발표하되 공공주택특별법으로 발표를 하게 된 거죠.

그리고 지금 추진이 되고 있고 2021년 사전청약을 시작으로 본격적인 3기신도시의 막이 열리게 되는 겁니다.

이렇게까지가 짤막하지만 중요한 대한민국 신도시의 흐름이고 역사입니다.

다른 걸 다 제치고 신도시가 들어섰을 때만을 기준으로 보면 지금까지 부동산은 안정이 됐습니다.

다만 신도시가 본격적으로 입주하기 전에는 계속 상승세가 멈추지 않았고 아무리 공사를 하건 청약을 하건 결국 실제 입주까지 이어져야 비로소 안정이 된 거죠.

이 책을 읽고도 도저히 청약에 가망이 없는 분들이 분명 계실 겁니다.

그런 분들께서는 사실 하루라도 빨리 집을 구매하시는 게 나을 것으로 보이는 이유이죠.

그리고 사실 이번 3기신도시는 기존과는 좀 다른 것이 있습니다.

바로 전매제한기간과 실거주기간이죠.

무려 10년이나 되는 전매제한 기간이 있기에 시장에 매물은 안 나온다는 점과 5년이나 되는 거주의무기간이 있기에 임대매물이 안 나온다는 점이죠.

이렇게 되면 청약에 떨어진 사람들은 웃돈을 주고라도 살 수가 없으니 결국 공급 부족 현상은 지금까지와는 조금 다른 느낌으로 다가올 것이고 상승세는 많이 꺾이겠지만 강보합현상이 일어날 가능성이 높아 보입니다.

앞으로 어떤 정책이, 그리고 세계적으로 어떤 정세가 될지 알 수가 없기 때문에 확답은 할 수 없습니다.

다만 여러 가지 요소를 고려했을 때 상승할 가능성이 높죠.

물론 4.7재보궐선거로 서울시장이 바뀌면서 재건축과 재개발이 다시 추진이 되고 있습니다.

여기서 공급이 원활하게 이뤄진다면 상승세는 멈추고 보합 또는 약보합, 혹은 하락세까지도 이어질 수가 있겠죠.

저 개인적으로도 3기신도시에 많은 기대를 하고 있습니다.

3기신도시라는 것 자체가 맞는 방향이다.

이렇게 생각하지는 않습니다.

LH 문제가 굉장히 심각했었고 아직도 제대로 수사를 진행하지 않아서 현재진행형으로 있지만 이 LH사태가 향후 시장에 미칠 본질적인 영향은 서울 부동산으로 현금이 몰린다는 점입니다.

그리고 이는 당연 부동산 가격 상승으로 이어지기에 부작용이 참 많은 정책이라고 생각하여 일단 구축 공급과 원활한 재건축으로 공급을 먼저 해 보고 그래도 안 되면 신도시를 발표하는 게 순서라고 생각하고는 있으나 이미 발표는 됐고 사업도 추진되고 있죠.

어차피 이렇게 된 상태에서 공급이 많이 이뤄질 것이라는 것도 변함없는 사실이기 때문에 무한신뢰를 하고 있지는 않지만 기대를 하고 있는 것은 사실입니다.

부디 이 3기신도시로 집값이 안정화되길 바랍니다.

향후 10년 뒤 4기신도시가 발표된다면 또 책을 집필할 수도 있을 텐데 그때 제가 신도시의 역사를 설명하는 장에서 3기신도시 이후 집값이 안정화됐다는 글을 꼭 쓸 수 있게 말이죠.

23. | 왜 3기신도시여야 하나!

　　지난 장에서 우리는 신도시의 역사에 대해 알아봤습니다.

이번 장에서는 왜 3기신도시여야 하는지에 대해 말씀을 드리겠습니다.

　　일단 기본적으로 신도시라 함은 가성비가 굉장히 높은 동네입니다.

　　이게 무슨 뜻이냐.

　　같은 돈을 주고 들어갈 수 있는 아파트 중에서는 이만큼 살기 편한 곳이 없으며 그 얘기는 반대로 신도시가 아닌 곳에서 이 정도의 편안함을 누리면서 살려면 가격이 더 비싸다는 것이죠.

　　이유는 여러 가지가 있으나 그중 일부만 말씀드리자면 다음과 같습니다.

1. 편리한 교통
2. 보장된 녹지공간
3. 적은 언덕
4. 시원한 격자형 도로
5. 적은 슬럼가
6. 도시공학적으로 잘 짜인 설계

일단 교통은 두 말 할 것 없이 좋죠.

다만 이따 단점에서도 말씀드리겠지만 경우에 따라 굉장히 개발이 늦을 수 있어 초기 입주자에게는 신도시의 가장 큰 단점이긴 합니다.

녹지공간은 의도적으로 확보돼 있으며 유명한 공원이 꼭 있을 뿐만 아니라 전반적으로 녹지가 중간중간 많아서 상당히 쾌적합니다.

구 분	신도시	유명 공원		
1기	분당	중앙공원	율동공원	탄천
	평촌	중앙공원	평촌공원	학운공원
	산본	중앙공원	능안공원	철쭉동산
	중동	중앙공원	안중근공원	소향공원
	일산	호수공원	일산문화공원	정발산공원
2기	판교	낙생대공원	화랑공원	운중천
	위례	창곡천	중앙광장	장지천(개발 중)
	동탄	여울공원	동탄호수	센트럴파크
	광교	중앙공원	호수공원	여천
	운정	호수공원	건강공원	교하중앙공원
	한강	중앙공원	모담공원	한강야생조류 생태공원
	고덕	개발 중		
	검단	개발 중		
	옥정	중앙공원	선돌공원	독바위공원

공원이 많을 뿐 아니라 언덕길 자체도 상당히 적습니다.

성동구나 용산구에 많은 그런 급경사 같은 언덕길은 없으며 일반적인 언덕길도 잘 못 느낄 정도이니 사실상 없다고 봐야 합니다.

게다가 도로를 새로 깔았기 때문에 구도심에서 볼 수 있는 차량통행이 가능한 좁은 1차선 골목길은 사실상 없다고 볼 수 있습니다.

모양 등을 위해 둥글게 만드는 경우는 있더라도 메인 큰 길에서 잔가지 뻗어 나가듯이 나가는 것이 아닌 큰 도로가 중심을 잡고 중간도로가 펼쳐져 있는 전형적인 강남 도로이죠.

물론 강남은 옛날에 지어졌기 때문에 그보다 더 업그레이드된 버전으로요.

뿐만 아니라 슬럼가는 보통 도시가 노후화되는 과정 속에서 생겨나는 현상이기 때문에 당연 신도시에는 해당사항이 적고 설계 자체가 상권을 이용하기 편리하면서도 쾌적한 환경을 유지할 수 있도록 도시가 설계되죠.

게다가 3기신도시는 다른 신도시와는 차별점이 있습니다.

수많은 일자리가 생긴다는 점이죠.

이 일자리 땅에는 대형유통센터도 생길 예정이기 때문에 일부러 나가지 않는 이상은 이 도시 안에서 모든 것을 다 해결할 수 있습니다.

그럼 출퇴근할 때마다 겪는 지겨운 교통 정체 현상을 덜 겪을 겁니다.

그리고 그럼에도 불구하고 공공택지이기 때문에 저렴합니다.

이렇게 신도시는 저렴한 가격에 최고의 쾌적성을 누릴 수 있는 상당한 장점이 있죠.

그러나 물론 장점만 있는 것은 아닙니다.

장점밖에 없을 것 같은 신도시도 단점이 있습니다.

우선 10년 이상 걸치는 사업기간으로 어린 자녀가 청소년이 될 때까지도 주변은 계속 공사를 하고 있을 겁니다.

공사현장 주변에 산다는 것은 안전문제도 있지만 낮에 소음문제가 상

—————— 집 밥 도 내 집 에 서 먹 어 야 맛 있 다

당하죠.

차라리 건물이 동시에 올라가면 덜할 텐데 10년 이상 끊이지 않고 서로 다른 건물들이 올라올 겁니다.

게다가 보통은 상가가 조금 늦게 올라가기 때문에 소음과의 문제에 상가가 없어서 겪는 불편한 문제도 생깁니다.

상가가 없어서 불편한데 건물이 다 지어졌다고 상가가 쉽게 들어올 수도 없습니다.

그 이유는 상가용지가 비싸고 그렇기에 자연스레 분양가도 비싸고 분양가가 비싸니 임대료도 비싸지기 때문입니다.

주택용지와 공장용지는 추첨을 통해서 개발자를 선정하지만 상업용지는 입찰을 토해서 개발자를 선정하게 됩니다.

원래도 상업용지가 비싼데 입찰을 통해 진행하게 되니 더 비싸질 수밖에 없는 구조이죠.

게다가 처음 장점에서 말씀드렸던 교통에 대한 부분도 하염없이 정체가 될 수 있습니다.

신도시는 최초 계획시점부터 교통에 대한 계획을 짜고 들어가는 경우가 대부분인데 위례신도시는 2013년 최초로 입주를 한 이후 2021년 현재까지도 지하철이 없습니다.

물론 이 교통에 대한 문제는 2기신도시만 해당됐습니다.

1기신도시는 금방금방 개통을 했는데 2기신도시만 하염없이 기다렸기 때문에 구조적인 문제는 아니고 행정상 문제로 보입니다.

가령 타당성조사를 했는데 통과를 못 했다는 것은 애초에 신도시를 계획하는 시점에서 깊이 고민하지 않고 했다는 증거이기 때문에 3기신도시는 아니길 바라야 할 것 같습니다.

단점은 이뿐만이 아닙니다.

물론 지금 말씀드릴 부분은 단점이 아니라 장점이라고 말씀하시는 분들도 간혹가다 계시긴 하나 과반수 이상은 단점이라고 생각하기에 넣는 부분인데 바로 대부분의 학교가 혁신학교로 들어올 가능성이 높다는 것입니다.

물론 이 교육정책은 추후에 바뀔 수도 있으나 지금 많은 초등학교가 혁신학교화돼 가고 있는데 신도시처럼 저항이 적고 역사가 없는 학교가 먼저 혁신학교가 되어 가고 있죠.

혁신학교는 일반적인 교육커리큘럼과 다르고 담임선생님 주도하에 토론학습 등을 위주로 하는 교육방법을 지향하고 있습니다.

그렇기에 아무래도 일반학교 학생들과 성적 대결을 할 때는 불리한 측면이 있으며 혹여라도 정치색이 강한 선생님이면 그 영향이 아이에게 영향을 크게 주기 때문에 과반이 넘는 분들이 꺼려하고 있습니다.

위와 같은 장점과 단점이 있는데 단점에 비해 장점이 너무나도 명확하기 때문에 3기신도시를 적극 권해 드리는 겁니다.

그런데 3기신도시라고 해도 그 안에서도 더 선호되는 곳과 덜 선호되는 곳이 나뉘겠죠?

다음 장에서는 3기신도시가 어떻게 형성이 될지 토지이용계획도를 먼저 보여 드리고 그다음 3기신도시 중 과연 어디가 더 선호되는 지역인지 알려 드리도록 하겠습니다.

24. | 3기신도시 토지이용계획도 및 개요

     지역별 순위를 알려 드리기 전에 지역별 토지이용계획도를 한 번 보여 드리겠습니다.

토지이용계획도란 '앞으로 이 지역은 어떤 유형의 부동산이 어떻게 들어오는 구나.'라는 것을 알 수 있는 지도입니다.

A땅에는 아파트가 들어오고 B땅에는 상가가 들어오고 C땅에는 학교가 들어간다는 것을 미리 알 수 있죠.

최신 자료를 가지고 있는 기관이 다 다르기 때문에 서로 다른 양식과 화질로 책에 넣어 놨습니다.

통일이 안 되어 보시기는 불편하시더라도 양해바랍니다.

인천 계양

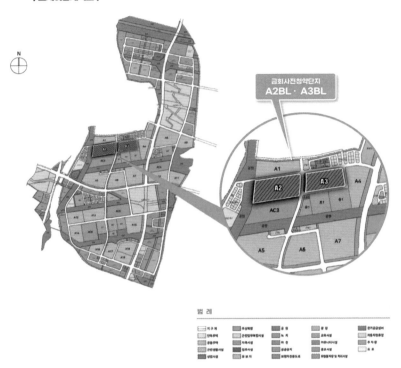

지구명	인천 계양 공공주택지구
위치	인천광역시 계양구 귤현동, 동양동, 박촌동, 병방동, 상야동
면적	3,331,714㎡(1,008,000평)
주택 및 인구	주택 17,000호, 인구 39,000명
사업시행기간	2019년~2026년
교통호재	외곽순환(서창-김포) 지하화, 계양-강화 고속도로, 인천1호선 연장, S-BRT, GTX-D

집 밥 도 내 집 에 서 먹 어 야 맛 있 다

하남 교산

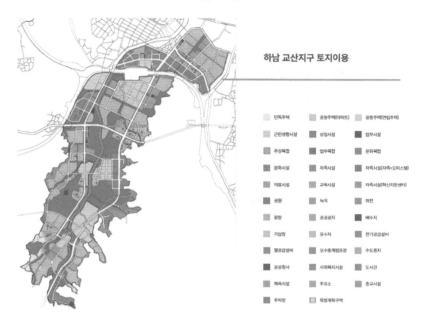

하남 교산지구 토지이용

단독주택	공동주택(아파트)	공동주택(연립주택)
근린생활시설	상업시설	업무시설
주상복합	업무복합	문화복합
문화시설	자족시설	자족시설(자족+오피스텔)
의료시설	교육시설	자족시설(혁신지원센터)
공원	녹지	하천
광장	공공공지	배수지
가압장	유수지	전기공급설비
열공급설비	오수중계펌프장	수도용지
공공청사	사회복지시설	도서관
체육시설	주유소	종교시설
주차장	특별계획구역	

지구명	하남 교산 공공주택지구
위치	하남시 천현동, 교산동, 춘궁동, 덕풍동
면적	6,314,121㎡(1,913,000평)
주택 및 인구	주택 34,000호, 인구 81,000명
사업시행기간	2019년~2028년
교통호재	서울-세종 고속도로, 서울-양평 고속도로, 3호선, 외곽순환(판교-퇴계원) 지하화

부천 대장

(그림 2 - 5) 토지이용계획도(안)

부천대장 공공주택지구 조성사업 환경영향평가서 초안

지구명	부천 대장 공공주택지구
위치	부천시 대장동, 오정동, 원종동, 삼정동
면적	3,434,660㎡(1,040,000평)
주택 및 인구	주택 20,000호, 인구 48,000명
사업시행기간	2019년~2029년
교통호재	S-BRT, GTX-D, 대곡소사선, 원종홍대선

남양주 왕숙1지구

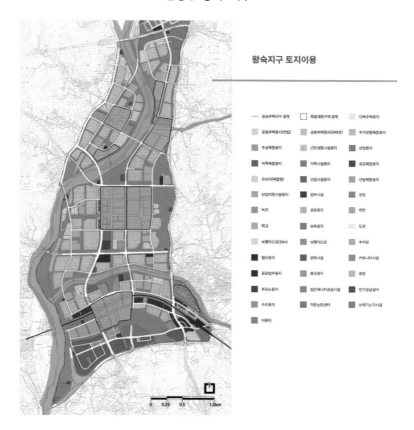

왕숙지구 토지이용

지구명	남양주 왕숙 공공주택지구
위치	남양주시 진접읍 연평리, 내곡리, 내각리, 진건읍 신월리, 진관리, 사능리
면적	8,662,125㎡(2,625,000평)
주택 및 인구	주택 54,000호, 인구 126,000명
사업시행기간	2019년~2028년
교통호재	GTX-B, 4호선, 9호선, S-BRT

남양주 왕숙2지구

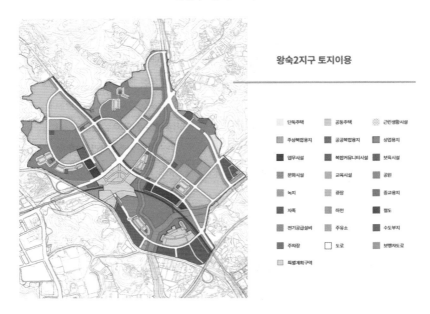

왕숙2지구 토지이용

지구명	남양주 왕숙2 공공주택지구
위치	남양주시 일패동, 이패동
면적	2,391,830㎡(723,000평)
주택 및 인구	주택 15,000호, 인구 35,000명
사업시행기간	2019년~2028년
교통호재	9호선

집 밥 도 내 집 에 서 먹 어 야 맛 있 다

고양 창릉

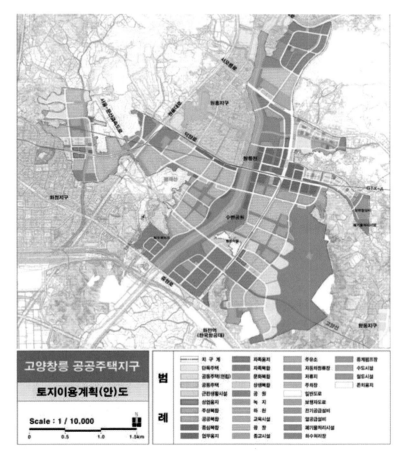

지구명	고양 창릉 공공주택지구
위치	고양시 덕양구 원흥동, 동산동, 용두동, 향동동, 화전동, 도내동, 행신동, 화정동
면적	8,126,948㎡(2,460,000평)
주택 및 인구	주택 38,000호, 인구 92,000명
사업시행기간	2020년~2029년
교통호재	GTX-A, 고양은평선

안산 장상

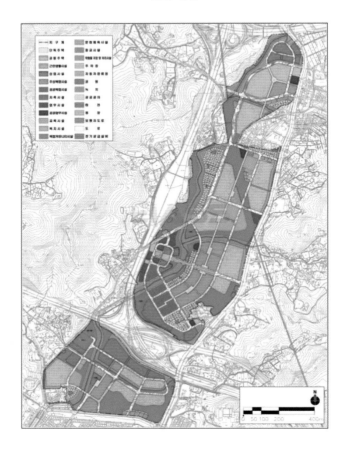

지구명	안산 장상 공공주택지구
위치	안산시 상록구 장상동, 장하동, 수암동, 부곡동, 양상동
면적	2,213,319㎡(670,000평)
주택 및 인구	주택 14,000호, 인구 33,000명
사업시행기간	2020년~2026년
교통호재	신안산선

광명 시흥

지구명	광명 시흥 공공주택지구
위치	광명시 광명동, 옥길동, 노온사동, 가학동 시흥시 과림동, 무지내동, 금이동
면적	12,710,000㎡(3,840,000평)
주택 및 인구	주택 70,000호, 인구 161,000명
사업시행기간	2022년~2031년
교통호재	제2경인선, 시흥광명선, 광명시흥 순환선

과천 과천

지구명	과천 공공주택지구
위치	과천시 과천동, 주암동, 막계동
면적	1,686,888㎡(510,000평)
주택 및 인구	주택 7,000호, 인구 18,000명
사업시행기간	2019년~2025년
교통호재	BRT, 위례과천선, GTX-C

3기신도시
순위

　　제가 이번 장 제목을 순위라고 적었으나 본인이 만족스럽고 그곳이 가장 맞다면 당연 그 지역이 가장 1순위겠죠.

　　그러나 제가 이번에 말씀드리는 내용은 그런 개인적인 부분을 떠나서 '과연 어느 지역이 가장 비싼 지역으로 대중에게 가장 선호되는 지역일까?'입니다.

　　아직 입주자가 선정되지는 않아서 지역감정은 없겠으나 순위가 낮은 곳을 노리시는 분들께서도 그런 감정을 갖지 마시고 부동산을 바라보는 시각에서 어떤 점이 가격을 끌어올리는지 내용을 익히시는 게 도움이 되실 겁니다.

　　참고로 이 지역은 향후 개발계획, 정책 등에 의해 순위가 변동될 수 있습니다.

　　대상 지역은 계양, 과천, 광명시흥, 교산, 대장, 왕숙, 장상, 창릉입니다.

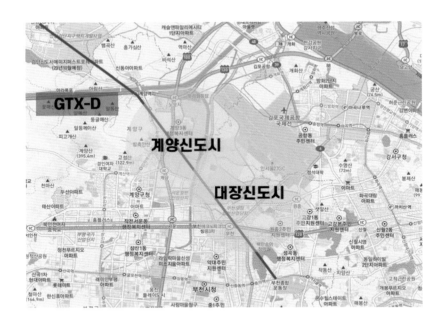

　가장 아쉬움이 많은 지역은 8위인 계양입니다.

　바로 옆에 붙어 있는 대장이 7위이기 때문에 같이 설명을 드리겠습니다.

　8위와 7위로 선정한 가장 큰 이유는 지하철입니다.

　지상 위 지하철이라는 이름을 붙여 S-BRT를 앞세웠지만 사실 걱정이 되죠.

　S-BRT는 지하철처럼 멈추지 않고 달려가는 버스로 S-BRT 버스가 다가갈 때 신호가 저절로 빨간불에서 파란불로 바뀌어서 지하철보다 편하다는 식으로 홍보를 하고 있으나 꼬리물기 등에 대해서는 어떻게 대처할지 사실 한계가 보이는 교통정책입니다.

　수도권에서 지하철은 교통수단 그 이상이 되었습니다.

　단순히 타고 어디를 가는 것 이상으로서 그 지역을 나타내는 상징이 바

　　　　　　　　———　집 밥 도 　내 　집 에 서 　먹 어 야 　맛 있 다

로 지하철입니다.

예를 들어 화양동이라고 하면 딱 떠오르지를 않는데 건대입구 쪽이라고 하면 바로 그려지죠.

근데 이것을 버스노선이 대체해 줄 수는 없을 겁니다.

그리고 사람들에게 자주 언급이 될수록 집값에는 좋은 영향을 미칠 가능성이 높습니다.

참고로 부천대장은 원종홍대선의 노선을 바꾸는 것을 추진하고 있는데 어떻게 될지는 잘 모르겠네요.

그래도 GTX-D 노선이 대장신도시에 들어설 예정이라 최초 발표에 비해 엄청나게 상승한 것은 사실입니다.

다만 GTX-D 노선은 김부선(김포-부천)이라 불리며 이를 사실상 조롱으로 이용하기도 할 정도로 GTX답지 않게 매력도가 떨어지죠.

부천종합운동장역을 가게 될 경우 B 노선으로 갈아탈 수 있으나 바로 강남으로 갈 수 없다는 점은 치명적이긴 합니다.

입지만 놓고 봤을 때는 그래도 상당히 좋은 지역입니다.

강남접근성이 떨어지는 것은 아쉽지만 그래도 경기권에서 3대 중심업무지구 중 하나인 여의도를 놓고 봤을 때 과천신도시나 광명시흥신도시와 유사하게 가깝기 때문에 괜찮은 지역이죠.

도로는 오히려 거의 직선으로 갈 수 있기 때문에 과천이나 광명시흥보다 접근성은 더 좋을 겁니다.

거기에 북쪽에는 마곡지구까지 있어 교통만 확충된다면 부천대장은 상당히 괜찮을 겁니다.

다만 그 교통이 원종홍대선으로는 부족합니다.

새로운 노선이 깔리는 것이 아니라면 5호선이 까치산역으로 이어져서 마곡을 가기도, 여의도를 가기도, 구로를 가기도 편하게 이어져야죠.

그래야 대장 자체에 사무실이 들어온다고 하더라도 수준 높은 기업들이 들어올 수 있으며 그래야 지역도 살 것입니다.

결국 대장에 들어오는 기업들이 여의도나 마곡과 연계가 되는 기업이 많냐, 아니면 부천에 있는 중공업과 연계가 되는 기업이 많냐에 따라 지역 색깔이 나뉠 거고 그에 따라 동네의 명운이 달리겠죠.

(지역에서는 지능형로봇, 첨단소재, 항공 드론 등을 중심적으로 육성할 계획이라고 하여 여의도보다는 마곡이나 부천과 연계될 가능성이 높습니다.)

또한 거기에 교통망이 확충되거나 수정이 된다면 다음번에 말씀드릴 신도시보다, 어쩌면 그 위 단계보다도 훨씬 더 좋은 입지가 될 것입니다.

반면에 계양은 사실 아쉬운 게 좀 많습니다.

8위와 7위의 격차가 심한 게 사실이죠.

지하철이 멀지 않은 곳에 있긴 하나 그래 봤자 이어지는 곳이 부평역인데 여의도, 강남, 광화문 등에 비해 많이 아쉬운 곳입니다.

연계가 될 만한 곳 중에 '우와, 이곳 근처면 정말 좋은 곳이네'라고 할 만한 네임드지역이 없습니다.

아무리 미약한 GTX라고는 하나 어찌됐던 GTX-D 노선이 대장신도시 내부로 들어오는 것과는 다르게 인천은 대장신도시까지 가서 이용하거나 계양역을 가서 이용해야 하죠.

그리고 GTX 특수성 때문에 계양신도시에 역이 들어설 일은 없을 것 같고요.

그러다 보니 자체적으로 커야 되는데 ICT와 컨텐츠기업을 위주로 육성하겠다고 하는 인천시 자체 계획에 과연 사람들이 많이 이전을 할까 하는 의구심이 있습니다.

많은 지원을 해 주긴 하겠으나 교통이 불편하기 때문에 컨텐츠기업 중 정말 거대한 벤처기업들이 저렴한 가격으로 들어와서 지역을 부양해 주지 않는 이상 쉽지는 않을 겁니다.

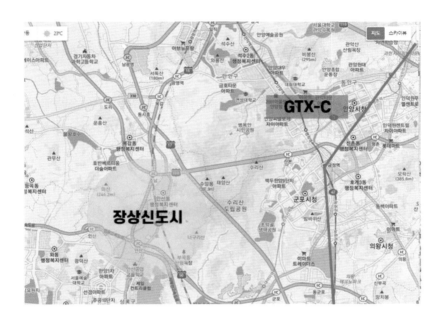

다음은 6위인 안산장상지구입니다

안산장상지구는 안산 중에서도 시흥과 바로 연접한 지역입니다

외곽순환고속도로와 붙어 있어서 평촌이나 판교 쪽과의 접근성이 괜찮은 지역이고 요즘 과천, 안양, 광명, 군포 할 것 없이 남서부권의 산업이 전반적으로 상승세인 가운데 그와 굉장히 좋은 접근성으로 들어서는 지역입니다.

게다가 업무지구도 적당히 있어서 산업발전을 함께 할 수 있는 연계성까지 갖추고 있어서 훌륭하게 성장할 도시가 될 것입니다.

다만 호재가 너무 부족한 게 아쉽죠.

신안산선이 그래도 여의도와 이어지고 광명과 이어진다는 점에서는 상당히 좋은 노선이기는 하나 안산장상보다는 광명역세권지구를 교통의 중심지로 할 계획이 명확하기 때문에 모든 노선을 다 빼앗긴다는 점이 매우 아쉽습니다.

월곶판교선만 봐도 이용하려면 광명을 거쳐야 하고 KTX나 1호선을 타려고 해도 광명을 거쳐야 하죠.

그러다 보니 광명은 항상 안산장상지구에 비교우위로 남을 수밖에 없으며 기반산업도 광명과 안산을 선택하는 것이 아닌 광명에서 하기 힘들면 안산으로 오는 등의 선택을 하지 않을까 싶습니다.

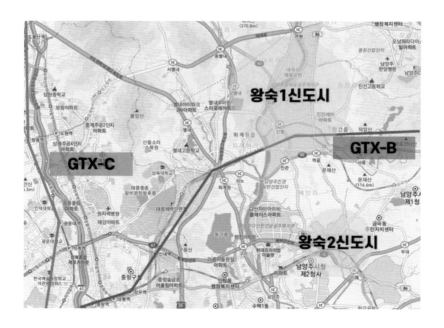

———— 집 밥 도 내 집 에 서 먹 어 야 맛 있 다

그다음은 5위인 왕숙지구입니다.

다산에서 성공한 남양주의 신화를 썼기 때문에, 그리고 GTX 이슈와 9호선 이슈 때문에 굉장히 뜨거운 곳이고 기대가 되는 곳입니다.

9호선 이슈는 불과 얼마 전에 생긴 이슈인데 덕분에 왕숙의 위상이 확 올라갔죠.

다만 아쉬운 게 있는 지역입니다.

중심업무단지인 GBD, YBD, CBD와 많이 멀죠.

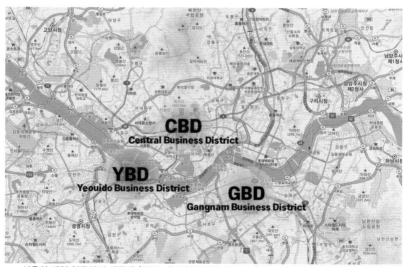

서울의 메인 업무단지 세군데 (CBD : 중심업무지구, YBD : 여의도 업무지구, GBD : 강남업무지구)

물론 이건 GTX로 일부 커버가 될 수 있으면서 현재 역사도 왕숙에 지어진다고 하니 넘어가고 가장 아쉬운 것은 바로 공급량입니다.

워낙 넓다 보니 도시가 완성되기 전까지는 끊임없는 공급이 이어지니 가격적인 측면에서는 올라가기가 상당히 어렵죠.

구리, 남양주 쪽에서는 앞으로 갈매역세권개발과 양정역세권개발, 왕숙1지구, 그리고 왕숙2지구가 개발예정 중인데 너무 많죠.

왕숙 하나만으로도 너무나 많은데 왕숙이 2개 지구에 갈매역세권개발에 양정역세권개발까지 있으니 오르기가 힘들 겁니다.

그런데 그 뒤로 더 개발할 여지가 적습니다.

왕숙 자체가 많이 동북쪽에 있다 보니 그 뒤로 개발할 여지가 적은 거죠.

입지의 단점과 교통의 장점 중 어느 것이 더 나중에 높게 평가되냐에 따라 좌지우지가 될 것으로 보입니다.

그래도 계획대로만 된다면 교통이 좋은 상태에서 ESS라는 차세대 에너지 저장시스템을 육성하는 도시가 되기 때문에 동북권 자체가 엄청 성장할 수 있는 기반이 될 수도 있을 겁니다.

그만큼 규모가 커서 파괴력이 있기에 충분히 가능합니다.

다만 최근 구리남양주테크노밸리가 무산되어 남양주만 단독으로 추진하고 있는데 여러 가지 타당성을 놓고 봐서 너무 필요이상으로 업무단지가 늘기 때문이 아닌가 생각이 듭니다.

왕숙지구가 들어서는데도 무산이 되는 거라면 왕숙지구도 남양주에서 충분히 대비가 되지 않을 경우 동북권을 성장시킬 가능성만 가지고 활용을 못 하는 상태가 될 것입니다.

철저히 준비가 된다면 미래에는 도심에 GBD, YBD, CBD, 그 외곽으로는 남쪽에 판교, 서쪽에 마곡(또는 창릉), 동쪽에 왕숙이라는 기반이 생길 수 있을 겁니다.

그렇게 되면 정말 최고의 도시가 되는 거죠.

———— 집 밥 도 내 집 에 서 먹 어 야 맛 있 다

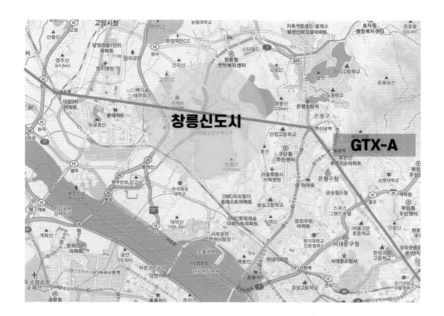

　그다음 4위는 창릉입니다.

　창릉 주변은 이미 많은 곳이 개발이 되었습니다.

　서북쪽으로는 일산이 있고 동남쪽으로는 상암, 서남쪽으로는 마곡이 있습니다.

　최근에는 창릉 바로 옆에 있는 향동지구에서도 많은 업무단지가 들어서고 있죠.

　게다가 계획상 2023년에 완공되는 GTX-A노선이 창릉을 지나간다는 점도 상당히 매력적입니다.

　GBD, YBD, CBD 중 CBD와 가장 가까운 3기신도시이며 오히려 북서쪽에 있는 서울보다 가격이 오를 수 있는 여지가 충분히 있는 곳이죠.

　다만 이곳은 현재 어떤 산업을 육성할지 명확하게 결정되질 않았습니다.

신속히 결정해서 기업을 빨리 유치하기에도 시간이 부족할 텐데 그렇지 못한 게 좀 아쉽죠.

그것 말고는 강남권과 거리가 멀다는 것 외에 특별한 단점은 없어 보입니다.

다음 3위는 광명시흥입니다.

이 순위에 대해 의아하게 생각하시는 분들도 계실 겁니다.

YBD와 멀지 않은 광명시흥이지만, 그리고 꽤나 많은 교통호재를 갖고 있지만 그래도 창릉의 GTX-A노선을 이기기는 힘들어 보이기 때문이죠.

게다가 공급이 너무 많습니다.

계획상으로는 그 많은 공급량의 왕숙1지구와 2지구를 합한 것보다도 조금 더 많죠.

그럼에도 불구하고 광명시흥을 창릉보다 높게 결정한 것은 철저하게 입지 탓입니다.

서남권에서 향후 유력한 업무단지로 성장할 광명역세권과 과천지식정보타운이 제2경인고속도로 해서 직선연결이 잘돼 있죠.

게다가 명실상부 경기도 최고의 업무단지인 판교신도시와도 거리는 있지만 직선으로 연결이 돼 있습니다.

여의도와의 접근성도 괜찮은 편이며 남광명JC 부근에 IC가 생긴다면 평택파주고속도로를 통해 양재와의 접근성도 늘어납니다.

게다가 3기신도시 중 공원 및 녹지의 공간이 가장 많이 계획돼 있습니다.

그러다 보니 공급량이 사실 왕숙에 비해서는 조금 덜 이슈가 될 만한 지역이죠.

왕숙1·2지구를 합친 면적에 비해 50만 평이 더 넓은데 세대수는 1,000세대만 더 많으니 아무래도 더 쾌적하겠죠.

물론 그렇다고 공급이슈에서 아예 자유롭지는 않아서 끊임없이 공급이 된다면 집값이 오르는 데는 시간이 좀 걸릴 겁니다.

광명시흥신도시는 이번에 처음 나온 계획이 아니라 과거정부 때부터 추진했던 계획인 만큼 조금 더 체계적인 계획이 있을 뿐만 아니라 아예 서남권의 거점도시로 개발을 구상 중이라 광명의 중심이 될 가능성이 높습니다.

단, 아쉬운 점은 마땅히 계획된 특화 산업이 없다는 점입니다.

현재의 계획만으로 봤을 때는 전혀 구상이 안 돼 있죠.

물론 이미 주변이 많이 갖춰졌기에 크게 필요 없을 수 있지만 특화된 산업이 있다면 훨씬 그럴듯한 도시로 성장할 수 있었는데 아쉬운 부분입니다.

그다음 2위는 교산입니다.

교산은 3기신도시 중 강남권과 거의 붙어 있다시피 한 정말 최고의 자리죠.

강남과는 아주 가까운 거리는 아니고 도로도 직선도로가 없어서 좀 아쉽지만 잠실, 문정과 접근성이 매우 좋습니다.

아직 하남은 특별한 산업군이 없어서 업무단지가 좀 약한 모습을 보이긴 하나 교산이 들어서기 전에 미사강변도시와 감일지구에서 특정산업군을 정하기는 애매해도 일자리는 활성화된 모습을 보일 것이고 교산이 들어선다면 현재 계획상 바이오헬스산업과 스마트 모빌리티(인공지능, 자율주행, ICT 등)을 유치하려고 하니 향후에는 상당히 괜찮아질 것으로 보입니다.

이곳은 강남과의 접근성이 상당히 좋아서 기업 유치하기에도 상당히 유리할 것이기에 계획대로 될 가능성이 상당히 높죠.

지금도 씨젠, VA스튜디오 같은 굵직굵직한 기업들이 미사강변도시로 들어와서 미리 대비를 하고 있는 모습을 보이고 있습니다.

단, 이곳도 아쉬운 점은 있습니다.

창릉과 왕숙 그리고 대장은 GTX가 관통하는 데에 비해 교산신도시는 GTX와 전혀 연관이 없죠.

최근 GTX-D노선이 발표되면서 교산에 대한 기대감이 상당히 올라갔었는데 이 노선이 김포와 부천만 가는 것으로 대폭 수정하게 되면서 많은 아쉬움을 자아냈습니다.

아무래도 하남에 들어서게 된다면 가장 가능성이 높은 지역이 교산이었으니 교산 입장에서는 가장 아쉬운 일이였겠죠.

더불어서 최초 3호선으로 계획돼 있던 교산 내 지하철이 '송파-하남 간 고속철도'로 변경이 될 수 있었다가 사실상 3호선으로 다시 방향을 틀었던 일이 있었는데 여러모로 악재가 겹칠 뻔했던 일이 하나에서 멈췄습니다.

향후 악재 크기에 따라 다르겠지만 다른 악재가 생긴다 하더라도 3기신도시 중에 최고의 자리는 변함이 없을 것 같습니다.

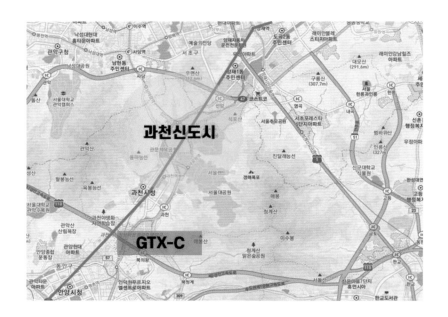

마지막 1위는 다들 예상하신 것처럼 과천신도시입니다.

말이 필요 없는 입지이죠.

과천시에서 과천주암뉴스테이 다음으로 서울과 가장 가까운 신도시이며 가장 가까운 과천주암뉴스테이와 붙어 있어서 사실상 가장 가까운 지역으로 평가받고 있는 지역입니다.

3기신도시 중 유일하게 이미 지하철이 운행을 하고 있는 지역이기도 합니다.

과천이라고는 불리지만 이 지역에 사는 사람들 사실상 양재동에 산다고 생각할 것 같습니다.

GBD와 거의 붙어 있다시피 하며 GTX-C노선을 이용하기에도 좋고 공급량도 굉장히 적어 이곳이 진정한 로또로 평가받을 수 있는 지역입니다.

그래서 실제 설문조사 등을 해 보면 과천은 선호도에서 굉장히 밀리는

———— 집 밥 도 내 집 에 서 먹 어 야 맛 있 다

모습을 보여 주는데 워낙 들어갈 수 있는 구멍이 작다보니 애초에 이곳은 그냥 제쳐 두고 생각하는 경향이 있죠.

그러다 보니 선호도 조사에서는 늘 하위권을 유지하고 있는 아이러니한 지역이기도 합니다.

1·2기신도시를 보면 3기신도시의 미래가 보인다

마지막으로 3기신도시가 향후 어떤 식으로 가격 변화가 될지 기존의 정보를 바탕으로 비교해 보겠습니다.

사실 무언가 새롭게 나오는 것은 예측하기가 참 어려운 게 사실이죠.

그러나 기존에 있던 것의 결과를 알고 있다면 분석이 가능하기에 예측이 상당히 편해집니다.

물론 모든 곳이 성공했거나 모든 곳이 실패한 게 아니기 때문에 새로운 분석포인트가 있죠.

이런 이유는 성공포인트가 되었고 이런 이유는 실패포인트가 되었다는 점을 분석해야 하는데 어찌되었건 새로운 것에 비해 수월한 것은 변함이 없습니다.

그리고 설명을 듣는 입장에서도 훨씬 더 납득하기가 쉽죠.

그럼 1·2기신도시는 어떤 흐름이었고 어떤 결과가 되었는지를 말씀드려 보겠습니다.

3기신도시에 꼭 들어가셔야 하는 분들은 집중해서 보시기 바랍니다.

우선 설명드리기에 앞서 모든 신도시의 집값은 올랐습니다.

이건 신도시뿐만이 아닌 전국의 100%에 가까운 절대 다수의 집은 1990년대 초반에 비해 올랐죠.

현금가치가 그만큼 떨어졌기에 모든 집값이 오른 것인데 제가 다음 장에서 보여 드릴 표는 그러한 부분을 참고하셔서 보시기 바라며 최초분양가와 그 인근의 시세를 비교한 표이기 때문에 특정아파트가 아닌 지역이 저 비율만큼 오른 것이기에 그 점을 염두에 두시기 바랍니다.

구분	신도시	평당가격(단위: 만 원)		상승률			
		분양가	2021년	최저	최고	연평균	
						최저	최고
1기	산본	140 (1990년)	1600~2300	1143%	1643%	37%	53%
	중동		1700~2500	1214%	1786%	39%	58%
	평촌	180 (1990년)	2300~4000	1278%	2222%	41%	72%
	분당		3000~5000	1667%	2778%	54%	90%
	일산		1800~2500	1000%	1389%	32%	45%
2기	판교	1100 (2006년)	3400~7000	309%	636%	21%	42%
	위례	1200 (2010년)	4000~5600	333%	467%	30%	42%
	동탄	730 (2004년)	1800~4000	247%	548%	15%	32%
	광교	1400 (2009년)	2500~4600	179%	329%	15%	27%
	운정	1300 (2006년)	1100~2600	85%	200%	6%	13%
	한강	730 (2006년)	1100~2400	151%	329%	10%	22%
	고덕	1200 (2016년)	2400~2700	200%	225%	40%	45%
2기	검단	1200 (2018년)	1900~2300	158%	192%	53%	64%
	옥정	800 (2014년)	1000~2300	125%	288%	18%	41%
계		749	2114~3557	578%	931%	29%	46%

보시면 신도시는 연 평균 최저 6%~90%까지 오른 것을 볼 수 있는데 정

집 밥 도 내 집 에 서 먹 어 야 맛 있 다

말 지역에 따라 차이가 크기도 하고 같은 지역 내에서도 차이가 참 큰 것을 알 수 있죠.

사실 지역 내에서 이렇게 차이가 날 수밖에 없는 이유는 2000년대에 분양한 아파트와 2020년대에 분양한 아파트가 둘 다 신도시 가장 최초의 분양가를 기준으로 산정했는데 현재 가격은 당연 신축이 비싸다 보니 이런 표가 나온 거죠.

또한 이 표의 상승률은 단리로 계산한 단순평균입니다.

1억 원짜리가 매년 10%씩 상승하면 2년 뒤에는 1억 2천만 원이 되는 것이 아닌 1억 2천 1백만 원이 되는 것이 복리이고 이게 정확한 계산이긴 하나 위의 표는 1억 2천 1백만 원인 아파트를 1억 원으로 나눈 계산이기 때문에 단리이죠.

그래도 이 표에서 확인할 수 있는 것은 운정신도시를 제외하고는 전부 연평균 10% 이상 상승했다는 것입니다.

전체 평균을 잡았을 때 거의 매년 30%에 육박하는 상승률을 보였죠.

매년 단리로 30%면 10년 뒤 3배로 상승한다는 뜻입니다.

경기권에 신도시나 택지개발지구, 혹은 과천이나 광명 같은 네임드가 아닌 곳 중에서는 이런 상승은 없습니다.

이것만 봐도 사람들이 입지 좋고 쾌적한 곳을 얼마나 선호하는지 알 수 있죠.

3기신도시는 분양가상한제가 걸려 있기 때문에 애초에 2배 정도의 수익을 보고 들어갑니다.

이후 여타 다른 신도시들처럼 가격이 오른다면 평균적으로 10년차에 3배, 지역별로는 최대 10년 차에 9배까지 수익을 볼 수 있을 겁니다.

2021년 사전청약지역 토지이용계획

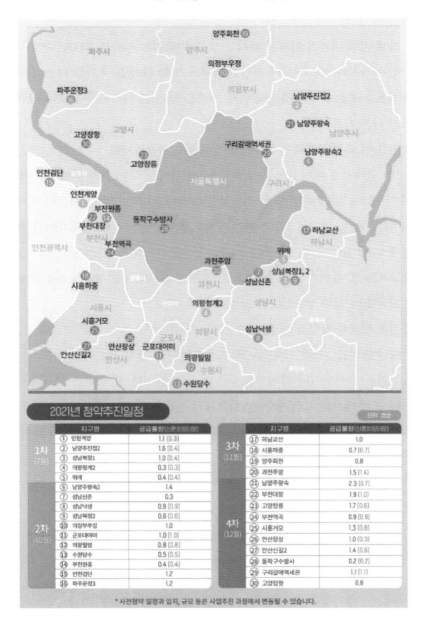

2021년 청약추진일정

단위: 천호

	지구명	공급물량(신혼희망타운)
1차 (7월)	① 인천계양	1.1 (0.3)
	② 남양주진접2	1.6 (0.4)
	③ 성남복정1	1.0 (0.4)
	④ 의왕청계2	0.3 (0.3)
	⑤ 위례	0.4 (0.4)
	⑥ 남양주왕숙2	1.4
	⑦ 성남신촌	0.3
	⑧ 성남낙생	0.9 (0.9)
	⑨ 성남복정2	0.6 (0.6)
2차 (10월)	⑩ 의정부우정	1.0
	⑪ 군포대야미	1.0 (1.0)
	⑫ 의왕월암	0.8 (0.8)
	⑬ 수원당수	0.5 (0.5)
	⑭ 부천원종	0.4 (0.4)
	⑮ 인천검단	1.2
	⑯ 파주운정3	1.2

	지구명	공급물량(신혼희망타운)
3차 (11월)	⑰ 하남교산	1.0
	⑱ 시흥하중	0.7 (0.7)
	⑲ 양주회천	0.8
	⑳ 과천주암	1.5 (1.4)
4차 (12월)	㉑ 남양주왕숙	2.3 (0.7)
	㉒ 부천대장	1.9 (1.0)
	㉓ 고양창릉	1.7 (0.6)
	㉔ 부천역곡	0.9 (0.9)
	㉕ 시흥거모	1.3 (0.8)
	㉖ 안산장상	1.0 (0.3)
	㉗ 안산신길2	1.4 (0.6)
	㉘ 동작구수방사	0.2 (0.2)
	㉙ 구리갈매역세권	1.1 (1.1)
	㉚ 고양장항	0.8

* 사전청약 일정과 입지, 규모 등은 사업추진 과정에서 변동될 수 있습니다.

———— 집 밥 도 내 집 에 서 먹 어 야 맛 있 다

'21년 사전청약 2차지구 공공분양주택 입주자모집공고

▌공급위치 및 대상

- 남양주왕숙2 : 경기도 남양주시 일패동, 이패동 일원 1,489호 중 사전청약 공급호수(공공분양) 1,412호
- 성남신촌 : 경기도 성남시 수정구 신촌동 일원 320호 중 사전청약 공급호수(공공분양) 304호
- 의정부우정 : 경기도 의정부시 녹양동 일원 1,001호 중 사전청약 공급호수(공공분양) 950호
- 인천검단 : 인천광역시 서구 당하동, 원당동, 마전동, 불로동 일원 1,224호 중 사전청약 공급호수(공공분양) 1,161호
- 파주운정3 : 경기도 파주시 동패동, 목동동, 다율동, 문발동 등 일원 2,266호 중 사전청약 공급호수(공공분양) 2,149호

LH에서는 LH사전청약 콜센터(1670-4007) 등을 통해 입주자모집공고의 내용과 관련하여 자세한 안내가 이루어질 수 있도록 상담을 실시하고 있으나, 청약자 개인의 다양하고 복잡한 상황에 대하여 정확하지 않은 정보 제공으로 청약관련 사항에 대한 착오 안내가 이루어지는 경우가 있습니다. **고객 여러분께서는 청약과 관련한 상담은 청약의 참고자료로만 활용해 주시기 바랍니다.** 더불어, 청약자 본인이 입주자모집공고를 통해 청약자격 등을 숙지하시어 주민등록등본.초본, 등기부등본 및 소득관련 서류 등을 발급받아 직접 확인하신 후 신청하시기 바라며, 청약자격 미숙지, 착오 신청 등에 대해서는 청약자 본인에게 책임이 있으니 불이익을 당하는 일이 없도록 유의하여 주시기 바랍니다.

신청자 및 신청자와 동일세대 내에서 1인 이상이 '21.10.15 사전청약 입주자모집(공공분양, 신혼희망타운) 단지에 중복 및 교차청약 시 모두 부적격처리됨을 유의하시기 바랍니다.
(단, 공공분양주택의 신청자 본인이 동일블록 내 특별공급과 일반공급에 중복신청은 가능하며, 이 때 특별공급 당첨자로 선정될 경우 일반공급 당첨자 선정에서 제외됨)

이 공고문은 주택건설사업계획이 확정되지 않은 상태에서 사전청약을 위하여 건설호수, 주택공급면적, 추정분양가격, 세대평면(팸플릿 참조) 등 기본적인 사항을 개략적으로 추정하여 안내하는 것이므로 본청약 모집공고시 제반 내용이 변경될 수 있음을 충분히 인지하고 신청하시기 바라며, 사업지구 및 단지의 주변 생활여건, 시공관련 사항 등 현재 시점에서 알 수 없거나 확정되지 않은 사항에 대하여 향후 이의를 제기할 수 없습니다.

알려드립니다

■ 신청안내

- 금회 사전청약 입주자모집공고일은 2021.10.15이며, 이는 청약자격(청약신청, 자격조건의 기간, 나이, 세대구성원, 지역우선, 주택소유 등)의 판단기준일이 됩니다. 공고문 및 팸플릿은 사전청약 홈페이지(사전청약.kr)에서 확인하실 수 있습니다.

    "사전청약" 이란?

- 사전청약 입주자모집공고는 「공공주택업무 입주예약자 업무처리지침」 제2조제1호제가목~다목(「공공주택 특별법」 제17조에 따른 지구계획을 승인받은 경우, 동법 제35조에 따라 주택건설사업계획 승인을 받은 경우, 「택지개발촉진법」, 「민간임대주택에 관한 특별법」, 「도시개발법」 등 다른 법률에 따라 공동주택건설용지로 계획 승인을 받은 경우)에 해당하여 본청약 입주자모집공고 이전에 공공분양주택 및 신혼희망타운 공급을 위해 사전청약당첨자를 모집하며, 금회 선정된 사전청약당첨자는 추후 본청약시 우선 공급합니다.
- 사전청약의 자격조건 및 사전청약 당첨자 선정방법은 본청약과 동일합니다. 다만, 지역우선 공급 거주기간 요건의 경우 사전청약 입주자모집공고일 현재 우선공급 대상이 되는 지역에 거주 중이면 거주기간을 충족하지 않아도 지역우선 공급을 적용받을 수 있으나, 사전청약 입주자모집공고일 기준으로 해당 거주기간을 충족하지 못한 사전청약 당첨자는 본청약 입주자모집공고일까지 「주택공급에 관한 규칙」 제4조제5항, 제34조의 규정에 따른 거주기간을 반드시 충족해야 합니다.
    - ※ 지역우선으로 사전청약 당첨 후 해당 거주기간을 본청약 모집공고일까지 충족하지 못할 시 사전청약 당첨자 선정이 취소되며 불이익(사전청약 당첨일로부터 1년 동안 다른 주택의 사전청약 당첨자 선정 불가)을 받게되니 2페이지의 **■지역우선 공급 관련 안내** 내용을 숙지하시어 사전청약 신청이 본청약까지 거주기간 충족 가능여부를 필히 확인하시기 바랍니다.
- 금회 사전청약 모집공고는 단지별 사전청약 당첨자를 선정하는 것이므로 본청약시 다시 신청해야 계약체결이 가능합니다.
- 금회 선정된 사전청약 당첨자 및 그 세대에 속한 자는 다른 주택단지의 사전청약 모집에 신청할 수 없습니다.
- 사전청약 당첨자 및 그 세대에 속한 세대구성원은 본청약 모집공고일까지 무주택세대구성원 자격을 유지해야 본청약시 당첨자로 선정될 수 있으며, 이후 무주택세대구성원 등 입주자격의 사항은 본청약 모집공고문에 따릅니다.
- 사전청약 당첨자 및 그 세대에 속한 자가 다른 분양주택 등(일정기간 경과 후 분양전환 되는 임대주택을 포함)의 당첨자로 선정된 경우에는 사전청약 당첨자 선정이 취소됩니다.
- 사전청약 당첨자는 본청약 입주자모집공고일 최종입주자로 선정되기 전에는 언제든지 사전청약 당첨자의 지위를 포기할 수 있으나, 신청자격 부적격 등(오류 또는 착오 신청에 의한 부적격 포함)으로 사전청약 당첨자 선정이 취소되거나 그 지위를 포기한 자 및 그 세대에 속하는 자는 사전청약 당첨일로부터 1년 동안 다른 주택단지의 사전청약 당첨자로 선정될 수 없습니다.
- 사전청약 당첨 후 본청약시 동·호 배정은 본청약자와 함께 신청 주택형 내에서 동별·층별·향별·타입별 세대 구분 없이 주택청약업무수행기관의 컴퓨터 프로그램에 의해 무작위 추첨합니다. (본청약시 잔여 동·호 발생 시에도 동·호 변경불가)
- 소송, 지구계획 변경, 문화재 발굴 및 사업 지연 등 기타 불가피한 사유로 당첨된 사전청약 단지의 사업취소 또는 지연이 될 수 있습니다.

- 금회 공급되는 주택은 「주택공급에 관한 규칙」 제4조제1항 및 제3항의 규정에 의거, 사전청약 입주자모집공고일 현재 서울특별시, 인천광역시 및 경기도 지역에 거주(주민등록표등본 기준)하는 성년자인 무주택세대구성원(예비신혼부부는 혼인으로 구성될 세대를 말함. 이하 같음)에게 1세대 1주택 기준으로 공급(1세대 2인 이상이 청약하여 한 곳이라도 당첨될 경우 중복청약으로 모두 부적격처리 됨)합니다.
- **무주택세대구성원**은 청약자격 및 당첨자 선정, 재당첨여부 등의 검증대상 및 판단기준이 됩니다. 무주택세대구성원의 기준일은 위 공고일이며, 그 이후 등본상 세대구성원의 변경이 있는 경우(ex. 세대구성원의 주민등록이전 등) 공고일 기준 세대구성원을 증명할 수 있는 주민등록표등본 및 초본(세대주와의 관계, 전입변동일 포함 발급)을 당첨자 서류와 같이 제출하여야하며 증빙 서류 미제출로 인한 불이익은 당첨자에게 있습니다.
    - ※ 사전청약 당첨자로 선정된 분은 본청약 모집공고일까지 무주택세대구성원 자격을 유지해야 하며 이후 무주택세대구성원 등 입주자격의 사항은 본청약 모집공고문에 따릅니다.

아래 [무주택세대구성원] 전원(배우자가 세대 분리된 경우 배우자 및 배우자가 속한 등본의 직계존비속까지 포함)이 다음 [주택 및 분양권등] 각목의 요건을 모두 갖춘 경우 무주택자로 판단

[무주택세대구성원]
가. 주택의 공급을 신청하려는 사람(이하 '주택공급신청자'라 함)
나. 주택공급신청자의 배우자
다. 주택공급신청자 또는 배우자의 세대별 주민등록표등본에 등재된 신청자의 직계존속(배우자의 직계존속 포함 이하 같다.)
라. 주택공급신청자 또는 배우자의 세대별 주민등록표등본에 등재된 신청자의 직계비속(직계비속의 배우자 포함 이하 같다.)
마. 주택공급신청자의 세대별 주민등록표등본에 등재된 신청자의 배우자의 직계비속

[주택 및 분양권등]
가. 주택을 소유하고 있지 아니할 것
나. 「부동산 거래신고 등에 관한 법률」 제3조제1항제2호 및 제3호에 따른 부동산 중 주택을 공급받는 자로 선정된 지위 또는 주택의 입주자로 선정된 지위를 소유하고 있지 아니할 것
다. 「주택법」에 따른 지위(이하 "분양권등"이라 한다)를 승계취득(전체 또는 일부의 권리를 매입하여 취득한 경우를 말한다. 이하 같다)하여 소유하고 있지 아니할 것

- 「민법」상 미성년자는 직계존속의 사망, 실종선고 및 행방불명 등으로 형제자매를 부양해야 하거나, 자녀를 부양하여야 하는 세대주만 신청 가능. 이 경우 자녀 및 형제자매는 미성년자와 같은 세대별 주민등록표에 등재되어 있어야 함.
- "혼인으로 구성될 세대"란 예비신혼부부가 입주 시 제출하는 주민등록표등본 상에 등재될 세대원 전원을 말합니다.

- 2018년 12월 11일 개정·시행된 「주택공급에 관한 규칙」에 의거 분양권 및 입주권(이하 '분양권등'이라 함)을 소유한 경우에도 주택을 소유한 것으로 판단하오니, 청약 시 관련 내용 미숙지로 인한 불이익이 발생하지 않도록 유의하시기 바랍니다.
  - 시행일('18.12.11.) 이후 입주자모집공고, 사업계획승인, 관리처분계획인가 신청한 주택을 신규 계약한 경우, '공급계약체결일' 기준 주택을 소유한 것으로 봅니다.
    (단, 시행일 이후 모집공고 등을 하였으나, 청약 미달로 인해 선착순의 방법으로 공급한 분양권 등을 최초로 취득한 경우에는 주택을 소유하지 아니한 것으로 봄.)
  - 시행일('18.12.11.) 이전에 모집공고 등을 통해 공급한 분양권등을 매매로 취득하여 시행일 이후 실거래신고한 경우, 실거래신고서상 '매매대금완납일' 기준으로 주택을 소유한 것으로 봅니다.
    - 단, 시행일 이전에 모집공고 등을 한 주택을 청약하여 취득하고 계신 분양권 등은 주택으로 보지 않으나, 해당 분양권등의 매매대금 완납, 소유권 이전 등으로 주택을 취득한 것으로 볼 수 있는 경우에는 분양권 등이 아닌 주택을 소유한 것으로 봅니다.
    - ※ 금회 사전청약 당첨자로 선정된 분과 그 세대에 속한 세대구성원은 본청약 입주자모집공고일까지 무주택세대구성원 자격을 유지해야 하며, 만약 해당 자격을 유지하지 못하였음이 판명된 경우 사전청약 당첨자 선정이 취소되며, 이후 무주택세대구성원 등 입주자격 사항은 본청약 모집공고문을 따릅니다.
- 사전청약은 PC 또는 모바일앱(App)에서 가능합니다. 모바일앱 사용 시 WIFI에 연결되지 않을 경우 데이터 요금이 부과되며, 스마트기기(스마트폰 등)에 따라 O/S 및 브라우저 버전, 호환성 등의 문제로 일부 사용이 불가할 수 있사오니, 사전에 모바일청약이 가능하신 모바일앱(LH청약센터) → "사전청약" 클릭 → 인터넷청약 → 인터넷청약연습하기(공동인증서 로그인)에서 확인하시기 바랍니다. 모바일청약이 시스템장애 등으로 중단될 경우 일반 PC를 이용하여 인터넷청약이 진행될 수 있음을 알려드립니다.
- 신청자격은, 의정부우정 지구의 경우 당첨자를 포함하여 제출서류 등을 통해 우리 공사에서 확인하며, 확인결과 신청자격과 다르게 당첨된 사실이 판명되거나 당첨자 서류 제출일에 당첨자 서류를 제출하지 아니할 경우에는 불이익(사전청약 당첨일로부터 1년 동안 다른 주택단지의 사전청약 당첨자로 선정될 수 없음)을 받으니 반드시 입주자모집공고문의 신청자격, 기준, 일정, 방법, 유의사항 등을 정확히 확인 후 신청하시기 바랍니다.

■ 지역우선 공급 관련 안내

지구	블록	투기과열지구 여부	대규모 택지개발지구 여부 (「주택공급에 관한 규칙」 제34조)	지역우선 거주기간	본청약 예정 시기*
남양주왕숙2	A1	X	O	남양주시 : 1년 / 경기도 : 6개월	'24.09.15일경
	A3	X	O	남양주시 : 1년 / 경기도 : 6개월	'24.09.15일경
성남신촌	A2	O	X	성남시 : 2년	'23.04.15일경
의정부우정	A1	X	X	공고일 현재 의정부시 거주	'24.05.15일경
	A2	X	X	공고일 현재 의정부시 거주	'24.05.15일경
인천검단	AA21	X	O	인천광역시 : 2년	'22.08.15일경
파주운정3	A20	X	O	파주시 : 1년 / 경기도 : 6개월	'23.06.15일경
	A22	X	O	파주시 : 1년 / 경기도 : 6개월	'23.06.15일경
	A23	X	O	파주시 : 1년 / 경기도 : 6개월	'22.06.15일경

* 본청약 예정 시기는 사전청약 입주자모집공고일 기준으로 작성된 참고자료로 추후 사업추진 여건에 따라 변경될 수 있습니다.

- 남양주왕숙2, 인천검단, 파주운정3 지구는 「주택공급에 관한 규칙」 제34조의 규정에 의한 대규모 택지개발지구로서 동일순위(단계) 내 경쟁 시 해당주택건설지역 거주자에게 우선공급 비율만큼 배정하여 해당지역 거주자의 미달물량은 기타지역(경기도·수도권, 수도권)거주자에게 공급합니다.
- 성남신촌, 의정부우정 지구는 동일순위(단계) 내 경쟁시 「주택공급에 관한 규칙」 제4조 제5항에 의거 공고일 현재 해당주택건설지역 거주 분이 우선합니다.
- (남양주왕숙2, 성남신촌, 인천검단, 파주운정3지구 해당) 금회 공급하는 주택의 주택은 거주지역, 거주기간 제한이 있는 주택으로 거주기간은 사전청약 입주자모집공고일을 기준으로 역산하여 계속하여 국내에 거주하고 있는 기간을 말하며, 아래의 '▶ 거주기간 산정 시 국외 체류기간 적용 기준'에 따라 국외에 거주한 기간은 국내에 거주하지 않은 것으로 봅니다.
  - ※ 단, 사전청약 입주자모집공고일 현재(2021.10.15) 우선공급 대상이 되는 지역에 거주 중이면 거주기간을 충족하지 않아도 지역우선 공급을 적용받을 수 있으나, 본청약 입주자모집공고일 시점「주택공급에관한규칙」제4조 제5항, 제34조의 규정에 따른 거주기간을 반드시 충족해야 합니다.
  - ※ 블록별로 본청약 예정 시기가 상이하므로 상기의 '본청약 예정 공고시기'를 숙지하셔서 사전청약 신청시 본청약까지 거주기간 충족 가능여부를 필히 확인하시기 바라며, 사전청약 당첨 후 해당 거주기간을 본청약 입주자모집공고일까지 충족하지 못할 시 사전청약 당첨자 선정이 취소되며 사전청약 당첨일로부터 1년간 다른 주택의 사전청약 당첨자로 선정될 수 없습니다.
- (의정부우정지구 해당) 의정부우정지구는 「주택공급에 관한 규칙」 제4조에 의거 동일 순위 내 사전청약 모집공고일 현재 의정부시에 거주하는 신청자(공고일로부터 역산하여 국외에 계속하여 90일 이상 초과하여 거주한 분)에게 우선합니다.

> **▶ 거주기간 산정**
> 거주기간 요건은 「주택공급에 관한 규칙」 제4조 6항에 따른 국외체류로 인한 거주기간 등을 고려하여 다음과 같은 기준으로 판단합니다.
> ① 사전청약 모집공고일 시점('21.10.15)에 거주기간을 충족하는 경우 (모집공고일 현재 해당 지역에 장기간 거주하여 거주기간 충족)
>   ⇒ 「주택공급에 관한 규칙」 제4조 6항에 따라 사전청약 모집공고일 기준으로 역산하여 거주기간을 정하고 그 기간내 국외 체류여부 확인하여 거주기간 요건 충족여부 판단
> ② 사전청약 모집공고일 시점('21.10.15)에 거주기간을 미충족하는 경우 (모집공고일 현재 해당 지역에 거주기간 미충족하나 본청약 시점까지 거주기간을 충족)
>   ⇒ 해당지역 전입일 시점으로 거주기간을 정하고 그 기간내 국외여부 확인하여 거주기간 요건 충족여부 판단
> **▶ 거주기간 산정 시 국외 체류기간 적용 기준**
> 거주기간은 출입국사실증명서상 해외체류가 계속하여 90일을 초과한 기간(입국 후 7일 내 동일국가 재출국 시 계속하여 해외에 체류한 것으로 봄) 또는 연간 183일을 초과 (거주제한기간 2년 이상인 주택은 각 연도별 183일을 말함)하여 국외에 거주한 기간은 국내 거주로 인정되지 아니하므로 해당 주택건설지역으로 청약할 수 없습니다.
> ※ 세대원 중 주택공급신청자만 생업에 직접 종사하기 위하여 국외에 체류하고 있는 경우에는 국내에 거주하고 있는 것으로 봅니다. (단독세대주 또는 동거인이 세대원일 경우 국내 거주 인정 불가)
> **▶ 국외 체류기간 적용 예시**
> - (사례1) 사전청약 모집공고일 현재 해당 주택건설지역 거주 및 지역우선 거주기간 이상 거주하고 있으나, 사전청약 모집공고일 기준으로 '지역우선 거주기간'을 역산한 기간 동안 계속해서 90일을 초과하여 국외에 거주한 경력이 있으면 해당지역 우선공급 대상자로 불인정하나 기타지역 거주자로는 청약 가능
>   단, 위 사례에 해당하는 자가 본청약시 해당지역 거주기간을 충족하는데, 해당지역 거주기간 내에 계속하여 90일, 연간 183일을 초과하여 국외에 체류하지 않는다면 해당지역 우선공급 대상자로 청약 받을수 있음
> - (사례2) 사전청약 모집공고일 현재 해외에 있는 대상자로 국외 체류기간이 계속하여 90일을 초과한 경우 해당 주택건설지역 우선공급 대상자로 불인정되고 기타지역 거주자로도 인정되지 않음
> - (사례3) 사전청약 모집공고일 현재 해외에 있는 대상자로 국외 체류기간이 계속해서 90일을 초과하지 않는 경우 해당 주택건설지역 우선공급 대상자로 청약 가능

■ 공급대상별 입주자저축 및 자산·소득 요건

신청자격	특별공급					일반공급	
	기관추천	다자녀가구	신혼부부	노부모부양	생애최초	1순위	2순위
입주자저축	필요 (6개월, 6회 이상) ※국가유공자, 장애인등 불필요	필요 (6개월, 6회 이상)	필요 (6개월, 6회 이상)	필요 (6개월, 6회 이상)	필요 (24개월, 24회 이상) ※선납금 포함, 600만원 이상	필요 (24개월, 24회 이상)	필요 (24개월, 24회 이상)
자산요건	미적용	적용	적용	적용	적용	전용 60㎡ 이하 적용 (전용 60㎡ 초과는 미적용)	전용 60㎡ 이하 적용 (전용 60㎡ 초과는 미적용)
소득요건	미적용	적용	적용	적용	적용	전용 60㎡ 이하 적용 (전용 60㎡ 초과는 미적용)	전용 60㎡ 이하 적용 (전용 60㎡ 초과는 미적용)
세대주 요건	미적용	미적용	미적용	적용	적용	적용	미적용

집밥도 내 집에서 먹어야 맛있다

※ 남양주왕숙2, 의정부우정, 파주운정3 지구는 「주택법」 제63조의2에 의한 청약과열지역이며, 성남신촌, 인천검단 지구는 「주택법」 제63조에 의한 투기과열지구로서 「주택공급에 관한 규칙」 제27조에 따라 입주자저축에 가입하여 2년이 경과되며 매월 약정납입일에 월납입금을 24회 이상 납입, 세대주, 무주택세대구성원으로서 과거 5년 이내에 무주택세대구성원 전원이 다른 주택의 당첨이력이 없어야 1순위로 인정받을 수 있습니다.

■ 당첨자(사전청약 당첨자)의 입주자격 유지 사항
• 금회 사전청약 당첨자의 청약통장은 사전청약 입주자모집 이후 본청약 당첨자로 확정된 후에 청약통장의 효력이 상실되며, 해당 단지 본청약 입주자모집공고일까지는 가능한 청약통장을 유지하는 것을 권장합니다.
• 금회 사전청약 당첨자 또는 그 세대에 속한 자가 다른 분양주택(분양전환 공공임대주택 포함)의 당첨자로 선정된 경우에는 해당 사전청약 당첨이 취소됩니다.
• 금회 사전청약 당첨자 및 세대에 속한 세대구성원은 본청약 모집공고까지 무주택세대구성원 자격을 유지해야 본청약시 당첨자로 선정될 수 있으며, 이후 무주택세대구성원 등 입주자격의 사항은 본청약 모집공고문에 따릅니다.
• 사전청약 입주자모집공고일 현재 우선공급 대상이 되는 지역에 거주 중이면 거주기간을 충족하지 않아도 지역우선 공급을 적용받을 수 있으나, 본청약 입주자모집공고일까지 「주택공급에관한규칙」 제4조제5항, 제34조의 규정에 따른 거주기간을 반드시 충족해야 합니다.
  ※ 지역우선으로 사전청약 당첨 후 해당 거주기간을 본청약 입주자 모집공고일까지 충족하지 못할 시 사전청약 당첨자 선정이 취소되며, 불이익(사전청약 당첨일로부터 1년 동안 다른 주택의 사전청약 당첨자 선정 불가)을 받게 되오니 2페이지의 ■ 지역우선 공급 안내 내용을 숙지하시어 사전청약 신청시 본청약까지 거주기간 충족 가능여부를 필히 확인하시기 바랍니다.
• 본청약 당첨 이후 입주자격 등의 사항은 본청약 시점의 관계법령의 적용을 받으며 향후 관계법령 개정에 따라 변경될 수 있습니다.

■ 주택형별(면적) 변동 및 동·호수 결정 방법 등
• 사전청약 입주자모집은 주택건설형별(전용면적 기준) 주택형(ex. 59㎡, 74㎡, 84㎡ 등)을 대상으로 접수를 받으며, 향후 평면설계 등 사업승인과정에서 동일주택형별 내에서도 면적 및 평면이 변경될 수 있습니다.
• 금회 선정되는 사전청약 당첨자는 사전청약 입주자모집 이후 본청약 시 입주자모집공고문을 확인하고 동·호수 결정을 위하여서 다시 신청을 하여야 합니다.
• 사전청약 당첨 후 본청약 시, 동·호 배정은 신청 주택형에서 동별·층별·향별·타입별·측 세대 구분 없이 주택청약업무수행기관의 컴퓨터프로그램에 의해 무작위 추첨합니다.(본청약시 잔여 동호 발생 시에도 동·호 변경불가)

■ 당첨자, 부적격 당첨자 및 포기자에 대한 제약사항 등
• 금회 사전청약 당첨자 및 그 세대에 속한 자는 향후 다른 주택의 사전청약 입주자모집공고에 신청할 수 없습니다.
• 사전청약 당첨자는 다른 분양주택(분양전환공공임대주택 포함)의 본청약 신청이 가능하며 당첨될 경우 사전청약 당첨은 취소됩니다.
• 오류 또는 착오 신청에 의한 부적격 당첨자이거나 본청약 입주자모집공고에 신청하지 않은 사전청약 포기자 및 그 세대에 속하는 자는 사전청약 당첨일로부터 1년 동안 다른 주택단지의 사전청약 당첨자로 선정될 수 없습니다.

■ 전매제한, 거주의무, 재당첨 제한 등
• 전매제한, 거주의무, 재당첨 제한 등의 사항은 본청약 모집공고시 관계법령의 적용을 받으며 향후 관계법령 개정에 따라 변경될 수 있습니다.
• 금회 사전청약 당첨자는 투기과열지구 및 청약과열지역에서 공급되는 분양가 상한제 적용주택으로 본청약 입주자모집공고에 신청하여 본청약 당첨자발표일로부터 「주택공급에 관한규칙」 제54조에 따른 기간 동안 재당첨제한이 적용되고, 「주택법 시행령」 제60조의2 및 동 시행령 제73조에 의거하여 아래와 같이 전매제한 및 거주의무가 적용될 예정이오니 참고하시기 바랍니다.
• 구체적인 전매제한 및 거주의무 기간은 본청약 모집공고문에 따라 적용될 예정이며, 현행 법령에 따른 내용은 아래 표를 참고하시기 바랍니다.

기준	투기과열지구 (성남신촌, 인천검단)		투기과열지구 외의 지역 (남양주왕숙2, 의정부우정, 파주운정3)	
	전매제한	거주의무	전매제한	거주의무
분양가격이 인근지역 주택매매가격의 100퍼센트 이상인 경우	5년	–	3년	–
분양가격이 인근지역 주택매매가격의 80퍼센트 이상 100퍼센트 미만인 경우	8년	3년	6년	3년
분양가격이 인근지역 주택매매가격의 80퍼센트 미만인 경우	10년	5년	8년	5년

• 전매제한 및 재당첨제한의 산정기준일은 본청약 당첨자 발표일이며, 거주의무의 산정기준일은 해당 주택의 최초 입주가능일입니다.

■ 기타사항
• 기관의 추천을 받아 신청한 기관추천 특별공급대상자(장애인, 국가유공자, 중소기업근로자 등)는 일반공급에 신청할 수 없습니다.
• (남양주왕숙2, 의정부우정, 인천검단, 파주운정3지구 해당) LH 브랜드인 'ANDANTE'를 적용합니다.
• (성남신촌지구 해당) LH와 민간사업자가 공동으로 시행하는 '민간참여 공공주택건설사업'으로 설계, 분양, 브랜드 등의 제반사항에 대해서는 민간참여사업 협약서·공모지침서에 따라 적용될 예정입니다.
• 사전청약 공공분양 특별공급 대상 중 미달된 물량은 사전청약 특별공급 신청자 중 입주자격에 선정되지 아니한 자를 대상으로 추첨을 통해 특별공급 당첨자를 선정하고 다시 미달될 경우 사전청약 일반공급 물량으로 전환하며, 다시 미달될 경우 본청약 입주자모집의 물량으로 전환됩니다.
• 예비당첨자는 선정하지 않으며, 부적격 당첨이나 미달물량은 본청약 입주자모집의 공급물량으로 전환됩니다.
• 본청약 입주자모집공고시기 및 입주 예정 시기 등이 지구 내 단지별로 사업여건에 따라 상이할 수 있으며 문화재 발굴조사 등 사업여건에 따라 조정될 수 있습니다.
• 사전청약 당첨 후 본청약 입주자모집공고시 금회 사전청약 당첨자 및 그 세대에 속한 자는 사전청약 입주자모집공고의 물량으로 전환됩니다.
• 특별공급으로 신청하여 사전청약 당첨자로 선정된 자는 본청약 후 당첨되면 특별공급 당첨으로 관리되어, 이후 다른 주택(일정기간 경과 후 분양전환되는 임대주택 포함) 특별공급 대상자로 선정될 수 없습니다.
• 추후 본청약 공급일정 등에 대한 안내는 청약 시 기재된 연락처를 기준으로 별도 안내함에 따라 연락처가 변경되거나 잘못 기재하신 분은 LH청약센터에서 '사전청약-당첨자 서비스-당첨자 연락처 변경'에서 본인의 연락처(주소, 전화번호) 변경 또는 서면으로 본인의 연락처를 우리 공사에 고지하여야 하고, 고지하지 않을 경우 주소불명 등의 사유로 본청약 공고일정 및 자격사항 등 사전청약 관련 안내에서 제외될 수 있으며, 이에 대하여 우리 공사에서는 책임지지 않습니다.
• 이 공고문에 명시되지 않은 사항은 「주택법」, 「주택공급에 관한 규칙」, 「공공주택 특별법」, 「공공주택 특별법 시행규칙」, 「공공분양주택 입주예약자 업무처리지침」 등 관계법령에 따릅니다.

청약신청 시 유의사항

■ 재당첨제한 적용주택(이전기관 종사자 특별공급 주택, 분양가상한제 적용주택, 토지임대주택, 투기과열지구 및 청약과열지역에서 공급되는 주택 등)에 당첨된 분과 그 세대에 속한 분, 부적격 당첨자로 처리되어 청약 제한 기간 내에 있는 분은 금회 공급되는 주택의 사전청약 당첨자로 선정될 수 없습니다.
 (위 내용에 해당되는 자가 사전청약에 신청하여 당첨된 경우 사전청약 당첨일로부터 1년 동안 다른 주택단지의 사전청약 당첨자로 선정될 수 없음)

[재당첨 제한 사례 참고]
○ 2015년 6월 서울특별시에 공급한 85㎡이하의 민영주택(분양가상한제)에 당첨된 자와 그 세대에 속한 자 : 5년간(2020년 6월)까지 재당첨 제한
○ 2014년 9월 경기도 화성시 동탄2신규에 공급한 85초과㎡의 민영주택(분양가상한제)에 당첨된 자 및 그 세대에 속한 자 : 1년간(2015년 9월)까지 재당첨 제한
○ 2016년 7월 경기도 하남시에 공급한 85㎡이하의 민영주택(분양가상한제 아님)에 당첨된 자 및 그 세대에 속한 자 : 5년간(2021년 7월)까지 재당첨 제한
○ 2015년 11월 광주광역시에 민간참여주택으로 공급한 85㎡이하의 민영주택(분양가상한제 아님)에 당첨된 자 및 그 세대에 속한 자 : 재당첨 제한 기간 없음
○ 2017년 7월 부산광역시 공공택지에서 공급한 85㎡이하의 민영주택(분양가상한제)에 당첨된 자 및 그 세대에 속한 자 : 3년간(2020년 7월)까지 재당첨 제한
※ 재당첨 제한의 "세대" 기준은 1페이지의 "무주택세대구성원"과 동일하므로 무주택세대구성원의 재당첨 제한 여부 등은 청약홈(www.applyhome.co.kr) 당첨사실조회에서 세대원 각각 조회해보시기 바랍니다.

■ 재당첨제한 규제 (주택공급에 관한 규칙 제54조에 의거, 둘 이상에 해당하는 경우 그 중 가장 긴 제한기간을 적용)

당첨된 주택의 구분	적용기간(당첨일로부터)
- 투기과열지구에서 공급되는 주택(제1항제6호) - 분양가상한제 적용주택(제1항제3호)	10년간
- 청약과열지역에서 공급되는 주택(제1항제7호)	7년간
- 토지임대주택(제1항제5호) - 투기과열지구 내 정비조합(제3조제2항제7호가목)	5년간

	과밀억제권역	85이하	5년
-이전기관종사자 특별공급 주택(제1항제2호)		85초과	3년
-분양전환공공임대주택(제1항제4호)	그 외	85이하	3년
-기타당첨자(제3조제2항제1·2·4·6·8호)		85초과	1년

※ 재당첨제한 규제는 본청약 시점의 관계법령을 적용받아 결정될 예정이며, 현행 법령에 따른 내용은 상기 표를 참고하시기 바랍니다.

■ 「주택공급에 관한 규칙」 제35조 내지 제47조에 의하여 특별공급 [과거 3자녀 입주자모집(공공분양, 신혼희망타운) 단지에 중복 및 교차청약 시 모두 부적격처리됨을 유의하시기 바랍니다.
대상자로 선정될 수 없습니다. (특별공급은 1회에 한하여 공급합니다. 단, 「주택공급에 관한 규칙」 제35조제1항제12호 내지 제14호에 해당하는 경우와 제55조에 해당하는 경우 제외)

■ 현장접수 시 우려되는 혼잡을 방지하고 접수자의 편의를 도모하기 위하여 인터넷 청약을 원칙으로 하오니, 인터넷 청약을 위하여 신청접수전에 공동인증서를 미리 발급 받으시기
바라며, 공급구분별, 청약순위별 신청접수일이 다르므로 반드시 청약신청하시기 바랍니다.(자격별 해당 접수일 이외의 일자에는 접수불가 등에 유의)

■ 공급유형별·순위별 청약 접수일정들이 상이하므로 반드시 접수일정을 확인하신 후 청약하시기 바라며, 해당 순위 접수일에 접수하지 않아 발생되는 불이익은 모두 신청자 본인의 책임임을 알려드립니다.

■ 신청자 및 신청자와 세대 내에서 1인 이상을 대상으로 '21.10.15 사전청약 입주자모집(공공분양, 신혼희망타운) 단지에 중복 및 교차청약 시 모두 부적격처리됨을 유의하시기 바랍니다. 단, 공공분양
주택의 신청자 본인이 동일블록 내 특별공급과 일반공급에 중복신청은 가능하며, 이 때 특별공급 당첨자로 선정될 경우 일반공급 당첨자 선정에서 제외됩니다.

■ 신청접수 시 신청자의 자격을 확인(검증)하지 않고 신청자의 입력(기재)사항만으로 당첨자를 결정하므로, 본 공고문의 신청자격 (무주택세대구성원여부, 거주지역, 거주기간, 재당첨제한
여부, 주택소유여부 및 소득·자산 등)을 사전에 정확하게 확인하시기 바라며, 당첨자를 대상으로 전산조회, 제출서류 등을 통해 우리공사에서 확인한 결과 신청자격과
다르게 당첨된 사실이 판명될 때에는 당첨자 선정이 취소되며 해당 당첨자 및 그 세대에 속하는 자는 사전청약 당첨일로부터 1년간 다른 주택의 사전청약 신청 불가 등의 불이익을 받게 됩니다.

■ 신청자의 입주자저축 순위, 납입인정금액 및 당첨자 확정 후 무주택여부, 당첨 사실 등 조회 확인을 위해 가입은행 등 해당 기관에 개인정보 제공이 필수적이므로 청약자는 청약 시
'개인정보 제공 및 활용'과 '개인정보의 제3자 제공'에 동의해야 하며, 당첨자는 당첨 서류제출 시 소득 및 자산조회를 위해 별도의 개인정보 제공 및 활용 동의가 필요함을 알려드립니다.

I 공급규모·공급대상 및 공급가격 등

1. 공급규모

■ 남양주왕숙2 지구
- 남양주왕숙2 A1 : 공공분양주택 전용면적 85㎡이하 사전청약 공급호수 총 762세대 (특별공급 642세대, 일반공급 120세대)
- 남양주왕숙2 A3 : 공공분양주택 전용면적 85㎡이하 사전청약 공급호수 총 650세대 (특별공급 545세대, 일반공급 105세대)

■ 성남신촌 지구
- 성남신촌 A2 : 공공분양주택 전용면적 60㎡이하 사전청약 공급호수 총 304세대 (특별공급 258세대, 일반공급 46세대)

■ 의정부우정 지구
- 의정부우정 A1 : 공공분양주택 전용면적 60㎡이하 사전청약 공급호수 총 511세대 (특별공급 432세대, 일반공급 79세대)
- 의정부우정 A2 : 공공분양주택 전용면적 60㎡이하 사전청약 공급호수 총 439세대 (특별공급 368세대, 일반공급 71세대)

■ 인천검단 지구
- 인천검단 AA21 : 공공분양주택 전용면적 85㎡이하 사전청약 공급호수 총 1,161세대 (특별공급 982세대, 일반공급 179세대)

■ 파주운정3 지구
- 파주운정3 A20 : 공공분양주택 전용면적 85㎡이하 사전청약 공급호수 총 580세대 (특별공급 489세대, 일반공급 91세대)
- 파주운정3 A22 : 공공분양주택 전용면적 85㎡이하 사전청약 공급호수 총 609세대 (특별공급 513세대, 일반공급 96세대)
- 파주운정3 A23 : 공공분양주택 전용면적 85㎡이하 사전청약 공급호수 총 960세대 (특별공급 812세대, 일반공급 148세대)

2. 공급대상

■ 공공분양주택

지구	단지(BL)	주택형	개략 공급면적 (단위:㎡)	총건설 호수	사전청약 공급호수	공급 구분						추정분양가격 (천원)
						특별공급					일반공급	
						다자녀	신혼부부	생애최초	노부모	기타		
총 공급호수				6,300	5,976	590	1,786	1,486	291	888	935	-
남양주 왕숙2	A1	합 계		1,489	1,412	139	422	351	68	207	225	-
		소 계		803	762	75	228	190	37	112	120	-
		59	83	531	504	50	151	126	25	75	77	412,240
		74	104	53	50	5	15	12	2	7	9	495,230
		84	118	219	208	20	62	52	10	30	34	561,150
	A3	소 계		686	650	64	194	161	31	95	105	-
		59	81	386	366	36	109	91	18	54	58	414,350
		74	101	99	94	9	28	23	4	13	17	496,340
		84	115	201	190	19	57	47	9	28	30	563,300
성남 신촌	A2	합 계		320	304	30	91	76	15	46	46	-
		소 계		320	304	30	91	76	15	46	46	-
		59	83	320	304	30	91	76	15	46	46	682,680
의정부 우정	A1	합 계		1,001	950	94	284	236	46	140	150	-
		소 계		538	511	51	153	127	25	76	79	-
		59	83	538	511	51	153	127	25	76	79	333,610
	A2	소 계		463	439	43	131	109	21	64	71	-
		59	83	463	439	43	131	109	21	64	71	334,790
인천 검단	AA21	합 계		1,224	1,161	115	347	289	57	174	179	-
		소 계		1,224	1,161	115	347	289	57	174	179	-
		74	95	442	419	41	125	104	20	63	66	370,550
		84	108	782	742	74	222	185	37	111	113	419,910
파주 운정3	A20	합 계		2,266	2,149	212	642	534	105	321	335	-
		소 계		612	580	57	173	144	28	87	91	-
		74	97	149	141	14	42	35	7	21	22	378,630
		84	111	463	439	43	131	109	21	66	69	434,280
	A22	소 계		642	609	60	182	151	30	90	96	-
		74	98	155	147	14	44	36	7	21	25	380,740
		84	112	487	462	46	138	115	23	69	71	432,210
	A23	소 계		1,012	960	95	287	239	47	144	148	-
		59	81	366	347	34	104	86	17	52	54	324,530
		74	101	287	272	27	81	68	13	41	42	398,750
		84	115	359	341	34	102	85	17	51	52	453,460

※ 개략 공급면적 및 추정분양가격은 대표평면을 기준으로 작성 및 산정되었습니다.
※ 사전청약 공공분양 특별공급 물량 중 미달된 물량은 사전청약 특별공급 신청자 중 입주자로 선정되지 아니한 자를 대상으로 추첨을 통해 특별공급 당첨자를 선정하고 다시 미달될 경우 사전청약

집밥도 내 집에서 먹어야 맛있다

일반공급 물량으로 전환하여, 다시 미달될 경우 본청약 입주자모집의 물량으로 전환됩니다.

* 본청약시 지구 내 이주대책자 등 철거민이 포함되어 있을 경우 공급물량의 변동이 있을 수 있습니다.
※ 위 추정평당가는 사전청약 공고시점에 실제 분양가 산정이 불가하여 추정한 가격으로 추후 변동이 예상되며, 실제 분양가는 본 청약 시점에서 분양가심사위원회 심의를 거쳐 결정될 예정입니다.
* 해당 주택은 공사가 정부로부터 주택도시기금의 지원을 받아 건설·공급하는 주택으로서, 무주택국민을 위하여 저리금리의 자금을 지원하는 주택입니다. 입주자는 주택도시기금 관련규정에 따라 당초 대출조건의 범위 내에서 대환(재대출)이 가능합니다. 정부에서 운용하는 각종 주택관련 대출상품은 주택도시기금 관련규정에 따라 처리되오니 유의하시기 바랍니다.
* 사전청약 당첨 후 본청약시 동·호 배정은 본청약 당첨자와 함께 신청 주택형 내에서 동별·층별·향별·타입별·측 세대 구분 없이 무작위 추첨으로 결정되며, 향후 본청약시 층별·향별·설계 타입별에 따른 분양가격을 책정하게 되므로 동일 주택형이라도 확정 분양가격이 상이할 수 있음을 확인하시기 바랍니다.
* 본청약 입주자모집시 발코니 확장비용 등 기타 설계·옵션 가격을 제시할 예정입니다.
* 청약신청은 반드시 주택형별로 신청해야 하며, 청약 접수한 주택형을 변경 또는 취소하고자 할 경우에는 청약시간 마감시간 전까지 입력 및 제출까지 완료하여야 합니다.
* 주택규모 표시방법은 법정계량단위인 제곱미터(㎡)로 표기하였습니다.(㎡를 평으로 환산하는 방법 : ㎡ × 0.3025 또는 ㎡ ÷ 3.3058)
* '주택형'의 표기는 주거전용면적으로 표기하였습니다.
* 추정 분양가격에는 발코니 확장비용은 포함되어 있지 않습니다.
* 주거공용면적은 계단, 복도, 현관 등 공동주택의 지상층에 있는 공용 면적이며, 주거전용면적 및 주거공용면적은 동일형별세대의 개략적인 면적으로 안내하며 향후 사업승인에 따라 면적이 변경될 수 있습니다.

Ⅱ   신청기준 (지역별 물량배정, 무주택, 소득·자산)

■ 1. 공급구분별 지역우선 공급물량 배정기준

■ 남양주왕숙2, 인천검단, 파주운정3 지구는 「주택공급에 관한 규칙」 제34조의 규정에 의한 대규모지구로서 동일순위 내 경쟁 시 해당주택건설지역 거주자에게 우선공급 비율만큼 배정하여 해당지역 거주자의 미달물량은 기타지역(수도권, 경기도·수도권)거주자에게 공급합니다.

■ 성남신촌, 의정부우정 지구는 「주택공급에 관한 규칙」 제4조 제5항의 규정에 따라 동일순위 내 경쟁 시 해당주택건설지역 거주자에게 우선 공급하게 됩니다.

■ 남양주왕숙2, 인천검단, 파주운정3, 성남신촌 지구는 거주지역 및 거주기간 제한이 있는 주택으로, 사전청약 입주자모집공고일 현재 해외에 있으며 해외 체류기간이 90일 초과 및 전체 기간이 연간(매년) 183일을 초과하는 분은 지역 우선공급 대상자 및 기타지역 거주자로 청약이 불가하며, 이를 위반하여 당첨될 경우 부적격 처리됩니다.

■ 의정부우정 지구는 거주지역 제한이 있는 주택으로, 사전청약 입주자모집공고일 현재 해외에 있으며 해외 체류기간이 90일을 초과하는 분은 지역 우선공급 대상자 및 기타지역 거주자로 청약이 불가하며, 이를 위반하여 당첨될 경우 부적격 처리됩니다.

■ 신혼부부·생애최초·노부모부양 특별공급 및 일반공급 지역 우선공급 기준
<표1> 동일순위 내 지역우선 공급기준
• [남양주왕숙2] 지역 우선공급 기준

기준일	지역구분	우선공급 비율	지역 우선공급 거주 입력 대상자
입주자모집공고일 (2021.10.15)	① 해당 주택건설지역 (남양주시)	30%	· 사전청약 공고일 현재 남양주시 1년 이상 거주자 · 사전청약 공고일 현재 남양주시 거주하며, 본청약 공고일까지 남양주시 1년 이상 거주 예정인 자
	② 경기도	20%	· 사전청약 공고일 현재 경기도 6개월 이상 거주자 · 사전청약 공고일 현재 경기도에 거주하며, 본청약 공고시까지 경기도 6개월 이상 거주 예정인 자
	③ 기타지역(수도권)	50%	· 사전청약 공고일 현재 경기도(6개월 미만 거주자 포함), 서울특별시, 인천광역시에 거주하는 분

※ 경기도 거주기간 산정 시 경기도내 시·군 사이에서 전입·전출한 경우에는 합산 가능합니다.
※ 남양주시 1년 이상 거주자(남양주시 거주하며, 본청약 공고일까지 남양주시 1년 이상 거주 예정인 자 포함)가 30% 우선공급에서 낙첨될 경우, 20% 물량의 경기도 6개월 이상 거주자(경기도에 거주하며 본청약 공고시까지 경기도 6개월 이상 거주 예정인 자 포함)와 다시 경쟁하며, 그래도 낙첨될 경우 나머지 50% 물량의 수도권 거주자와 다시 경쟁합니다.

• [성남신촌] 지역 우선공급 기준

기준일	지역구분	우선공급 비율	지역 우선공급 거주 입력 대상자
입주자모집공고일 (2021.10.15)	① 해당 주택건설지역 (성남시)	100%	· 사전청약 공고일 현재 성남시 2년 이상 거주자 · 사전청약 공고일 현재 성남시 거주하며, 본청약 공고일까지 성남시 2년 이상 거주 예정인 자
	② 기타지역(수도권)	0%	· 사전청약 공고일 현재 수도권(서울특별시, 인천광역시, 경기도)에 거주하는 분

※ 해당 주택건설지역(성남시) 2년 이상 거주자(성남시 거주하며, 본청약 공고일까지 성남시 2년 이상 거주 예정인 자 포함)에게 100% 공급으로 기타지역(수도권)에 배정물량이 없으나, 해당 주택건설지역(성남시) 2년 이상 거주자 신청 결과 미달될 경우 잔여 물량을 기타지역(수도권) 거주자에게 공급합니다.

• [의정부우정] 지역 우선공급 기준

기준일	지역구분	우선공급 비율	지역 우선공급 거주 입력 대상자
입주자모집공고일 (2021.10.15)	① 해당 주택건설지역 (의정부시)	100%	· 사전청약 공고일 현재 의정부시 거주자
	② 기타지역(수도권)	0%	· 사전청약 공고일 현재 수도권(서울특별시, 인천광역시, 경기도)에 거주하는 분

※ 해당 주택건설지역(의정부시) 거주자(사전청약 모집공고일 기준으로 역산하여 국외에 계속하여 90일 이상 초과하지 않은 분)에게 100% 공급으로 기타지역(수도권)에 배정물량이 없으나, 해당 주택건설지역(의정부시) 거주자 신청 결과 미달된 경우 잔여 물량을 기타지역(수도권) 거주자에게 공급합니다.

• [인천검단] 지역 우선공급 기준

기준일	지역구분	우선공급 비율	지역 우선공급 거주 입력 대상자
입주자모집공고일 (2021.10.15)	① 해당 주택건설지역 (인천광역시)	50%	· 사전청약 공고일 현재 인천광역시 2년 이상 거주자 · 사전청약 공고일 현재 인천광역시 거주하며, 본청약 공고일까지 인천광역시 2년 이상 거주 예정인 자
	② 기타지역(수도권)	50%	· 사전청약 공고일 현재 인천광역시(2년미만 거주자 포함), 경기도, 서울특별시 거주하는 분

※ 인천광역시 2년 이상 거주자(인천광역시 거주하며, 본청약 공고일까지 인천광역시 2년 이상 거주 예정인 자 포함)가 50% 우선공급에서 낙첨될 경우, 나머지 50% 물량의 수도권 거주자와 다시 경쟁합니다.

• [파주운정3] 지역 우선공급 기준

기준일	지역구분	우선공급 비율	지역 우선공급 거주 입력 대상자
입주자모집공고일 (2021.10.15)	① 해당 주택건설지역 (파주시)	30%	· 사전청약 공고일 현재 파주시 1년 이상 거주자 · 사전청약 공고일 현재 파주시 거주하며, 본청약 공고일까지 파주시 1년 이상 거주 예정인 자
	② 경기도	20%	· 사전청약 공고일 현재 경기도 6개월 이상 거주자 · 사전청약 공고일 현재 경기도에 거주하며, 본청약 공고시까지 경기도 6개월 이상 거주 예정인 자
	③ 기타지역(수도권)	50%	· 사전청약 공고일 현재 경기도(6개월 미만 거주자 포함), 서울특별시, 인천광역시에 거주하는 분

※ 경기도 거주기간 산정 시 경기도내 시·군 사이에서 전입·전출한 경우에는 합산 가능합니다.
※ 파주시 1년 이상 거주자(파주시 거주하며, 본청약 공고일까지 파주시 1년 이상 거주 예정인 자 포함)가 30% 우선공급에서 낙첨될 경우, 20% 물량의 경기도 6개월 이상 거주자(경기도에 거주하며, 본청약 공고시까지 경기도 6개월 이상 거주 예정인 자 포함)와 다시 경쟁하며, 그래도 낙첨될 경우 나머지 50% 물량의 수도권 거주자와 다시 경쟁합니다.

- • 신혼부부·생애최초·노부모부양 특별공급 및 일반공급 지역 우선공급 기준 관련 공통사항
  - ※ 지역 우선공급 기준은 사전청약 공고일 현재 신청자의 주민등록표등본상 거주지역입니다.
  - ※ 주민등록말소 사실이 있는 경우 거주기간은 재등록일 이후부터 산정됩니다.
  - ※ (남양주왕숙2, 인천검단, 파주운정3 지구만 해당) 해당 주택건설지역에서 신청 결과 미달된 물량은 주택건설지역이 경기도인 경우 경기도 거주자에게 공급하고 경기도 거주자 신청 결과 미달된 물량은 기타지역 거주자에게 공급하며, 주택건설지역이 인천광역시인 경우 기타지역 거주자에게 공급합니다.
  - ※ 사전청약 모집공고일 현재 우선공급 대상이 되는 지역에 거주 중이면 거주기간을 충족하지 않아도 지역 우선공급을 적용받을 수 있으나, 본청약 입주자모집공고일 시점까지 「주택공급에 관한 규칙」 제4조제5항, 제34조의 규정에 따른 거주기간을 반드시 충족해야 합니다.
  - ※ 본청약 모집공고일까지 지역 우선 거주기간을 충족하지 못할 시 사전청약 당첨자 선정이 취소되며, 불이익(사전청약 당첨일로부터 1년 동안 다른 주택의 사전청약 당첨자 선정 불가)을 받게 되오니 2페이지의 '■ 지역우선 공급 관련 안내' 내용을 숙지하시어 사전청약 신청시 본청약까지 거주 가능여부를 필히 확인하시기 바랍니다.
  - ※ 공급세대수를 상기 지역우선비율로 배분 시 소수점 이하가 발생할 경우 소수점 첫 자리에서 반올림하고, 소수점 자리가 동일한 경우 해당지역에 배정합니다. 단, 남양주왕숙2, 파주운정3 지구의 경우 공급세대수가 1세대일 경우에는 해당 주택건설지역 거주자에게 1세대를 배정하고 공급세대수가 2세대일 경우에는 해당 주택건설지역 거주자에게 1세대, 경기도 거주자에게 1세대를 배정합니다.
  - ※ 생애최초·노부모·신혼부부 특별공급 및 일반공급 동일순위 경쟁 시 상기 지역우선 공급 기준에 따라서 공급합니다.
  - ※ (금회 모집지역 모두 해당) 10년 이상 장기복무 무주택 군인으로서 입주자저축에 가입하여 공급 유형별 저축요건(기간 및 납입회차)을 충족한 분은 입주자모집공고일 현재 수도권이 아닌 지역에 거주하고 있는 경우에도 기타지역(수도권) 거주자 자격으로 신청할 수 있습니다.
  - ※ (남양주왕숙2, 의정부우정, 파주운정3 지구만 해당)25년 이상 장기복무 무주택 군인으로서 입주자저축에 가입하여 공급 유형별 저축요건(기간 및 납입회차)을 충족한 분은 입주자모집공고일 현재 해당 주택건설지역에 거주하지 않아도 국방부장관의 추천을 받은 경우 해당 주택건설지역의 거주자 자격으로 신청할 수 있습니다.

■ 다자녀 특별공급 지역 우선공급 기준

- • [남양주왕숙2] 다자녀 특별공급 지역 우선공급 기준

기준일	지역구분	우선공급 비율	지역 우선공급 거주 입력 대상자
입주자모집공고일 (2021.10.15)	① 경기도	50%	· 사전청약 공고일 현재 남양주시 1년 이상 거주자 · 사전청약 공고일 현재 남양주시 1년 이상 거주하며, 본청약 공고일까지 남양주시 1년 이상 거주 예정인 자 단, 남는 물량은 사전청약 공고일 현재 경기도 6개월 이상 거주자 (사전청약 공고일 현재 경기도 6개월 이상 거주하며, 본청약 공고일까지 경기도 6개월 이상 거주 예정인 자 포함)에게 공급
	② 기타지역(수도권)	50%	· 사전청약 공고일 현재 경기도(6개월 미만 거주자 포함), 서울특별시, 인천광역시에 거주하는 분

※ 경기도 거주자에게 50%, 기타지역(수도권) 거주자에게 50% 각각 배정하되, 경기도 청약자 중에서는 해당 주택건설지역(남양주시) 1년 이상 거주자(남양주시 거주하며, 본청약 공고일까지 남양주시 1년 이상 거주 예정인 자 포함)에게 우선 공급합니다. 단, 해당 지역 1년 이상 거주자 신청 결과 미달된 물량은 경기도 6개월 이상 거주자(경기도에 거주하며, 본청약 공고일까지 경기도 6개월 이상 거주 예정인 자 포함)에게 공급하고, 경기도 신청 결과 미달된 물량은 경기도(6개월 미만)·서울특별시·인천광역시 거주자에게 공급합니다.

- • [성남신촌] 다자녀 특별공급 지역 우선공급 기준

기준일	지역구분	우선공급 비율	지역 우선공급 거주 입력 대상자
입주자모집공고일 (2021.10.15)	① 경기도	50%	· 사전청약 공고일 현재 성남시 2년 이상 거주자 · 사전청약 공고일 현재 성남시 거주하며, 본청약 공고일까지 성남시 2년 이상 거주 예정인 자 단, 남는 물량은 사전청약 공고일 현재 경기도 거주자에게 공급
	② 기타지역(수도권)	50%	· 사전청약 공고일 현재 서울특별시, 인천광역시에 거주하는 분

※ 경기도 거주자에게 50%, 기타지역(수도권) 거주자에게 50% 각각 배정하되, 경기도 청약자 중에서는 해당 주택건설지역(성남시) 2년 이상 거주자(성남시 거주하며, 본청약 공고일까지 성남시 2년 이상 거주 예정인 자)에게 우선 공급합니다. 단, 해당 지역 2년 이상 거주자 신청 결과 미달된 물량은 경기도 거주자에게 공급하고, 경기도 신청 결과 미달된 물량은 서울특별시·인천광역시 거주자에게 공급합니다.

- • [의정부우정] 다자녀 특별공급 지역 우선공급 기준

기준일	지역구분	우선공급 비율	지역 우선공급 거주 입력 대상자
입주자모집공고일 (2021.10.15)	① 경기도	50%	· 사전청약 공고일 현재 의정부시 거주자 단, 남는 물량은 사전청약 공고일 현재 경기도 거주자에게 공급
	② 기타지역(수도권)	50%	· 사전청약 공고일 현재 서울특별시, 인천광역시에 거주하는 분

※ 경기도 거주자에게 50%, 기타지역(수도권) 거주자에게 50% 각각 배정하되, 경기도 청약자 중에서는 해당 주택건설지역(의정부시) 거주자(사전청약 모집공고일 기준으로 역산하여 국외에 계속하여 90일 이상 초과하지 않은 분)에게 우선 공급합니다. 단, 해당 지역 거주자 신청 결과 미달된 물량은 경기도 거주자에게 공급하고, 경기도 신청 결과 미달된 물량은 서울특별시·인천광역시 거주자에게 공급합니다.

- • [인천검단] 다자녀 특별공급 지역 우선공급 기준

기준일	지역구분	우선공급 비율	지역 우선공급 거주 입력 대상자
입주자모집공고일	① 해당 주택건설지역 (인천광역시)	50%	· 사전청약 공고일 현재 인천광역시 2년 이상 거주자 · 사전청약 공고일 현재 인천광역시 거주하며, 본청약 공고일까지 인천광역시 2년 이상 거주 예정인 자
	② 기타지역(수도권)	50%	· 사전청약 공고일 현재 인천광역시(2년 미만 거주자 포함), 경기도, 서울특별시 거주하는 분

※ 인천광역시 2년 이상 거주자(인천광역시 거주하며, 본청약 공고일까지 인천광역시 2년 이상 거주 예정인 자 포함), 기타지역(수도권), 인천광역시 2년 미만 거주자·경기도·서울특별시 거주자에게 각각 50% 공급합니다. 단, 해당 인천광역시 2년 이상 거주자 신청 결과 미달된 물량은 인천광역시 2년 미만 거주자·경기도·서울특별시 거주자에게 공급합니다.

- • [파주운정3] 다자녀 특별공급 지역 우선공급 기준

기준일	지역구분	우선공급 비율	지역 우선공급 거주 입력 대상자
입주자모집공고일 (2021.10.15)	① 경기도	50%	· 사전청약 공고일 현재 파주시 1년 이상 거주자 · 사전청약 공고일 현재 파주시 거주하며, 본청약 공고일까지 파주시 1년 이상 거주 예정인 자 단, 남는 물량은 사전청약 공고일 현재 경기도 6개월 이상 거주자 (사전청약 공고일 현재 경기도 6개월 이상 거주하며, 본청약 공고일까지 경기도 6개월 이상 거주 예정인 자 포함)에게 공급
	② 기타지역(수도권)	50%	· 사전청약 공고일 현재 경기도(6개월 미만 거주자 포함), 서울특별시, 인천광역시에 거주하는 분

※ 경기도 거주자에게 50%, 기타지역(수도권) 거주자에게 50% 각각 배정하되, 경기도 청약자 중에서는 해당 주택건설지역(파주시) 1년 이상 거주자(파주시 거주하며, 본청약 공고일까지 파주시 1년 이상 거주 예정인 자 포함)에게 우선 공급합니다. 단, 해당 지역 1년 이상 거주자 신청 결과 미달된 물량은 경기도 6개월 이상 거주자(경기도에 거주하며, 본청약 공고일까지 경기도 6개월 이상 거주 예정인 자 포함)에게 공급하고, 경기도 신청 결과 미달된 물량은 경기도(6개월 미만)·서울특별시·인천광역시 거주자에게 공급합니다.

- • 다자녀 특별공급 지역 우선공급 기준 관련 공통사항
  - ※ 지역 우선공급 기준은 사전청약 공고일 현재 신청자의 주민등록표등본상 거주지역입니다.
  - ※ 주민등록말소 사실이 있는 경우 거주기간은 재등록일 이후부터 산정됩니다.
  - ※ 인천광역시 / 경기도 거주자가 50% 우선공급에서 낙첨될 경우, 나머지 50% 물량의 기타지역(수도권) 거주자와 다시 경쟁합니다.
  - ※ 사전청약 모집공고일 현재 우선공급 대상이 되는 지역에 거주 중이면 거주기간을 충족하지 않아도 지역 우선공급을 적용받을 수 있으나, 본청약 입주자모집공고일 시점까지 「주택공급에 관한 규칙」 제4조제5항, 제34조의 규정에 따른 거주기간을 반드시 충족해야 합니다.
  - ※ 본청약 모집공고일까지 지역 우선 거주기간을 충족하지 못할 시 사전청약 당첨자 선정이 취소되며, 불이익(사전청약 당첨일로부터 1년 동안 다른 주택의 사전청약 당첨자 선정 불가)을 받게 되오니 2페이지의 '■ 지역우선 공급 관련 안내'를 숙지하시어 사전청약 신청시 본청약까지 거주 가능여부를 필히 확인하시기 바랍니다.
  - ※ 공급물량을 상기 지역 우선공급 비율로 배분 시 소수점 이하가 발생할 경우 인천검단지구의 경우 인천광역시, 남양주왕숙2, 성남신촌, 의정부우정, 파주운정3지구는 경기도에 우선 배정합니다.
  - ※ (금회 모집지역 모두 해당) 10년 이상 장기복무 무주택 군인으로서 입주자저축에 가입하여 6개월이 경과하고, 6회 이상 납입인정된 분은 입주자모집공고일 현재 해당 주택건설지역에 거주하지 아니하여도 수도권에 건설되는 주택을 공급받으려는 경우 기타지역(수도권) 거주자 자격으로 청약할 수 있습니다.
  - ※ (남양주왕숙2, 의정부우정, 파주운정3 지구만 해당) 25년 이상 장기복무 무주택 군인으로서 입주자저축에 가입하여 6개월이 경과하고, 6회 이상 납입인정된 분은 입주자모집공고일 현재 해당 주택건설지역에 거주하지 않아도 국방부장관의 추천을 받은 경우 해당 주택건설지역의 거주자 자격으로 신청할 수 있습니다.

- 6 -

집밥도 내 집에서 먹어야 맛있다

2. 무주택세대구성원 및 주택소유여부 판정 기준

금회 공급되는 주택의 신청자격인 '무주택세대구성원' 여부는 「주택공급에 관한 규칙」 제2조 제2의3호, 제4호 및 제53조에 따라 아래기준으로 판단하며, 당첨자발표(2021.11.25) 후 주택(분양권 등 포함)소유여부 전산검색 및 주민등록등본 확인 결과 부적격자로 판명된 분이 판명내용이 사실과 다르거나 이의가 있을 경우에는 소명기간(우리 공사가 소명요청을 안내한 날부터 7일) 내에 아래 기준에 근거하여 소명자료를 제출하여야 하며, 정당한 사유 없이 동 기한 내에 소명자료를 제출하지 아니할 경우 사전청약 당첨을 취소합니다.

■ **적용대상 : 기관추천 · 다자녀가구 · 노부모부양 · 생애최초 · 신혼부부 특별공급 · 일반공급 신청자**

■ **공급신청 자격자**

• 주택공급신청은 무주택세대구성원 중 1인만 가능합니다.
   ※ 단, 노부모부양 특별공급을 신청하는 경우와 투기과열지구 및 청약과열지역에서 공급하는 주택의 일반공급 1순위 및 생애최초 특별공급을 신청하는 경우 세대주만 가능
   ※ 「민법」상 미성년자는 직계존속의 사망, 실종선고 및 행방불명 등으로 형제자매를 부양해야 하거나, 자녀를 부양하여야 하는 세대만 신청 가능. 이 경우 그 자녀 및 형제자매는 미성년자와 같은 세대별 주민등록표에 등재되어 있어야 함.

■ **무주택(분양권 등 포함)여부 판단대상**

• 아래 [무주택세대구성원] 전원(배우자가 세대 분리된 경우 배우자 및 배우자가 속한 등본의 직계존비속까지 포함)이 다음 [주택 및 분양권등] 각목의 요건을 모두 갖춘 경우 무주택자로 판단
   ※ (신혼부부 특별공급 중 예비신혼부부) 입주 시 제출하는 주민등록표본에 등재되는 '혼인으로 구성될 세대'를 말함
   ※ (노부모부양 특별공급) 피부양자 및 피부양자의 배우자 모두 무주택이어야 함

> [무주택세대구성원]
> 가. 주택의 공급을 신청하려는 사람(이하 '주택공급신청자'라 함)
> 나. 주택공급신청자의 배우자
> 다. 주택공급신청자 또는 배우자의 세대별 주민등록표본에 등재된 신청자의 직계존속(배우자의 직계존속 포함 이하 같다.)
> 라. 주택공급신청자 또는 배우자의 세대별 주민등록표본에 등재된 신청자의 직계비속(직계비속의 배우자 포함 이하 같다.)
> 마. 주택공급신청자의 세대별 주민등록표본에 등재된 신청자의 배우자의 직계비속
>
> [주택 및 분양권등]
> 가. 주택을 소유하고 있지 아니할 것
> 나. 「부동산 거래신고 등에 관한 법률」 제3조제1항제2호 및 제3호에 따른 부동산 중 주택을 공급받는 자로 선정된 지위 또는 주택의 입주자로 선정된 지위를 소유하고 있지 아니할 것
> 다. 나목에 따른 지위(이하 "분양권등"이라 한다)를 승계취득(전체 또는 일부의 권리를 매매하여 취득한 경우를 말한다. 이하 같다)하여 소유하고 있지 아니할 것

■ **주택(분양권 등 포함)의 범위**

• 건물의 용도는 공부상 표시된 용도를 기준으로 하며, 주택은 건물등기부등본, 건축물대장본, 재산세 과세대장 등에 등재되어 있는 전국소재 주택
• 주택(분양권 등 포함)의 공유 지분 소유 및 주택의 용도가 있는 복합건물 소유자도 주택소유자에 해당됩니다.
   ※ 공유지분으로 주택을 소유한 경우 지분 소유자 전원이 주택소유자로 인정되고, 공동소유, 공동상속의 경우에는 지분면적에 관계없이 지분소유자 전원이 각각 그 주택의 면적 전부를 소유한 것으로 간주함
• 「부동산 거래신고 등에 관한 법률」 제3조제1항제2호 및 제3호에 따른 부동산 중 주택을 공급받은 자로 선정된 지위 또는 주택의 입주자로 선정된 지위(이하 '분양권 등'이라 함)를 취득한 경우, 공급계약체결일을 기준으로 주택을 소유한 것으로 봅니다.
• 분양권 등을 매매로 승계취득하여 「부동산 거래신고 등에 관한 법률」 제3조에 따라 신고한 경우, 신고서상 매매대금 완납일을 기준으로 주택을 소유한 것으로 봅니다.

■ **무주택(분양권 등 포함) 기간 산정 기준**

• 무주택 기간은 신청자 및 무주택세대구성원 전원의 무주택기간을 고려하여 산정합니다.
• 주택소유 및 무주택기간 산정 기준일(단, 건물등기부등본상의 등기접수일과 건축물대장본상의 처리일이 상이할 경우에는 먼저 처리된 날을 기준으로 함)
   1) 건물등기부등본 : 등기접수일   2) 건축물대장본 : 처리일
   3) 분양권등의 계약서 : 「부동산 거래신고 등에 관한 법률」에 따라 신고된 공급계약체결일
   4) 분양권등의 매매계약서 : 「부동산 거래신고 등에 관한 법률」에 따라 신고된 신고서상 매매대금완납일
   5) 기타 주택소유여부를 증명할 수 있는 서류 : 시장 또는 군수 등 공공기관이 인정하는 날
• 무주택기간은 신청자 및 세대구성원 전원이 입주자모집공고일을 기준으로 그 이전에 계속하여 주택 또는 분양권 등을 소유하지 아니한 기간을 기준으로 산정하나, 신청자의 무주택기간은 만30세가 되는 날(만30세 이전에 혼인한 경우에는 「가족관계의 등록 등에 관한 법률」에 따른 혼인관계증명서에 혼인신고로 등재된 날)부터 계속하여 무주택인 기간으로 산정합니다.
• 신청자 및 세대구성원이 주택을 소유한 사실이 있는 경우에는 그 주택을 처분한 후 무주택자가 된 날(두 차례 이상 주택을 소유한 사실이 있는 경우에는 최근에 무주택자가 된 날을 말함)부터 무주택기간을 산정합니다.

■ **주택(분양권 등 포함)을 소유하지 아니한 것으로 인정하는 경우 (주택공급에 관한 규칙 제53조)**

• 상속으로 인하여 주택의 공유지분을 취득한 사실이 판명되어 사업주체로부터 부적격자로 통보받은 날부터 3개월 이내에 그 지분을 처분한 경우
• 도시지역이 아닌 지역 또는 면의 행정구역(수도권은 제외)에 건축되어 있는 주택으로 다음 각목의 1에 해당하는 주택의 소유자가 당해 주택건설지역에 거주(상속으로 주택을 취득한 경우에는 피상속인이 거주한 것을 상속인이 거주한 것으로 본다)하다가 다른 주택건설지역으로 이주한 경우
   가. 사용승인 후 20년 이상 경과된 단독주택   나. 85㎡ 이하의 단독주택
   다. 소유자의 「가족관계의 등록 등에 관한 법률」에 따른 최초 등록기준지에 건축되어 있는 주택으로서 직계존속 또는 배우자로부터 상속 등에 의하여 이전받은 단독주택
• 개인주택사업자가 분양을 목적으로 주택을 건설하여 이를 분양 완료하였거나 사업주체로부터 부적격자로 통보받은 날부터 3개월 이내에 이를 처분한 경우
• 세무서에 사업자로 등록한 개인사업자가 그 소속근로자를 위하여 「주택법」제5조제3항의 규정에 의하여 주택을 건설하여 소유하고 있거나 사업주체가 정부시책의 일환으로 근로자에게 공급할 목적으로 사업계획승인을 얻어 건설한 주택을 공급받는 경우
• 20㎡ 이하의 주택(분양권 등 포함)을 1호 소유하고 있는 경우. 다만, 20㎡이하 주택 및 분양권등을 2호 이상 또는 2세대 이상 소유하고 있는 경우에는 그 주택수 만큼 유주택으로 봄
• 만60세 이상의 직계존속(배우자의 직계존속을 포함)이 주택(분양권 등 포함)을 소유하고 있는 경우(단, 노부모부양 특별공급의 경우는 적용 제외)
• 건물등기부 또는 건축물대장등의 공부상 주택으로 등재되어 있으나 주택이 낡아 사람이 살지 아니하는 폐가이거나 주택이 멸실되었거나 주택이 아닌 다른 용도로 사용되고 있는 경우로서 사업주체로부터 부적격자로 통보받은 날부터 3개월 이내에 이를 멸실시키거나 실제 사용하고 있는 용도로 공부를 정리한 경우
• 무허가건물[종전의 「주택법」(법률 제7696호 건축법 일부개정법률로 개정되기 전의 것을 말한다)을 소유하고 있는 경우. 이 경우 소유자는 해당 건물이 건축 당시의 법령에 따른 적법한 건물임을 증명해야 함
• 제27조제5항 및 제28조제10항제1호에 따라 입주자를 선정하고 남은 주택을 선착순의 방법으로 공급받아 분양권등을 소유하고 있는 경우(해당 분양권등을 매수한 사람은 제외)
   ※ 선착순의 방법으로 공급받은 분양권등의 주택 소유권을 향후 취득할 경우에도 그 자격을 유지하지 못한 것으로 보아 사전청약 당첨자 선정이 취소되오니 유의하여 주시기 바랍니다.

■ 사전청약 당첨자로 선정된 분은 본청약 모집공고까지 무주택세대구성원 자격을 유지해야 하며 이후 무주택세대구성원 등 입주자격의 사항은 본청약 모집공고문에 따릅니다.

3. 자산보유기준

■ 적용대상 : 다자녀·신혼부부·생애최초·노부모부양 특별공급 및 전용면적 60㎡이하 일반공급 신청자
■ 검토대상 : 주택공급신청자 및 1페이지의 무주택세대구성원 전원, 배우자가 세대 분리된 경우 배우자 및 배우자가 속한 등본의 직계존비속까지 포함
　※ 예비신혼부부는 입주 시 제출하는 주민등록표등본에 등재되는 '혼인으로 구성될 세대'를 말함

■ 자산보유기준 적용
• 우리 공사는 사전청약 당첨자로 선정되신 분의 보유자산을 당첨자 서류접수 후 사회보장정보원의 사회보장시스템을 통해 조사 확정하게 됩니다. 따라서 공고일 이후 변동된 자산금액이 조회된 경우 해당 금액을 당사자의 자산금액으로 간주합니다.
• 입주자모집공고일(2021.10.15) 현재 공급유형별(생애최초·신혼부부·다자녀가구·노부모부양 특별공급 및 일반공급 전용면적 60㎡이하) 신청자격 외에 아래 "부동산 및 자동차 소유에 관한 자산보유기준"을 충족하여야 합니다.
• 자산보유기준 검증은 '무주택세대구성원'이 소유하고 있는 모든 부동산(건물+토지) 가액의 총합과 모든 차량을 대상으로 실시하며 기준 초과 시 사전청약 당첨자 선정이 취소되며 불이익(사전청약 당첨일로부터 1년간 다른 주택의 사전청약 신청이 불가)을 받게 됩니다.
• 부동산(건물 + 토지) 및 자동차를 지분으로 공유하고 있는 경우 전체가액 중 해당지분가액(단, 동일 세대원간에 지분을 공유할 때에는 지분합계액)만을 소유한 것으로 보며, 소명의무는 신청자에게 있습니다.
• '주택공급에 관한 규칙' 제53조에 의거 주택으로 보지 않는 경우에도 '해당 주택과 그 주택의 부속 토지'는 자산보유기준 적용 대상이 됩니다.

■ 자산보유 조사방법
• 당첨자(사전청약 당첨자)로 선정되신 분의 자산관련 자료는 "<표2> 부동산 및 자동차 소유에 관한 자산보유기준"에 의거하여 사회보장정보시스템을 통해 공사에서 일괄 조회할 예정입니다.

■ 조사대상자의 의무
• 당사에서는 당첨자의 자격심사를 위해 원천정보를 보유한 공공기관으로부터 사회보장정보시스템을 통해 조사대상자 전원의 자산에 관한 정보를 수집·조사하여야 하므로 당첨자 서류제출 시 개인정보 수집·이용 및 제3자 제공 동의서를 조사대상자 전원이 동의하여 당사에 제출하여야 하며, 제출하지 아니하는 경우에는 신청 및 사전청약 당첨자 선정이 불가능 합니다.

<표2> 부동산 및 자동차 소유에 관한 자산보유기준

구분	자산보유기준	자산보유기준 세부내역		
부동산 (건물+토지)	215,500천원 이하	• 건축물가액은 해당 세대가 소유하고 있는 모든 건축물의 지방세정 시가표준액으로 하되, 없는 경우 지자체장이 결정한 시가표준액 적용		
		건축물	건축물 종류	지방세정 시가표준액
			주택 - 공동주택(아파트, 연립, 다세대)	공동주택가격(국토교통부)
			주택 - 단독주택	표준주택가격(국토교통부) 또는 개별주택가격(시·군·구청장)
			건물	지방자치단체장이 결정한 가액
			시설물	지방자치단체장이 결정한 가액
		• 토지가액은 지목에 상관없이 해당 세대가 소유하고 있는 모든 토지의 공시가격(표준지·개별공시지가)에 면적을 곱한 금액. 단, 아래 경우는 제외 －「농지법」제2조제1호에 따른 농지로서 같은 법 제49조에 따라 관할 시·구·읍·면의 장이 관리하는 농지원부에 같은 농업인과 소유자로 등재된 경우 －「초지법」제2조제1호에 따른 초지로서 소유자가「축산법」제22조에 따른 축산업 허가를 받은 사람이거나 축산업 허가증의 사업장 소재지와 동일한 주소인 경우 －공부상 도로, 구거, 하천 등 공공용지로 사용되고 있는 경우 －종중소유 토지(건축물을 포함) 또는 문화재가 건립된 토지 등 해당 부동산의 사용, 처분이 금지되거나 현저히 제한을 받는 경우로서 입주(예정)자가 구체적인 사실관계를 입증하는 경우 • 건축물가액에 토지가액이 포함되지 않는 비주거용 건축물(상가, 오피스텔 등)의 부속토지도 토지가액에 포함(개별공시지가 기준)		
자동차	34,960천원 이하	• 보건복지부장관이 정하는 차량기준가액(차량기준가액이 없는 경우 자동차 등록당시 과세표준액인 취득가액을 기준으로 최초등록일 또는 이전등록일로부터 경과년수에 따라 매년 10% 감가상각하여 산출한 금액)으로 함, 다만, 자동차는 「자동차 관리법」시행규칙 제2조에서 정한 비영업용 승용자동차에 한하며, 해당 세대가 2대 이상의 자동차를 소유한 경우는 각각의 자동차가액 중 높은 차량가액을 기준으로 하여 아래의 경우를 제외함 －「장애인복지법」제39조에 따른 장애인사용 자동차와「국가유공자 등 예우 및 지원에 관한 법률」에 따른 국가유공자로서 상이등급 1급 내지 7급에 해당하는 자가 보유한 차량의 경우 －「대기환경보전법」제58조제3항에 따른 국가나 지방자치단체의 보조를 받고 구입한 저공해자동차의 경우 자동차가액에서 정부와 지방자치단체의 보조금을 제외한 금액으로 함		

■ 부동산(건물+토지) 공시가격 확인 방법

• 방 문 신 청 : 해당 부동산이 소재한 지자체에서 확인
• 온라인 조회 : 국토교통부 부동산공시가격 알리미(www.realtyprice.kr) 또는 해당 지자체 홈페이지에서 확인

■ 보건복지부장관이 정하는 차량기준가액이 없는 경우 자동차 가격 적용기준

• 자동차 등록증에 기재되어 있는 경우 : 자동차 출고(취득)가격(부가가치세가 제외된 금액)
• 자동차 등록증에 기재되어 있지 않은 경우 : 취·등록세 납부 영수증, 지방세납부확인서 등에 표시된 과세표준액 확인 또는 해당 시, 군, 구청으로 문의
• 경과년수는 연식이 아닌 최초 신규등록일을 기준으로 계산하며, 경과년수에 따라 매년 10퍼센트씩 감가상각
　예시) 자동차 등록증상 2021년식 자동차를 2020년도에 구입하여 등록하였으면 차량기준가액에서 10%를 차감한 금액으로 판정

5. 소득기준

■ 적용대상 : 다자녀·노부모부양·생애최초·신혼부부 특별공급 및 전용면적 60㎡이하 일반공급 신청자
• 우리 공사는 당첨자(사전청약 당첨자)로 선정되신 분의 소득을 당첨자 서류접수 후 사회보장정보원의 사회보장시스템을 통해 "<표4> 조회대상 소득항목 및 소득자료 출처"에 따라 조사 확정하게 되므로, 공고일 이후 변동된 소득금액이 조회된 경우 해당 금액을 당사자의 소득금액으로 간주합니다.
• 입주자모집공고일(2021.10.15) 현재 공급유형별(다자녀, 신혼부부, 생애최초, 전용면적 60㎡이하 일반공급) 신청자격 외에 아래 <표3> 전년도 도시근로자 가구당 월평균소득 기준을 충족하여야 합니다.

집밥도 내 집에서 먹어야 맛있다

<표3> 전년도 도시근로자 가구당 월평균소득 기준(태아를 포함한 가구원수가 4인 이상인 세대는 가구원수별 가구당 월평균소득을 말함)

공급유형		구 분	3인	4인	5인	6인	7인	8인
일반공급(전용면적60㎡이하)		도시근로자 가구당 월평균소득액의 100%	6,030,160	7,094,205	7,094,205	7,393,647	7,778,023	8,162,399
다자녀가구		도시근로자 가구당 월평균소득액의 120%	7,236,192	8,513,046	8,513,046	8,872,376	9,333,628	9,794,879
노부모부양		도시근로자 가구당 월평균소득액의 120%	7,236,192	8,513,046	8,513,046	8,872,376	9,333,628	9,794,879
생애최초	우선공급(70%)	도시근로자 가구당 월평균소득액의 100%	6,030,160	7,094,205	7,094,205	7,393,647	7,778,023	8,162,399
	잔여공급(30%)	도시근로자 가구당 월평균소득액의 130%	7,839,208	9,222,467	9,222,467	9,611,741	10,111,430	10,611,119
신혼부부	우선공급(70%) 배우자소득 無	도시근로자 가구당 월평균소득액의 100%	6,030,160	7,094,205	7,094,205	7,393,647	7,778,023	8,162,399
	우선공급(70%) 배우자소득 有	도시근로자 가구당 월평균소득액의 120%	7,236,192	8,513,046	8,513,046	8,872,376	9,333,628	9,794,879
	잔여공급(30%) 배우자소득 無	도시근로자 가구당 월평균소득액의 130%	7,839,208	9,222,467	9,222,467	9,611,741	10,111,430	10,611,119
	잔여공급(30%) 배우자소득 有	도시근로자 가구당 월평균소득액의 140%	8,442,224	9,931,887	9,931,887	10,351,106	10,889,232	11,427,359

※ '배우자가 소득이 있는 경우'란 배우자가 근로소득 또는 사업소득이 있는 맞벌이를 말함
※ 8인 초과 가구 소득기준 : 8인 월평균소득금액(원) + 초과 1인당 소득액(100% 기준 384,376원) 추가
• 가구원수는 기본적으로 공급신청자 및 무주택세대구성원 전원의 수를 의미하며, 세부적인 기준은 아래와 같습니다.

구 분	청약 유형별 가구원수 적용 기준
신혼부부·다자녀 특별공급 일반공급(60㎡이하)	1페이지의 '무주택세대구성원'에 해당하는 자 전원을 포함하여 산정하되, 예비신혼부부는 입주 시 제출하는 주민등록표등본에 등재되는 '혼인으로 구성될 세대'를 말함 · 단, 임신 중인 태아는 태아의 수만큼 가구원수로 산정
생애최초 특별공급	1페이지의 '무주택세대구성원'에 해당하는 자 전원을 포함하여 산정. 단, 직계존속은 주택공급신청자 또는 주택공급신청자의 배우자와 1년 이상 같은 주민등록표등본상 등재되어 있는 경우에만 가구원수에 포함, 임신 중인 태아는 가구원수에 포함
노부모부양 특별공급	1페이지의 '무주택세대구성원'에 해당하는 자 전원과 피부양자 및 피부양자의 배우자를 포함하여 산정. 단, 태아는 가구원수에 포함

• 가구당 월평균소득은 무주택세대구성원 전원(예비신혼부부는 입주 시 제출하는 주민등록표등본에 등재되는 '혼인으로 구성될 세대'를 말함)의 소득을 합산하여 산정합니다. 주민등록표등본상 당첨자 및 만19세 이상의 무주택세대구성원 기준으로 주택공급신청자가 혼인한 경우 주택공급신청자의 배우자 및 직계비속을 포함하며, 주택공급신청자의 배우자가 세대 분리된 경우 배우자 및 그 배우자의 주민등록본에 있는 직계존비속을 포함합니다.(다만, 세대원의 실종, 별거 등으로 소득파악이 불가능한 경우에는 주민등록표등본 말소를 확인하고 소득산정 대상에서 제외)

구 분	가구당 월평균소득액 산정기준
일반공급(60㎡이하),신혼부부·다자녀 ·노부모·생애최초 특별공급	위 가구원수 산정기준에 따라 산정된 가구원 중 주택공급신청자 및 만19세 이상 무주택세대구성원 전원의 소득을 합산 · 단, 세대원의 실종, 별거 등으로 소득파악이 불가능한 경우에는 주민등록표등본 말소를 확인하고 소득산정 대상에서 제외

• 기준 초과 시 사전청약 당첨자 선정이 취소되며 불이익(사전청약 당첨일로부터 1년간 다른 주택의 사전청약 신청이 불가)을 받게 됩니다.

■ 소득조사 및 부적격 소명방법

• 신청자는 조사대상자의 소득수준에 대하여 청약신청 전에 소득자료 출처기관에 확인하시기 바랍니다.
• 상시근로자의 건강보험 보수월액은 국민건강보험공단 홈페이지(www.nhis.or.kr) → 민원여기요 → 개인민원 → 보험료조회 → 직장보험료 개인별 조회(공동인증서 로그인 필요)에서 확인이 가능하며, 아래 "<표4> 조회대상 소득항목 및 소득자료 출처"의 각 소득별 소득항목 설명에 불구하고 사회보장정보시스템에서 조회되는 자료는 모두 해당 소득으로 인정합니다.
• "<표4> 조회대상 소득항목 및 소득자료 출처"의 소득자료 출처기관이 아닌 기타 기관의 소득자료가 사회보장정보시스템에서 조회될 수 있으며 조회되는 자료는 모두 해당 소득으로 인정합니다.
• 당첨자의 입주자격 심사를 위해 조사대상 전원의 소득에 관한 개인의 정보를 사회보장정보시스템을 통해 원천정보를 보유한 공공기관으로부터 수집·조사하여야 하므로 개인 정보 수집 및 제3자 제공동의서 등 조사대상 전원이 동의하여 제출하여야 하며(별도 양식), 제출을 하지 아니하는 경우에는 사전청약 신청이 취소됩니다.
• 소득기준을 충족하지 못해 부적격 통보를 받은 분의 이의신청은 신청인이 직접 해당 소득자료 제공기관(소득자료 출처기관 참조)의 자료를 수정한 후 동 기관의 확인서류를 제출하는 경우에만 접수 및 처리하며, 만일 소명기간 내에 객관적인 증빙자료(제공기관의 확인서)를 제출하지 아니하는 분은 부적격에 이의가 없는 것으로 간주되어 별도의 통지 없이 부적격 처리합니다.
• 공적이전소득은 국민연금급여, 사학퇴직연금급여, 공무원퇴직연금급여, 국방부퇴직연금급여, 별정우체국연금, 한국고용정보원 실업급여, 근로복지공단 산재보험급여, 보훈처 보훈대상자 보상급여 및 보훈대상자 명예수당 등입니다.
• 사회보장정보시스템을 이용하여 상시근로소득을 조회한 결과 여러기관의 소득자료가 확인될 경우 상시근로소득자료 반영순위(①건강보험공단→②근로복지공단→③국민연금공단→④한국장애인고용공단→⑤국세청)에 따라 선순위 기관의 조회결과를 우선 반영하여 소득을 산정하므로, 반드시 위 순위에 따라 본인 및 세대원의 소득을 확인한 후 신청하셔야 합니다.
※ 예시 : ①건강보험공단(건강보험) 자료상 월소득 2000만원이고 ⑤국세청(종합소득) 자료상 월소득 190만원일 경우 소득순위 반영순위에 따라 ①건강보험공단(건강보험) 의 소득 자료를 적용함.
※ 휴직자의 소득은 사회보장정보시스템을 통해서 조사된 정상적으로 근무한 기간의 건강보험 보수월액 등의 기준을 적용합니다.

<표4> 조회대상 소득항목 및 소득자료 출처

구 분	항목	소득항목 설명	소득자료 출처
근로소득	상시근로소득	3개월 이상 계속하여 고용되어 월정액 급여를 지급받는 자의 근로소득	반영순위 ① 국민건강보험공단(보수월액) ② 근로복지공단(산재·고용보험 월평균보수) ③ 국민연금공단(기준소득월액) ④ 한국장애인고용공단(최저임금, 보수월액) ⑤ 국세청(종합소득 중 근로소득)
	일용근로소득	·근로계약에 따라 일정한 고용주에게 3개월 이상 계속하여 고용되지 아니한 자 ·건설공사 종사자(동일한 고용주에게 1년 이상 고용된 자 제외) ·하역(항만)작업 종사자(통상 근로를 제공한 날에 급여를 지급받지 아니하고 정기적으로 근로대가를 받는 자 제외)	국세청
	자활근로소득	자활근로, 자활공공근로, 자활공동체사업, 적응훈련, 직업훈련 등 자활급여의 일환으로 사업에 참여하여 근로를 제공하고 받는 급여 및 수당	자활사업실시기관, 지자체
	공공일자리소득	노인일자리사업, 장애인일자리사업, 공공근로 등에 참여한 대가로 얻는 소득	보건복지부, 노동부
사업소득	농업소득	경종업(耕種業), 과수원예업, 양잠업, 종묘업, 특수작물생산업, 가축의 사육업, 종축업 또는 부화업 등과 이에 부수하는 업무에서 얻는 소득	국세청, 농림축산식품부

	임업소득	영림업·임산물생산업 또는 야생조수사육업 과 이에 부수하는 업무에서 얻는 소득	국세청
	어업소득	어업과 이에 부수하는 업무에서 얻는 소득	국세청
	기타사업소득	도매업·소매업, 제조업, 기타 사업에서 얻는 소득	국세청
재산소득	임대소득	부동산·동산권리 기타 재산의 대여로 얻는 소득	국세청
	이자소득	예금·주식·채권의 이자와 배당 또는 할인에 의하여 발생하는 소득	국세청
	연금소득	민간 연금보험, 연금저축 등에 의해 정기적으로 발생하는 소득	국세청
기타소득	공적이전소득	각종 법령의 규정에 의해 정기적으로 지급되는 각종 수당·연금·급여·기타금품 (일시금으로 받는 금품은 재산으로 산정)	보건복지부, 국민연금·사학연금·공무원연금·군인연금관리공단, 근로복지공단, 보훈처 등

III 공공분양주택 신청자격 및 당첨자 선정방법

1. 기관추천 특별공급(국가유공자 포함)

■ 신청자격

• 입주자모집공고일(2021.10.15) 현재 수도권[서울특별시, 경기도, 인천광역시](공급 규칙 제4조제3항에 따른 지역을 말함)에 거주하고 계신 아래 **추천대상자** 중 하나에 해당하는 **무주택세대구성원**(제35조제1항제27조의2의 도시활력증진·도시재생사업을 위해 취득하는 토지 또는 건축물 소유자는 제외)으로서 「주택공급에 관한 규칙」 제35조 및 제45조에 의거, 해당 기관에서 특별공급대상자로 선정하여 우리공사에 통보된 분

추천대상자	입주자저축 구비여부
국가유공자, 장애인, 철거민, 도시활력증진지역 개발사업 또는 도시재생사업 관련 토지 또는 건축물 소유자	필요 없음
북한이탈주민, 장기복무 제대군인, 10년 이상 복무군인, 우수기능인, 중소기업근로자, 공무원, 의사상자, 납북피해자, 다문화가족, 우수선수, 대한민국체육유공자	입주자저축(주택청약종합저축, 청약저축)에 가입하여 6개월이 경과되고 매월 약정납입일에 월납입금을 6회 이상 납입한 자

※ 기관추천 특별공급 대상자별 추천기관

철거민(지자체), 국가유공자(보훈처), 장애인(지자체), 북한이탈주민(북한이탈주민정착지원사무소), 장기복무 제대군인(국가보훈처), 10년 이상 복무군인(국방부), 우수기능인(한국산업인력공단), 중소기업근로자(해당지역별 중소벤처기업청), 공무원(공무원연금관리공단), 의사상자(지자체), 납북피해자(통일부), 다문화가족(지자체), 우수선수(대한체육회), 대한민국체육유공자 및 그 유족(서울올림픽기념국민체육진흥공단), 도시활력증진지역 개발사업 또는 도시재생사업 관련 토지 또는 건축물 소유자(지자체) 등

■ 유의사항

• 추천대상자는 공고일 현재 수도권[서울특별시, 경기도, 인천광역시]([「주택공급에 관한 규칙」 제4조제3항에 따른 지역을 말함)에 거주해야 하며, 이를 위반하여 사전청약 당첨자로 선정되었음이 확인된 경우에는 사전청약 당첨 이후라도 부적격 처리하여 사전청약 부적격 당첨자로 관리됩니다.

• 분양가상한제 적용주택 등에 이미 당첨되어 재당첨 제한 기간 내에 있는 분 및 그 세대에 속한 분과 부적격 당첨으로 인해 입주자로 선정될 수 없는 기간(사전청약 모집공고일 기준 당첨일로부터 1년) 내에 있는 분은 신청할 수 없습니다.

• 자격요건을 갖춘 분 중 먼저 해당 기관에 신청하고 해당 기관이 특별공급대상자로 선정하여 우리공사에 통보한 내에 통보된 분만이 청약신청 가능합니다.

• 기관추천 특별공급은 당첨이 확정되어 있는 상태에서 신청하는 것이므로, 타 특별공급 및 일반공급에 중복신청이 불가합니다.

• 해당 기관에서 특별공급대상자로 선정통보되었다 하더라도 반드시 해당 신청일(2021.10.25~10.29)에 사전청약 홈페이지(사전청약.kr) 또는 LH청약센터 모바일앱을 통해 청약 신청하여야 합니다. [미신청 시 사전청약 당첨자 선정 불가]

• 「주택공급에 관한 규칙」 제35조부터 제47조까지의 특별공급 및 「주택공급에 관한 규칙」 개정('10.2.23)이전에 '3자녀 우선공급' 및 '노부모부양 우선공급'을 받은 분 및 그 세대에 속한 분은 특별공급을 받은 것으로 간주하므로 특별공급에 신청할 수 없습니다.(특별공급은 1회에 한하여 공급. 단, 「주택공급에 관한 규칙」 제35조제1항 제12호 내지 제14호 및 제55조에 해당하는 경우는 1회 이상 공급가능)

■ 당첨자 선정방법

• 자격요건을 갖춘 분 중 먼저 해당 기관에 신청하고 해당 기관이 특별공급대상자로 선정하여 우리공사에 통보기한 내에 통보된 분만이 사전청약 당첨자로 선정됩니다.

• 사전청약 당첨 후 본청약시 동·호 배정은 본청약 당첨자와 함께 신청 주택형 내에서 동별·층별·향별·타입별·측 세대 구분 없이 주택청약업무수행기관의 컴퓨터 프로그램에 의해 무작위 추첨합니다.(본청약시 잔여 동·호 발생 시에도 동·호 변경불가)

2. 다자녀가구 특별공급

■ 신청자격

• 입주자모집공고일(2021.10.15) 현재 수도권[서울특별시, 경기도, 인천광역시]에 거주하면서 아래 조건(①~④)을 모두 갖춘 분

① 입주자모집공고일 현재 만19세 미만(2002.10.16 ~ 2021.10.15 기간 중 출생포함)인 자녀(태아나 입양아 입양아 포함) 3명 이상을 둔 무주택세대구성원

※ 입양의 경우 입주 시까지 입양자격을 유지하여야 하고 입주자지정기간 개시일 이후 입양상태를 증명할 수 있는 서류(입양관계증명서, 가족관계증명서)를 추가로 제출하여야 하며, 서류 미제출 또는 입주 전 파양의 경우에는 부적격 처리되어 당첨 취소 및 계약 취소되며, 향후 다른 주택의 사전청약 신청이 제한됩니다.

※ 임신의 경우 입주 시 출산관련자료(출생증명서, 유산·낙태 관련 진단서, 임신 지속 시 임신진단서)를 제출하여야 하며 서류 미제출, 허위임신, 불법낙태의 경우 당첨취소 및 부적격 처리되어 향후 다른 주택의 사전청약 신청이 제한됩니다.(출산 관련 자료는 사전청약 모집공고일 현재 임신사실 확인이 가능해야 합니다.)

※ 당첨서류 제출 시 임신진단서를 제출한 분은 입주시까지 출생증명서 또는 유산·낙태 관련 진단서를 제출하여야 합니다.

② 입주자모집공고일 현재 입주자저축(주택청약종합저축, 청약저축)에 가입하여 6개월이 경과되고 매월 약정납입일에 월납입금을 6회 이상 납입한 분

③ 입주자모집공고일 현재 <표2> 부동산 및 자동차 소유에 관한 자산보유기준을 충족하는 분

④ 무주택세대구성원 전원의 월평균소득이 "<표3> 전년도 도시근로자 가구당 월평균소득 기준(태아를 포함한 가구원수가 4인 이상인 세대는 가구원수별 가구당 월평균소득을 말함)"의 120% 이하인 분

다자녀가구 특별공급 소득기준	3인 이하	4인	5인	6인	7인	8인
도시근로자 가구당 월평균소득액의 120%	7,236,192원	8,513,046	8,513,046	8,872,376	9,333,628	9,794,879

■ 당첨자 선정방법

• 경쟁이 있는 경우에는 아래의 「배점기준표」에 의한 높은 점수 순으로 당첨자를 선정합니다.

• 사전청약 당첨 후 본청약시 동·호 배정은 본청약 당첨자와 함께 신청 주택형 내에서 동별·층별·향별·타입별·측 세대 구분 없이 주택청약업무수행기관의 컴퓨터 프로그램에 의해 무작위 추첨합니다. (본청약시 잔여 동·호 발생 시에도 동·호 변경불가)

집밥도 내 집에서 먹어야 맛있다

- 신청자 본인이 동일블록 내 다자녀가구 특별공급 1개, 일반공급 1개 중복신청이 가능(특별공급간 중복신청은 불가)하나, 특별공급 주택에 당첨되면 일반공급 당첨자 선정에서 제외됩니다.
  - ※ 특별공급신청자 본인 외 다른 세대구성원이 일반공급에 중복청약하여 그 중 한 곳이라도 당첨될 경우 모두 부적격 처리되오니 유의하시기 바랍니다.

■ 배점기준표

평점요소	총배점	배점기준		비　　　고
		기　　준	점수	
계	100			
미성년 자녀수 (1)	40	5명 이상	40	자녀(태아나 입양아를 포함한다. 이하 이 표에서 같다)는 사전청약 모집공고일 현재 미성년인 경우만 포함
		4명	35	
		3명	30	
영유아 자녀수 (2)	15	3명 이상	15	영유아(태아를 포함한다)는 사전청약 모집공고일 현재 만6세 미만의 자녀
		2명	10	
		1명	5	
세대구성 (3)	5	3세대 이상	5	공급신청자와 직계존속(배우자의 직계존속을 포함하며 무주택자로 한정)이 사전청약 모집공고일 현재로부터 과거 3년 이상 계속하여 동일 주민등록등본에 등재
		한부모 가족	5	공급신청자가「한부모가족지원법 시행규칙」제3조에 따라 여성가족부 장관이 정하는 한부모 가족으로 5년이 경과된 자
무주택 기 간 (4)	20	10년 이상	20	배우자의 직계존속(공급신청자 또는 배우자와 동일 주민등록등본에 등재된 경우에 한정)도 무주택자이어야 하며, 무주택기간은 공급신청자 및 배우자의 무주택기간으로 산정
		5년 이상 10년 미만	15	
		1년 이상 5년 미만	10	
해당 시·도 거주기간 (5)	15	10년 이상	15	공급신청자가 해당 시·도*에 사전청약 모집공고일 현재까지 계속하여 거주한 기간 * 시는 광역시·특별자치시 기준이고, 도는 도·특별자치도 기준이며, 수도권의 경우 서울·경기·인천지역 전체를 해당 시·도로 본다.
		5년 이상 10년 미만	10	
		1년 이상 ~ 5년 미만	5	
입주저축 가입기간 (6)	5	10년 이상	5	사전청약 모집공고일 현재 공급신청자의 가입기간을 기준으로 하며 입주저축의 종류, 금액, 가입자 명의 변경이 될 경우에도, 최초 가입일 기준으로 산정

(1), (2) : 주민등록등본이나 가족관계증명서로 확인(이혼·재혼의 경우 자녀가 동일한 주민등록등본상에 등재된 경우(공급신청자와 동일한 세대별 주민등록등본상에
　　　　 등재되어 있지 아니한 공급신청자의 배우자와 동일한 세대를 이루고 있는 경우도 포함))에 한함)
　　　(3) : 한부모 가족의 경우 한부모가족증명서로 확인
(3), (4) : 주택소유여부 판단 시 「주택공급에 관한 규칙」제53조를 적용
(4), (5) : 주민등록등본이나 주민등록초본으로 확인
　　　(6) : 입주저축 가입확인서로 확인

※ 동점자 처리 기준 : ① 미성년 자녀수가 많은 분 ② 미성년 자녀수가 같을 경우 공급신청자의 연령(연월일 계산)이 많은 분

※ 무주택 기간(4) 산정 : 신청자가 만19세 이후의 기간을 계산하되, 신청자 및 배우자가 각각의 과거 주택을 소유하지 않은 전체기간으로 판단
　　예1) 공고일 현재 30세인 신청자와 28세인 배우자가 모두 현재까지 주택을 소유한 적이 없는 경우 무주택기간 : 10년 이상
　　예2) 공고일 현재 32세인 무주택인 신청자와 25세인 배우자(소유하던 주택을 22세에 처분)가 현재 주택을 소유하지 않은 경우 무주택기간 : 3년

※ 해당 시·도 거주기간(5) 산정 : 신청자가 만19세 이후에 해당 시도에 거주한 기간으로 판단
　　예1) 공고일 현재 35세인 신청자 계속해서 해당 시·도에 거주한 경우 : 10년 이상
　　예2) 공고일 현재 28세인 신청자 15세 전부터 해당 시·도에 거주한 경우 : 9년
　　예3) 공고일 현재 35세인 신청자 3년 전부터 해당 시·도에 거주한 경우 : 3년

■ 유의사항

- 분양가상한제 적용주택 등에 이미 당첨되어 재당첨 제한 기간 내에 있는 분 및 그 세대에 속한 분과 부적격 당첨으로 인해 입주자로 선정될 수 없는 기간(사전청약 모집공고일 기준 당첨일로부터 1년) 내에 있는 분은 신청할 수 없습니다.
- 사전청약 당첨 후 본청약시 동·호 배정은 본청약 당첨자와 함께 신청 주택형 내에서 동별·층별·향별·타입별· 세대 구분 없이 주택청약업무수행기관의 컴퓨터 프로그램에 의해 무작위 추첨합니다. (본청약시 잔여 동호 발생 시에도 동·호 변경불가)
- (금회 모집지역 모두 해당) 10년 이상 장기복무 무주택 군인으로 입주자모집공고일 현재 입주자저축에 가입하여 6개월이 경과하고, 6회 이상 납입인정된 분은 해당 주택건설지역에 거주하지 아니하여도 수도권에서 건설되는 주택을 공급받으려는 경우에는 기타지역 거주자로 청약할 수 있습니다.
- (남양주왕숙2, 의정부우정, 파주운정3 지구만 해당) 국방부장관의 추천을 받은 25년 이상 장기복무 무주택 군인으로 입주자모집공고일 현재 입주자저축에 가입하여 6개월이 경과하고, 6회 이상 납입이 인정된 분은 해당 주택건설지역에 거주하지 아니하여도 해당 주택건설지역의 거주 자격으로 신청할 수 있습니다.
- 「주택공급에 관한 규칙」제35조부터 제47조까지의 특별공급 및 「주택공급에 관한 규칙」개정('10.2.23)이전에「3자녀 우선공급」및「노부모부양 우선공급」을 받은 분 및 그 세대에 속한 분은 특별공급을 받은 것으로 간주하므로 특별공급에 신청할 수 없습니다.(특별공급은 1회에 한하여 공급 함)

<h2>3. 노부모부양 특별공급</h2>

■ 신청자격

- 입주자모집공고일(2021.10.15) 현재 수도권[서울특별시, 경기도, 인천광역시]에 거주하면서 아래 조건(①~⑤)을 모두 갖춘 분
  ① 입주자모집공고일 현재 만65세 이상의 직계존속(배우자의 직계존속 포함)을 3년 이상 계속하여 부양(같은 세대별 주민등록등본상에 등재되어 있는 경우에 한함)하고 있는 무주택세대구성원 중 세대주
    ※ 호주제가 유지된 2007년 12월 31일 이전 만60세 이상의 직계존속이나「장애인복지법」제2조에 따른 장애인인 직계존속을 부양하고 있는 호주승계예정자로서 세대주로 인정받아 청약저축에 가입한 분 또는 임대주택의 입주자로 선정된 분은 세대주로 간주합니다.
  ② 입주자모집공고일 현재 입주자저축(주택청약종합저축, 청약저축)에 가입하여「주택공급에 관한 규칙」제27조제1항에 따른 1순위자에 해당하는 무주택세대구성원
    ※ 금회 모집하는 입주자모집 단지는 「주택공급에 관한 규칙」제27조에 따라 투기과열지구 및 청약과열지역에 해당하여 아래의 일반공급 1순위 조건을 모두 만족해야 청약이 가능합니다.
    - 입주자저축(주택청약종합저축, 청약저축)에 가입하여 2년이 경과된 분으로서 매월 약정납입일에 월 납입금을 24회 이상 납입하였을 것
    - 세대주일 것
    - 무주택세대구성원으로서 과거 5년 이내에 무주택세대구성원 전원이 다른 주택의 당첨자가 되지 아니하였을 것
  ③ 입주자모집공고일 현재 <표2> 부동산 및 자동차 소유에 관한 자산보유기준을 충족한 분
  ④ 무주택세대구성원 전원의 월평균소득이 "<표3> 전년도 도시근로자 가구당 월평균소득(태아를 포함한 가구원수가 4인 이상인 세대는 가구원수별 가구당 월평균소득을 말함)"의 120% 이하인 분

노부모부양 특별공급 소득기준	3인 이하	4인	5인	6인	7인	8인
도시근로자 가구당 월평균소득의 120%	7,236,192원	8,513,046	8,513,046	8,872,376	9,333,628	9,794,879

  ⑤ 피부양 직계존속을 포함한 세대구성원 전원이 무주택이어야 함(피부양 직계존속의 배우자가 있을 경우 그 배우자도 무주택이어야 하며, 신청 시 피부양 직계존속의 배우자도 반드시 기

재하여야 하며 피부양 직계존속의 배우자가 주택을 소유하고 있었던 기간은 무주택기간에서 제외 함)

　　※ 예시 1 : 공급신청자가 만65세 이상 노부모(친모), 배우자 및 자녀를 부양하고 있으며, 세대분리 된 부(父)가 단독주택을 소유하고 있는 경우, 노부모부양 특별공급 시 무주택 검증 대상 전원이 무주택요건을 갖추지 못하므로 공급신청자는 노부모부양 특별공급 신청이 불가함

　　※ 예시 2 : 노부모, 본인(세대주인 신청자), 1주택 소유자인 누나 및 누나의 배우자가 동일한 세대를 구성하고 있는 경우, 누나는 본인과 직계존·비속 관계가 아니므로 동일한 주민등록표등본상에 등재되어 있더라도 세대구성원이 아닌 동거인으로 간주하여, 공급신청자는 노부모부양 특별공급 신청이 가능함

　　※ 노부모부양 특별공급에서는 만60세 이상의 직계존속이 주택을 소유하고 있는 경우, 다른 공급유형과 달리 무주택자로 인정되지 않음.

■ 당첨자 선정방법

· 경쟁이 있을 시에는 "<표6> 1순위 내 동일지역 경쟁 시 당첨자 선정순차"에 의하여 당첨자를 선정하며, 1순위 내에서 동점자 발생 시 추첨의 방법으로 당첨자를 선정합니다.

· 사전청약 당첨 후 본청약시 동·호 배정은 본청약시 당첨자와 함께 신청 주택형 내에서 동별·층별·향별·타입별·측 세대 구분 없이 주택청약업무수행기관의 컴퓨터 프로그램에 의해 무작위 추첨합니다. (본청약시 잔여 동호 발생 시에도 동·호 변경불가)

· 신청자 본인이 동일블록 내 노부모부양 특별공급 1개, 일반공급 1개 중복신청이 가능(특별공급간 중복신청은 불가)하나, 특별공급 주택에 당첨되면 일반공급 당첨자 선정에서 제외됩니다.

　※ 특별공급신청자 본인 외 다른 세대구성원이 일반공급에 중복청약하여 그 중 한 곳이라도 당첨될 경우 모두 부적격 처리되오니 유의하시기 바랍니다.

■ 유의사항

· 분양가상한제 적용주택 등에 이미 당첨되어 재당첨 제한 기간 내에 있는 분 및 그 세대에 속한 분과 부적격 당첨으로 인해 입주자로 선정될 수 없는 기간(사전청약 모집공고일 기준 당첨일로부터 1년) 내에 있는 분은 신청할 수 없습니다.

· (금회 모집지역 모두 해당) 10년 이상 장기복무 무주택 군인으로서 입주자모집공고일 현재 위 "신청자격 항목의 ②" 해당되는 입주자저축 요건을 구비한 분이 신청할 경우는 해당 주택건설지역에 거주하지 아니하여도 수도권에서 건설되는 주택을 공급받으려는 경우에는 기타지역 거주자로 청약할 수 있습니다.

· (남양주왕숙2, 의정부우정, 파주운정3 지구만 해당) 국방부장관의 추천을 받은 25년 이상 장기복무 무주택 군인으로서 입주자모집공고일 현재 위 "신청자격 항목의 ②"에 해당되는 입주자저축 요건을 구비한 분이 신청할 경우는 해당 주택건설지역에 거주하지 아니하여도 해당 주택건설지역의 거주자 자격으로 신청할 수 있습니다.

· "주택공급에 관한 규칙" 제35조부터 제47조까지의 특별공급 과 「주택공급에 관한 규칙」 개정('10.2.23)이전에 "3자녀 우선공급" 및 "노부모부양 우선공급"을 받은 분 및 그 세대에 속한 분은 특별공급을 받은 것으로 간주하므로 특별공급에 신청할 수 없습니다.(특별공급은 1회에 한하여 공급 함)

4. 생애최초 특별공급

■ 신청자격

· 입주자모집공고일(2021.10.15) 현재 수도권[서울특별시, 경기도, 인천광역시]에 거주하면서 아래조건(①~⑥)을 모두 갖춘 분

　① 입주자모집공고일 현재 생애최초로 주택을 구입하는 무주택세대구성원(세대에 속한 분이 과거 주택소유사실이 없어야 하며, 배우자가 결혼 전 주택소유사실이 있는 경우도 청약 불가)

　② 입주자모집공고일 현재 입주자저축(주택청약종합저축, 청약저축)에 가입하여 「주택공급에 관한 규칙」 제27조제1항에 따른 1순위자에 해당하는 무주택세대구성원으로서 저축액이 선납금을 포함하여 600만원 이상인 분

　　※ 금회 모집하는 입주자모집 단지는 「주택공급에 관한 규칙」 제27조 및 제43조에 따라 투기과열지구 및 청약과열지역에 해당하여 아래의 일반공급 1순위 조건을 모두 만족해야 청약이 가능합니다.

　　　- 입주자저축(주택청약종합저축, 청약저축)에 가입하여 2년이 경과된 분으로서 매월 약정납입일에 월 납입금을 24회 이상 납입하였을 것

　　　- 세대주일 것

　　　- 무주택세대구성원으로서 과거 5년 이내에 무주택세대구성원 전원이 다른 주택의 당첨자가 되지 아니하였을 것

　③ 입주자모집공고일 현재 혼인(재혼 포함)중이거나 미혼인 자녀(입양을 포함하며, 신청자가 혼인 중이 아닌 경우에는 동일한 주민등록표등본상에 등재되어 있는 자녀를 말함)가 있는 분

　④ 입주자모집공고일 현재 근로자 또는 자영업자, 과거 1년 내에 소득세를 납부한 분(근로자 또는 자영업자가 아닌 경우에 한함)으로서 신청자 본인이 5년 이상 소득세를 납부한 분

　　※ 소득세는 「소득세법」 제19조(사업소득) 또는 제20조(근로소득)에 해당하는 소득에 대하여 납부하는 것을 말하며, 해당 소득세 납부의무자이나 소득공제·세액공제·세액감면 등으로 납부할 무액이 없는 경우를 포함합니다.

　⑤ 입주자모집공고일 현재 "<표2> 부동산 및 자동차 소유에 관한 자산기준"을 충족한 분

　⑥ 무주택세대구성원 전원의 월평균소득이 "<표3> 전년도 도시근로자 가구당 월평균소득 기준(태아를 포함한 4인 이상인 세대는 가구원수(공급신청자의 직계존속은 공급신청자 또는 공급신청자의 배우자와 1년 이상 같은 주민등록표등본에 올라 있는 경우만 가구원 수에 포함)별 가구당 월평균소득을 말함]"의 130%이하인 분

공급유형	가구당 월평균소득 비율	3인 이하	4인	5인	6인	7인	8인
생애최초 우선공급	100% 수준	6,030,160원	7,094,205	7,094,205	7,393,647	7,778,023	8,162,399
생애최초 잔여공급	130% 수준	7,839,208원	9,222,467	9,222,467	9,611,741	10,111,430	10,611,119

■ 당첨자 선정방법

· 생애최초 특별공급 대상 세대수의 70%를 전년도 도시근로자 가구당 월평균 소득 기준의 100% 이하인 자에게 우선공급하며, 생애최초 특별공급 대상세대수의 30% 및 우선공급 잔여물량 주택은 전년도 도시근로자 가구당 월평균 소득의 130% 이하인 자에게 잔여공급 합니다.

※ 1단계 우선공급

- 입주자모집공고일 현재 위 생애최초 특별공급 신청자격에 해당되며 무주택세대구성원 전원의 월평균소득이 "<표3> 전년도 도시근로자 가구당 월평균소득[4인 이상인 세대는 가구원수(공급신청자의 직계존속은 공급신청자 또는 공급신청자의 배우자와 1년 이상 같은 주민등록표등본에 올라 있는 경우만 가구원수에 포함)별 가구당 월평균소득을 말함]"의 100% 이하인 자를 대상으로 주택형별 공급량의 70%(소수점이하는 올림)를 "<표1> 동일순위 내 지역우선 공급기준"에 따라 공급합니다.

- 경쟁이 있을 경우에는 추첨으로 당첨자를 선정합니다.

※ 2단계 잔여공급

- 입주자모집공고일 현재 위 생애최초 특별공급 신청자격에 해당되며 무주택세대구성원 전원의 월평균소득이 "<표3> 전년도 도시근로자 가구당 월평균소득[4인 이상인 세대는 가구원수(공급신청자의 직계존속은 공급신청자 또는 공급신청자의 배우자와 1년 이상 같은 주민등록표등본에 올라 있는 경우만 가구원 수 에 포함)별 가구당 월평균소득을 말함]"의 130% 이하인 자 및 1단계 우선공급 낙첨자 전원을 대상으로 잔여물량에 대하여 "<표1> 동일순위 내 지역우선 공급기준"에 따라 공급합니다.

- 경쟁이 있을 경우에는 추첨으로 당첨자를 선정합니다.

· 사전청약 당첨 후 본청약시 동·호 배정은 본청약시 당첨자와 함께 신청 주택형 내에서 동별·층별·향별·타입별·측 세대 구분 없이 주택청약업무수행기관의 컴퓨터 프로그램에 의해 무작위 추첨합니다. (본청약시 잔여 동호 발생 시에도 동·호 변경불가)

· 동일블록 내 생애최초 특별공급 1개, 일반공급 1개 중복신청이 가능(특별공급간 중복신청은 불가)하나, 특별공급 주택에 당첨되면 일반공급 당첨자 선정에서 제외됩니다.

　※ 특별공급신청자 본인 외 다른 세대구성원이 일반공급에 중복청약하여 그 중 한 곳이라도 당첨될 경우 모두 부적격 처리되오니 유의하시기 바랍니다.

■ 유의사항

- 분양가상한제 적용주택 등에 이미 당첨되어 재당첨 제한 기간 내에 있는 분 및 그 세대에 속한 분과 부적격 당첨으로 인해 입주자로 선정될 수 없는 기간(사전청약 모집공고일 기준 당첨일로부터 1년) 내에 있는 분은 신청할 수 없습니다.
- (금회 모집지역 모두 해당) 10년 이상 장기복무 무주택 군인으로서 입주자모집공고일 현재 위 「신청자격」 항목의 ②에 해당되는 입주저축 요건을 구비한 분이 신청할 경우는 해당 주택건설지역에 거주하지 아니하여도 수도권에 건설되는 주택을 공급받으려는 경우에는 기타지역 거주자로 청약할 수 있습니다.
- (남양주왕숙2, 의정부우정, 파주운정3 지구만 해당) 국방부장관의 추천을 받은 25년 이상 장기복무 무주택 군인으로서 입주자모집공고일 현재 위 「신청자격」 항목의 ②에 해당되는 입주저축요건을 충족된 분은 해당 주택건설지역의 거주자 자격으로 신청하여야 합니다.
- 「주택공급에 관한 규칙」 제35조부터 제47조까지의 특별공급 및 「주택에 관한 규칙」 개정('10.2.23)이전에 "3자녀 우선공급" 및 "노부모부양 우선공급"을 받은 분 및 그 세대에 속한 분은 특별공급을 받은 것으로 간주하므로 특별공급에 신청할 수 없습니다.(특별공급은 1회에 한하여 공급 함)

5. 신혼부부 특별공급

■ 신청자격

- 입주자모집공고일(2021.10.15) 현재 수도권[서울특별시, 경기도, 인천광역시]에 거주하면서 아래 조건(①~④)을 모두 갖춘 분
  ① 입주자모집공고일 현재 신혼부부(혼인 중인 사람으로서 혼인기간이 7년 이내인 무주택세대구성원), 예비신혼부부(혼인을 계획 중이며 해당 주택의 입주 전까지 혼인사실을 증명할 수 있으며 혼인으로 구성될 세대원 전원이 무주택인 자), 한부모가족(6세 이하(만7세 미만을 말함) 자녀(태아 포함)를 둔 무주택세대구성원)
  ※ (신혼부부) 혼인신고일부터 공고일 현재까지 계속하여 무주택자이어야 함. 단, 혼인기간 중 주택을 소유한 적이 있는 신혼부부는 '18.12.18.까지 기존 소유 주택을 처분하여 처분일로부터 공고일 현재까지 계속하여 무주택세대구성원을 유지하면서, 공고일 현재 무주택기간이 2년 이상인 경우에 한해 2순위로 청약 가능.
  ※ (예비신혼부부) 청약시 기입한 예비 배우자와의 혼인관계증명서 및 혼인으로 구성될 세대가 포함된 신청자의 세대별 주민등록표등본을 입주 전까지 우리 공사로 제출하여야 하며, 미증빙 또는 전배우자와 재혼한 사실이 확인되는 경우 「공공주택 특별법 시행규칙」 별표6. 제2호나목에 따라 사전청약 당첨 취소 및 계약이 해제되며, 입주도 불가
  ※ (한부모가족) 「한부모가족지원법」에 따른 대상자도 한부모가족으로 신청 가능하며, 자녀는 가족관계증명서 및 주민등록표등본을 통해 공고일 현재 자녀 유무 등 해당 사실을 증명할 수 있는 자를 말함.
  ② 입주자모집공고일 현재 입주자저축(주택청약종합저축, 청약저축)에 가입하여 6개월이 경과되고 매월 약정납입일에 월납입금을 6회 이상 납입한 분
  ③ 입주자모집공고일 현재 <표2> 부동산 및 자동차 소유에 관한 자산보유기준>을 충족한 분
  ④ 무주택세대구성원 전원(예비신혼부부의 경우 '혼인으로 구성될 세대'의 세대구성원 전원)의 월평균소득이 "<표3> 전년도 도시근로자 가구당 월평균소득 기준(태아를 포함한 가구원수가 4인 이상인 세대는 가구원수별 가구당 월평균소득을 말함)"의 130%(단, 배우자가 소득이 있는 경우에는 140%) 이하인 분

공급유형		가구당 월평균소득 비율	3인 이하	4인	5인	6인	7인	8인
신혼부부 우선공급	100% 수준	배우자 소득이 없는 경우 : 100%	6,030,160원	7,094,205	7,094,205	7,393,647	7,778,023	8,162,399
		배우자 소득이 있는 경우 : 120%	7,236,192원	8,513,046	8,513,046	8,872,376	9,333,628	9,794,879
신혼부부 잔여공급	130% 수준	배우자 소득이 없는 경우 : 130%	7,839,208원	9,222,467	9,222,467	9,611,741	10,111,430	10,611,119
		배우자 소득이 있는 경우 : 140%	8,442,224원	9,931,887	9,931,887	10,351,106	10,889,232	11,427,359

※ '배우자가 소득이 있는 경우'란 배우자가 근로소득 또는 사업소득이 있는 맞벌이를 말함

■ 당첨자 선정방법

- 사전청약 입주자모집공고일 현재 동일순위 내 <표1> 동일순위 내 지역우선 공급기준>에 따라 공급합니다.
- 신혼부부 특별공급 대상 세대수의 70%를 전년도 도시근로자 가구당 월평균 소득 기준의 100% 이하인 자(단, 배우자가 소득이 있는 경우에는 120% 이하)에게 우선공급하며, 신혼부부 특별공급 대상세대수의 30% 및 우선공급 잔여물량 주택은 전년도 도시근로자 가구당 월평균 소득의 130% 이하인 자(단, 배우자가 소득이 있는 경우에는 140% 이하)에게 잔여공급 합니다.

※ 1단계 우선공급
- 입주자모집공고일 현재 위 신혼부부 특별공급 신청자격에 해당되며 무주택세대구성원 전원의 월평균소득이 "<표3> 전년도 도시근로자 가구당 월평균소득(4인 이상인 세대는 가구원수별 가구당 월평균소득을 말함)"의 100% 이하인 자(단, 배우자가 소득이 있는 경우에는 120% 이하인 자)를 대상으로 주택형별 공급량의 70%(소수점이하 올림)를 "<표5> 신혼부부 특별공급 입주자 선정순위"에 따라 공급합니다.
- 동일 순위 내 <표1> 동일순위 내 지역우선 공급기준>에 따라 공급하며, 동일 순위 내에서 경쟁이 있는 경우 아래 가점항목 다득점순으로 선정하되, 순위 내에서 가점이 동일한 경우 추첨으로 당첨자를 선정합니다.

※ 2단계 잔여공급
- 입주자모집공고일 현재 위 신혼부부 특별공급 신청자격에 해당되며 무주택세대구성원 전원의 월평균소득이 "<표3> 전년도 도시근로자 가구당 월평균소득(4인 이상인 세대는 가구원수별 가구당 월평균소득을 말함)"의 130% 이하 자(배우자가 소득이 있는 경우에는 140% 이하 자) 및 1단계 우선공급 낙첨자 전원을 대상으로 잔여물량에 대하여 "<표5> 신혼부부 특별공급 입주자 선정순위"에 따라 공급합니다.
- 동일 순위 내 <표1> 동일순위 내 지역우선 공급기준>에 따라 공급하며, 동일 순위 내에서 경쟁이 있는 경우 추첨의 방법으로 당첨자를 선정합니다.

<표5> 신혼부부 특별공급 입주자 선정순위

1순위	① 혼인기간 중 자녀를 출산(임신, 입양 포함)하여 미성년인 자녀가 있는 신혼부부 ② 「민법」 제855조제2항에 따라 혼인 중의 출생자로 인정되는 혼인 외의 출생자가 있는 경우 ③ 6세 이하 자녀를 둔 한부모가족
2순위	① 예비신혼부부 ② 자녀가 있지 않는 신혼부부(18.12.18.까지 기존 소유 주택을 처분하여 처분일로부터 공고일 현재까지 계속하여 무주택세대구성원을 유지하면서, 공고일 현재 무주택기간이 2년 이상인 신혼부부 포함)

※ (입양) 입양관계증명서(입양자 및 친양자의 경우 입양신고일이 적용됨) 등으로 확인하며, 입주 시까지 입양자격을 유지하여야 하고 입주지정기간 개시일 이후 입양상태를 증명할 수 있는 서류(입양관계증명서, 가족관계증명서)를 추가로 제출하여야 하며, 서류 미제출 또는 입주 전 파양인 경우에는 부적격 처리되어 당첨 및 계약 취소되며, 향후 신청이 제한됩니다.
※ (임신) 당첨자 서류 제출 시 출산관련자료(출생증명서, 유산·낙태 관련 진단서, 임신 진단서)를 제출하여야 하며 서류 미제출, 허위임신, 불법낙태의 경우 당첨취소 및 부적격 처리되어 향후 신청이 제한됩니다.(사전청약 공고일 현재 임신사실 확인이 가능해야 합니다.)
※ 당첨서류 제출 시 임신진단서를 제출한 분은 입주시까지 출생증명서 또는 유산·낙태 관련 진단서를 제출하여야 합니다.
※ (재혼) 입주자모집공고일 현재 혼인관계에 있는 배우자와의 혼인 기간 내에 임신 중이거나 출산(입양 포함)하여 자녀가 있는 경우만 1순위에 해당합니다.

- 신혼부부 특별공급 가점항목

항목		기준	비고
가.	가구 소득	해당 세대의 월평균소득이 전년도 도시근로자 가구당 월평균 소득의 80% (배우자가 소득이 있는 경우 100%) 이하인 경우 : 1점	
나.	자녀의 수	3명 이상 : 3점 2명 : 2점 1명 : 1점	미성년자인 자녀를 말하며, 태아 포함

다.	해당 주택건설지역 연속 거주기간	3년 이상 : 3점 1년 이상 3년 미만 : 2점 1년 미만 : 1점	**사전청약 모집공고일 현재** 해당주택건설지역에 거주하는 기간을 말하며, 해당 지역에 거주하지 않는 경우는 0점. ※ 주택이 건설되는 특별시·광역시·특별자치시·특별자치도 또는 시·군의 행정구역을 말함 • **지구별 해당주택건설지역** – 남양주시 : 남양주왕숙2 – 성남시 : 성남신촌 – 의정부시 : 의정부우정 – 인천광역시 : 인천검단 – 파주시 : 파주운정3
라.	주택청약종합저축 납입 횟수	24회 이상 : 3점 12회 이상 24회 미만 : 2점 6회 이상 12회 미만 : 1점	'청약통장 순위(가입)확인서'의 납입인정 횟수를 말함
마.	혼인기간 (신혼부부에 한함)	3년 이하 : 3점 3년 초과 5년 이하 : 2점 5년 초과 7년 이하 : 1점	예비신혼부부, 한부모가족은 선택 불가
	자녀의 나이 (한부모가족에 한함)	2세 이하(만3세 미만) : 3점 2세 초과 4세 이하(만5세 미만) : 2점 4세 초과 6세 이하(만7세 미만) : 1점	가장 어린 자녀의 나이 기준으로 하되, 태아인 경우 '자녀의 나이' 가점을 선택할 수 없음 신혼부부·예비신혼부부는 선택 불가

※ '가. 가구 소득' : 전년도 도시근로자 가구당 월평균 소득의 80%

신혼부부 특별공급 소득기준	3인 이하	4인	5인	6인	7인	8인
도시근로자 가구당 월평균소득액의 80%	4,824,128원	5,675,364	5,675,364	5,914,918	6,222,418	6,529,919
도시근로자 가구당 월평균소득액의 100% (배우자의 소득이 있는 경우)	6,030,160원	7,094,205	7,094,205	7,393,647	7,778,023	8,162,399

– 소득은 사회보장시스템을 통해 조회한 자료를 기준으로 판단하며, 가구원수별 위 금액에 해당하지 않는 분이 해당 가점을 받아 당첨될 경우 해당 사실을 소명해야 하며, 소명하지 못할 경우 부적격 처리되오니 유의하여 주시기 바랍니다.

※ '나. 자녀수' 산정방법

– (일반) 입주자모집공고일 현재 신청자의 미성년 자녀수(임신/출산/입양한 자녀를 포함하며, 이하 '자녀'라고 함)를 말하며, 예비신혼부부의 경우 혼인으로 구성될 세대에 등재하는 미성년 자녀를 입력하고, 한부모가족은 신청자의 가족관계증명서와 주민등록표등본에서 확인이 되는 신청자의 자녀를 입력합니다.

– (재혼 또는 이혼) 신청자 또는 (예비)배우자의 주민등록표등본에 등재된 신청자의 자녀를 입력하되, (예비)배우자의 재혼 전 자녀(배우자의 직계비속)는 신청자의 주민등록표등본에 등재된 경우에 한하여 자녀를 입력합니다.

– (임신) 당첨자 서류제출 시 임신진단서 또는 출생신고서를 제출해야 하고, 입주 시까지 출산 또는 유산 관련 증명을 해야 하며, 서류미제출·허위임신·불법낙태의 경우 당첨 취소 및 계약 해제됩니다.

– (입양) 입주 시까지 입양을 유지하고 있음을 증명해야 하고, 파양한 경우 당첨 취소 및 계약 해제됩니다.

※ '마. 혼인기간' 관련

– 동일인과 재혼한 경우에는 이전 혼인기간을 합산하여 산정

• 사전청약 당첨 후 본청약시 동·호 배정은 본청약 당첨자와 함께 신청 주택형 내에서 동별·층별·향별·타입별·측 세대 구분 없이 주택청약업무수행기관의 컴퓨터 프로그램에 의해 무작위 추첨합니다. (본청약시 잔여 동호 발생 시에도 동·호 변경불가)

• **동일블록 내 신혼부부 특별공급 1개, 일반공급 1개 중복신청이 가능**(특별공급간 중복신청은 불가)하나, **특별공급 주택에 당첨되면** 일반공급 당첨자 선정에서 제외됩니다.

※ 특별공급신청자 본인 외 다른 세대구성원이 일반공급에 중복청약하여 그 중 한 곳이라도 당첨될 경우 모두 부적격 처리되오니 유의하시기 바랍니다.

■ **유의사항**

• 예비신혼부부의 경우 청약 시 '혼인으로 구성할 세대'를 기준으로 주택 소유, 자산 및 소득기준을 검증합니다. 따라서 신청자는 청약 전 혼인으로 구성할 세대를 결정하시고 세대원을 입력하시기 바라며, 청약 후에는 신청자가 입력한 세대원 내역을 변경할 수 없음을 알려드립니다.

• 분양가상한제 적용주택 등에 이미 당첨되어 재당첨 제한 기간 내에 있는 분 및 그 세대에 속한 분과 부적격 당첨 후 입주자로 선정될 수 없는 기간(사전청약 모집공고일 기준 당첨일로부터 1년)내에 있는 분은 신청할 수 없습니다.

• (금회 모집지역 모두 해당) 10년 이상 장기복무 무주택 군인으로서 입주자모집공고일 현재 입주자저축에 가입하여 6개월이 경과하고, 6회 이상 납입인정된 분은 해당 주택건설지역에 거주하지 아니하여도 수도권에서 건설되는 주택을 공급받으려는 경우에는 기타지역 거주자로 청약할 수 있습니다.

• (남양주왕숙2, 의정부우정, 파주운정3 지구만 해당) 국방부의 추천을 받은 25년 이상 장기복무 무주택 군인으로서 입주자저축에 가입하여 6개월이 경과하고, 6회 이상 납입인정된 분은 입주자모집공고일 현재 해당주택건설지역이 아닌 지역에 거주하고 있는 경우에도 해당주택건설지역의 거주자 자격으로 신청할 수 있습니다.

• 「주택공급에 관한 규칙」 제35조부터 제47조까지의 특별공급 및 「주택공급에 관한 규칙」 개정('10.2.23)이전에 "3자녀 우선공급" 및 "노부모부양 우선공급"을 받은 분 및 그 세대에 속한 분은 특별공급을 받은 것으로 간주하므로 특별공급에 신청할 수 없습니다.(특별공급은 1회에 한하여 공급 함)

6. 일반공급

■ **신청자격**

• **입주자모집공고일**(2021.10.15) **현재 수도권**[서울특별시, 경기도, 인천광역시]**에 거주하면서 아래 조건(①~③)을 모두 갖춘 분**

① 입주자모집공고일 현재 **입주자저축에 가입**한 분으로서 아래 당첨자선정 방법의 순위별 자격요건을 구비한 무주택세대구성원(**1페이지 무주택세대구성원 설명 참조**)

※ 주택공급신청자는 무주택세대구성원 1인만 가능합니다.

※ 금회 모집하는 입주자모집 단지는 「주택공급에 관한 규칙」 제27조에 따라 투기과열지구 및 청약과열지역에 해당하여 1순위 청약자는 아래의 일반공급 1순위 조건을 모두 만족해야 청약이 가능합니다.

– 입주자저축(주택청약종합저축, 청약저축)에 가입하여 2년이 경과된 분으로서 매월 약정납입일에 **월 납입금을 24회 이상 납입하였을 것**

– **세대주일 것**

– 무주택세대구성원으로서 과거 **5년 이내에** 무주택세대구성원 전원이 다른 주택의 당첨자가 되지 아니하였을 것(무주택세대구성원으로서 과거 5년 이내 당첨된 자의 세대에 속하지 않은 분)

"무주택세대구성원" 이란?

가. 주택의 공급을 **신청하려는 사람**(이하 '주택공급신청자'라 함)
나. 주택공급신청자의 **배우자**
다. **주택공급신청자 또는 배우자의** 세대별 주민등록표등본에 등재된 **신청자의 직계존속(배우자의 직계존속 포함 이하 같다.)**
라. **주택공급신청자 또는 배우자의** 세대별 주민등록표등본에 등재된 **신청자의 직계비속(직계비속의 배우자 포함 이하 같다.)**
마. 주택공급신청자의 세대별 주민등록표등본에 등재된 신청자의 **배우자의 직계비속**

② (전용면적 60㎡이하의 경우) 입주자모집공고일 현재 **"<표2> 부동산 및 자동차 소유에 관한 자산보유기준"**을 충족한 분

- 14 -

③ (전용면적 60㎡이하인 경우) 무주택세대구성원 전원의 월평균소득이 "<표3> 전년도 도시근로자 가구당 월평균소득 기준(태아를 포함한 가구원수가 4인 이상이며 세대는 가구원수별 가구당 월평균소득을 말함"의 100% 이하인 분

전용면적 60㎡이하 주택 공급신청자의 소득기준	3인 이하	4인	5인	6인	7인	8인
도시근로자 가구당 월평균소득액의 100%	6,030,160원	7,094,205	7,094,205	7,393,647	7,778,023	8,162,399

■ 당첨자 선정방법

• 입주자모집공고일 현재 동일순위 내 "<표1> 청약순위 내 지역우선 공급기준"에 따라 공급합니다.

• 주택형별로 지역우선 공급기준에 따라 지역별 거주자를 구분하여 접수받고, 순위별 신청접수 결과 특별공급 잔여물량과 일반공급 물량을 합산한 물량의 100%에 미달된 주택형에 한해 익일 차순위 청약접수 받으며, 2순위까지 청약 접수한 결과 신청자 수가 특별공급 잔여물량과 일반공급 물량에 미달하더라도 익일 접수받지 않습니다.

 - 성남신촌, 의정부부정 지구의 경우, 일반공급 1순위 접수 중 '21.11.01(월) 08:00~18:00'에는 '해당지역 거주기간(성남신촌 지구의 경우 사전청약 공고일 현재 해당지역 거주하며, 본청약 공고일까지 해당지역 거주기간 이상 거주 예정인자 포함) 충족하고 무주택기간 3년 이상 & 납입인정금액 600만원 이상'을 충족하는 분에 한하며, '21.11.01(월) 청약자 수가 모집호수의 100%에 미달되는 경우 1순위 전체 해당지역 거주, 1순위 기타지역(수도권) 거주, 2순위를 차례대로 접수 받으며, 100%초과 시 1순위 전체 해당지역 거주, 1순위 기타지역(수도권) 거주, 2순위 접수는 받지 않습니다.

 - 남양주왕숙2, 인천검단, 파주운정3 지구의 경우, 일반공급 1순위 청약자 수가 모집호수의 100%에 미달되는 경우 2순위를 차례대로 접수 받으며, 100%초과 시 2순위 접수는 받지 않습니다.

• 사전청약 접수 후 본청약시 동·호 배정은 본청약 당첨자와 함께 신청 주택형 내에서 동별·층별·향별·타입별·측 세대 구분 없이 주택청약업무수행기관의 컴퓨터 프로그램에 의해 무작위 추첨합니다. (본청약시 잔여 동호 발생 시에도 동·호 변경불가)

• 1순위자는 접수마달 시에도 2순위자 신청일에 1순위로 신청할 수 없습니다.

• 신청자가 속한 세대의 다른 세대구성원이 일반공급에 중복청약하여, 그 중 한 곳이라도 당첨될 경우 모두 부적격 처리되오니 유의하시기 바랍니다.

• 당첨자 선정은 순위별 자격요건에 따라 선정하며, 1순위 내에서 경쟁이 있을 시에는 "<표6> 1순위 내 동일지역 경쟁 시 당첨자 선정순차"에 따라 당첨자를 결정하며, 1순위 내 동일 순차 및 2순위 경쟁이 있는 경우 추첨의 방법으로 당첨자를 선정합니다.

순위	순위별 자격요건
1순위	다음의 요건을 모두 충족하는 분 - 입주저축(주택청약종합저축, 청약저축)에 가입하여 2년이 경과된 분으로서 매월 약정납입일에 월 납입금을 24회 이상 납입하였을 것 - 세대주일 것 - 무주택세대구성원으로서 과거 5년 이내에 무주택세대구성원 전원이 다른 주택의 당첨자가 되지 아니하였을 것
2순위	입주저축(주택청약종합저축, 청약저축)에 가입하였으나 1순위에 해당되지 아니하는 분.

<표6> 1순위 내 동일지역 경쟁 시 당첨자 선정순차

[전용 40㎡초과] 1순위 내 동일지역 경쟁 시 당첨자 선정순차

가. 3년 이상의 기간 무주택세대구성원으로서 저축총액(주택청약종합저축 및 청약저축은 매월 최대 10만원까지만 인정)이 많은 분
나. 저축총액이 많은 분

※ 무주택기간 인정기준

해 당 사 항
- 무주택기간은 입주자모집공고일(2021.10.15) 현재 무주택세대구성원 전원이 주택을 소유하지 아니한 기간 (무주택세대구성원 중 주택공급신청자의 무주택기간은 만30세가 되는 날부터 계산하며, 만30세 이전에 혼인한 경우 혼인신고일부터 계산)이며, 무주택세대구성원이 주택을 소유한 사실이 있는 경우에는 그 주택을 처분한 후 무주택이 된 날부터 기간을 산정(주택소유여부는 "II. 신청기준의 '2. 무주택세대구성원' 및 주택소유여부판정기준" 참조) 예시1 : 미혼인 신청자가 현재 만34세이고, 무주택세대구성원 전원이 한 번도 주택을 소유한 적이 없을 경우 무주택기간은 4년. 예시2 : 미혼인 신청자가 현재 만35세이고, 무주택세대구성원이 가장 최근에 주택을 처분한 지 1년이 되었다면, 무주택기간은 1년. 예시3 : 기혼(만26세 혼인)인 신청자가 현재 만31세이고, 무주택세대구성원 전원이 한 번도 주택을 소유한 적이 없을 경우 무주택기간은 5년. 예시4 : 기혼(만26세 혼인)인 신청자가 현재 만34세이고, 무주택세대구성원이 주택을 처분한 지 2년이 되었다면, 무주택기간은 2년. 예시5 : 현재 만32세 미혼(만26세에 혼인 후 이혼)인 신청자의 무주택기간은 6년임. 예시6 : 현재 만28세 미혼인 신청자의 무주택기간은 0년임. ※ 참고 : 배우자가 혼인 전 주택을 소유했더라도, 혼인 전 해당 주택을 처분한다면 신청자의 무주택기간에는 영향이 없습니다.

■ 유의사항

• 분양가상한제 적용주택 등에 이미 당첨되어 재당첨 제한 기간 내에 있는 분 및 그 세대에 속한 분과 부적격 당첨으로 인해 입주자로 선정될 수 없는 기간(사전청약 모집공고일 기준 당첨일로부터 1년)내에 있는 분은 신청할 수 없습니다.

• 금회 당첨자(사전청약 당첨자)로 선정된 분은 사전청약 입주자모집공고일부터 본청약 당첨자 선정까지 무주택세대구성원 자격을 유지해야 하며, 해당 자격을 유지하지 못하였음이 판명된 경우 사전청약 당첨이 취소됩니다.

• (금회 모집지역 모두 해당) 10년 이상 장기복무 무주택 군인으로서 입주자모집공고일 현재 위 "신청자격 항목의 ①"해당되는 입주자저축 요건이 충족된 분은 신청할 경우 해당 주택건설지역에 거주하지 아니하여도 기타지역에 거주자로 청약할 수 있습니다.

• (남양주왕숙2, 의정부부정, 파주운정3 지구만 해당) 국방부장관의 추천을 받은 25년 이상 장기복무 무주택 군인으로서 입주자모집공고일 현재 위 "신청자격 항목의 ①"해당되는 입주자저축 요건이 충족된 분은 해당 주택건설지역에 거주하지 아니하여도 해당 주택건설지역의 거주자 자격으로 신청할 수 있습니다.

Ⅳ 신청 시 확인사항 [재당첨제한, 전매제한, 거주의무, 주택우선매입 등]

1. 분양가상한제 적용주택 등의 당첨사실 조회 방법

한국부동산원 주택 청약서비스(www.applyhome.co.kr) → 청약자격확인 → 청약제한사항 확인 → 공동인증서(구:공인인증서) 인증 → 조회기준일 입력 → 조회

■ '주택공급에 관한 규칙' 제54조에 의한 재당첨제한 적용주택(분양가상한제 적용주택, 분양전환 되는 임대주택, 토지임대부 분양주택, 투기과열지구 및 청약과열지역에서 공급되는 주택 등)에 기 당첨되어 재당첨 제한 기간 내에 있는 분 및 그 세대에 속한 분과 '주택공급에 관한 규칙' 제8조에 의한 부적격 당첨 후 입주자로 선정될 수 없는 기간(사전청약 모집공고일 기준 당첨일로부터 1년)내에 있는 분은 금회 사전청약에 신청할 수 없습니다.

■ 신청자, (예비)배우자 및 세대원은 각자의 공동인증서(구:공인인증서)를 이용하여 각각 검색하여야 합니다.

■ (예비)배우자의 혼인 전 당첨사실도 주택공급신청자의 청약신청 시 영향이 있으므로, 이를 감안하여 판단하여야 합니다.
■ 공동인증서를 발급받지 않은 경우 입주자저축 가입은행에서 당첨사실을 조회하실 수 있습니다.

2. 전매제한, 재당첨 제한, 거주의무, 주택우선매입 안내

■ 구체적인 전매제한 및 거주의무 기간은 본청약 시점에서 인근지역 주택매매가격 등을 감안한 분양가심사위원회 심의를 거쳐 결정됩니다.
■ 전매제한, 거주의무, 재당첨제한 등의 사항은 본청약 시점의 관계법령을 적용 받으며 향후 관계법령 개정에 따라 변경될 수 있습니다.
■ 금회 공급되는 주택은 투기과열지구 및 청약과열지역에서 공급되는 분양가 상한제 적용주택으로 본청약 입주자모집공고에 신청하여 당첨자로 선정될 경우 본청약 당첨자발표일로부터 「주택공급에 관한 규칙」 제54조에 따른 기간 동안 재당첨제한이 적용되고, 「주택법 시행령」 제60조의2 및 동 시행령 제73조에 의거하여 아래와 같이 전매제한 및 거주의무가 적용될 예정이오니 참고하시기 바랍니다.
■ 구체적인 전매제한 및 거주의무 기간은 본청약 시점의 관계법령을 적용받아 결정될 예정이며, 현행 법령에 따른 내용은 아래 표를 참고하시기 바랍니다.

기준	투기과열지구 (성남신촌, 인천검단)		투기과열지구 외의 지역 (남양주왕숙2, 의정부주양, 파주운정3)	
	전매제한	거주의무	전매제한	거주의무
분양가격이 인근지역 주택매매가격의 100퍼센트 이상인 경우	5년	-	3년	-
분양가격이 인근지역 주택매매가격의 80퍼센트 이상 100퍼센트 미만인 경우	8년	3년	6년	3년
분양가격이 인근지역 주택매매가격의 80퍼센트 미만인 경우	10년	5년	8년	5년

■ 전매제한 및 재당첨제한의 산정기준일은 본청약 당첨자 발표일이며, 거주의무의 산정기준일은 해당 주택의 최초 입주가능일입니다.
■ 전매제한의 예외)시 주택우선매입 공공주택특별법 제49조의6에 의거 당첨자(사전청약 당첨자)로서 전매제한기간 내에 생업상의 사정 등으로 전매가 불가피하다고 해당 입주자로 선정된 지위 또는 주택을 전매(입주자로 선정된 지위 또는 주택의 일부를 배우자에게 증여하는 경우는 제외)할 수 있다고 인정하는 경우 우리 공사에 주택의 매입을 신청하여야 하며, 우리 공사는 입주예정자가 납부한 입주금과 그 입주금에 「은행법」에 따른 1년 만기 정기예금의 평균이자율을 적용한 이자를 합산한 금액을 입주예정자에게 지급하고 주택을 매입합니다.
■ 거주의무 미준수시 주택우선매입) 금회 공급되는 주택은 「주택법」 제57조의2에 따라 공급가능일로부터 각 블록별로 정해지는 거주의무기간 동안 해당 주택에 계속 거주해야 합니다. 다만, 해외 체류 등 이한 사유가 있는 때에는 그 기간은 해당 주택에 거주한 것으로 봅니다. 거주의무대상자가 부득이한 사유 없이 거주하지 않은 경우 우리 공사에 매입을 신청하여야 하며, 우리 공사는 입주예정자가 납부한 입주금과 그 입주금에 「은행법」에 따른 1년 만기 정기예금의 평균이자율을 적용한 이자를 합산한 금액을 입주예정자에게 지급하고 주택을 매입합니다.

3. 중복청약 및 당첨 시 처리기준

■ 공통 적용사항
• 1세대 내 무주택세대구성원(1페이지 무주택세대구성원 설명 참조) 중 1인만 신청가능하며, 공급신청자와 동일한 세대의 세대원 2인 이상이 각각 신청·중복청약하여 한 곳이라도 당첨될 경우 모두 부적격 처리됩니다. (사전청약 당첨일로부터 1년간 다른 주택의 사전청약 당첨자로 선정될 수 없음)
• 동일세대 내에서 1인 신청자는 '21.10.15 사전청약 입주자모집(공공분양, 신혼희망타운) 단지에 중복 또는 교차청약 시 모두 부적격 처리됨을 유의하시기 바랍니다.
  (단, 공공분양주택의 신청자 본인이 동일블록 내 특별공급과 일반공급에 중복신청은 가능하며, 이 때 특별공급 당첨자로 선정될 경우 일반공급 당첨자 선정에서 제외됨)
■ 다자녀가구·노부모부양·생애최초·신혼부부 특별공급
• 공급유형별로 자격요건을 충족하는 분은 동일블록 내 특별공급 1개, 일반공급 1개 중복신청이 가능하나 특별공급 당첨자로 선정되면 일반공급 당첨자 선정에서 제외됩니다(단, 특별공급신청자 본인 외 다른 세대구성원이 일반공급에 중복 청약하여 한 곳이라도 당첨될 경우 모두 부적격 처리됩니다).
• 특별공급시 중복 신청을 할 수 없으며 다자녀가구·노부모부양·생애최초·신혼부부 특별공급 중 2개 이상의 자격에 해당할 경우에도, 하나의 특별공급만 신청 가능하고 중복 청약하여 한 곳이라도 당첨된 경우 모두 부적격 처리됩니다.(사전청약 당첨일로부터 1년간 다른 주택의 사전청약 당첨자로 선정될 수 없음)
• 신혼부부 특별공급 중 예비신혼부부의 경우 신청자 외 예비배우자가 다른 특별공급 및 일반공급에 중복 청약하여 한 곳이라도 당첨될 경우 모두 부적격 처리됩니다.
■ 기관추천 특별공급
• 기관추천 특별공급 당첨예정자는 당첨이 확정되어 있는 상태에서 신청하는 것이므로, 타 특별공급 및 일반공급에 중복신청이 불가하며 사전청약 당첨자 또는 그 세대원이 타 특별공급 및 일반공급에 중복청약할 경우 모두 부적격 처리됩니다.

V 신청일정 및 신청접수 유의사항

1. 신청일정

★ 사전청약은 코로나19 바이러스 전염에 예방과 고객님의 안전을 위해 인터넷 신청을 원칙으로 합니다.
■ 사전청약 2차지구 공공분양 입주자모집 신청일정

일정구분		접수기간	장소
특별공급 (전체)		10.25(월) 10:00~10.29(금) 17:00	· 인터넷신청 - 사전청약 홈페이지 (사전청약.kr) - LH청약센터 모바일앱 · 인터넷 대행 현장 접수 - 지구별 현장접수처(아래 현장접수처 표 참고) · 단 양 터넷 현장 접수는 인터넷 사용 취약자 (만 65세 이상 고령자 및 장애인)를 대상으로 제한적으로 운영 · 현장접수처는 접수기간 내 주중(공휴일 제외) 10:00~17:00에만 운영합니다.
일반공급 (1순위)	해당지역 거주	- 무주택기간 3년 이상이고 납입인정 금액 600만원 이상인 자	11.01(월) 08:00~18:00	
		- 1순위 전체	11.02(화) 08:00~18:00	
	경기도 및 기타지역(수도권) 거주	11.03(수) 10:00~11.05(금) 17:00	
일반공급 (2순위)	전체	11.08(월) 08:00~18:00	
당첨자발표		11.25(목) 14:00	

※ 인터넷대행 현장 접수는 사전에 방문예약을 신청한 분에 한하여 가능하므로 사전청약 홈페이지(사전청약.kr)에서 각 현장접수처 별 담당지구 및 청약일정을 숙지하시어 방문예약을 신청하여 주시기 바랍니다.
※ 현장접수처 운영기간 중 사회적 거리두기 상향 조정 또는 코로나19 바이러스 확진자가 발생 시 현장접수는 운영 종료 또는 즉시 폐쇄되고 인터넷 신청으로만 진행될 수 있으니 이점 양지하여 주시기 바랍니다.
※ 일반공급 1순위 내에서 '해당지역 거주자'(사전청약 공고일 현재 해당지역에 거주하며, 본청약 공고일까지 해당지역 거주기간 이상 거주 예정인자 포함)는 '경기도 및 기타지역(수도권)에 신청일에 해당지역에 거주자로 신청할 수 있습니다.
※ 성남신촌, 의정부주양 지구의 경우, 일반공급 1순위 접수 중 '21.11.01(월) 08:00~18:00'에는 '해당지역 거주자'(성남신촌 지구의 경우 사전청약 공고일 현재 해당지역에 거주하며, 본청약 공고일까지 해당지역 거주기간 이상 거주 예정인자 포함) 충족하고 무주택기간 3년 이상 및 납입인정금액 600만원 이상을 충족하는 분에 한하여, '21.11.01(월) 청약자 수가 모집호수의 100%에 미달되는 경우 1순위 전체 해당지역 거주, 1순위 기타지역(수도권) 거주, 2순위 순으로 차례대로 접수 받으며 100%초과 시 1순위 전체 해당지역 거주, 2순위 순으로 접수 받지 않습니다.
※ 남양주왕숙2, 인천검단, 파주운정3 지구의 경우, 일반공급 1순위 청약자 수가 모집호수의 100%에 미달되는 경우 2순위를 차례대로 접수 받으며, 100%초과 시 2순위는 접수 받지 않습니다.
※ 일반공급 순위별 접수결과 및 마감여부는 해당 접수마감일 오후 9시 이후 사전청약 홈페이지(사전청약.kr)에 게시할 예정이나 접수 및 집계 상황에 따라 게시시간은 변동될 수 있습니다.

집 밥 도 내 집 에 서 먹 어 야 맛 있 다

※ 당첨자 서류제출 일정은 당첨자발표 이후 사전청약 홈페이지(사전청약.kr)에 안내될 예정입니다.
※ 상기 '해당지역 거주', '경기도 및 기타지역(수도권) 거주' 해당 사항은 아래 표를 참고하시어 신청하여 주시기 바랍니다.

■ 청약 접수시 신청지구별 지역우선 자격사항

신청 지구	지역우선 공급 구분	자격사항
남양주왕숙2	해당지역 거주	· 사전청약 공고일 현재 남양주시 1년 이상 거주자 · 사전청약 공고일 현재 남양주시 거주하며, 본청약 공고일까지 남양주시 1년 이상 거주 예정인 자
	경기도	· 사전청약 공고일 현재 경기도 6개월 이상 거주자 · 사전청약 공고일 현재 경기도에 거주하며, 본청약 공고시까지 경기도 6개월 이상 거주 예정인 자
	기타지역(수도권)거주	· 사전청약 공고일 현재 수도권 거주자
성남신촌	해당지역 거주	· 사전청약 공고일 현재 성남시 2년 이상 거주자 · 사전청약 공고일 현재 성남시 거주하며, 본청약 공고일까지 성남시 2년 이상 거주 예정인 자
	기타지역(수도권)거주	· 사전청약 공고일 현재 수도권 거주자
의정부우정	해당지역 거주	· 사전청약 공고일 현재 의정부시 거주자
	기타지역(수도권)거주	· 사전청약 공고일 현재 수도권 거주자
인천검단	해당지역 거주	· 사전청약 공고일 현재 인천광역시 2년 이상 거주자 · 사전청약 공고일 현재 인천광역시 거주하며, 본청약 공고일까지 인천광역시 2년 이상 거주 예정인 자
	기타지역(수도권)거주	· 사전청약 공고일 현재 수도권 거주자
파주운정3	해당지역 거주	· 사전청약 공고일 현재 파주시 1년 이상 거주자 · 사전청약 공고일 현재 파주시 거주하며, 본청약 공고일까지 파주시 1년 이상 거주 예정인 자
	경기도	· 사전청약 공고일 현재 경기도 6개월 이상 거주자 · 사전청약 공고일 현재 경기도에 거주하며, 본청약 공고일까지 경기도 6개월 이상 거주 예정인 자
	기타지역(수도권)거주	· 사전청약 공고일 현재 수도권 거주자

2. 신청접수 유의사항

■ 사전청약은 코로나19 바이러스 전염예방과 고객님의 안전을 위해 인터넷 신청을 원칙으로 하오나 인터넷 청약을 위하여 신청접수일전에 공동인증서를 미리 발급 받으시기 바랍니다.
■ 청약 신청한 해당 공급유형(특별공급, 일반공급 1순위 해당지역 거주·경기도 및 기타지역(수도권) 거주, 2순위) 접수일자 마감시간 전까지 신청내용을 변경(청약 신청 취소 및 변경)할 수 있습니다.
■ 신청접수 시, 신청내용에 대한 적합성 등은 검증하지 않으며, 신청자격 적격여부 검증은 당첨된 사전청약 당첨자와 그 세대에 속한 자에 한해 실시합니다.
■ 공급구분 및 신청자격별 신청 일정이 다르므로 반드시 확인하신 후 신청하시기 바랍니다.
■ 사전청약 입주자모집 당첨발표 전 신청자의 청약저축(주택청약종합저축 포함) 순위, 납입인정금액 및 당첨자 확정 후 주택소유여부, 자산기준 등 확인을 위해 가입은행 등 해당기관에 개인정보 제공이 필수적이므로 사전청약 입주자모집 접수 시 개인정보 제공 및 활용에 동의하는 것으로 간주합니다.
■ 재당첨제한 적용주택을 공급받은 분, 부적격 당첨자로 처리되어 청약 제한 기간 내에 있는 분은 금회 공급되는 주택의 사전청약 당첨자로 선정될 수 없으므로 청약 전 반드시 '청약Home(www.applyhome.co.kr)'에 청약제한 사항을(본인 및 세대구성원) 조회 및 확인하시기 바랍니다.
■ 펌플릿 등 단지배치도, 평면도 등을 확인하신 후 주택형별로 구분하여 신청하시기 바랍니다.(공급유형별 신청기간이 지나면 청약 신청서 변경 및 취소 불가함)
■ 공급유형(특별공급 · 일반공급 1,2순위)에 따라 신청자격 등이 상이하므로 본 입주자모집공고문의 내용을 충분히 숙지하시고 유의사항 및 제한사항 등 제반사항을 본인이 직접 확인 후 청약 신청하여야 하며, 당첨 후 부적격 당첨으로 인한 불이익(사전청약 당첨일로부터 1년간 다른 주택의 사전청약 당첨자로 선정될 수 없음)을 당하는 일이 없도록 유의하여 주시기 바랍니다.
■ 인터넷 및 방문신청 방법에 대한 자세한 내용은 Ⅵ. 신청방법을 참조하시기 바랍니다.

Ⅵ   신청방법

코로나19 바이러스 전염예방과 신청자의 편의를 도모하기 위하여 인터넷 신청을 원칙으로 합니다.

1. PC인터넷 신청 · 모바일 신청

■ PC인터넷·모바일 신청방법
• 해당 신청일에 공동인증서를 소지하고 사전청약 홈페이지(사전청약.kr) 또는 LH청약센터 모바일앱에 접속하여 인터넷 신청하시기 바라며, 모바일을 통해 청약할 경우 "LH청약센터" 앱을 사전에 설치하고 공동인증서를 미리 등록하여 주시기 바랍니다.
• LH 웹사이트 또는 모바일 청약시스템의 서비스중단 등으로 인해 신청이 불가하였다고 인정되는 경우에는 LH 홈페이지(www.lh.or.kr) 또는 사전청약 홈페이지(사전청약.kr)에 공지 후 추가 접수를 받을 예정입니다.
  ※ 공동인증서는 공인인증기관(금융결제원, 코스콤, 한국정보인증, 한국전자인증, 한국무역 정보통신)중 하나의 공동인증서를 소지하여야 인터넷 신청을 할 수 있습니다.
  ※ 신청마감시간까지 청약신청을 완료(제출기준)하여야 하므로 마감시간에 임박하여 신청하지 마시고, 미리 신청하시기 바랍니다.
  ※ 인터넷 신청 시 신청 해당 유형별 접수일자 마감시간 전까지 신청내용을 변경(수정 또는 삭제)할 수 있으며, 해당 유형별 접수일자 마감시간 종료 후에는 변경(수정 또는 삭제) 할 수 없습니다.

■ PC인터넷·모바일 신청 시 유의사항
• 신청접수 시 지역구분의 주민등록표등본상 거주일 입력 시 유의사항
  ※ "<표1> 동일순위 내 지역우선 공급기준"을 참고하여 입력하여야 합니다.
• 주민등록증 주소 입력 시 : 우편번호로 지역우선을 구분하므로 지역구분 선택지역과 일치하게 주민등록상 주소, 우편번호 및 전입일자를 정확하게 입력하여야 합니다.
• 신청접수 시 신청자격을 확인(검증)하지 않고 신청자의 입력사항만으로 당첨자를 결정하므로 본인의 신청자격(청약통장 가입은행, 신청순위, 해당지역 여부, 세대구성원, 무주택여부 및 기간 등)을 정확히 확인하신 후 신청하여 주시기 바랍니다.
• 신청자격은 당첨자에 한해 우리공사에서 확인하며, 확인결과 신청자격과 다르게 당첨된 사실이 판명될 때에는 불이익(사전청약 당첨일로부터 1년간 다른 주택의 사전청약 당첨자로 선정될 수 없음)을 받게 됨을 유념하시고, 본인의 착오신청으로 인한 불이익 발생 시 우리 공사에서는 책임지지 않습니다.
• 납입인정금액 및 회차는 한국부동산원 주택청약서비스(www.applyhome.co.kr)에서 '청약통장 순위(가입)확인서'를 확인하시기 바랍니다.
  ※ 당첨자는 "청약통장 순위(가입)확인서"의 납입인정금액 및 회차를 기준으로 선정하오니 각별히 유의하시기 바랍니다.
  ※ 납입인정금액 및 회차 조회방법

구 분	조회방법
청약통장 가입자	한국부동산원 청약홈 접속 (www.applyhome.co.kr) → 청약자격 확인 → 청약통장 순위확인서 → 기타 정보 입력 후 조회
인터넷 사용 불가 시	청약통장 가입은행 방문 → 청약통장 순위(가입)확인서 발급 → 납입인정금액 및 납입인정 회차 확인

• 전산장애 등의 사유로 공급업무가 원활하지 못할 경우 공급일정 등은 변경 또는 지연될 수 있으며, 일정이 변경될 때에는 사전청약 홈페이지(사전청약.kr)를 통해 안내 드리겠습니다.

2. 현장방문 인터넷 대행접수 안내 [대상 : 인터넷 사용 취약자(만65세 이상 고령자 및 장애인)]

■ 코로나19 관련 사전청약 청약접수 안내사항

• 사전청약 신청은 코로나19 바이러스 전염예방과 고객님의 안전을 위해 인터넷 신청을 원칙으로 하오며, 현장접수처는 인터넷 사용 취약자(만 65세 이상 고령자 및 장애인)를 대상으로 제한적으로 운영하는 점 양지하여 주시기 바랍니다.

• 인터넷 청약을 위하여 신청접수일전에 공동인증서를 미리 발급 받으시기 바라며, 공급구분별, 청약순위별 신청접수일이 다르므로 반드시 해당 접수일에 청약신청하시기 바랍니다. (자격미달 해당 접수일 이외의 일자에는 접수불가 함에 유의)

■ 지구별 현장접수처 (인터넷 취약자를 위한 현장접수처는 주중에만 운영함)

접수처	해당 지구	위치	연락처
남양주 현장접수처	남양주왕숙2, 의정부우정	경기도 남양주시 별내동 816-1	031-575-8055
고양 현장접수처	인천검단, 파주운정3	경기도 고양시 덕양구 삼송동 218-4	02-381-4007
동탄 현장접수처	성남신촌	경기도 화성시 청계동 519-1	031-8077-7979

• 현재 수도권 사회적 거리두기 4단계 시행에 따라 코로나19 바이러스 확산 방지를 위해 현장접수처 개관은 사전에 방문 예약을 신청한 인터넷 사용 취약자(만 65세 이상 고령자 및 장애인)에 한하여 2021.10.25(월) 오전 10:00부터 접수기간 내 평일 10:00~17:00에만 운영될 예정이며, 추후 사회적 거리두기 발표에 따라 현장접수처 개관 일정이 변경될 수 있으므로 가급적 사전청약 홈페이지(사전청약.kr)을 통해 인터넷 청약 접수를 권장합니다.

• 현장접수처 방문예약은 사전청약 홈페이지(사전청약.kr)에서 가능하며 각 현장접수처 별 담당지구 및 청약일정을 숙지하시어 방문예약을 신청하여 주시기 바랍니다.

   ※ 인터넷 사용 취약자(만 65세 이상 고령자 및 장애인)인 신청자 본인이 직접 현장을 방문하여 청약하려는 경우 사전에 방문예약을 신청한 분에 한하여 가능합니다.
   ※ 코로나19 바이러스 전염예방과 고객님의 안전을 위해 마스크 미착용자 및 체온이 높은 분(37.5도 이상)은 현장접수처 입장이 제한될 수 있으니 이 점 널리 양해 바랍니다.
   ※ 현장접수처 운영 기간 중 사회적 거리두기 상향 조정 또는 코로나19 바이러스 확진자가 발생 시 현장접수처는 운영 종료 또는 즉시 폐쇄되고 인터넷 신청으로만 진행될 수 있으니 이점 양지하여 주시기 바랍니다.

■ 대행접수 신청방법

• 인터넷대행 접수상담은 인터넷 사용 취약자(만 65세 이상 고령자 및 장애인)인 분에 한해 사전에 방문예약을 신청한 분에 한하여 가능하므로 사전청약 홈페이지(사전청약.kr)에서 방문예약을 신청하여 주시기 바랍니다.

• 각 현장접수처 별 인터넷 대행접수를 받는 지구가 다르므로 상담 시 착오 없으시길 바랍니다.

• 인터넷 청약과 인터넷 대행접수시간이 상이하오니 착오 없으시기 바랍니다.

• 인터넷 대행접수는 고객님이 알려주시는 정보를 우리공사 직원이 입력하여 인터넷청약을 진행합니다. 인터넷 대행접수 시 고객님이 현장에서 모든 입력정보를 직접 확인하셔야 하며, 입력내용 미확인 등으로 부적격 처리될 경우 모든 책임은 고객님에게 있음을 알려드립니다.

• 인터넷대행접수 이후에는 변경·취소가 불가능하며, 변경·취소 시에는 본인이 공동인증서를 발급하여 직접 LH청약센터(apply.lh.or.kr) 또는 모바일앱에서 수정하여야 하오니, 신청 시 유의하여 주시기 바랍니다.

• 인터넷대행접수와 관련한 구비서류는 아래를 참고하시기 바랍니다.

■ 대행접수 시 구비서류

• 구비서류는 입주자모집공고일(2021.10.15) 이후 발급분에 한하며, 신청서 중 1건이라도 미비 시에는 신청이 불가합니다.

• 아래 표의 구비서류 외에 다른 서류 접수받지 않으며 증빙서류는 당첨자발표 후 당첨자에 한해서 제출받아 확인할 예정입니다.

구 분		구비서류	비 고
신청주체별 구비서류	본인 신청 시	① 신분증(주민등록증, 운전면허증, 여권만 인정) ② 신청자의 주민등록표등본 및 초본 ※"주민등록번호", "세대구성사유 및 일자", "세대주관계", "전입일/변동일/변동사유"가 반드시 모두 표기되도록 발급 ※ 신청자의 주민등록표등본에 배우자가 등재되어 있지 않은 경우 배우자의 주민등록표등본 추가 제출 ③ 도장(서명가능)	신청자 구비
	제3자 대리 신청 시 (본인 이외에는 모두 대리 신청자로 간주)	① 위임장(신청자의 인감도장이 날인된 위임장) 또는 본인(신청자)이 자필 서명한 위임장(본인서명사실확인서상의 서명일 것) ② 본인(신청자) 인감증명서(본인발급용) 또는 신청자 본인서명사실확인서(수임인 서명란에 대리인 성명을 반드시 명기) ③ 본인(신청자) 인감도장(본인서명사실확인서 첨부 시 불요) ④ 본인(신청자) 및 대리인의 신분증(주민등록증, 운전면허증, 여권만 인정) ⑤ 신청자의 주민등록표등본 및 초본 ※"주민등록번호", "세대구성사유 및 일자", "세대주관계", "전입일/변동일/변동사유"가 반드시 모두 표기되도록 발급 ※ 신청자의 주민등록표등본에 배우자가 등재되어 있지 않은 경우 배우자의 주민등록표등본 추가 제출	신청자 구비

Ⅶ | 추첨, 당첨자 발표, 서류제출 등

1. 추첨 및 당첨자(사전청약 당첨자) 발표

■ 사전청약 당첨자 추첨

• 추첨 일시 및 장소는 현재 미정으로 추후 확정 시 사전청약 홈페이지(사전청약.kr)에 공지될 예정입니다.

• 사전청약 당첨자 추첨 참관은 신청자 본인에 한하여 가능하며 원하시는 분은 LH사전청약팀(경상남도 진주시 충의로 19, 연락처 : 055-922-3357)으로 사전에 신청하여 주시기 바랍니다. 다만, 코로나19 바이러스 전염예방과 고객님의 안전을 위해 참관인원은 최소인원으로 운영하고 선착순 모집함에 따라 접수는 조기 마감될 수 있습니다.

■ 당첨자 발표 일정 및 장소

당첨자 발표	당첨자 확인 방법
2021.11.25(목) 14:00 사전청약 홈페이지(사전청약.kr), LH청약센터 및 모바일앱	＊ 사전청약 홈페이지(사전청약.kr) → 공급정보 → 당첨자 명단 ＊ LH청약센터(apply.lh.or.kr) 및 모바일앱 → "사전청약" 클릭 → 당첨자서비스 → 당첨조회(공동인증서 로그인)

• 사전청약 당첨자는 당첨자 서류제출 기한 내에 관련서류를 제출하여야 하고 미제출 시 사전청약 당첨 포기(사전청약 당첨일로부터 1년간 다른 사전청약 당첨자로 선정될 수 없습니다)로 간주됩니다.

집밥도 내 집에서 먹어야 맛있다

※ 당첨자 서류제출 일정 및 제출장소는 당첨자발표 이후 사전청약 홈페이지(사전청약.kr) 안내할 예정입니다.

※ 당첨자 명단은 SMS 안내, 사전청약 홈페이지(사전청약.kr)에 게시되오나, 안내 착오 가능성이 있어 전화문의에는 응답할 수 없으므로 사전청약 홈페이지(사전청약.kr) 또는 LH청약센터 모바일앱으로 신청자 본인이 직접 확인하시기 바랍니다.

※ 당첨 이후 부적격자로 판명되는 경우에도 선정된 사전청약 당첨자는 부적격자가 아님을 증명 할 수 있는 서류를 제출하여야 하며, 미제출시 사전청약 당첨이 취소됩니다.

2. 당첨자(사전청약 당첨자) 제출서류

■ 공동 안내사항

- 당첨자는 서류제출 기한(추후 사전청약 홈페이지에서 안내될 예정)내에 관련서류를 제출해야 하며, 서류제출기간 내에 서류를 제출하지 않을 경우 사전청약 당첨 포기(사전청약 당첨자로 관리, 당첨일로부터 1년간 다른 주택단지의 사전청약 당첨자로 선정될 수 없음)로 간주하오니 유의하시기 바랍니다.
- 모든 제출 서류는 입주자모집공고일(2021.10.15) 이후 발급분에 한하며, 직인날인이 없거나 직인날인 된 서류를 팩스로 전송받은 서류는 인정하지 않습니다.
- 위변조된 서류 등을 제출할 경우, 「주택법」제65조(공급질서 교란)으로 최대 10년의 범위에서 입주자격이 제한되며, 3년 이하의 징역 또는 3천만원 이하의 벌금에 처해질 수 있습니다.
- 신청자에 맞는 제증명서(당첨자 제출서류 참조)를 제출하여야 하며, 신청자의 착오 등으로 신청내용과 제출서류가 상이할 경우 당첨을 취소하며, 부적격 당첨에 따른 결과는 신청자 본인의 책임입니다.
- 당첨자가 신청한 내용과 당첨 후 실제의 내용이 다를 경우 별도의 보완자료 등으로 당첨자격을 소명하여야 하며, 소명자료 제출관련사항은 해당자에게 별도 안내예정입니다.
- 본인 및 배우자 이외에는 모두 대리 제출자로 간주하며(직계 존비속 포함), 대리 제출자는 위임장, 본인의 인감도장 및 인감증명서(또는 본인서명사실확인서), 본인 및 대리인의 신분증을 추가로 구비하여야 합니다.
- 당첨자의 배우자가 재외국민인 경우 주민등록본, 외국인인 경우에는 국내거소신고증(또는 국내거소사실증명서), 외국인등록증(또는 외국인등록사실증명서)를 제출하여야 하며, 미제출로 인한 책임은 본인에게 있습니다.
- 제출하신 서류는 「주택공급에 관한 규칙」제24조에 따라 입주자로 선정되지 아니한 경우 접수일로부터 6개월간, 입주자로 선정 된 경우 접수일로부터 5년(단, 당첨된 주택의 접수일로부터 본청약 신청까지가 5년을 초과하는 경우 해당 주택의 본청약 신청일까지 보관)동안 보관한 뒤에 해당 기간이 경과하고 나면 폐기합니다.
- 관계 법령에 따라 공고문에 표기된 서류 외 추가 서류를 요구할 수 있습니다.

■ 일반공급 당첨자 제출서류

서류유형 필수	서류유형 추가(해당자)	해당서류	발급기준	서류 제출대상 및 유의사항
○		① 주민등록등본	본인	• 반드시 주소변동사항, 세대주와의 관계, 세대원의 전입일/변동사유, 세대구성사유, 세대원의 이름 및 주민등록번호 등을 전부 포함하여 발급
	○		배우자 및 세대구성원	• 당첨자의 주민등록표등본에 배우자가 등재되어 있지 않은 경우 배우자의 주민등록표등본 제출 • 공고 이후 '공고일 현재 세대주'와 등본이 분리된 공급신청자는 공고일 당시 세대주 및 세대구성원의 주민등록표등본 제출
	○	② 개인정보 수집이용 제3자 제공동의서 (자산 소득 조회용)	본인 및 세대구성원	• 사전청약 홈페이지(사전청약.kr)에 게시된 동의서를 미리 작성하여 본인 및 세대구성원 전원이 서명하여 제출하여야 하며, 동의서를 제출하지 않을 경우 사회보장정보시스템을 통한 적격심사가 불가하여 당첨자로 선정이 불가함 • 당첨자 및 세대구성원 전원(주민등록표등본상 분리된 배우자 및 그 세대 포함) • 만14세 이상의 세대구성원은 본인이 직접 서명하고, 만14세 미만의 세대구성원은 보호자(법정대리인)가 서명함
○		③ 주민등록표초본	본인	• 반드시 인적사항 변경 내용, 주소변동 사항, 세대주성명/관계 등을 전부 포함하여 발급
	○		배우자 및 세대구성원	• 공고 이후 '공고일 현재 세대주' 등본이 분리된 공급신청자는 공고일 당시 세대주 및 세대구성원의 주민등록표초본 제출 (상기 초본 발급 유의사항에 따라 발급)
	○	④ 가족관계증명서(상세내역)	본인	• 반드시 주민등록번호를 포함하여 발급 • 당첨자의 배우자가 없거나 주민등록표등본에 배우자가 등재되어 있지 않은 경우
	○	⑤ 혼인관계증명서(상세내역)	본인	• 만30세 이전에 혼인하여 '공고일 현재 3년 이상의 무주택기간'을 인정받고자 할 경우
	○	⑥ 재직증명서	본인	• (남양주왕숙2, 의정부우정, 파주운정3 지구만 해당) 해당주택건설지역 이외의 지역에 거주하는 분이 입주자모집공고일 현재 25년 이상 장기복무 군인자격으로 신청한 경우 • 수도권 이외의 지역에 거주하는 분이 입주자모집공고일 현재 10년 이상 장기복무 군인자격으로 신청한 경우
	○	⑦ 임신증명서류 또는 출산증명서	본인 (또는 배우자)	• (공공주택 60㎡이하의 경우) 소득산정 시 가구원수에서 태아를 인정받고자 하는 경우 • 임신증명서류(임신진단서, 유산·낙태 관련 진단서 등)는 공고일 현재 임신사실 확인이 가능하여야 함
○		⑧ 출입국에 관한 사실증명	본인	• 기록대조일을 본인 생년월일 ~ 입주자모집공고일(2021.10.15)로, 출입국기록출력 여부를 Y로 설정하여 발급

■ 특별공급(기관추천 · 다자녀 · 노부모부양 · 생애최초 · 신혼부부) 당첨자 제출서류

구 분	서류유형 필수	서류유형 추가(해당자)	해 당 서 류	발급기준	서류 제출대상 및 유의사항
공통서류 (기관추천 특별공급)	○		① 주민등록등본	본인	• 반드시 주소변동사항, 세대주의 관계, 세대원의 전입일/변동사유, 세대구성사유, 세대원의 이름 및 주민등록번호 등을 전부 포함하여 발급
		○		배우자 및 세대구성원	• 당첨자의 주민등록표등본에 배우자가 등재되어 있지 않은 경우 배우자의 주민등록표등본 제출 • 공고 이후 '공고일 현재 세대주'와 등본이 분리된 공급신청자는 공고일 당시 세대주 및 세대구성원의 주민등록표등본 제출
		○	② 개인정보 수집이용 제3자 제공동의서	본인 및 세대구성원	• 사전청약 홈페이지(사전청약.kr)에 게시된 동의서를 미리 작성하여 본인 및 세대구성원 전원이 서명하여 제출하여야 하며, 동의서를 제출하지 않을 경우 사회보장정보시스템을 통한 적격심사가 불가하여 당첨자로 선정이 불가함 • 당첨자 및 세대구성원 전원(주민등록표등본상 분리된 배우자 및 그 세대 포함) (예비신혼부부로서 청약한 경우) 예비배우자 및 혼인으로 구성될 세대원 • 만14세 이상의 세대구성원은 본인이 직접 서명하고, 만14세 미만의 세대구성원은 보호자(법정대리인)가 서명함
	○		③ 주민등록표초본	본인	• 반드시 인적사항 변경 내용, 주소변동 사항, 세대주성명/관계 등을 전부 포함하여 발급
		○		배우자 및 세대구성원	• 공고 이후 '공고일 현재 세대주'와 등본이 분리된 공급신청자는 공고일 당시 세대주 및 세대구성원의 주민등록표초본 제출 (상기 초본 발급 유의사항에 따라 발급) • (예비신혼부부로서 청약한 경우) 예비배우자 및 혼인으로 구성될 세대원
		○	④ 가족관계증명서(상세내역)	본인	• 반드시 주민등록번호를 포함하여 발급 • 당첨자의 배우자가 없거나 주민등록표등본에 배우자가 등재되어 있지 않은 경우
		○	⑥ 재직증명서	본인	• (남양주왕숙2, 의정부우정, 파주운정3 지구만 해당) 해당주택건설지역 이외의 지역에 거주하는 분이 입주자모집공고일 현재 25년 이상 장기복무 군인자격으로 신청한 경우 • 수도권 이외의 지역에 거주하는 분이 입주자모집공고일 현재 10년 이상 장기복무 군인자격으로 신청한 경우
		○	⑦ 임신증명서류 또는 출산증명서	본인 (또는 배우자)	• 소득산정 시 가구원수에서 태아를 인정받고자 하는 경우 • 임신증명서류(임신진단서, 유산·낙태 관련 진단서 등)는 공고일 현재 임신사실 확인이 가능하여야 함
		○	⑧ 출입국에 관한 사실증명	본인	• 기록대조일을 본인 생년월일 ~ 입주자모집공고일(2021.10.15)로, 출입국기록출력 여부를 Y로 설정하여 발급

구분	필수	추가 (해당자)	해당서류	발급기준	서류 제출대상 및 유의사항
다자녀가구 특별공급		○	① 주민등록표초본	피부양 직계존속	• 3세대 이상 세대구성 배점을 인정받고자 하나, 주민등록표등본상 세대주와 직계존속이 공고일 현재로부터 과거 3년 이상 계속하여 동일한 주민등록표등본에 등재여부가 확인되지 않는 경우(3년 이상의 주소 변동사항, 세대주 및 세대주와의 관계를 포함하여 발급) ※ 반드시 주민등록번호를 포함하여 발급
		○	② 가족관계증명서(상세내역)	본인 (또는 배우자)	• 자녀의 전부 또는 일부가 본인 주민등록표등본상에 등재되지 않은 경우 • 자녀로 인정받고자 하는 배우자 전혼 자녀가 본인 주민등록표등본상에 관계가 확인되지 않은 경우
		○	③ 한부모가족증명서	본인	• 한부모가족으로 세대구성 배점(한부모 가족으로 5년이 경과된 자)을 인정하고자 하는 경우
		○	④ 임신증명서 또는 출산증명서	본인 (또는 배우자)	• 태아를 자녀로 인정받고자 하는 경우 • 임신증명서류(임신진단서, 유산·낙태 관련 진단서 등)는 공고일 현재 임신사실이 확인 가능해야 함
		○	⑤ 입양관계증명서 또는 친양자 입양관계 증명서	본인	• 입양의 경우
		○	⑥ 임신증명 및 출산이행 확인각서	본인 (또는 배우자)	• 태아나 입양을 자녀로 인정하고자 하는 당첨자가 해당 사실을 입주 시 재확인할 수 있도록 사업주체에게 관련 서류 제출을 확약 (계약 체결 전 해당 부서에서 제공하는 양식)
노부모부양 특별공급		○	① 혼인관계증명서	본인	• 만30세 이전에 혼인하여 공고일 현재 3년 이상의 무주택기간을 인정받고자 할 경우
		○	② 주민등록표초본	피부양 직계존속	• 주민등록표등본상 세대주와 직계존속이 공고일로부터 과거 3년 이상 계속하여 동일한 주민등록 표등본에 등재여부가 확인되지 않는 경우 ※ 반드시 주민등록번호를 포함하여 발급 • 3년 이상의 주소 변동사항, 세대주 및 세대주와의 관계를 포함하여 발급
		○	③ 가족관계증명서(상세내역)	피부양 직계존속	• 본인의 주민등록표등본상에 피부양 직계존속과의 관계가 확인되지 않는 경우
		○	④ 장애인 등록증(복지카드)	피부양 직계존속	• 장애인 직계존속을 부양하고 있는 호주승계 예정자로서 세대주로 인정받아 입주자저축에 가입한 자
신혼부부 특별공급	○		① 혼인관계증명서(상세내역)	본인	• 신혼부부로서 혼인신고일 확인이 필요하므로 '상세 내역'을 포함하여 발급 • 예비신혼부부로 청약하여 당첨된 경우, 현재 혼인 중이 아님을 확인하기 위해 '상세 내역'을 포함하여 발급 • 예비신혼부부는 입주 시 혼인사실 증명하기 위해 사업시행자 요청 시 다시 제출해야함
		○		예비배우자	• 예비신혼부부로 청약하여 당첨된 경우, 현재 혼인 중이 아님을 확인하기 위해 '상세 내역'을 포함하여 발급
		○	② 가족관계증명서(상세내역)	본인 및 (예비)배우자	※ 반드시 주민등록번호를 포함하여 발급 • 주민등록표등본상에 배우자 및 자녀에 관한 사항이 확인되지 않는 경우 • 예비신혼부부로서 자녀에 관한 사항이 확인되지 않는 경우
		○	③ 기본증명서	자녀	• 1순위자로서 혼인기간 중 자녀 출생 일자 확인 필요 시
		○	④ 임신증명서류 또는 출산증명서	본인 (예비)배우자	• 태아를 자녀로 인정받고자 하는 경우 • 임신증명서류(임신진단서, 유산·낙태 관련 진단서 등)는 공고일 현재 임신사실이 확인 가능해야 함
		○	⑤ 입양관계증명서 또는 친양자 입양관계 증명서	본인 (예비)배우자	• 입양의 경우
		○	⑥ 임신증명 및 출산이행 확인각서	본인 (예비)배우자	• 태아나 입양자를 자녀로 인정받고자 하는 당첨자가 해당 사실을 입주 시 재확인할 수 있도록 사업주체에게 관련 서류 제출을 확약(LH공사에서 제공하는 양식)
		○	⑦ 한부모가족증명서	본인	• 한부모가족으로 신청하였으나, 가족관계증명서 상 배우자가 있는 것으로 확인될 경우
	○		⑧ 개인정보 수집·이용 및 제3자 제공 동의서	예비배우자	• 예비신혼부부 신청자의 예비배우자로 인정받고자 하는 경우(LH공사에서 제공하는 양식)
생애최초 특별공급		○	① 주민등록표초본	직계존속	• 당첨자의 직계존속이 공고일 현재로부터 과거 1년 이상 계속하여 당첨자 또는 당첨자의 배우자와 동일한 주민 등록등본에 등재하였음을 확인하여, 소득산정 시 당첨자의 가구원으로 인정하고자 하는 경우(1년 이상의 주소변동 사항, 세대주 및 세대주와의 관계를 포함하여 발급)
		○	② 혼인관계증명서(상세내역)	자녀	• 공고일 현재 혼인 중이 아닌 분이 등본상 만18세 이상인 자녀를 '미혼인 자녀'로 인정받고자 할 경우
	○		③ 소득세납부 입증서류 (아래 <표7> 참고)	본인	• 당첨자 본인의 소득세 납부사실을 입증하는 <표7>의 서류로서 입주자모집공고일 이전의 5개년도 서류

<표7> 공공분양 생애최초 특별공급 자격 및 소득세납부 입증 제출서류

해당여부	서류구분	확인자격	증빙 제출서류	발급처
생애최초 특별공급	자격 입증서류	근로자	① 재직증명서 ② 건강보험자격득실확인서	① 해당직장/세무서 ② 건강보험공단
		자영업자	① 사업자등록증 사본 ② 건강보험자격득실확인서	
		근로자, 자영업자가 아닌 자로서 공고일 기준 과거 1년 이내 근로소득세 또는 사업소득세를 납부한 자	① 원천징수영수증 또는 소득금액증명(납부내역증명 포함) (공고일 기준 과거 1년 이내 근로소득세 또는 사업소득세 납부분에 한함) ② 건강보험자격득실확인서	
	소득세납부 입증서류	과거 5개년도 소득 납부내역 (근로자, 자영업자, 근로자 및 자영업자가 아닌 분으로 과거 1년 이내 근로소득세 또는 사업소득세 납부자)	과거 5개년도 소득 납부증명서류로 아래에 해당하는 서류 중 하나 ① 소득금액증명원(근로자용) 또는 종합소득세(신고자용) 및 납부내역증명원(종합소득세 납부자) ② 근로소득원천징수영수증 또는 사업소득원천징수영수증 ③ 일용근로소득 지급명세서(원천징수영수증) 또는 일용근로자용 소득금액증명 및 납세사실증명	① 세무서 ② 해당직장 ③ 해당직장 / 세무서

VII 기타 유의사항 및 안내사항

1. 청약, 당첨 관련 유의사항

■ 이 공고에 명시되지 않은 사항은 「주택법」, 「주택공급에 관한 규칙」, 「공공주택 특별법」, 「공공주택 특별법 시행규칙」, 「공공분양주택 입주예약자 업무처리지침」 등 관계법령에 따르며, 공고 이외에 청약주택 신청자가 주택공급 신청 시 알아야 할 사항은 홈페이지를 통해 확인하시기 바랍니다.

■ 전화상담 및 방문고객 청약상담 등은 청약자의 이해를 돕기 위한 것으로 상담내용에 대해 공고문 및 관련법령을 통해 청약자 본인이 직접 확인하시기 바라며, 미확인으로 인한 불이익에 대해 공사에 이의를 제기할 수 없습니다.

■ 당첨자는 사전청약 당첨자로 관리되며, 다른 주택단지의 사전청약에 당첨자로 선정될 수 없습니다.

■ 당첨 후라도 서류의 결격 및 기타 부정한 방법으로 당첨되었을 경우 일반적으로 당첨 취소하며, 모든 책임은 당첨자에게 있습니다.

■ 당첨 발표 후 주택소유여부 전산검색결과 주택소유, 과거 당첨사실, 소득·자산기준 초과 등 부적격자로 안내된 분은 안내내용이 사실과 다르거나 이의가 있을 경우, 소명기간(우리 공사가 소명요청을 통보한 날로부터 7일)내에 부적격자가 아님을 증명할 수 있는 소명자료를 제출해야 하며, 정당한 사유 없이 소명기간 내에 소명자료를 제출하지 아니할 경우 부적격 당첨자로 불이익(사전청약 당첨일로부터 1년간 다른 주택단지의 사전청약 당첨자로 선정될 수 없음)을 받게 됩니다.

■ 금회 사전청약 당첨자의 청약통장은 사전청약 입주자모집 이후 본청약 당첨자로 확정된 후에 청약통장의 효력이 상실되므로, 해당 단지 본청약 입주자모집공고시까지는 가능한 청약통장을 유지하시기 바랍니다.

■ 신청접수는 신청대상자별로 지정된 일자에만 가능하므로 반드시 입주자모집공고문의 신청접수일정을 확인하고 신청하시기 바라며, 해당 신청접수일에 신청하지 않아 발생되는 불이익은 모두 신청자 본인의 책임입니다.

■ 공급 신청한 서류는 반환하지 않으며, 공급 신청 후에는 어떠한 경우라도 취소나 정정을 할 수 없으므로 신청접수 시 기재내용과 주택공급신청서에 기재된 내용과의 일치여부를 반드시 대조확인하시기 바랍니다.

■ 단지 및 지구여건을 반드시 확인하시기 바라며, 단지 및 지구여건 미확인으로 인하여 발생되는 사항에 대해서는 추후 이의를 제기할 수 없고 단지 및 세대의 시설물 등에 대한 추가나 변경을 요구할 수 없습니다.

■ 사전청약자로 선정되어 본청약 후 당첨된 분은 계약체결여부와 관계없이 당첨자 명단관리 및 입주자저축 재사용이 불가능 합니다.

■ 특별공급으로 신청하여 사전청약 당첨자로 선정된 자는 본청약 후 당첨되면 특별공급 당첨자로 관리되며, 이후 다른 주택의 특별공급에 신청할 수 없습니다.

■ 사전청약 당첨자는 사전청약 입주자로 선정되기 전에는 언제든지 사전청약 당첨자의 지위를 포기할 수 있으나, 사전청약 당첨자 선정이 취소되거나 그 지위를 포기한 자 및 그 세대에 속하는 자는 사전청약 당첨일로부터 1년 동안 다른 주택단지의 사전청약 당첨자로 선정될 수 없습니다.

■ 소송, 지구계획 변경, 문화재 발굴, 사업 지연 등 기타 불가피한 사유로 사전청약에 당첨된 단지의 사업취소 또는 지연이 될 수 있습니다.

■ 본청약 이후 「주택공급에 관한 규칙」 제21조(입주자모집 공고)에 따라 입주 전에 당첨자에 대한 사전방문을 실시할 예정입니다.

■ 당첨 이후 주소변경이 있을 경우에는 즉시 변경내용을 LH 청약센터(apply.lh.or.kr) 또는 모바일앱에서 개인정보를 수정하거나 우리공사로 서면통보하시기 바라며, 변경하지 않아 발생하는 불이익은 당첨자의 책임입니다. [변경방법 : LH 청약센터(apply.lh.or.kr) 또는 모바일앱 → "사전청약" 클릭 → 당첨자서비스 → 당첨자 연락처 변경(공동인증서 로그인)]

2. 벌칙 등

■ 주민등록번호 위조, 타인의 주민등록증 절취, 청약관련서류 변조 및 도용, 주민등록법을 위반, 입주자저축 등을 타인 명의로 가입하거나 가입한 자의 입주자저축 등을 사실상 양도받아 신청 및 계약하는 등의 공급질서 교란 등 불법행위로 적발될 경우 관련법에 따라 계약체결 후라도 계약취소 및 고발조치 합니다.

■ 본 주택은 투기의 대상이 될 수 없으며, 주택공급 질서를 어지럽히는 행위 등으로 관련법을 위반할 경우 법에 따라 처벌받게 됩니다.

3. 지구 및 단지 여건

※ 지구 및 단지여건의 내용 및 구성은 사업추진 단계 및 추진 여건이 상이하여 각 지구별로 차이가 있을 수 있습니다. 이점 유의하시기 바랍니다.

[남양주왕숙2 공공주택지구]
- 지구계획(토지이용계획, 지구단위계획, 주택건설계획, 도로·공원녹지 등 기반시설 설치계획, 각종 영향평가)은 사업추진 과정에서 변경될 수 있으며, 인허가 변경, 보상 및 공사여건 변경에 따라 사업준공 등의 사업 일정이 변경될 수 있음
- 지구 내 공공분양, 공공(장기)임대, 민간분양 등이 함께 계획되어 있음
- 지구 내외 도로, 상하수도, 공원, 녹지 등 각종 기반시설 설치는 사업추진 과정에서 국가, 지자체 등 관계기관 협의에 의하여 변경 또는 취소되거나 지연될 수 있으며, 이로 인해 입주 후 불편이 따를 수 있음
- 광역교통개선대책으로 확정된 철도시설, 도로시설, 환승시설은 국가 및 지자체 등 관계기관 협의에 의하여 변경 또는 취소되거나 지연될 수 있음
- 지구 내 상업시설 및 편의시설 등에 대한 계획은 사업추진 과정에서 변경될 수 있으며, 용지매각 일정 및 개별 사업일정에 따라 주민입주 후 설치될 수 있음
- 지구 내 복합커뮤니티시설은 해당기관의 수요가 변경될 경우 타 용도로 변경될 수 있음
- 지구 내 유치원 및 초·중·고등학교 교육시설에 대한 계획은 사업추진 과정에서 변경될 수 있으며, 학교설립 및 학생수용에 관한 계획은 관할 교육청에서 공동주택 입주일정 및 학령인구수 등을 감안하여 결정하는 사항으로 관할 교육청의 학교설립시기 조정 및 설립계획 보류·취소 요청 등에 의하여 변경될 수 있음
- 지구 북동측에 군부대가 인접해 있음
- 지구 남동측 현 남양주시 음식물자원화시설(쓰레기 적환장) 부지 일원에 남양주시에서 생활폐기물 등의 처리를 위한 자원회수시설 및 자원순환종합타운을 추진 중에 있으므로, 청약접수 전 동 폐기물처리시설의 구체적인 수요 변경내용 및 추진일정에 대하여 해당 지자체에 확인이 필요함
- 지구 동측으로 수석호평로(고가도로), 남측으로 북부간선도로(고가도로) 및 국도6호선이 인접해 있고, 경의중앙선 철도(지상) 및 국지도86호선, 경춘로가 지구를 관통하고 있어 소음·진동 등에 의한 차량통행 및 교통장애 등의 불편이 발생할 수 있음
- 지구 서측 남양주 다산진건 공공주택지구 및 남양주 다산진건 공공주택지구가 위치하고 있고, 지구 남동측 남양주 양정역세권 도시개발사업이 계획되어 있어 해당사업 추진에 따른 교통, 소음, 분진 등 불편이 발생할 수 있음
- 지구 내 도로 및 녹지 등 상부에는 도시기반시설인 전력 지중화용 지상기기, 지역난방 관련 지상기기, 노상시설물(전주, 가로등, 신호등 등), 소화전 및 도로교통 안내표지판 등이 설치될 예정이며, 해당 시설물에 대해 이설을 요구할 수 없음
- 지구 내 고압송전선로 3개 노선(345kV 2개, 154kV 1개)이 관통하고 있으며, 지구 내 송전선로 지중화에 따른 전기공급설비(케이블헤드)가 설치될 예정임
- 지구 수도권광역상수도 3개 노선(3,4,5단계)이 매설되어 있어 유지관리를 위한 수도시설용지가 계획되어 있음
- 지구 내 법정보호종(맹꽁이 등)의 대체 서식지가 조성될 예정임
- 제3호 근린공원 내 남양주시 향토문화재(지정번호 : 16호, 지정일 : '21.02.18.) "고령신씨 봉재공파 묘역"이 위치하고 있어 지자체와 협의하여 공원조성계획 수립 예정임

■ 단지여건(A1블록)
- 청약 전 단지여건을 확인하시기 바라며, 미확인으로 인하여 발생하는 사항에 대하여는 추후 이의를 제기할 수 없음
- 사전청약 블록은 지구 내 최초 입주하는 공동주택으로서 입주 후 지구 내 택지조성공사, 주변 공동주택 건축공사, 조경공사 등이 진행될 수 있으며 공사로 인한 소음, 분진, 생활편의 시설 미비, 공사차량 통행 및 교통장애 등에 따른 불편이 발생할 수 있음
- 단지 외 인접한 기반시설(공원, 녹지, 도로 등)과 계획고 차이에 따라 단지 경계에 법면 또는 옹벽 등 구조물이 설치될 수 있으며, 산책로 등을 이용하는 주민들에 의해 사생활 침해 및 경관저해 등 불편이 발생할 수 있음
- 단지 내·외 계획고는 추후 실시설계 및 조성공사 과정에서 변경될 수 있으며 이에 따른 구조물 계획이 변경될 수 있음
- 단지 외 교통신호등(신호기), 횡단보도, 버스정류소 등은 관계기관 협의결과에 따라 설치여부 및 위치가 변경될 수 있음
- 단지와 인접한 도로의 차량통행으로 인한 소음·분진 등의 불편이 발생할 수 있음
- 단지와 인접한 학교시설(초등학교, 중학교, 유치원)로 인해 소음, 사생활 침해, 경관저해 등 불편이 발생할 수 있으며 건물 옥상에 신재생에너지 시설(태양열 및 태양광 집열판 등)이 설치될 수 있음
- 단지 북측 종교시설이 계획되어 있어 소음, 교통장애, 첨탑 설치에 따른 조망 불편 등이 발생할 수 있음
- 단지 남서측 지구 외 구역에 묘지가 위치하고 있어 일부 세대에서 조망될 수 있음
- 주변 녹지시설 및 시설물의 신설/변경 등으로 단지 내 아파트 동별·향별·층별 위치에 따라 소음·일조·조망 등의 환경권이 침해될 수 있음
- 지구 내 대중교통(시내버스, 마을버스 등)은 관할 지자체에서 노선결정 및 운영·관리함에 따라 입주 후 노선결정 및 운영 전까지 대중교통 이용에 불편이 따를 수 있음
- 문화재조사 대상 사업지구로 조사결과에 따라 조성공사 일정 및 본청약, 입주시기 등이 지연될 수 있음
- 본 지구 환경영향평가에 따라 공사시 법정보호종(맹꽁이 등) 서식 등이 추가 확인될 경우 법정보호종 포획, 이주 등으로 인해 조성공사 일정 및 본청약, 입주시기 등이 지연될 수 있음

■ 단지여건(A3블록)
- 청약 전 단지여건을 확인하시기 바라며, 미확인으로 인하여 발생하는 사항에 대하여는 추후 이의를 제기할 수 없음
- 사전청약 블록은 지구 내 최초 입주하는 공동주택으로서 입주 후 지구 내 택지조성공사, 주변 공동주택 건축공사, 조경공사 등이 진행될 수 있으며 공사로 인한 소음, 분진, 생활편의 시설 미비, 공사차량 통행 및 교통장애 등에 따른 불편이 발생할 수 있음
- 단지 외 인접한 기반시설(공원, 녹지, 도로 등)과 계획고 차이에 따라 단지 경계에 법면 또는 옹벽 등 구조물이 설치될 수 있으며, 산책로 등을 이용하는 주민들에 의해 사생활 침해 및 경관저해 등 불편이 발생할 수 있음
- 단지 내·외 계획고는 추후 실시설계 및 조성공사 과정에서 변경될 수 있으며 이에 따른 구조물 계획이 변경될 수 있음
- 단지 외 교통신호등(신호기), 횡단보도, 버스정류소 등은 관계기관 협의결과에 따라 설치여부 및 위치가 변경될 수 있음
- 단지와 인접한 도로의 차량통행으로 인한 소음·분진 등의 불편이 발생할 수 있음
- 단지와 인접한 학교시설(초등학교, 중학교, 유치원)로 인해 소음, 사생활 침해, 경관저해 등 불편이 발생할 수 있으며 건물 옥상에 신재생에너지 시설(태양열 및 태양광 집열판 등)이

설치될 수 있음
- 단지 북동측 전기공급설비(345kV 케이블헤드) 설치 계획에 따라 일부 세대에서 케이블헤드 시설이 조망될 수 있음
- 주변 건축물 및 시설물의 신설/변경 등으로 단지 내 아파트 동별·향별·층별 위치에 따라 소음·일조·조망 등의 환경권이 침해될 수 있음
- 지구 내 대중교통(시내버스, 마을버스)은 관할 지자체에서 노선결정 및 운영·관리함에 따라 입주 후 노선결정 및 운영 전까지 대중교통 이용에 불편이 따를 수 있음
- 문화재조사 대상 사업지구로 조사결과에 따라 조성공사 일정 및 본청약, 입주시기 등이 지연될 수 있음
- 본 지구 환경영향평가에 따라 공사시 법정보호종(맹꽁이 등) 서식 등이 추가 확인될 경우 법정보호종 포획, 이주 등으로 인해 조성공사 일정 및 본청약, 입주시기 등이 지연될 수 있음

[성남신촌 공공주택지구]
- 지구계획(토지이용계획, 지구단위계획, 각 시설 설치계획, 각종 영향평가) 및 인가 등은 사업추진과정 중에 조정될 수 있음
- 지구내외 도로, 상하수도, 공원, 녹지, 학교 등의 각종 기반시설은 사업추진과정에서 국가, 지자체, 교육청 등 관련기관과 협의에 의하여 변경되거나 지연될 수 있으며 입주 후 불편이 따를 수 있음
- 지구 북측 행정구역상 서울특별시 강남구와 연접하며, 동측으로 대왕판교로(국지도23호선)이 통과하고 있음
- 지구 내 세곡지구와 연결되는 12m도로가 개설될 예정임
- 지구 서측, 북측으로 서울세곡지구가 위치하고 있음
- 지구 남측으로 신촌동 취락지역이 위치하고 있음
- 지구 북측 경계로 세곡천이 서측에서 동측으로 흐르고 있음
- 지구 동측 서울공항에 인접하여 비행안전5구역으로 건축물 최고 높이 계획되는 고도제한이 있으므로 군사기지 및 군사시설 보호법을 준수하여 건축예정
- 서울공항에서 이착륙하는 항공기의 비행경로에 위치하고 있어 항공기 소음의 직접적인 영향을 받음
- 지구 동측 도로(대왕판교로)로 인한 소음이 발생할 수 있음
- 지구 내 현 위치에 신촌배수펌프장이 존치되는바, 홍수의 영향을 저감하기 위하여 지구 북측 공원 내 저류시설이 1개소가 추가 계획되어 있음
- 지구 내에는 A2블록 공공분양 외 A1블록 행복주택(장기공공임대)가 함께 계획되어 있음

■ 단지여건(A2블록)
- 계약 전 단지여건을 확인하시기 바라며, 미확인으로 인하여 발생하는 사항에 대하여는 추후 이의를 제기할 수 없음
- 본 단지는 성남신촌공공주택지구 내에 위치하여 입주 후 조성공사 및 주변 아파트 단지공사 등에 의한 소음, 분진, 생활여건시설 미비, 공사차량통행 등에 따른 불편이 발생할 수 있음
- 공원·녹지·도로와 인접해 있는 주거동은 단지 내·외 산책로 등을 이용하는 주민들에 의해 사생활 침해가 발생할 수 있음
- 단지 동측 준주거지역 내 건축물은 최고 6층까지 건축가능하고 업무시설 및 오피스텔이 신축 가능하며 근린생활시설 등이 신축 가능함에 따라 사생활 침해 및 소음이 발생될 수 있음
- 단지 남측 주차장용지 및 단독주택용지 내 건축물은 최고 4층까지 건축가능하고 근린생활시설 등이 주차장용지의 2층 이하 및 단독주택용지의 1층 이하에 신축 가능함에 따라 사생활 침해 및 소음이 발생될 수 있음
- 단지 내부에 통과동선 구간으로 생기는 공공 보행통로로 인해 단지내 주민들의 사생활 침해가 발생될 수 있음
- 단지 서측과 남측에 담장설치 불허구간이 설정되어 있어 해당 구간내 보행 및 자전거 등의 원활한 이동을 위한 개방 가로공간이 있음
- 지구북측에 서울대왕초등학교(지구 북측경계로부터 직선거리 약250m), 지구남측에 성남용남초등학교(지구 남측경계로부터 직선거리 약3.5km)가 위치하며 지구북측에 세곡중(지구 북측경계로부터 직선거리 약.5km)이 위치함
- 사업지내 북동측에 위치한 신촌배수펌프장은 기존시설물을 존치하여 운영하며 추후 시설계획이 변경될 수도 있음
- 단지 주출입구는 가감속차로가 설치되지 않으며 단지 서측 A1블록 출입구 위치에 따라 단지 횡단보도 위치가 변경될 수 있음
- 단지 인근 대중교통(시내버스, 마을버스 등)의 노선은 관할 지자체에서 노선을 관리함에 따라 입주 후 노선변경 전까지 대중교통 이용에 불편함이 발생할 수 있음
- 단지 인접 도시체계상 교통신호등(신호기), 횡단보도 등은 관계기관과의 협의 결과에 따라 설치 여부와 위치가 변경될 수 있음
- 단지 외부의 버스정류장 위치 또한 변경될 수 있음
- 저류지, 공원 등과 인접해 있는 주거동에는 소음, 악취 및 벌레가 일부 발생할 수 있음
- 주변 아파트 및 건축물의 신축과 주변 시설물의 변경 등에 따라 단지 내 아파트 동별·향별·층별 위치에 따라 소음·일조·조망 등의 환경권이 침해될 수 있음
- 문화재 지표조사 대상지구로, 문화재조사 진행 중 유구 발견 등 예기치 못한 사유가 발생될 경우 예정된 공사일정 및 입주시기가 지연될 수 있음
- 본 지구 소규모 환경영향평가에 따라 공사시 법정보호종(맹꽁이) 서식 등이 확인될 경우 법정보호종 포획, 이주 등으로 인해 예정된 공사일정 및 입주시기 등이 지연될 수 있음

[의정부부정 공공주택지구]
- 지구계획(토지이용계획, 지구단위계획, 각 시설 설치계획, 각종 영향평가) 및 인가 등은 사업추진과정 중에 조정될 수 있음
- 지구 내에는 민간분양, 공공분양, 행복주택, 통합공공임대 등이 함께 계획되어 있음
- 지구 내·외 상하수도, 공원, 녹지, 도로 등의 각종 기반시설 설치는 사업추진 과정에서 국가, 지자체 등 관계기관 협의에 의하여 변경 또는 취소될 수 있으며, 이로 인해 입주 후 불편이 따를 수 있음
- 지구 내 상업시설 및 편의시설 등에 대한 계획은 사업추진 과정에서 조정 및 변경 될 수 있으며, 용지매각 일정 및 개별 사업일정에 따라 주민 입주 후 설치 될 수 있음
- 지구 동측에는 지하철 1호선(경원선) 녹양역이 고가 시설로 설치되어 있어 분진 소음 등에 따른 불편이 발생할 수 있음
- 지구 북측으로 양주시계와 접하고 있음
- 지구 내 홍수의 영향을 저감하기 위한 저류시설이 3개소 계획되어 있음
- 지구의 동측으로 국도 3호선이 지나고 동측으로 국도 39호선, 43호선 북측으로 국가지원지방도 38호선, 지방도 360호선이 위치함
- 지구 동측 중랑천이 연접해 있으며, 중랑천으로 유입되는 녹양천과 녹양천으로 유입되는 본동천이 대상지를 관통하고 있음
- 지구 동측 준공원 녹양택지지구가 위치하며, 남측에는 녹양역세권 도시개발구역이 진행 중에 있음
- 지구 경계부에 군사시설인 대전차방호벽이 배치되어 있으며, 지구 평화로에는 대전차 낙석 시설이 설치되어 있음
- 지구 동측 위험물 저장 및 처리시설로 분류되는 가스공급시설이 존치시설로 위치하여 건축물 신축 시 제한이 될 수 있음
- 지구 북측에 남방공공하수처리시설이 위치하고 있음
- 지구는 홍복산과 천보산을 잇는 광역녹지축 중심에 위치함
- 지구 반경 1km이내에 버들개초, 녹양초, 녹양중학교가 있음
- 단지 인근 대중교통(시내버스, 마을버스 등)의 노선은 관할 지자체에서 노선을 관리함에 따라 입주 후 노선변경 전까지 대중교통 이용에 불편함이 발생할 수 있음
- 입주 후 주변단지의 공사로 인한 소음, 분진, 생활여건미비, 공사차량통행 등에 따른 불편이 따를 수 있음
- 본 공고문에 명기되지 않은 의정부구청 의정부의 유해시설 및 혐오시설의 위치는 청약 및 계약 전 현장을 직접 방문하여 주변 혐오시설 유무, 도로, 소음, 조망, 일조, 진입로 등 단지 및 주위 환경을 반드시 확인하기 바라며 미확인에 따른 이의를 제기할 수 없음
- 지구 내·외 도로의 신설·확장 등은 사업추진 과정에서 조정 및 변경 될 수 있으며, 지자체 협의에 따라 주민 입주 후 설치 될 수 있음
- 팸플릿 등에 표시된 당해 지구 내 공원, 녹지, 공공공지 등은 현재 상황 및 계획을 보여주는 것으로 개발계획변경에 따라 변경될 수 있으며, 관련 CG 등은 소비자의 이해를 돕기 위해 작성된 것으로 인쇄 상의 오류가 발생할 수 있으며, 이에 대한 이의를 제기할 수 없음
- 지구 전체면적의 약22% 가량 문화재조사 대상지로서, 문화재조사 진행 중 유구 발견 등에 따라 예정된 공사일정 및 입주 시기 등이 지연될 수 있음

■ 단지여건(A1블록)
- 청약 전 단지여건을 확인하시기 바라며, 미확인으로 인하여 발생하는 사항에 대하여는 추후 이의를 제기할 수 없음
- 본 단지 입주 후 조성공사, 아파트 단지공사 등에 의한 소음, 분진, 생활여건시설 미비, 공사차량통행 등에 따른 불편이 발생할 수 있음
- 공원, 하천 등과 인접해 있는 주거동은 소음·악취·벌레로 인한 불편 발생할 수 있음
- 사업지구 북측으로 홍복산이 있으며, 일부세대 조망시야 묘지가 보일 수 있음
- 주변 건축물 및 시설물의 신설/변경 등으로 단지 내 아파트 동별·향별·층별 위치에 따라 소음·일조·조망 등의 환경권이 침해될 수 있음
- 단지 주변도로와 인접한 동은 일부 저층세대 프라이버시 침해가 발생할 수 있으므로 청약 접수 전 반드시 확인이 필요하고, 미확인으로 발생하는 민원에 대해서는 추후 이의를 제기할 수 없음
- 단지 동남측 보행자도로 및 남서측 본동천 산책길을 이용하는 주민들에 의해 사생활 침해가 발생할 수 있음
- 단지 인근 대중교통(시내버스, 마을버스 등)의 노선은 관할 지자체에서 노선을 관리함에 따라 입주 후 노선변경 전 까지 대중교통 이용에 불편함이 발생할 수 있음
- 단지 인접 도시계획도로상 교통신호등(신호기), 횡단보도 등은 관계기관과의 협의 결과에 따라 설치 여부와 위치가 변경될 수 있음

- 단지 외부는 지구계획 변경 시 공원녹지, 버스정류장 위치 등이 변경될 수 있음

■ 단지여건(A2블록)
- 청약 전 단지여건을 확인하시기 바라며, 미확인으로 인하여 발생하는 사항에 대하여는 추후 이의를 제기할 수 없음
- 본 단지 입주 후 조성공사, 아파트 단지공사 등에 의한 소음, 분진, 생활여건시설 미비, 공사차량통행 등에 따른 불편이 발생할 수 있음
- 저류지, 공원 등과 인접한 주거동은 소음·악취·벌레 등이 발생할 수 있음
- 주변 건축물 및 시설물의 신설/변경 등으로 단지 내 아파트 동별·향별·층별 위치에 따라 소음·일조·조망 등의 환경권이 침해될 수 있음
- 사업지구 북측에 홍복산이 있으며, 일부세대 조망시 묘지가 보일 수 있음
- 서측 공원 및 단지 내외 산책로 등을 이용하는 주민들에 의해 사생활 침해가 발생될 수 있음
- 대상지 북측의 종교용지로 인한 소음·주차·교통 등 문제가 발생할 수 있음
- 단지 주변도로와 인접한 동은 일부 저층세대 프라이버시 침해가 발생할 수 있으므로 청약 접수 전 반드시 확인이 필요하고, 미확인으로 발생하는 민원에 대해서는 추후 이의를 제기할 수 없음
- 본 단지 서측에는 초등학교 및 중학교가 위치하여 일부 세대는 인접한 학교 등에 의해 소음, 사생활 침해 및 경관 저해가 일어날 수 있음
- 동측으로 근린생활시설(점포겸용), 근린생활시설 등이 위치하여 소음 및 사생활 침해가 발생할 수 있음
- 단지 인근 대중교통(시내버스, 마을버스 등)의 노선은 관할 지자체에서 노선을 관리함에 따라 입주 후 노선변경 전 까지 대중교통 이용에 불편함이 발생할 수 있음
- 단지 인접 도시계획도로상 교통신호등(신호기), 횡단보도 등은 관계기관과의 협의 결과에 따라 설치 여부 및 위치가 변경될 수 있음
- 단지 외부는 지구계획 변경 시 공원녹지, 버스정류장 위치 등이 변경될 수 있음

[파주운정3 택지개발사업지구]
- 파주운정3지구 택지개발사업은 현재 진행 중이며 사업추진여건 변화, 관계기관 및 승인기관 협의과정, 기반시설 조성여건 변경, 제영향평가, 에너지사용계획 등의 변경, 개발계획 및 실시계획의 변경 등으로 인해 토지이용계획 및 주변 기반시설, 주택건설 사업계획 등이 변경될 수 있습니다.
- 인접한 파주운정지구 택지개발사업은 준공되었으나 향후 일부 필지가 도시관리계획으로 변경될 수 있습니다.
- 당해 지구는 단계별 개발사업 추진 중으로 단계별 개발일정에 따라 기반시설 설치 일정이 변경, 지연될 수 있으며, 현장여건 및 착공시기 등을 고려하여 단계조정 및 변경될 수 있습니다.
- 본 지구 외의 기반시설이 입주시기에 맞추어 건설 중에 있으나 일부시설은 현장여건에 따라 입주시기까지 완공되지 못할 수 있습니다.
- 당해 지구외의 도로 및 광역도로, 철도 등 기반시설은 사업추진 중 일부 변경, 취소 또는 지연될 수 있으며 해당사업 관할 국가기관, 지방자치단체에서 계획하여 진행하는 경우 일부 변경, 취소, 지연될 수 있으므로 이에 대한 이의를 제기할 수 없습니다.
- 동 지구 내 생활편익시설인 학교, 공공청사, 근린생활시설, 도서관, 의료시설 등은 입주시기에 맞추어 건설추진 중이나 사업추진 관계기관의 여건에 따라 입주시기까지 완공되지 못할 수 있으며, 시설별 추진계획은 해당 기관에 문의하여야 합니다.
- 동 지구 내 생활편익시설의 확인을 통하여 단지 주변 시설(변전소, 쓰레기수거장, 하수종말처리장, 오수중계펌프장, 저류지, 송전탑 등) 및 구조물(지하차도, 보도육교, 생태육교, 공동구환기구, 쓰레기투입구, 변압기, 버스정류장 등)계획을 확인 후 분양에 응해야 하며, 구조물로 인한 소음 및 미관 등을 이유로 계약조건 변경 또는 계약해지 요구 등 우리 공사에 이의를 제기할 수 없습니다.
- 지구 내 구조물(보도육교, 지상경사로 등)의 위치 및 규모는 변경될 수 있습니다.
- 지구 내 학교 등 각종 교육시설(유치원 포함)은 개발(실시)계획의 변경, 해당 관청의 학교설립시기 조정 및 설립계획 보류(취소)요청 등에 의하여 추후 변경될 수 있으며, 설립계획, 학교개교시기 및 학생 수용계획은 향후 공동주택 입주시기 및 학생수 등을 감안하여 해당 관청에서 결정하는 사항이므로 변경될 수 있고, 입주시 지구내 학교 개교 지연될 경우 사업자구 인근 단위학교로 배치될 수 있습니다.
- 본 공고문에 명기되지 않은 지구 내 유해시설 및 혐오시설의 위치는 청약 및 계약 시 분양사무실 및 현장 확인을 통하여 사전에 확인하시기 바라며, 미확인에 따른 이의를 제기할 수 없습니다.
- 당해 지구는 사업진행지구이며 주변도로, 공개공지, 공공조경, 공공보행통로 등 공사가 일부 진행 또는 본 단지 입주 후에 시행될 예정임에 따라 공사로 인한 소음, 분진, 교통장해 등이 발생할 수 있으며, 공사차량·외부인 통행 및 생활편익시설 미비 등에 의한 불편이 따를 수 있으므로, 입주민은 이에 대한 이의를 제기할 수 없습니다.
- 지구내외 도로, 상하수도, 학교, 공공시설, 공원, 녹지 등의 각종 기반시설 설치는 사업추진과정에서 국가, 지자체, 교육청 등 관련기관과 협의에 의하여 변경 또는 취소 지연될 수 있으며 입주 후 불편이 따를 수 있습니다.

■ 단지여건(A20블록)
- 본 단지는 파주운정3지구 조성공사에 포함되어 있어 입주시 조성공사 및 아파트 단지공사에 의한 소음, 분진, 생활여건시설 미비, 공사차량통행 등에 따른 불편이 발생할 수 있습니다.
- 단지 남측에는 학교용지(고등학교)가 계획되어 있어 소음 등의 영향을 받을 수 있습니다.(향후 운정3지구 계획변경에 따라 변경될 수 있음)
- 단지 남측, 북측, 서측에 도로가 계획되어 있으며 도로에 인접한 세대는 소음 및 자동차 전조등 등의 영향을 받을 수 있습니다.
  (향후 운정3지구 계획변경에 따라 변경될 수 있음)
- 본 단지 주변 도시계획도로는 최종 측량결과에 따라 도로 폭 등이 변경될 수 있으며, 주변 아파트 및 건축물의 신축과 주변 시설물의 변경 등으로 단지 내 아파트 동별·향별·층별 위치에 따라 소음·일조·조망 등의 환경권이 침해될 수 있습니다.
- 단지 내, 외의 조경석 시공구간은 변경되어 시공될 수 있음을 청약 접수 전 반드시 확인하시고 미확인으로 발생하는 민원에 대해서는 추후 이의를 제기할 수 없습니다.
- 단지 인근 대중교통(시내버스, 마을버스 등)의 노선은 관할 지자체에서 노선을 관리함에 따라 입주 후 노선변경 전까지 대중교통 이용에 불편함이 발생할 수 있습니다.
- 가로등, 공원, CCTV 및 교통시설물 등 공공시설물이 단지 인근에 설치될 예정으로 전력, 수도, 가스, 지역난방 등 기반시설 설치에 따라 지상에 시설물이 노출될 수 있습니다.
- 당해 지구 내 공원, 녹지, 공공공지 등은 현재 상황 및 계획을 보여주는 것으로 개발계획변경에 따라 변경될 수 있으며, CG 및 모형은 소비자의 이해를 돕기 위해 작성된 것으로 인herp된 오류 등이 발생할 수 있으며, 이에 대한 이의를 제기할 수 없습니다.
- 인접 녹지, 보행차전용도로 및 단지 내외 산책로 등을 이용하는 주민들에 의해 생활권 침해가 발생할 수 있습니다.
- 단지 외의 조경석 시공구간은 변경되어 시공될 수 있음을 청약 접수 전 반드시 확인하시고 미확인으로 발생하는 민원에 대해서는 추후 이의를 제기할 수 없습니다.
- 단지 인접 공원·연결녹지 및 보행자도로 등을 이용하는 주민들에 의해 생활권 침해가 발생될 수 있습니다.
- 단지 내·외부 레벨차이는 추후 기반시설공사 및 인허가 과정 등에 따라 변경될 수 있으며, 이에 따른 구조물 설계가 변경될 수 있습니다.
※ 지구 내 초·중·고등학교 위치 및 규모는 파주운정3지구 개발계획에 따라 변경될 수 있습니다.
※ 지구 초·중·고등학교는 지구계획(개발 및 실시계획)의 인·허가 변경, 학교설립 관련 법령·지침 변경, 블록별 입주시기, 공동주택 분양규모(세대수), 학생수용여건, 학생수용계획 등에 따라 학교설립(개교) 시기 및 학교설립 대상교는 조정될 수 있으며, 이와 같은 학교 설립계획 및 학생 수용계획 등은 향후 공동주택 입주시기 및 학생수 등을 감안하여 파주교육지원청에서 결정하는 사항이므로 해당 기관에 문의해야 합니다.
※ 지구 내 학교 등 교육시설 용지(유치원 포함)는 해당기관의 수요가 없을 경우 향후 타 용도로 변경될 수 있습니다.
※ 학교배치와 관련하여 초등학생은 초4 인근 학교에, 중학교는 중5 인근 학교에 배치예정이나 학생배치 계획에 대한 자세한 사항은 파주교육지원청에 문의해야 합니다.

■ 단지여건(A22블록)
- 본 단지는 파주운정3지구 조성공사에 포함되어 있어 입주시 조성공사 및 아파트 단지공사에 의한 소음, 분진, 생활여건시설 미비, 공사차량통행 등에 따른 불편이 발생할 수 있습니다.
- 단지 서측은 도로를 사이에 두고 학교용지(초·중학교)가 계획되어 있어 소음 등의 영향을 받을 수 있습니다.(향후 운정3지구 계획변경에 따라 변경될 수 있음)
- 단지 남측, 서측에 도로가 계획되어 있어 도로에 인접한 세대는 소음 및 자동차 전조등 등의 영향을 받을 수 있습니다.
  (향후 운정3지구 계획변경에 따라 변경될 수 있음)
- 본 단지 주변 도시계획도로는 최종 측량결과에 따라 도로 폭 등이 변경될 수 있으며, 주변 아파트 및 건축물의 신축과 주변 시설물의 변경 등으로 단지 내 아파트 동별·향별·층별 위치에 따라 소음·일조·조망 등의 환경권이 침해될 수 있습니다.
- 단지 내, 외의 조경석 시공구간은 변경되어 시공될 수 있음을 청약 접수 전 반드시 확인하시고 미확인으로 발생하는 민원에 대해서는 추후 이의를 제기할 수 없습니다.
- 단지 인근 대중교통(시내버스, 마을버스 등)의 노선은 관할 지자체에서 노선을 관리함에 따라 입주 후 노선변경 전까지 대중교통 이용에 불편함이 발생할 수 있습니다.
- 가로등, 공원, CCTV 및 교통시설물 등 공공시설물이 단지 인근에 설치될 예정으로 전력, 수도, 가스, 지역난방 등 기반시설 설치에 따라 지상에 시설물이 노출될 수 있습니다.
- 당해 지구 내 공원, 녹지, 공공공지 등은 현재 상황 및 계획을 보여주는 것으로 개발계획변경에 따라 변경될 수 있으며, CG 및 모형은 소비자의 이해를 돕기 위해 작성된

03 3기 신도시 청약 ——————— *333*

것으로 인쇄 상에 오류 등이 발생할 수 있으며, 이에 대한 이의를 제기할 수 없습니다.
- 인접 녹지, 보행자전용도로 및 단지 내외 산책로로 등을 이용하는 주민들에 의해 생활권 침해가 발생될 수 있습니다.
- 단지 내, 외의 조경석 시공구간은 변경되어 시공될 수 있음을 청약 접수 전 반드시 확인하시고 미확인으로 발생하는 민원에 대해서는 추후 이의를 제기할 수 없습니다.
- 단지 인접 공원·연결녹지 및 보행자도로 등을 이용하는 주민들에 의해 생활권 침해가 발생될 수 있습니다.
- 단지 내·외부 레벨차이는 추후 기반시설공사 및 인허가 과정 등에 따라 변경될 수 있으며, 이에 따른 구조물 설계가 변경될 수 있습니다.
※ 지구 내 초·중·고등학교 위치 및 규모는 파주운정3지구 교육환경평가 및 파주운정3지구 개발계획·실시계획에 따라 변경될 수 있습니다.
※ 지구 초·중·고등학교는 지구계획(개발 및 실시계획)의 인·허가 변경, 학교설립 관련 법령·지침 변경, 블록별 입주자, 공동주택 분양규모(세대수), 학생수용여건, 학생수용계획 등에 따라 학교설립(개교) 시기 및 학교설립 대상교는 조정될 수 있으며, 이와 같은 **학교 설립계획 및 학생 수용계획 등은** 향후 공동주택 입주시기 및 학생 수 등을 감안하여 **파주교육지원청에서 결정하는 사항이므로 해당 기관에 문의해야 합니다.**
※ 지구 내 학교 등 교육시설 용지(유치원 포함)는 해당기관의 수요가 없을 경우 향후 타 용도로 변경될 수 있습니다.
※ **학교배치와 관련하여 초등학생은 초5 인근 학교에, 중학교는 중3 인근 학교에 배치예정이나 학생배치 계획에 대한 자세한 사항은 파주교육지원청에 문의해야 합니다.**

■ 단지여건(A23블록)
- 본 단지는 파주운정3지구 조성공사에 포함되어 있어 입주시 조성공사 및 아파트 단지공사에 의한 소음, 분진, 생활여건시설 미비, 공사차량통행 등에 따른 불편이 발생할 수 있습니다.
- 단지 북측, 서측은 도로가 계획되어 있어 도로에 인접한 세대는 소음 및 자동차 전조등 등의 영향을 받을 수 있습니다.
  (향후 운정3지구 계획변경에 따라 변경될 수 있음)
- 본 단지 주변 도시계획도로는 최종 측량결과에 따라 도로 폭 등이 변경될 수 있으며, 주변 아파트 및 건축물의 신축과 주변 시설물의 변경 등으로 단지 내 아파트 동별·향별·층별에 따라 소음·일조·조망 등의 환경권이 침해될 수 있습니다.
- 단지 내, 외의 조경석 시공구간은 변경되어 시공될 수 있음을 청약 접수 전 반드시 확인하시고 미확인으로 발생하는 민원에 대해서는 추후 이의를 제기할 수 없습니다.
- 단지 인근 대중교통(시내버스, 마을버스 등)의 노선은 관할 지자체에서 노선을 관리함에 따라 입주 후 노선변경 전까지 대중교통 이용에 불편함이 발생할 수 있습니다.
- 가로등, 공원, CCTV 및 교통시설물 등 공공시설물이 단지 인근에 설치될 예정이며 수도, 전력, 가스, 지역난방 등 기반시설 설치에 따라 지상에 시설물이 노출될 수 있습니다.
- 당해 지구 내 공원, 녹지, 공공공지 등은 현재 상황 및 계획을 보여주는 것으로 개발계획변경에 따라 변경될 수 있으며, CG 및 모형은 소비자의 이해를 돕기 위해 작성된 것으로 인쇄 상에 오류 등이 발생할 수 있으며, 이에 대한 이의를 제기할 수 없습니다.
- 인접 녹지, 보행자전용도로 및 단지 내외 산책로로 등을 이용하는 주민들에 의해 생활권 침해가 발생될 수 있습니다.
- 단지 내, 외의 조경석 시공구간은 변경되어 시공될 수 있음을 청약 접수 전 반드시 확인하시고 미확인으로 발생하는 민원에 대해서는 추후 이의를 제기할 수 없습니다.
- 단지 인접 공원·연결녹지 및 보행자도로 등을 이용하는 주민들에 의해 생활권 침해가 발생될 수 있습니다.
- 단지 내·외부 레벨차이는 추후 기반시설공사 및 인허가 과정 등에 따라 변경될 수 있으며, 이에 따른 구조물 설계가 변경될 수 있습니다.
※ 지구 내 초·중·고등학교 위치 및 규모는 파주운정3지구 교육환경평가 및 파주운정3지구 개발계획·실시계획에 따라 변경될 수 있습니다.
※ 지구 초·중·고등학교는 지구계획(개발 및 실시계획)의 인·허가 변경, 학교설립 관련 법령·지침 변경, 블록별 입주자, 공동주택 분양규모(세대수), 학생수용여건, 학생수용계획 등에 따라 학교설립(개교) 시기 및 학교설립 대상교는 조정될 수 있으며, 이와 같은 **학교 설립계획 및 학생 수용계획 등은** 향후 공동주택 입주시기 및 학생 수 등을 감안하여 **파주교육지원청에서 결정하는 사항이므로 해당 기관에 문의해야 합니다.**
※ 지구 내 학교 등 교육시설 용지(유치원 포함)는 해당기관의 수요가 없을 경우 향후 타 용도로 변경될 수 있습니다.
※ **학교배치와 관련하여 초등학생은 초5 인근 학교에, 중학교는 중3 인근 학교에 배치예정이나 학생배치 계획에 대한 자세한 사항은 파주교육지원청에 문의해야 합니다.**

[인천검단 택지개발사업지구]
- 인천검단지구 택지개발사업 지구내 기반시설은 국토교통부고시(제2020-1139호, 2021.01.05)로 승인된 "인천검단지구 택지개발사업 개발계획(6차) 및 실시계획(5차) 변경 승인"에 따라 설치될 예정이나 인허가 조건 이행, 지자체 의견, 민원 등에 따라 지구계획 일부가 변경될 수 있음
- 당해지구의 개발사업은 현재 진행중이며, 조성사업 과정에서 기반시설 조성여건, 제영향평가, 에너지사용계획 등의 변경, 개발계획 및 실시계획 등 인허가 변경으로 인해 토지이용계획, 지구단위계획 및 주변 기반시설이 변경될 수 있음
- 본 사업지구는 행정구역상 인천광역시 서구 당하동 일원에 위치하고 있음
- 본 사업지구는 인천광역시청에서 15km, 인천서구청에서 6km 지점에 위치하고 있으며, 동측, 북측으로는 김포시와 시경계를 이루고 있음
- 지구의 북서측 4Km 거리에 김포한강신도시, 남서측 8Km 거리에 청라국제도시가 위치하고 있으며, 동남측 10km 거리에 3기신도시 인천계양 및 부천대장지구의 사업추진이 계획되어 있음
- 지구에서 직선거리 3km이내에 김포골드라인 풍무역, 인천지하철 2호선 완정역이 위치하고 있으며, 인천도시철도 1호선 검단연장선(계양~검단신도시)이 착공하여 인천광역시 도시철도 건설본부에서 사업 진행 중임
- 국도 48호선, 수도권제1순환고속도로 및 인천국제공항고속도로 등 간선교통망과의 접근성이 양호하며, 검단지구 광역교통개선대책에 따라 '원당~태리간 도로', '검단~경명로간 도로' 사업이 완료되면 접근성이 향상될 예정임
- 당해 지구 내에는 일반분양, 공공분양, 행복주택, 국민임대, 영구임대 등 여러 유형의 아파트 건설이 계획되어 있음
- 본 사업지구 인근에 군부대(원당대대)가 위치하고 있으며, 소음 등이 발생할 수 있음
- 당해지구 토지이용계획을 충분히 숙지하여 당지 주변 시설 및 구조물(지하차도, 보도육교, 생태육교, 변압기, 버스정류장 등)계획을 확인 후 계약에 응해야 하며, 구조물로 인한 소음 및 미관 등을 이유로 계약조건 변경 또는 계약해지 요구 등의 이의를 제기 할 수 없음
- 지구내의 도로, 상하수도, 가스공급시설, 초·중·고등학교, 공공시설, 공원, 녹지 등의 각종 도시기반시설 설치는 사업추진과정에서 국가,지자체,교육청 등 관련기관과 협의에 의하여 변경 또는 취소되거나 지연될 수 있으며, 입주 후 불편이 따를 수 있음
- 당해 지구의 도시기반시설 설치공사 및 지구내 건축시설 공사의 진행으로 인하여 소음, 분진, 교통장애 등이 발생할 수 있으며, 공사차량,외부인 통행 및 생활여건시설 미비 등에 의한 불편이 따를 수 있음
- 당해 지구 내 일부 상업시설 및 편의시설 등은 관련 사업자의 설치계획 및 기타 사업계획 조정에 따라 변경될 수 있으며, 주민 입주 후 설치될 수 있음
- 지구 내 학교 등 각종 교육시설은 개발(실시)계획의 변경, 해당관청의 학교설립계획 조정 및 설립계획 보류(취소) 등에 의하여 변경될 수 있으며, 설립계획 및 학생 수용계획은 향후 공동주택 입주시기 및 학생 수 등을 감안하여야 하므로 반드시 해당 교육청에 확인하신 후 청약 및 계약 체결하시기 바람
- 지구 내에 인천영어마을 및 서구영어마을이 위치하고 있음
- 당해지구 내 공공청사는 법원, 검찰청, 경찰서, 소방서, 행정복지센터 등이 계획되어 있으며, 해당 관청의 건립시기 조정 및 건립계획 보류(취소) 등에 의하여 변경될 수 있음
- 당해지구 내 학교, 공공시설 등의 용지는 해당기관의 수요가 없을 경우 타 용도로 변경될 수 있음
- 지구 내에는 배수지, 오수중계펌프장 등이 계획되어 있음
- 지구 내에 묘지(한백룡 묘역, 의령남씨 종중묘역)가 위치하고 있음
- 지구 인근에 묘지공원이 위치하고 있음

■ 단지여건(AA21블록)
- 청약 전에 해당현장을 반드시 방문하여 주변 혐오시설의 유무와 소음, 조망, 일조, 도로, 진입로 등 단지 및 주변여건을 확인하시기 바라며, 미확인으로 인하여 발생하는 사항에 대해서는 이의를 제기할 수 없음
- 해당 필지의 일부는 김포 장릉(사적 제202호) 역사문화환경 보존지역에 해당하여, 개발건축사업 추진 시 문화재 현상변경 허가가 필요할 수 있습니다.
- 단지 동측은 근린공원과 인접해 있고, 북측에는 녹지가 인접해있음
- 조성공사 시 시행한 지반조사결과 자료를 검토하시기 바라며, 암반 분포 현황 등 지반조사결과는 실제 지반상태와 상이할 수 있으므로, 개별 건축사업(주택 사업 포함) 추진 시 별도의 지반조사를 시행하여 확인하시기 바랍니다.
- 지반 및 현장여건에 따라 당초 계획과 상이할 수 있으므로 최종 부지조성 상태를 반드시 사전 확인하시기 바라며, 부지내 성토재의 성상에 발파암, 풍화암, 점토질토가 포함될 수 있으므로 이에 대해 매수자는 추후 이의를 제기 할 수 없음
- 인근에 주거지역 및 학교시설(존치)이 위치함에 따라 해당일부지 공사중 저촉(발파진동, 공사장 소음 등)이 없도록 조치하여야 합니다.
- 단지조성 계획고는 인접도로와 같은 상태이며, 향후 현장내 토공유동 변경에 따라 조정될 수 있습니다.
- 본 단지는 인천검단신도시 조성공사에 포함되어 있어 입주시 조성공사 및 아파트 단지공사에 의한 소음, 분진, 생활여건시설 미비, 공사차량통행 등에 따른 불편이 발생할 수 있음

집밥도 내 집에서 먹어야 맛있다

- 단지 주변 도로 및 상업시설로 인하여 소음, 불빛, 악취 등이 발생할 수 있으므로 계약 시 반드시 확인하시기 바람
- 단지 내·외부 레벨 차이 및 단지 외부 연결 보행통로는 기반시설공사 및 인허가 과정, 현장여건 등에 따라 변경될 수 있으며, 이에 따른 구조물 설계가 일부 변경될 수 있음
- 단지 내·외의 조경석 시공구간은 변경되어 시공될 수 있음을 청약 접수 전 반드시 확인하시기 바람
- 단지 인근 대중교통(시내버스, 마을버스)의 노선은 관할 지자체에서 노선을 관리함에 따라 입주 후 대중교통 이용에 불편함이 발생할 수 있음
- 단지 인접 도시계획도로상 교통신호등(신호기), 횡단보도 등은 관계기관과의 협의 결과에 따라 설치 여부와 위치가 변경될 수 있음
- 보도, 조경, 주차장 등 공동으로 사용하는 부분에 대해 점유 등의 권리행사를 할 수 없음
- 아파트의 배치구조와 동별·호수별 위치에 따라 소음·일조·조망 등의 환경권의 차이가 있을 수 있고, 인접동 및 인접세대에 의해 사생활의 침해 등 생활의 불편을 느낄 수 있음.
- 인접 공원·녹지 및 단지 내외 산책로 등을 이용하는 주민들에 의해 사생활 침해가 발생할 수 있음
- 일부 저층세대의 경우 각 동 전·후면에 식재되는 수목 등으로 인해 일조권 및 조망권 등이 침해될 수 있음
- 단지 배치의 특성상 단지내·외 도로와 인접한 저층부 세대는 자동차 등 전조등의 영향을 받을 수 있으며, 단지 내 보도 등의 설치로 인해 사생활이 침해될 수 있음
- 단지여건상 이사용 사다리차 등의 차량 접근이 동라인별로 제한될 수 있으며, 고층부 입주자는 이사 전 반드시 이사업체의 현장 확인을 요청하여 사다리차 이용 가능여부의 확인이 필요함
- 단지 내 지하층, 지상1층에 설치되는 주민공동시설, 상가 및 보육시설(어린이놀이터 포함)과 외부에 설치되는 지하주차장 진입램프, 휴게공간, 자전거보관대, 어린이놀이터 등과 근접하여 배치된 동의 일부세대는 소음 등의 생활불편 및 사생활 침해가 발생할 수 있음
- 배치도의 대지경계선, 구역경계선, 법면 현황은 최종 측량 결과에 따라 다소 변경될 수 있으며, 단지내 보차로 및 조경선은 인허가 과정이나 실제 시공 시 현장 여건에 따라 다소 변경될 수 있음
- 단지 경계부는 상위계획(지구단위계획 등)에 따라 울타리 및 담장 등이 설치될 수 있으며, 현장여건에 따라 일부 변경될 수 있음
- 현장여건에 따라 녹지 및 시설 설치면적이 일부 변경될 수 있음.
- 아파트 각 층 엘리베이터 홀, 계단실의 채광·환기창의 설치위치는 동·호수 및 배치에 따라 상이하여 환기 및 채광의 차이가 있을 수 있음
- 지하주차장 출입구 인근동은 차량 진·출입 시 경보음 발생과 차량전조등 불빛으로 생활에 불편을 느낄 수 있음
- 지하주차장과 각 동을 연결하는 통로공간과 지하부분 공용공간(전실, 계단실, E/V실 등)은 지하층 특성상 계절에 따라 결로가 발생할 수 있음
- 지하주차장 주차 구획 일부 구간은 차량 승하차 시 지하주차장 기둥에 간섭될 수 있음
- 지하주차장 진·출입 경사로는 동절기에 차량의 미그럼 현상이 발생할 수 있음
- 단지내 조경녹지재, 수경시설, 포장계획 등은 현장여건에 따라 재료,형태, 색채, 위치 등이 변경될 수 있음

4. 본청약 및 입주 예정시기

■ 본청약 및 입주예정 시기는 공정에 따라 변동될 수 있으며, 정확한 시기는 추후 공지 및 개별 안내할 예정입니다.

지구	블록	본청약 예정 시기	입주 예정 시기
남양주왕숙2	A1	'24.09.15일경	'26.12월경
	A3	'24.09.15일경	'26.12월경
성남신촌	A2	'23.04.15일경	'25.05월경
의정부우정	A1	'24.05.15일경	'27.01월경
	A2	'24.05.15일경	'27.01월경
인천검단	AA21	'22.08.15일경	'24.12월경
파주운정3	A20	'23.06.15일경	'25.12월경
	A22	'23.06.15일경	'26.02월경
	A23	'22.06.15일경	'24.10월경

5. 선호도 조사

■ 조사대상
• 사업시행자가 제시하는 세대내 평면, 인테리어, 주민공동시설, 옥외공간, 공용부위 등

■ 조사결과 반영
• 입주민 공동시설(옥외공간, 주민공동시설, 공용부위 등)과 세대별 평면구조는 공동주택의 특성상 입주자가 가장 많이 선택한 항목을 반영하여 설계할 계획입니다.
• 각 세대별 개별설치가 가능한 부분(옵션선택, 침실통합 여부, 발코니 확장, 장애인, 노약자 편의시설) 등은 본 청약시 사전청약 당첨자의 선택에 따라 시공할 예정입니다.

■ 일정 및 조사방법
• 설문조사 일정 및 조사방법은 사전청약 당첨자에게 개별 안내될 예정입니다.

6. 사업주체 및 시공현황

지구	블록	사업주체 (사업자등록번호)	시공업체 (사업자등록번호)	연대보증인	감리회사
남양주왕숙2	A1	한국토지주택공사 (129-82-10595)	-	-	-
	A3				
의정부우정	A1				
	A2				
인천검단	AA21				
파주운정3	A20				
	A22				
	A23				
성남신촌	A2	한국토지주택공사 (129-82-10595) 계룡건설산업㈜ (314-81-07954) 지에스건설㈜ (104-81-18121) 이수건설㈜ (206-81-40254) 동성건설㈜ (308-81-04379) ㈜신홍디앤씨 (504-81-46827)	계룡건설산업㈜ (314-81-07954) 지에스건설㈜ (104-81-18121) 이수건설㈜ (206-81-40254) 동성건설㈜ (308-81-04379) ㈜신홍디앤씨 (504-81-46827)		

■ 시공업체, 연대보증인, 감리회사는 사전청약 모집공고일 현재 결정되지 않았으며 본청약 모집공고시 안내 예정입니다.
■ 성남신촌지구는 LH와 민간사업자가 공동으로 시행하는 '민간참여 공공주택건설사업'으로 설계, 분양, 브랜드 등의 제반사항에 대해서는 민간참여사업 협약서·공모지침서에 따라 적용될 예정입니다.
■ 성남신촌지구의 사업주체 및 시공업체는 사업자의 사유 발생시 변경 될 수 있습니다.(한국토지주택공사 제외)

7. 사전청약 인터넷 대행 현장 접수처 및 공식홈페이지 안내

■ 인터넷 대행 현장 접수처 및 사전청약 문의번호

접수처	해당지구	위치	사전청약 문의
남양주 현장접수처	남양주왕숙2,의정부우정	경기도 남양주시 별내동 816-1	LH 사전청약 콜센터 : 1670-4007 (운영시간 : 평일 09:00 ~ 18:00)
고양 현장접수처	인천검단, 파주운정3	경기도 고양시 덕양구 삼송동 218-4	
동탄 현장접수처	성남신촌	경기도 화성시 청계동 519-1	

■ 인터넷 사용 취약자(만 65세 이상 고령자 및 장애인)인 신청자 본인이 직접 현장을 방문하여 청약하려는 경우 사전에 방문예약을 신청한 분에 한하여 가능하므로 사전청약 홈페이지(사전청약.kr)에서 각 현장접수처 별 담당지구 및 청약일정을 숙지하시어 방문예약 신청하여 주시기 바랍니다.

■ 코로나19 바이러스 전염예방과 고객님의 안전을 위해 마스크 미착용자 및 체온이 높은 분(37.5도 이상)은 현장접수처 입장이 제한될 수 있으니 이 점 널리 양해 바랍니다.

■ 현장접수처 운영기간 중 사회적 거리두기 상향 조정 또는 코로나19 바이러스 확진자가 발생 시 현장접수처는 운영 종료 또는 즉시 폐쇄되고 인터넷 신청으로만 진행될 수 있으니 이점 양지하여 주시기 바랍니다.

■ **공식홈페이지** : 사전청약 홈페이지(사전청약.kr), LH청약센터(apply.lh.or.kr)

 LH 한국토지주택공사

'21년 사전청약 2차지구 신혼희망타운(공공분양) 입주자모집공고

▮ 공급위치 및 대상
- 성남낙생 : 경기도 성남시 분당구 동원동 일원 1,400호 중 사전청약 공급호수(공공분양) 884호
- 성남복정2 : 경기도 성남시 수정구 신흥동 일원 1,026호 중 사전청약 공급호수(공공분양) 632호
- 군포대야미 : 경기도 군포시 대야미동, 속달동, 둔대동 일원 1,511호 중 사전청약 공급호수(공공분양) 952호
- 의왕월암 : 경기도 의왕시 월암동 일원 1,316호 중 사전청약 공급호수(공공분양) 825호
- 수원당수 : 경기도 수원시 권선구 금곡동, 당수동 일원 726호 중 사전청약 공급호수(공공분양) 459호
- 부천원종 : 경기도 부천시 원종동 일원 591호 중 사전청약 공급호수(공공분양) 374호

LH에서는 사전청약 콜센터(1670-4007) 등을 통해 입주자모집공고의 내용과 관련하여 자세한 안내가 이루어질 수 있도록 상담을 실시하고 있으나, 청약자 개인의 다양하고 복잡한 상황에 대하여 정확하지 않은 정보 제공으로 청약관련 사항에 대한 착오 안내가 이루어지는 경우가 있습니다. 고객 여러분께서는 청약과 관련한 상담은 청약의 참고자료로만 활용해 주시기 바랍니다. 더불어, 입주자모집공고를 통해 청약자격 등을 숙지하시고 주민등록표등본·초본, 등기부등본 및 소득관련 서류 등을 발급받아 직접 확인하신 후 신청하시기 바라며, 청약자격 미숙지, 착오 신청 등에 대해서는 청약자 본인에게 책임이 있으니 불이익을 받는 일이 없도록 유의하여 주시기 바랍니다.

신청자 및 신청자와 동일세대 내에서 1인 이상이 '21.10.15 사전청약 입주자모집(공공분양, 신혼희망타운) 단지에 중복 및 교차청약 시 모두 부적격처리됨을 유의하시기 바랍니다.

이 공고문은 주택건설사업계획이 확정되지 않은 상태에서 사전청약을 위하여 건설호수, 주택공급면적, 추정분양가격, 세대평면(팸플릿 참조) 등 기본적인 사항을 개략적으로 추정하여 안내하는 것이므로 본 공고문 모집공고시 제반 내용이 변경될 수 있음을 충분히 인지하고 신청하시기 바라며, 사업지구 및 단지의 주변 생활여건, 시공관련 사항 등 현재 시점에서 알 수 없거나 확정되지 않은 사항에 대하여 향후 이의를 제기할 수 없습니다.

알 려 드 립 니 다

▮ 신청안내
- 금회 사전청약 입주자모집공고일은 2021.10.15이며, 이는 청약자격(청약신청, 자격조건의 기간, 나이, 세대구성원, 지역우선, 주택소유 등)의 판단기준일이 됩니다. 공고문 및 팸플릿은 사전청약 홈페이지(사전청약.kr)에서 확인하실 수 있습니다.

┌─ **"사전청약" 이란?** ─┐

- 사전청약 입주자모집공고는 「공공분양주택 입주예약자 업무처리지침」 제2조제1호가목~다목(「공공주택 특별법」 제17조에 따른 지구계획을 승인받은 경우, 동법 제35조에 따라 주택건설 사업계획 승인을 받은 경우, 「택지개발촉진법」, 「민간임대주택에 관한 특별법」, 「도시개발법」 등 다른 법률에 따라 공동주택건설용지로 계획 승인을 받은 경우)에 해당하여 본청약 입주자모집공고 이전에 공공분양주택 및 신혼희망타운 공급을 위해 사전청약 입주자 모집하며, 금회 선정된 사전청약 당첨자는 추후 본청약시 우선 공급받을 수 있습니다.
- 사전청약의 자격조건 및 사전청약 당첨자 선정방법은 본청약과 동일합니다. 다만, 지역우선 공급 거주기간 요건의 경우 사전청약 입주자 우선공급 대상이 되는 지역에 거주 중이면 거주기간을 충족하지 않아도 지역우선 공급을 적용받을 수 있으나, 사전청약 입주자모집공고일 기준으로 해당 거주기간을 충족하지 못한 사전청약 당첨자는 본청약 입주자모집공고일까지 「주택공급에 관한 규칙」 제4조제5항, 제34조의 규정에 따른 거주기간을 반드시 충족해야 합니다.
  - ▪ 지역우선으로 사전청약 당첨자 및 그 세대에 속한 자의 거주기간을 본청약 모집공고일까지 충족하지 못할 시 사전청약 당첨자 선정이 취소되며 불이익(사전청약 당첨일로부터 1년 동안 다른 주택의 사전청약 당첨자 선정 불가)을 받게 되오니 2페이지의 **■ 지역우선 공급 관련 안내** 내용을 숙지하시어 사전청약 신청이 본청약까지 거주기간 충족 가능여부를 필히 확인하시기 바랍니다.
- 금회 사전청약 모집공고는 단지별 사전청약 당첨자를 선정하는 것이므로, 사전청약 당첨자는 본청약시 다시 신청해야 계약체결이 가능합니다.
- 금회 선정된 사전청약 당첨자 및 그 세대에 속한 자는 다른 주택단지의 사전청약 모집에 신청할 수 없습니다.
- 사전청약 당첨자 및 그 세대에 속한 세대구성원은 본청약 모집공고일까지 무주택세대구성원 자격을 유지해야 본청약시 당첨자로 선정될 수 있으며, 이후 무주택세대구성원 등 입주자격의 사항은 본청약 모집공고문에 따릅니다.
- 사전청약 당첨자 및 그 세대에 속한 자가 다른 분양주택(일정기간 경과 후 분양전환 되는 임대주택을 포함)의 당첨자로 선정된 경우에는 사전청약 당첨자 선정이 취소됩니다.
- 사전청약 당첨자는 본청약 입주자모집공고시 최종입주자로 선정되기 전에는 언제든지 사전청약 당첨자의 지위를 포기할 수 있으나, 신청자격 부적격 등(오류 또는 착오 신청에 의한 부적격 포함)으로 사전청약 당첨자 선정이 취소되는 자는 당첨일을 포기한 자 및 그 세대에 속하는 자는 당첨일로부터 1년 이내 다른 주택단지의 사전청약 당첨자로 선정될 수 없습니다.
- 사전청약 당첨 후 본청약시 동호 배정은 본청약 당첨자와 함께 신청 주택형 내에서 동별·층별·향별·타입별·호수 세대 구분 없이 우리 공사의 컴퓨터 프로그램에 의해 무작위 추첨합니다. (본청약시 전 세대 동호 발생 사례에도 동호 변경불가)
- 소송, 지구계획 변경, 문화재 발굴 및 사업 지연 등 기타 불가피한 사유로 당첨된 사전청약 단지의 사업취소 또는 지연이 될 수 있습니다.

- 금회 공급되는 주택은 「주택공급에 관한 규칙」 제4조제1항 및 제3항의 규정에 의거, **사전청약 입주자모집공고일** 현재 서울특별시, 인천광역시 및 경기도 **지역에 거주(주민등록표 기준)하는** 다음의 각 자격을 갖춘 분에게 1세대 1주택 기준으로 공급(1세대 2인 이상이 청약하여 한 곳이라도 당첨될 경우 중복청약으로 모두 부적격처리 됨)합니다.

<표1> 신청자격별 신청 및 검증 기준

신청자격	기본요건	주택·소득·자산 등의 자격검증 범위
신 혼 부 부	혼인 중인 자로서 혼인기간이 7년 이내 또는 6세 이하 자녀를 둔 경우	무주택세대구성원(아래 참조)
예비신혼부부	혼인을 계획 중이며, 사전청약 공고일로부터 1년 이내 혼인사실을 증명할 수 있는 자	혼인으로 구성될 세대(신청자가 청약 시 직접 입력)
한 부 모 가 족	6세 이하 자녀를 둔 부 또는 모	무주택세대구성원(아래 참조)

- 무주택세대구성원은 주택소유여부, 자산, 소득, 중복청약 및 재당첨여부 등의 검증대상 및 판단기준이 됩니다. 무주택세대구성원의 기준일은 위 공고일이며, 그 이후 등본상 세대구성원의 변경이 있는 경우(ex. 세대구성원의 주민등록이전 등) 공고일 기준 세대구성원을 증명할 수 있는 주민등록등본 및 초본(세대주와의 관계, 전입변동일 포함 발급)을 당첨자 서류의 같이 제출하여야 하며 증빙 서류 미제출로 인한 불이익은 당첨자에게 있습니다.
  - ▪ 사전청약 당첨자로 선정된 분은 본청약 모집공고일까지 무주택세대구성원 자격을 유지해야 하며 이후 무주택세대구성원 등 입주자격의 사항은 본청약 모집공고문에 따릅니다.

┌──┐
아래 [무주택세대구성원(예비신혼부부는 혼인으로 구성될 세대를 말함. 이하 같음)] 전원(배우자가 세대 분리된 경우 배우자 및 배우자가 속한 등본의 직계존비속까지 포함)이 다음의 [주택 및 분양권등] 각목의 요건을 모두 갖춘 경우 무주택자로 판단

[무주택세대구성원]
가. 주택의 공급을 신청하려는 사람(이하 '주택공급신청자'라 함)
나. 주택공급신청자의 배우자
다. 주택공급신청자 또는 배우자의 세대별 주민등록표등본에 등재된 신청자의 직계존속(배우자의 직계존속 포함 이하 같다.)
라. 주택공급신청자 또는 배우자의 세대별 주민등록표등본에 등재된 신청자의 직계비속(직계비속의 배우자 포함 이하 같다.)
마. 주택공급신청자의 세대별 주민등록표등본에 등재된 신청자의 배우자의 직계비속

[주택 및 분양권등]
가. 주택을 소유하고 있지 아니할 것
나. 「부동산 거래신고 등에 관한 법률」 제3조제1항제2호 및 제3호에 따른 부동산 중 주택을 공급받는 자로 선정된 지위 또는 주택의 입주자로 선정된 지위를 소유하고 있지 아니할 것
다. 군무원에 대한 주택(이하 "분양권등"이라 한다)을 승계취득(전매 또는 그 밖의 권리의 변동을 수반하여 취득한 경우를 말한다. 이하 같다)하여 소유하고 있지 아니할 것
  - ▪ 「민법」상 미성년자는 직계존속의 사망, 실종선고 및 행방불명 등으로 형제자매를 부양해야 하는, 자녀를 부양하여야 하는 세대만 신청 가능. 이 경우 자녀 및 형제자매는 미성년자와 같은 세대 주민등록표에 등재되어 있어야 함.
  - *혼인으로 구성될 세대"란 예비신혼부부가 입주 시 제출하는 주민등록등본 상에 등재될 세대원 전원을 말합니다.
└──┘

- 2018년 12월 11일 개정·시행된 「주택공급에 관한 규칙」에 의거 분양권 및 입주권(이하 '분양권등'이라 함)을 소유한 경우에도 주택을 소유한 것으로 판단하오니, 청약 시 관련 내용 미숙지로 인한 불이익이 발생하지 않도록 유의하시기 바랍니다.
  - 시행일('18.12.11.) 이후 입주자모집공고, 사업계획승인, 관리처분계획인가 신청한 주택을 신규 계약한 경우, '공급계약체결일' 기준 주택을 소유한 것으로 봅니다.
    (단, 시행일 이후 모집공고 등을 하였으나, 청약 미달로 인해 선착순의 방법으로 공급한 분양권 등을 최초로 취득한 경우에는 주택을 소유하지 아니한 것으로 봄.)
  - 시행일('18.12.11.) 이전에 모집공고 등을 통해 공급한 분양권등을 매매로 취득하여 시행일 이후 실거래신고한 경우, 실거래신고서상 '매매대금완납일' 기준으로 주택을 소유한 것으로 봅니다.
  - 단, 시행일 전에 모집공고 등을 한 주택에 대하여 취득하는 주택인 경우 분양권 등은 주택으로 보지 않으나, 해당 분양권등의 매매대금 완납, 소유권 이전 등으로 주택을 취득하는 것으로 볼 수 있는 경우에는 분양권이 아닌 주택을 소유한 것으로 봅니다.
  ※ 금회 사전청약 당첨자로 선정된 분과 그 세대에 속한 세대구성원은 본청약 입주자모집공고일까지 무주택세대구성원 자격을 유지해야 하며, 만약 해당 자격을 유지하지 못하였음이 판명된 경우 사전청약 당첨자 선정이 취소되며, 이후 무주택세대구성원 등 입주자격 유지는 본청약 모집공고문을 따릅니다.
- 과거 다른 특별공급으로 당첨된 자의 세대에 속한 자는 금회 공급하는 신혼희망타운주택에 청약할 수 없습니다.
- 사전청약은 PC 또는 모바일앱(App)에서 가능합니다. 모바일앱 사용 시 WIFI에 연결되지 않을 경우 데이터 요금이 부과되며, 스마트기기(스마트폰 등)에 따라 O/S 및 브라우저 버전, 호환성 등의 문제로 일부 사용이 불가할 수 있사오니, 사전에 모바일청약이 가능한지 모바일앱(LH청약센터) → "사전청약" 클릭 → 인터넷청약 → 인터넷청약연습하기(공동인증서 로그인)에서 확인하시기 바랍니다. 모바일청약이 시스템장애 등으로 중단될 경우 일반 PC를 이용하여 인터넷청약을 진행할 수 있음을 알려드립니다.
- 신청자격은 사전청약 당첨자를 대상으로 전산조회, 제출서류 등을 통해 우리 공사에서 확인하며, 확인결과 신청자격과 다르게 당첨된 사실이 판명되거나 당첨자 서류 제출일에 당첨자 서류를 제출하지 아니할 경우에는 불이익(사전청약 당첨일로부터 1년 동안 다른 주택단지의 사전청약 당첨자로 선정될 수 없음)를 받으니 반드시 입주자모집공고문의 신청자격, 기준, 일정, 방법, 유의사항 등을 정확히 확인 후 신청하시기 바랍니다.

■ 지역우선 공급 관련 안내

지구	블록	투기과열지구 여부	대규모 택지개발지구 여부 (「주택공급에 관한 규칙」 제34조)	지역우선 거주기간	본청약 예정 시기*
성남낙생	A1	O	X	성남시 : 2년	'23.11.15일경
성남복정2	A1	O	X	성남시 : 2년	'23.05.15일경
군포대야미	A2	O	X	군포시 : 2년	'24.04.15일경
의왕월암	A1	O	X	의왕시 : 2년	'23.05.15일경
	A3	O	X	의왕시 : 2년	'23.05.15일경
수원당수	A5	O	X	수원시 : 2년 경기도 : 2년	'23.04.15일경
부천원종	B2	X	X	공고일 현재 부천시 거주	'22.09.15일경

  * 본청약 예정 시기는 사전청약 입주자모집공고일 기준으로 작성한 참고자료로 추후 사업추진 여건에 따라 변경될 수 있습니다.

- 수원당수는 「주택공급에 관한 규칙」 제34조의 규정에 의한 대규모 택지개발지구로서 동일순위(단계) 내 경쟁 시 해당주택건설지역 거주자에게 우선공급 비율만큼 배정하여 해당지역 거주자의 미달 물량을 기타지역(경기도·수도권)거주자에게 공급합니다.
- 성남낙생, 성남복정2, 군포대야미, 의왕월암, 부천원종 지구는 동일순위(단계) 내 경쟁시 「주택공급에 관한 규칙」 제4조제5항에 의거 공고일 현재 해당주택건설지역 거주하는 분이 우선합니다.
- (성남낙생, 성남복정2, 군포대야미, 의왕월암, 수원당수지구 해당) 금회 공급하는 해당 지구의 주택은 거주지역 및 거주기간 제한이 있는 주택으로 거주기간은 사전청약 입주자모집공고일을 기준으로 역산함을 원칙으로 하되 국내에 계속하여 거주한 기간을 충족하는 분에 한하여 국내에 거주하고 있는 기간으로 봅니다.(→ ▶ 거주기간 산정 기준 참조)
  ※ 단, 사전청약 입주자모집공고일 현재(2021.10.15) 우선공급 대상이 되는 지역에 거주 중이면 거주기간을 충족하지 않아도 지역우선 공급을 적용받을 수 있으나, 본청약 입주자모집공고까지 「주택공급에 관한 규칙」 제4조제5항, 제34조의 규정에 따른 거주기간을 반드시 충족해야 합니다.
  ※ 블록별로 본청약 예정 시기가 상이하므로 상기의 '본청약 예정 시기' 내용을 숙지하시어 사전청약 당첨 시 본청약까지 거주기간 충족 가능여부를 필히 확인하시기 바라며, 사전청약 당첨 후 해당 거주기간을 본청약 모집공고일까지 충족하지 못할 시 사전청약 당첨자 선정이 취소되며 사전청약 당첨일로부터 1년간 다른 주택의 사전청약 당첨자로 선정될 수 없습니다.
- (부천원종지구 해당) 「주택공급에 관한 규칙」 제4조에 의거 동일 순위 내 사전청약 모집공고일 현재 부천시에 거주하는 신청자(모집공고일로부터 역산하여 국외에 계속하여 90일 이상 초과하여 거주하지 않은 분)에게 우선합니다.

> ▶ 거주기간 산정
> 거주기간 요건은「주택공급에 관한 규칙」제4조 제6항에 따른 국외체류로 인한 거주기간 등을 고려하여 다음과 같은 기준으로 판단합니다.
> ① 사전청약 모집공고일 시점('21.10.15)에 거주기간 충족하는 경우(모집공고일 현재 해당 지역에 장기간 거주하여 거주기간을 충족)
> ⇒「주택공급에 관한 규칙」제4조 제6항에 따라 사전청약 모집공고일 기준으로 역산하여 그 기간내 국외 체류여부 확인하여 거주기간 요건 충족여부 판단
> ② 사전청약 모집공고일 시점('21.10.15)에 거주기간 미충족하는 경우(모집공고일 현재 해당 지역에 거주하고 본청약 시점까지 거주기간을 충족)
> ⇒ 해당지역 전입일 시점의 거주기간을 정하고 그 기간내 국외 체류여부 확인하여 거주기간 요건 충족여부 판단
> ▶ 거주기간 산정 시 국외 체류기간 적용 기준
> 거주기간은 출입국사실증명서상 해외체류기간이 계속하여 90일을 초과한 기간(입국 후 7일 내 본인이 동일국가 재출국 시 계속하여 해외에 체류한 것으로 봄) 또는 연간 183일을 초과 (거주제한기간이 2년 이상인 주택은 각 연도별 183일을 말함)하여 국외에 거주한 기간은 국내 거주로 인정되지 아니하므로 해당 주택건설지역으로 청약할 수 없습니다.
> ※ 세대원 중 주택공급신청자가 생업에 종사하기 위하여 국외에 체류하고 있는 경우에는 국내에 거주하고 있는 것으로 봅니다.(단독세대주 또는 동거인이 세대원일 경우 국내 거주 인정 불가)
> ▶ 국외 체류기간 적용 예시
> - 사례1) 사전청약 모집공고일 현재 해당 주택건설지역 거주 및 지역우선 거주기간 이상 거주하고 있으나, 사전청약 모집공고일 기준으로 '지역우선 거주기간'을 역산한 기간 동안 계속해서 90일을 초과하여 국외에 체류한 경력이 있으면 해당지역 우선공급 대상자는 불인정되며 기타지역 거주자로 청약 가능 단, 위 사례에 해당하는 자가 본청약까지 해당지역 거주기간내 90일 이내 계속하여 국외에 체류하지 않는다면 해당지역 우선공급 대상자로 인정받을 수 있습니다.
> - 사례2) 사전청약 모집공고일 현재 해외에 있고 국외 체류기간이 계속하여 90일을 초과한 경우 해당 주택건설지역 우선공급에 불인정되며 기타지역 거주자로도 인정되지 않음
> - 사례3) 사전청약 모집공고일 현재 해외에 있는 대상자로 국외 체류기간이 계속해서 90일을 초과하지 않는 경우 해당 주택건설지역 우선공급 대상자로 청약 가능

■ 당첨자(사전청약 당첨자)의 입주자격 유지 사항
- 금회 사전청약의 청약통장은 사전청약 입주자모집 이후 본청약 당첨자로 확정된 후에 청약통장의 효력이 상실되며, 해당 단지 본청약 입주자모집공고시까지는 가능한 청약통장을 유지하는 것을 권장합니다.
- 금회 사전청약 당첨자 또는 그 세대에 속한 자가 다른 분양주택(분양전환공공임대주택)의 당첨자로 선정된 경우에는 사전청약 당첨이 취소됩니다.
- 금회 사전청약 당첨자 및 그 세대에 속한 세대구성원은 본청약 모집공고일까지 무주택세대구성원 자격을 유지해야 본청약 당첨자로 선정될 수 있으며, 이후 무주택세대구성원 등 입주자격의 사항은 본청약 모집공고문에 따릅니다.
- 사전청약 입주자모집공고일 현재 해당 우선공급 대상이 되는 지역에 거주 중이면 거주기간을 충족하지 않아도 지역우선 공급을 적용받을 수 있으나, 본청약 입주자모집공고까지 「주택공급에 관한 규칙」 제4조제5항, 제34조의 규정에 따른 거주기간을 반드시 충족해야 합니다.
  ※ 지역우선으로 사전청약 당첨 후 해당 거주기간을 본청약 모집공고까지 충족하지 못할 시 사전청약 당첨자 선정이 취소되며, 불이익(사전청약 당첨일로부터 1년 동안 다른 주택의 사전청약 당첨자 선정 불가)을 받게 되오니 2페이지의 「■ 지역우선 공급 관련 안내」 내용을 숙지하시어 사전청약 신청시 본청약까지 거주기간 충족 가능여부를 필히 확인하시기 바랍니다.
- 본청약 당첨 이후 입주자격 등의 사항은 본청약 시점의 관계법령의 적용을 받으며 향후 관계법령 개정에 따라 변경될 수 있습니다.

집밥도 내 집에서 먹어야 맛있다

■ 주택형별(면적) 변동 및 동·호수 결정 방법 등
- 사전청약 입주자모집은 주택신청면적(전용면적 기준) 주택형(ex. 46㎡, 55㎡ 등)을 대상으로 접수를 받으며, 향후 평면설계 등 사업승인과정에서 동일주택형별 내에서 면적 및 평면이 변경될 수 있습니다.
- 금회 선정되는 사전청약 당첨자는 사전청약 입주자모집 이후 본청약 시 입주자모집공고문을 확인하고 동·호수 결정을 위하여 다시 신청을 하여야 합니다.
- 사전청약 당첨 후 본청약시 동·호 배정은 본청약 당첨자와 함께 신청 주택형내에 동별·층별·향별·타입별·측 세대 구분 없이 우리 공사의 컴퓨터프로그램에 의해 무작위 추첨합니다.
  (본청약시 잔여 동호 발생 시에도 동호 변경불가)

■ 당첨자, 부적격 당첨자 및 포기자에 대한 제약사항 등
- 금회 사전청약 당첨자 및 그 세대에 속한 자는 향후 다른 주택의 사전청약 입주자모집공고에 신청할 수 없습니다.
- 사전청약 당첨자는 다른 분양주택(분양전환공공임대주택을 포함)의 본청약 신청이 가능하며 당첨된 경우 사전청약 당첨은 취소됩니다.
- 오류 또는 착오 신청에 의한 부적격 당첨이거나 본청약 입주자모집공고에 신청하지 않은 사전청약 포기자 및 그 세대에 속하는 자는 사전청약 당첨일로부터 1년 동안 다른 주택단지의 사전청약 당첨자로 선정될 수 없습니다.

■ 전매제한, 거주의무, 재당첨 제한 등
- 전매제한, 거주의무, 재당첨 제한 등의 사항은 본청약 모집공고시 관계법령의 적용을 받으며 향후 관계법령 개정에 따라 변경될 수 있습니다.
- 금회 공급되는 주택은 투기과열지구 및 청약과열지역에서 공급되는 분양가 상한제 적용주택으로 본청약 입주자모집공고에 신청하여 당첨자로 선정될 경우 본청약 당첨자발표일로부터 「주택공급에 관한 규칙」 제54조에 따른 기간 동안 재당첨제한이 적용되고, 「주택법 시행령」 제60조의2 및 동 시행령 제73조에 의거하여 아래와 같이 전매제한 및 거주의무가 적용될 예정이오니 참고하시기 바랍니다.
- 구체적인 전매제한 및 거주의무 기간은 본청약 모집공고문에 따라 적용될 예정이며, 현행 법령에 따른 내용은 아래 표를 참고하시기 바랍니다.

기준	투기과열지구 (성남낙생, 성남복정2, 군포대야미, 의왕월암, 수원당수) 전매제한	거주의무	투기과열지구 외의 지역 (부천원종) 전매제한	거주의무
분양가격이 인근지역 주택매매가격의 100퍼센트 이상인 경우	5년	–	3년	–
분양가격이 인근지역 주택매매가격의 80퍼센트 이상 100퍼센트 미만인 경우	8년	3년	6년	3년
분양가격이 인근지역 주택매매가격의 80퍼센트 미만인 경우	10년	5년	8년	5년

- 전매제한 및 재당첨제한의 산정기준일은 본청약 당첨자 발표일이며, 거주의무의 산정기준일은 해당 주택의 최초 입주가능일입니다.

■ 기타사항
- 예비당첨자는 선정하지 않으며, 부적격 당첨이나 미달물량은 본청약 입주자모집의 공급물량으로 전환됩니다.
- (성남복정2, 군포대야미, 의왕월암, 수원당수, 부천원종지구 해당) LH가 사업주체로 사업으로 'LH' 외 별도 브랜드는 적용하지 않으나, LH를 병기한 서브 브랜드는 사용할 수 있고(예시: LH+단지별 별도 브랜드) 시공업체 브랜드 사용은 불가합니다.
- (성남낙생지구 해당) LH와 민간사업자가 공동으로 시행하는 '민간참여 공공주택건설사업'으로 설계, 분양, 브랜드 등의 제반사항에 대해서는 민간참여사업 협약서·공모지침서에 따라 적용될 예정입니다.
- 본청약 입주자모집공고시 및 입주 예정 시기 등 이 주택 내 단지별로 사업여건에 따라 사업여건에 따라 조정될 수 있습니다.
- 사전청약 입주자모집공고일 현재 사전청약 당첨자 및 그 세대에 속한 자는 금회 사전청약 입주자모집공고에 신청할 수 없습니다.
- 본청약 후 공공주택 특별법 시행규칙 별표6의2에 따라 총자산가액(307백만원)을 초과하는 주택의 입주자로 선정되신 분은 "신혼희망타운 전용 주택담보 장기대출상품"에 가입하여 입주시까지 해당 모기지 가입 사실을 증명해야 하므로, 해당 자격을 갖추지 못할 경우 문화재 발굴조사 등 사업여건에 따라 조정될 수 있습니다.
- 추후 본청약 공급일정 등에 대한 안내는 청약 시 기재된 연락처를 기준으로 별도 안내할 따라 연락처가 변경되거나 잘못 기재하신 분은 LH청약센터에서 '사전청약-당첨자 서비스-당첨자 연락처 변경'으로 본인의 연락처(주소, 전화번호) 변경 또는 서면으로 본인의 연락처를 우리 공사에 고지하여야 하고, 고지하지 않을 경우 주소불명 등의 사유로 본청약 공고일정 및 자격사항 등 사전청약 관련 안내를 받지 못하는 경우, 이에 대하여는 책임지지 마십시오.
- 이 공고문에 명시되지 않은 사항은 「주택법」, 「주택공급에 관한 규칙」, 「공공주택 특별법」, 「공공주택 특별법 시행규칙」, 「공공분양주택 입주예약자 업무처리지침」 등 관계법령에 따릅니다.

청약신청 시 유의사항
■ 재당첨제한 적용주택(이전기관 종사자 특별공급 주택, 분양가상한제 적용주택, 분양전환공공임대주택, 토지임대주택, 투기과열지구 및 청약과열지역에서 공급되는 주택 등)에 당첨된 분 및 그 세대에 속한 분, 부적격 당첨자로 처리되어 청약 제한 기간 내에 있는 분은 금회 공급되는 주택의 사전청약 당첨자로 선정될 수 없습니다.
  (위 사항에 해당되는 자가 사전청약에 신청하여 당첨된 경우 사전청약 당첨일로부터 1년 동안 다른 주택단지의 사전청약 당첨자로 선정될 수 없음)

[재당첨 제한 사례 참고]
○ 2015년 6월 서울특별시에서 공급한 85㎡이하인 민영주택(분양가상한제)에 당첨된 자 및 그 세대에 속한 자 : 5년간(2020년 6월)까지 재당첨 제한
○ 2014년 9월 경기도 화성시 동탄2지구에서 공급한 85㎡초과인 민영주택(분양가상한제)에 당첨된 자 및 그 세대에 속한 자 : 1년간(2015년 9월)까지 재당첨 제한
○ 2016년 7월 경기도 하남시에서 공급한 85㎡이하인 공공주택(분양가상한제)에 당첨된 자 및 그 세대에 속한 자 : 5년간(2021년 7월)까지 재당첨 제한
○ 2016년 11월 광주광역시 민간택지에서 공급한 85㎡이하인 공공주택(분양가상한제 아님)에 당첨된 자 및 그 세대에 속한 자 : 재당첨 제한 기간 없음
○ 2017년 7월 부산광역시 공공택지에서 공급한 85㎡이하인 민영주택(분양가상한제)에 당첨된 자 및 그 세대에 속한 자 : 3년간(2020년 7월)까지 재당첨 제한
  재당첨 제한 기준은 1페이지에 있는 "무주택세대구성원"과 동일하므로 무주택세대구성원의 재당첨 제한 여부는 청약홈(www.applyhome.co.kr) 당첨사실조회에서 세대원 각각 조회해보시기 바랍니다.

■ 재당첨제한 규제 (주택공급에 관한 규칙 제54조에 의거, 둘 이상에 해당하는 경우 그 중 가장 긴 제한기간을 적용)

당첨된 주택의 구분		적용기간(당첨일로부터)	
-투기과열지구에서 공급되는 주택(제1항제6호) -분양가상한제 적용주택(제1항제3호)		10년간	
-청약과열지역에서 공급되는 주택(제1항제7호)		7년간	
-토지임대주택(제1항제5호) -투기과열지구 내 정비조합(제3조제2항제7호가목)		5년간	
-이전기관종사자 특별공급 주택(제1항제2호)	과밀억제권역	85이하	5년
		85초과	3년
-분양전환공공임대주택(제1항제4호) -기타당첨자(제3조제2항제1·2·4·6·8호)	그 외	85이하	3년
		85초과	1년

※ 재당첨제한 규제는 본청약 시점의 관계법령을 적용받아 결정될 예정이며, 현행 법령에 따른 내용은 상기 표를 참고하시기 바랍니다.
■ 공공주택 특별법 시행규칙 별표6의 '2. 특별공급을 받은 분 또는 「주택공급에 관한 규칙」 제35조 내지 제47조에 의하여 특별공급 (과거 3자녀 우선공급, 노부모부양 우선공급 포함)을 받은 분 및 그 세대에 속한 분은 금회 공급되는 주택의 특별공급 대상자로 선정될 수 없습니다. (특별공급은 1회에 한하여 출급함, 「주택공급에 관한 규칙」 제35조제1항제12호 내지 제14호에 해당하는 경우와 제55조에 해당하는 경우 제외)
■ 현장접수 시 우려되는 혼잡을 방지하고 접수자의 편의를 도모하기 위하여 인터넷 청약을 원칙으로 하오니, 인터넷 청약을 위해서는 신청접수일전에 공동인증서를 미리 발급 받으시기 바랍니다.
■ 신청자 및 신청자와 동일세대 내에서 1인 이상이 '21.10.15 사전청약 입주자모집(공공분양, 신혼희망타운) 단지에 중복 및 교차청약 시 모두 부적격처리됨을 유의하시기 바랍니다.
■ 신청접수 시 신청자격을 확인(검증)하지 않고 신청자의 입력(기재)사항만으로 당첨자를 결정하므로, 본 공고문의 신청자격 (무주택세대구성원여부, 거주지역, 거주기간, 재당첨제한여부, 주택소유여부 및 소득·자산 등), 유의사항 등을 사전에 정확하게 확인하시기 바라며, 당첨된 후 제출서류 등 제출서류 확인에서 확인한 결과 신청자격과 다르게 당첨된 사실이 판명될 때에는 당첨자 선정이 취소되며 해당 당첨자 및 그 세대에 속하는 자는 사전청약 당첨일로부터 1년간 다른 주택의 사전청약 신청이 불가 등 불이익을 받게 됩니다.
■ 신청자의 입주자저축 순위, 납입인정금액 및 당첨된 확정 후 무주택여부, 당첨 사실 등 조회 확인을 위해 가입은행 등 해당 기관에 개인정보 제공이 필수적이므로 청약자는 청약 시 '개인정보 제공 및 활용' 및 '정보의 제3자 제공'에 동의해야 하며, 당첨자는 당첨된 서류제출 시 소득 및 자산조회를 위해 별도의 개인정보 제공 및 활용 동의가 필요함을 알려드립니다.

03 3기신도시 청약 ———— 339

I 공급규모·공급대상 및 공급가격 등

1. 공급규모

■ 성남낙생 지구
• 성남낙생 A1 : 신혼희망타운 전용면적 60㎡이하 사전청약 공급호수 884세대

■ 성남복정2 지구
• 성남복정2 A1 : 신혼희망타운 전용면적 60㎡이하 사전청약 공급호수 632세대

■ 군포대야미 지구
• 군포대야미 A2 : 신혼희망타운 전용면적 60㎡이하 사전청약 공급호수 952세대

■ 의왕월암 지구
• 의왕월암 A1 : 신혼희망타운 전용면적 60㎡이하 사전청약 공급호수 423세대
• 의왕월암 A3 : 신혼희망타운 전용면적 60㎡이하 사전청약 공급호수 402세대

■ 수원당수 지구
• 수원당수 A5 : 신혼희망타운 전용면적 60㎡이하 사전청약 공급호수 459세대

■ 부천원종 지구
• 부천원종 B2 : 신혼희망타운 전용면적 60㎡이하 사전청약 공급호수 374세대

2. 공급대상

■ 신혼희망타운

지구	단지 (BL)	주택형	개략 공급면적(㎡)	총건설 호수	공급 구분 공공분양	공급 구분 장기임대 (추후공급)	사전청약 공급호수	추정분양가격 (천원)
	총 공급호수			6,570	4,350	2,220	4,126	-
성남낙생	A1	합 계		1,400	933	467	884	-
		51	74	355	235	120	223	452,110
		55	79	703	465	238	441	484,050
		59	84	332	223	109	211	510,030
		59T	84	10	10	-	9	515,690
성남복정2	A1	합 계		1,026	666	360	632	-
		55	80	968	608	360	577	538,400
		56T	81	58	58	-	55	554,890
군포대야미	A2	합 계		1,511	1,003	508	952	-
		55	79	1,426	947	479	899	358,570
		59(복층)	87	85	56	29	53	394,430
의왕월암		합 계		1,316	870	446	825	-
	A1	55	81	674	446	228	423	412,750
	A3	55	82	642	424	218	402	415,750
수원당수	A5	합 계		726	484	242	459	-
		46	66	137	92	45	87	311,150
		55	79	589	392	197	372	370,670
부천원종	B2	합 계		591	394	197	374	-
		46	68	120	80	40	76	352,740
		55	80	471	314	157	298	420,020

※ 개략 공급면적 및 추정분양가격은 대표평면을 기준으로 작성 및 산정되었습니다.
※ 성남낙생 A1블록 주택형 59T, 성남복정2 A1블록 주택형 56T는 테라스형 주택으로 팸플릿을 통해 해당 주택형 평면을 참고하시기 바랍니다.
※ 신혼희망타운 공급단지는 금회 사전청약 입주자모집공고시 공공분양만 공급하며, 장기임대(국민임대, 행복주택 중 추후 결정)주택은 향후 별도 공고를 통해 입주자를 모집할 예정입니다.
※ 본청약시 사업승인에 따라 공급물량의 변동이 있을 수 있습니다.
※ 위 추정분양가는 사전청약 공고시점에서 실제 분양가 산정이 불가하여 추정한 가격으로 추후 변동이 예상되며, 실제 분양가는 본 청약 시점에서 분양가심사위원회 심의를 거쳐 결정될 예정입니다.
※ 해당 주택은 공사가 정부로부터 주택도시기금의 지원을 받아 건설·공급하는 주택으로서, 무주택국민을 위하여 저금리의 자금을 지원하는 주택입니다. 입주자는 주택도시기금 관련규정에 따라 당초 대출조건의 범위 내에서 대환(재대출)이 가능합니다. 또한 정부에서 운용하는 각종 주택관련 대출상품은 주택도시기금 관련규정에 따라 처리되오니 유의하시기 바랍니다.
(단, 「공공주택 특별법 시행규칙」 별표6의2에 따라 주택 공급가격이 총자산가액을 초과하는 주택의 입주자로 선정된 분은 '신혼희망타운 전용 주택담보 장기대출상품'에 주택가격의 최소 30% 이상 의무 가입해야 하므로 주택도시기금 융자액은 받으실 수 없습니다.)
※ 사전청약 당첨 후 본청약시 동·호 배정은 본청약 당첨자와 함께 신청 주택형 내에서 동별·층별·향별·타입별·측 세대 구분 없이 무작위 추첨으로 결정되며, 향후 본청약시에 층별·향별·설계특성별로 차등을 두어 분양가격을 책정하게 되므로 동일 신청 주택형이라도 확정 분양가격이 상이할 수 있음을 유의하시기 바랍니다.
※ 본청약 입주자모집공고 발코니 확장비용 등 기타 옵션 가격을 제시할 예정입니다.
※ 청약신청은 반드시 주택형별로 신청해야 하며, 청약 접수한 주택형을 변경 또는 취소하고자 할 경우에는 청약시간 마감시간 전까지 입력 및 제출까지 완료하여야 합니다.
※ 주택규모 표시방법은 법정계량단위인 제곱미터(㎡)로 표기하였습니다.(㎡를 평으로 환산하는 방법 : ㎡ × 0.3025 또는 ㎡ ÷ 3.3058)
※ '주택형'의 표기는 주거전용면적으로 표기하였습니다.
※ 추정 분양가격에는 발코니 확장비용이 포함되어 있지 않습니다.
※ 주거공용면적은 계단, 복도, 현관 등 공동주택의 지상층에 있는 공용 면적이며, 주거전용면적 및 주거공용면적은 동일향별대의 개략적인 면적으로 안내하며 향후 사업승인에 따라 면적이 변경될 수 있습니다.

II 신청기준 [지역별 물량배정, 무주택, 소득·자산]

1. 신혼희망타운 우선 공급물량 배정기준

■ 수원당수 지구는 「주택공급에 관한 규칙」 제34조의 규정에 의한 대규모지구로서 동일순위 내 경쟁 시 해당주택건설지역 거주자에게 우선공급 비율만큼 배정하며 해당지역 거주자의 미달물량은 기타지역(경기도·수도권)거주자에게 공급합니다.
■ 성남낙생, 성남복정2, 군포대야미, 의왕월암, 수원당수 지구는「주택공급에 관한 규칙」 제4조제5항의 규정에 따라 동일순위 내 경쟁 시 해당주택건설지역 거주자에게 우선 공급하게 됩니다.
■ 성남낙생, 성남복정2, 군포대야미, 의왕월암, 수원당수 지구는 거주지역 및 거주기간 제한이 있는 주택으로, 입주자모집공고일 현재 해외에 있으며 해외 체류기간이 90일 초과 및 전체기간이 연간(매년) 183일을 초과하는 분은 지역 우선공급 대상자 및 기타지역 거주자로 청약이 불가하며, 이를 위반하여 당첨될 경우 부적격 처리됩니다.
■ 부천원종 지구는 거주지역 제한이 있는 주택으로, 사전청약 입주자모집공고일 현재 해외에 있으며 해외 체류기간이 90일을 초과하는 분은 지역 우선공급 대상자 및 기타지역 거주자로 청약이 불가하며, 이를 위반하여 당첨될 경우 부적격 처리됩니다.

집밥도 내 집에서 먹어야 맛있다

■ 지역우선 공급기준

\<표2\> 우선공급 단계별 지역우선 공급기준

• [성남낙생] 지역 우선공급 기준

기준일	지역구분	우선공급 비율	지역 우선공급 거주 입력 대상자
입주자모집공고일 (2021.10.15)	① 해당 주택건설지역 (성남시)	100%	· 사전청약 공고일 현재 성남시 2년 이상 거주자 · 사전청약 공고일 현재 성남시 거주하며, 본청약 공고일까지 성남시 2년 이상 거주 예정인 자
	② 기타지역(수도권)	0%	· 사전청약 공고일 현재 수도권(서울특별시, 인천광역시, 경기도)에 거주하는 자

※ 해당 주택건설지역(성남시) 2년 이상 거주자(성남시 거주하며, 본청약 공고일까지 성남시 2년 이상 거주 예정인 자 포함)에게 100% 공급으로 기타지역(수도권)에 배정물량이 없으나, 해당 주택건설지역(성남시) 2년 이상 거주자 신청 결과 미달된 경우 잔여 물량을 기타지역(수도권) 거주자에게 공급합니다.

• [성남복정2] 지역 우선공급 기준

기준일	지역구분	우선공급 비율	지역 우선공급 거주 입력 대상자
입주자모집공고일 (2021.10.15)	① 해당 주택건설지역 (성남시)	100%	· 사전청약 공고일 현재 성남시 2년 이상 거주자 · 사전청약 공고일 현재 성남시 거주하며, 본청약 공고일까지 성남시 2년 이상 거주 예정인 자
	② 기타지역(수도권)	0%	· 사전청약 공고일 현재 수도권(서울특별시, 인천광역시, 경기도)에 거주하는 자

※ 해당 주택건설지역(성남시) 2년 이상 거주자(성남시 거주하며, 본청약 공고일까지 성남시 2년 이상 거주 예정인 자 포함)에게 100% 공급으로 기타지역(수도권)에 배정물량이 없으나, 해당 주택건설지역(성남시) 2년 이상 거주자 신청 결과 미달된 경우 잔여 물량을 기타지역(수도권) 거주자에게 공급합니다.

• [군포대야미] 지역 우선공급 기준

기준일	지역구분	우선공급 비율	지역 우선공급 거주 입력 대상자
입주자모집공고일 (2021.10.15)	① 해당 주택건설지역 (군포시)	100%	· 사전청약 공고일 현재 군포시 2년 이상 거주자 · 사전청약 공고일 현재 군포시 거주하며, 본청약 공고일까지 군포시 2년 이상 거주 예정인 자
	② 기타지역(수도권)	0%	· 사전청약 공고일 현재 수도권(서울특별시, 인천광역시, 경기도)에 거주하는 자

※ 해당 주택건설지역(군포시) 2년 이상 거주자(군포시 거주하며, 본청약 공고일까지 군포시 2년 이상 거주 예정인 자 포함)에게 100% 공급으로 기타지역(수도권)에 배정물량이 없으나, 해당 주택건설지역(군포시) 2년 이상 거주자 신청 결과 미달된 경우 잔여 물량을 기타지역(수도권) 거주자에게 공급합니다.

• [의왕월암] 지역 우선공급 기준

기준일	지역구분	우선공급 비율	지역 우선공급 거주 입력 대상자
입주자모집공고일 (2021.10.15)	① 해당 주택건설지역 (의왕시)	100%	· 사전청약 공고일 현재 의왕시 2년 이상 거주자 · 사전청약 공고일 현재 의왕시 거주하며, 본청약 공고일까지 의왕시 2년 이상 거주 예정인 자
	② 기타지역(수도권)	0%	· 사전청약 공고일 현재 수도권(서울특별시, 인천광역시, 경기도)에 거주하는 자

※ 해당 주택건설지역(의왕시) 2년 이상 거주자(의왕시 거주하며, 본청약 공고일까지 의왕시 2년 이상 거주 예정인 자 포함)에게 100% 공급으로 기타지역(수도권)에 배정물량이 없으나, 해당 주택건설지역(의왕시) 2년 이상 거주자 신청 결과 미달된 경우 잔여 물량을 기타지역(수도권) 거주자에게 공급합니다.

• [수원당수] 지역 우선공급 기준

기준일	지역구분	우선공급 비율	지역 우선공급 거주 입력 대상자
입주자모집공고일 (2021.10.15)	① 해당 주택건설지역 (수원시)	30%	· 사전청약 공고일 현재 수원시 2년 이상 거주자 · 사전청약 공고일 현재 수원시 거주하며, 본청약 공고일까지 수원시 2년 이상 거주 예정인 자
	② 경기도	20%	· 사전청약 공고일 현재 경기도 2년 이상 거주자 · 사전청약 공고일 현재 경기도 거주하며, 본청약 공고시까지 경기도 2년 이상 거주 예정인 자
	③ 기타지역(수도권)	50%	· 사전청약 공고일 현재 경기도(2년 미만 거주자 포함), 서울특별시, 인천광역시에 거주하는 분

※ 경기도 거주기간 산정 시 경기도내 시·군 사이에서 전입·전출하는 경우에는 합산 가능합니다.
※ 수원시 2년 이상 거주자(수원시 거주하며, 본청약 공고일까지 수원시 2년 이상 거주 예정인 자 포함)가 30% 우선공급에서 낙첨될 경우, 20% 물량의 경기도 2년 이상 거주자(경기도에 거주 하며, 본청약 공고시까지 경기도 2년 이상 거주 예정인 자 포함)와 다시 경쟁하며, 그래도 낙첨될 경우 나머지 50% 물량의 수도권 거주자와 다시 경쟁합니다.
※ 해당 주택건설지역 수원시 신청 결과 미달된 물량은 경기도 거주자에게 공급하고 경기도 거주자 신청 결과 미달된 물량은 기타지역 거주자에게 공급합니다.

• [부천원종] 지역 우선공급 기준

기준일	지역구분	우선공급 비율	지역 우선공급 거주 입력 대상자
입주자모집공고일 (2021.10.15)	① 해당 주택건설지역 (부천시)	100%	· 사전청약 공고일 현재 부천시 거주자
	② 기타지역(수도권)	0%	· 사전청약 공고일 현재 수도권(서울특별시, 인천광역시, 경기도)에 거주하는 자

※ 해당 주택건설지역(부천시) 거주자(사전청약 모집공고 기준으로 역산하여 국외에 계속하여 90일 이상 초과하지 않은 분)에게 100% 공급으로 기타지역(수도권)에 배정물량이 없으나, 해당 주택건설지역(부천시) 거주자 신청 결과 미달된 경우 잔여 물량을 기타지역(수도권) 거주자에게 공급합니다.

• 지역 우선공급 관련 공통사항
  ※ 지역 우선공급 기준은 사전청약 공고일 현재 신청자의 주민등록표등본상 거주지역입니다.
  ※ 주민등록말소 사실이 있는 경우 거주기간은 재등록일 이후부터 산정됩니다.
  ※ 사전청약 모집공고일 현재 우선공급 대상이 되는 지역에 거주 중이면 거주기간을 충족하지 않아도 지역 우선공급을 적용받을 수 있으나, 본청약 입주자모집공고일 시점까지 「주택공급에 관한 규칙」제4조제5항, 제34조제1항에 따른 거주기간을 반드시 충족해야 합니다.
  ※ 본청약 모집공고일까지 지역 우선 거주기간을 충족하지 못할 시 사전청약 당첨자 선정이 취소되어 불이익(사전청약 당첨일로부터 1년 동안 다른 주택의 사전청약 당첨자 선정 불가)을 받게 되오니 2페이지의 '■ 지역우선 공급 관련 안내' 내용을 숙지하시어 사전청약 신청시 본청약까지 거주기간 충족 가능여부를 필히 확인하시기 바랍니다.
  ※ 공급세대수를 상기 지역우선비율로 배분 시 소수점 이하가 발생할 경우 소수점 첫 자리에서 반올림하고, 소수점 자리가 동일한 경우 해당지역에 배정합니다. 단, 수원당수 지구의 경우 공급세대수가 1세대일 경우에는 해당 주택건설지역 거주자에게 1세대를 배정하고 공급세대수가 2세대일 경우에는 해당 주택건설지역 거주자에게 1세대, 경기도 거주자에게 1세대를 배정합니다.
  ※ (금회 모집지역 모두 해당) 10년 이상 장기복무 무주택 군인으로서 입주자저축에 가입하여 6개월이 경과하고 6회이상 납입 인정된 분은 입주자모집공고일 현재 수도권이 아닌 지역에 거주하고 있는 경우에도 기타지역(수도권) 거주자로 지역 우선 자격으로 신청할 수 있습니다.
  ※ (부천원종 지구만 해당) 25년 이상 장기복무 무주택 군인으로서 입주자저축에 가입하여 6개월이 경과하고 6회이상 납입 인정된 분은 입주자모집공고일 현재 해당 주택건설지역에 거주하지 않아도 국방부장관의 추천을 받은 경우 해당 주택건설지역의 거주자 자격으로 신청할 수 있습니다.

청렴@세상

■ 신혼희망타운 입주자 선정 시 물량 배분 절차 안내
　① 1단계(우선공급 물량 30%) 및 2단계(잔여공급 물량 70%)에 대한 물량을 우선 배분
　② 각 단계별로 위 「지역우선 공급기준」에서 정한 지역별로 배분하여 각 단계별 가점제 합계 다득점순으로 선정하되, 동점 시 추첨으로 결정

2. 무주택세대구성원 및 주택소유여부 판정 기준

금회 공급되는 주택의 신청자격인 '무주택세대구성원' 여부는 「주택공급에 관한 규칙」 제2조 제2의3호, 제4호 및 제53조에 따라 아래기준으로 판단하며, 당첨자발표(2021.11.25) 후 주택(분양권 등 포함)소유여부 전산검색 및 주민등록등본을 확인 후 부적격자로 판명된 분이 판명내용과 사실과 다르거나 이의가 있을 경우에는 소명기간(우리 공사가 소명요청을 안내한 날부터 7일) 내에 아래 기준에 근거하여 소명자료를 제출하여야 하며, 정당한 사유 없이 동 기간 내에 소명자료를 제출하지 아니할 경우 사전청약 당첨을 취소합니다.

■ 공급신청 자격자
• 주택공급신청자는 무주택세대구성원 중 1인만 가능합니다.
　※ 「민법」 상 미성년자는 직계존속의 사망, 실종선고 및 행방불명 등으로 형제자매를 부양해야 하거나, 자녀를 부양하여야 하는 세대만 신청 가능. 이 경우 자녀 및 형제자매는 미성년자와 같은 세대별 주민등록표에 등재되어 있어야 함.

■ 무주택(분양권 등 포함)여부 판정대상
• 아래 [무주택세대구성원] 전원(배우자가 세대 분리된 경우 배우자 및 배우자가 속한 등본의 직계존비속까지 포함)이 다음 [주택 및 분양권등] 각목의 요건을 모두 갖춘 경우 무주택자로 판단
　※ (예비신혼부부) 혼인사실 증명 시 제출하는 주민등록표등본에 등재된 '혼인으로 구성될 세대'를 말함

　　[무주택세대구성원]
　　가. 주택의 공급을 신청하려는 사람 (이하 '주택공급신청자'라 함)
　　나. 주택공급신청자의 배우자
　　다. 주택공급신청자 또는 배우자의 세대별 주민등록표등본에 등재된 신청자의 직계존속(배우자의 직계존속 포함 이하 같다.)
　　라. 주택공급신청자 또는 배우자의 세대별 주민등록표등본에 등재된 신청자의 직계비속(직계비속의 배우자 포함 이하 같다.)
　　마. 주택공급신청자의 세대별 주민등록표등본에 등재된 신청자의 배우자의 직계비속
　　[주택 및 분양권 등]
　　가. 주택을 소유하고 있지 아니할 것
　　나. 「부동산 거래신고 등에 관한 법률」 제3조제1항제2호 및 제3호에 따른 부동산 중 주택을 공급받는 자로 선정된 지위 또는 주택의 입주자로 선정된 지위를 소유하고 있지 아니할 것
　　다. 나목에 따른 지위(이하 '분양권등'이라 한다)를 승계취득(전체 또는 일부의 권리를 매매하여 취득한 경우를 말한다. 이하 같다)하여 소유하고 있지 아니할 것

■ 주택(분양권 등 포함)의 범위
• 건물의 용도는 공부상 표시된 용도를 기준으로 하며, 주택은 건물등기부등본, 건축물대장등본, 재산세 과세대장 등에 등재되어 있는 전국소재 주택
• 주택(분양권 등 포함)은 건물의 용도가 주택인 복합건물 등도 복합건물 소유자에 해당됩니다.
　※ 공유지분으로 주택을 소유한 경우 지분 소유자 전원이 주택소유자로 인정되고, 공동소유, 공동상속의 경우에는 지분면적에 관계없이 지분소유자 전원이 각각 그 주택의 면적 전부를 소유한 것으로 간주함
• 「부동산 거래신고 등에 관한 법률」 제3조제1항제2호 및 제3호에 따른 부동산 중 주택을 공급받은 자로 선정된 지위 또는 주택의 입주자로 선정된 지위(이하 '분양권 등'이라 함)를 취득한 경우, 공급계약체결일을 기준으로 주택을 소유한 것으로 봅니다.
• 분양권 등을 매매로 승계취득하여 「부동산거래신고등에관한법률」 제3조에 따라 신고한 경우, 신고서상 매매대금 완납일을 기준으로 주택을 소유한 것으로 봅니다.

■ 무주택(분양권 등 포함) 산정 기준
• 무주택 기간은 신청자 및 무주택세대구성원 전원의 무주택기간을 고려하여 산정합니다.
• 주택소유 및 무주택기간 산정 기준일(단, 건물등기부등본상의 등기접수일과 건축물대장등본상의 처리일이 상이할 경우에는 먼저 처리된 날을 기준으로 함)
　1) 건물등기부등본 : 등기접수일　　　　　　　　　　　2) 건축물대장등본 : 처리일
　3) 분양권 등의 계약서 : 「부동산 거래신고 등에 관한 법률」에 따라 신고된 공급계약체결일
　4) 분양권 등의 매매계약서 : 「부동산 거래신고 등에 관한 법률」에 따라 신고된 신고서상 매매대금완납일
　5) 기타 주택소유여부를 증명할 수 있는 서류 : 시장·군수 등 공공기관이 인정하여 인정하는 날
• 무주택기간은 신청자 및 세대구성원 전원이 입주자모집공고일을 기준으로 그 이전에 계속해서 주택 또는 분양권 등을 소유하지 아니한 기간을 기준으로 산정하나, 신청자의 무주택기간은 만 30세가 되는 날(만30세 이전에 혼인한 경우에는 「가족관계의 등록 등에 관한 법률」에 따른 혼인관계증명서에 혼인신고일로 등재된 날)부터 계속하여 무주택인 기간으로 산정합니다.
• 신청자 및 세대구성원이 주택을 소유한 사실이 있는 경우에는 그 주택을 처분한 후 무주택자가 된 날(두 차례 이상 주택을 소유한 사실이 있는 경우에는 최근에 무주택자가 된 날을 말함)부터 무주택기간을 산정합니다.

■ 주택(분양권 등 포함)을 소유하지 아니한 것으로 인정하는 경우 (주택공급에 관한 규칙 제53조)
• 상속으로 인하여 주택의 공유지분을 취득한 사실이 판명되어 사업주체로부터 부적격자로 통보받은 날부터 3개월 이내에 그 지분을 처분한 경우
• 도시지역이 아닌 지역 또는 면의 행정구역(수도권은 제외)에 건축되어 있는 주택으로서 다음 각목의 1에 해당하는 주택의 소유자가 당해 주택건설지역에 거주(상속으로 주택을 취득한 경우에는 피상속인이 거주한 것을 상속인이 거주한 것으로 본다)하다가 다른 주택건설지역으로 이주한 경우
　가. 사용승인 후 20년 이상 경과된 단독주택　　　　　나. 85㎡이하의 단독주택
　다. 소유자의 「가족관계의 등록 등에 관한 법률」에 따른 최초 등록기준지에 건축되어 있는 주택으로서 직계존속 또는 배우자로부터 상속 등에 의하여 이전받은 단독주택
• 개인주택사업자가 분양을 목적으로 주택을 건설하여 이를 분양 완료하였거나 사업주체로부터 부적격자로 통보받은 날부터 3개월 이내에 이를 처분한 경우
• 세무서에 사업자로 등록한 개인사업자가 그 소속근로자의 숙소로 사용하기 위하여 「주택법」 제5조제3항의 규정에 의하여 주택을 건설하여 소유하고 있거나 사업주체가 정부시책의 일환으로 근로자에게 공급할 목적으로 사업계획승인을 얻어 건설한 주택을 공급받아 소유하고 있는 경우
• 20㎡ 이하의 주택(분양권등 포함)을 1호 소유하고 있는 경우. 다만, 20㎡이하 주택 및 분양권등을 2호 이상 또는 2세대 이상 소유한 경우는 그 주택수 만큼 유주택으로 봄
• 만 60세 이상의 직계존속(배우자의 직계존속을 포함)이 주택(분양권 등 포함)을 소유하고 있는 경우
• 건물등기부 또는 건축물대장등의 공부상 주택으로 등재되어 있으나 주택이 낡아 사람이 실지 아니하는 폐가이거나 주택이 멸실되었거나 주택이 아닌 다른 용도로 사용되고 있는 경우로서 사업주체로부터 부적격자로 통보받은 날부터 3개월 이내에 이를 멸실시키거나 실제 사용하고 있는 용도로 공부 정리한 경우
• 무허가건물(종전의 「건축법」 제7696호 건축법 일부개정 법률로 개정되기 전의 것을 말한다) 전의 것을 말한다) 제8조 및 제9조에 따라 건축허가 또는 건축신고 없이 건축한 건물을 말한다)을 소유하고 있는 경우. 이 경우 소유자는 해당 건물이 건축 당시의 법령에 따른 적법한 건물임을 증명하여야 함
• 제27조제5항 및 제28조 제10항 제1호에 따라 입주자를 선정하고 남은 주택을 선착순의 방법으로 공급받아 분양권등을 소유하고 있는 경우(해당 분양권등을 매수한 자는 제외한다)
　※ 선착순의 방법으로 공급받은 분양권등의 주택 소유권을 향후 취득할 경우에도 그 자격을 유지하지 못하는 것으로 보아 사전청약 당첨자 선정이 취소되오니 유의하여 주시기 바랍니다.
• 사전청약 당첨자로 선정된 분은 본청약 모집공고일까지 무주택세대구성원 자격을 유지해야 하며 이후 무주택세대구성원 및 입주자격의 사항은 본청약 모집공고문에 따릅니다.

- 6 -

342　　　　　　───────　　집밥도 내 집에서 먹어야 맛있다

3. 총자산보유 판정 기준

- **검토대상** : 신혼부부나 한부모가족 신청자의 경우 '무주택세대구성원' 전원을 말하며, 예비신혼부부는 '혼인으로 구성될 세대'를 말함

  ※ '혼인으로 구성될 세대'란 예비신혼부부가 사전청약 공고일로부터 1년 이내에 제출해야 하는 주민등록표등본에 등재될 세대를 말함

- **총자산보유기준 적용**

- 입주자모집공고일(2021.10.15) 현재 "**<표3> 총자산보유기준**"을 충족하여야 합니다.

- 당첨자(사전청약 당첨자)로 선정되신 분의 "**부동산, 자동차, 일반자산 및 금융부채 외 부채**"의 산정시점은 입주자모집공고일으로 합니다. 다만, 우리 공사는 당첨자 최종접수 후 사회보장정보원의 사회보장시스템을 통해 당첨자의 총자산을 조사 확정하게 되므로, 공고일 이후 변동된 총자산금액이 조회된 경우 해당 금액을 당사자의 총자산금액으로 간주합니다.

- 총자산은 '무주택세대구성원 또는 혼인으로 구성될 세대'가 소유하고 있는 모든 부동산(건물+토지)·자동차·금융자산·기타자산 가액의 총합과 부채의 차액으로 검증하며 기준 초과 시 사전청약 당첨자 선정이 최소되며, 불이익(사전청약 당첨일로부터 1년간 다른 주택의 사전청약 신청이 불가)을 받게 됩니다.

- 부동산(건물 + 토지) 및 자동차를 지분으로 공유하고 있는 경우 전체가액 중 해당지분가액(단, 동일 세대원간에 지분을 공유할 때에는 지분합계액)만을 소유한 것으로 보며, 소명의무는 신청자에게 있습니다.

- 「주택공급에 관한 규칙」제53조에 의거 주택으로 보지 않는 경우에도 '해당 주택과 그 주택의 부속토지'는 자산보유기준 적용 대상이 됩니다.

- **자산보유 조사방법**

- 당첨자로 선정되신 분의 자산관련 자료는 "**<표3> 총자산보유기준**"에 의거하여 사회보장정보시스템을 통해 우리 공사에서 일괄 조회할 예정입니다.

- **조사대상자의 의무**

- 당사에서 당첨자의 자격심사를 위해 원천정보를 보유한 공공기관으로부터 사회보장정보시스템을 통해 조사대상자 전원의 자산에 관한 정보를 수집·조사하여야 하므로 당첨자 서류제출 시 개인정보 수집·이용 및 제3자 제공 동의서, 금융정보 제공 동의서를 조사대상자 전원이 동의하여 당사에 제출해야 하며, 제출하지 아니하는 경우에는 신청 및 사전청약 당첨자 선정이 불가능 합니다.

<표3> 총자산보유기준

구분	보유기준	자산보유기준 세부내역(상기 '3. 총자산보유 판정 기준' 자산 및 부채의 산정시점을 반드시 확인하시기 바랍니다.)		
①부동산 (건물+토지)	①+②+③+④ 합계액에서 ⑤를 차감한 금액이 307,000천원 이하	건물	• 건축물가액은 해당 세대가 소유하고 있는 모든 건축물의 지방세정 시가표준액으로 하되, 없는 경우 지자체장이 결정한 시가표준액 적용	
			건축물 종류	지방세정 시가표준액
			주택 : 공동주택 (아파트, 연립, 다세대)	공동주택가격(국토교통부)
			단독주택	표준주택가격(국토교통부) 또는 개별주택가격(시·군·구청장)
			건 물	지방자치단체장이 결정한 가액
			시설물	지방자치단체장이 결정한 가액

		토지	• 토지가액은 지목에 상관없이 해당 세대가 소유하고 있는 모든 토지의 공시가격(표준지·개별공시지가)에 면적을 곱한 금액.
			  단, 아래 경우는 제외
			  – 「농지법」제2조제1호에 따른 농지로서 같은 법 제49조에 따라 관할 시·구·읍·면의 장이 관리하는 농지원부에 같은 농업인과 소유자로 등재된 경우
			  – 「초지법」제2조제1호에 따른 초지로서 소유자가 「축산법」제22조에 따른 축산업 허가를 받은 사람이며 축산업 허가증의 사업장 소재지와 동일한 주소인 경우
			  – 공부상 도로, 구거, 하천 등 공공용지로 사용되고 있는 경우
			  – 종중소유 토지(건축물 포함) 또는 문화재가 건립된 토지 등 해당 부동산의 사용, 처분 등이 금지되거나 현저히 제한을 받는 경우로서 입주(예정)자가 구체적인 사실관계를 입증하는 경우
			• 건축물가액에 토지가액이 포함되지 않는 비주거용 건축물(상가, 오피스텔 등)의 부속토지도 토지가액에 포함(개별공시지가 기준)	

②금융자산		• 보통예금, 저축예금, 자유저축예금, 외화예금 등 요구불예금 : 최근 3개월 이내의 평균 잔액 • 정기예금, 정기적금, 정기저축 등 저축성예금 : 예금의 잔액 또는 총납입액 • 주식, 수익증권, 출자금, 출자지분, 부동산(연금)신탁 : 최종 시세가액 • 채권, 어음, 수표, 채무증서, 신주인수권 증서, 양도성예금증서 : 액면가액 • 연금저축 : 잔액 또는 총납입액 • 보험증권 : 해약하는 경우 지급받게 될 환급금 • 연금보험 : 해약하는 경우 지급받게 될 환급금		

③기타자산		• 「지방세법」제104조제4호 및 제5호에 따른 항공기 및 선박 : 「지방세법」제4조제2항에 따른 시가표준액 등을 고려하여 보건복지부장관이 정하는 가액
		• 주택·상가 등에 대한 임차보증금(전세금을 포함한다) : 임대차계약서상의 보증금 및 전세금
		• 「지방세법」제6조제11호에 따른 입목 : 「지방세법 시행령」제4조제1항제5호에 따른 시가표준액
		• 「지방세법」제6조제13호에 따른 어업권 : 「지방세법 시행령」제4조제1항제8호에 따른 시가표준액
		• 「지방세법」제6조제14호부터 제18호까지의 규정에 따른 회원권 : 「지방세법 시행령」제4조제1항제9호에 따른 시가표준액
		• 「소득세법」제89조제2항에 따른 조합입주권 : 다음 각 목의 구분에 따른 금액
		  가. 청산금을 납부한 경우 : 「도시 및 주거환경정비법」제48조에 따른 관리처분계획에 따라 정해진 가격(이하 "기존건물평가액"이라 한다)과 납부한 청산금을 합한 금액
		  나. 청산금을 지급받은 경우 : 기존건물평가액에서 지급받은 청산금을 뺀 금액
		• 건물이 완성되는 때에 그 건물과 이에 부수되는 토지를 취득할 수 있는 권리(위 조합입주권은 제외) : 조사일 현재까지 납부한 금액		

④자동차		• 사회보장정보시스템을 통해 조사된 보건복지부장관이 정하는 차량기준가액을 자산가액 산출시 적용하는 자동차가액은 해당세대가 보유한 모든 자동차의 가액을 합하여 산출하되 아래의 경우를 제외합니다. – 「장애인복지법」제39조에 따른 장애인사용 자동차와 「국가유공자 등 예우 및 지원에 관한 법률」에 따른 국가유공자로서 상이등급 1급 내지 7급에 해당하는 자의 보철용 차량인 경우 • 「대기환경보전법」제58조제3항에 따른 국가나 지방자치단체의 보조를 받고 구입한 저공해자동차의 경우 자동차가액에서 정부와 지방자치단체의 보조금을 제외한 금액으로 함.		
⑤부채		• 「금융실명거래 및 비밀보장에 관한 법률」제2조제1호에 따른 금융회사 등으로부터 받은 대출금 ※ 조회 시 제외되는 항목 예시 : 한도대출(일명 '마이너스통장 대출'), 카드론 등 • 공공기관 대출금 • 법에 근거한 공제회 대출금 • 법원에 의하여(판결문, 화해·조정조서) 확인된 사채 • 임대보증금(단, 해당 부동산가액 이하의 금액만 반영)		

- **부동산(건물+토지) 공시가격 확인 방법**

- 방문신청 : 해당 부동산이 소재한 지자체에서 확인
- 온라인 조회 : 국토교통부 부동산공시가격 알리미(www.realtyprice.kr) 또는 해당 지자체 홈페이지에서 확인

■ 보건복지부장관이 정하는 차량기준가액이 없는 경우 자동차 가격 적용기준

- 자동차 등록증에 기재되어 있는 경우 : 자동차 출고(취득)가격(부가가치세가 제외된 금액)
- 자동차 등록증에 기재되어 있지 않은 경우 : 취득세 납부 영수증, 지방세납부확인서 등에 표시된 과세표준액 확인 또는 해당 시, 군, 구청으로 문의
- 경과년수는 연식이 아닌 최초 신규등록일을 기준으로 계산하며, 경과년수에 따라 매년 10퍼센트씩 감가상각
  예시) 자동차 등록증상 2021년식 자동차를 2020년도에 구입하여 등록하였으면 차량기준가액에서 10%를 차감한 금액으로 판정

4. 소득 판정 기준

■ 소득기준 적용

- 우리 공사는 당첨자(사전청약 당첨자)로 선정되신 분의 소득을 당첨자 서류접수 후 사회보장정보원의 사회보장시스템을 통해 "<표5> 조회대상 소득항목 및 소득자료 출처"에 따라 조사 확정하게 되므로, 공고일 이후 변동된 소득금액이 조회된 경우 해당 금액을 당사자의 소득금액으로 간주합니다.
- 입주자모집공고일(2021.10.15) 현재 신혼희망타운 신청자격 외에 아래 "<표4> 전년도 도시근로자 가구당 월평균소득 기준"을 충족하여야 합니다.

<표4> 전년도 도시근로자 가구당 월평균소득 기준(태아를 포함한 가구원수가 4인 이상인 세대는 가구원수별 가구당 월평균소득을 말함)

	가구당 월평균소득 비율	3인 이하	4인	5인	6인	7인	8인
70% 수준	배우자 소득이 없는 경우 : 70%	4,221,112원	4,965,944	4,965,944	5,175,553	5,444,616	5,713,679
	배우자 소득이 있는 경우 : 80%	4,824,128원	5,675,364	5,675,364	5,914,918	6,222,418	6,529,919
100% 수준	배우자 소득이 없는 경우 : 100%	6,030,160원	7,094,205	7,094,205	7,393,647	7,778,023	8,162,399
	배우자 소득이 있는 경우 : 110%	6,633,176원	7,803,626	7,803,626	8,133,012	8,555,825	8,978,639
130% 수준	배우자 소득이 없는 경우 : 130%	7,839,208원	9,222,467	9,222,467	9,611,741	10,111,430	10,611,119
	배우자 소득이 있는 경우 : 140%	8,442,224원	9,931,887	9,931,887	10,351,106	10,889,232	11,427,359

※ '배우자가 소득이 있는 경우'란 배우자가 근로소득 또는 사업소득이 있는 맞벌이를 말함

- 가구원수를 판단하는 세부 기준은 아래와 같습니다.

구 분	가구원수 적용 기준
신혼부부, 한부모가족	1페이지의 '무주택세대구성원'에 해당하는 자 전원 ※ 임신 중인 태아는 태아의 수만큼 가구원수로 산정 ※ 신청자 또는 배우자의 주민등록등본에 등재되지 아니한 신청자의 직계존비속은 인정하지 아니함.
예비신혼부부	1페이지의 '혼인으로 구성될 세대'에 해당하는 자 전원 ※ 임신 중인 태아는 태아의 수만큼 가구원수로 산정

- 가구당 월평균소득은 무주택세대구성원 전원(예비신혼부부는 사전청약 공고일 1년 이내 제출하는 주민등록등본에 등재되는 '혼인으로 구성될 세대'를 말함)의 소득을 합산하여 산정합니다. 주민등록등본상 당첨자 및 만19세 이상의 무주택세대구성원을 기준으로 주택공급신청자가 혼인한 경우 주택공급신청자의 배우자 및 직계존비속을 포함하며, 주택공급신청자의 배우자가 세대 분리된 경우 배우자 및 그 배우자의 주민등록본에 있는 직계존비속을 포함합니다.(다만, 세대원의 실종, 별거 등으로 소득파악이 불가능한 경우에는 주민등록등본 말소를 확인하고 소득산정 대상에서 제외)

구 분	가구당 월평균소득액 산정기준
신혼부부, 예비신혼부부, 한부모가족	위 '가구원수 적용 기준'에 따라 산정된 가구 중 만19세 이상 무주택세대구성원 전원의 합산 소득 ※ 단, 세대원의 실종, 별거 등으로 소득파악이 불가능한 경우에는 주민등록등본 말소를 확인하고 소득산정 대상에서 제외

- 기준 초과 시 사전청약 당첨자 선정이 취소되며 불이익(사전청약 당첨일로부터 최대 1년간 다른 주택의 사전청약 신청이 불가)을 받게 됩니다.

■ 소득조사 및 부적격 소명방법

- 신청자는 조사대상자의 소득수준에 대하여 청약신청 전에 소득자료 출처기관에 확인하시기 바랍니다.
- 상시근로자의 건강보험 보수월액은 국민건강보험공단 홈페이지(www.nhis.or.kr) → 민원여기요 → 개인민원 → 보험료조회 → 직장보험 개인별 조회(공동인증서 로그인 필요)에서 확인이 가능하며, 아래 "<표5> 조회대상 소득항목 및 소득자료 출처"의 각 소득별 소득항목 설명에도 불구하고 사회보장정보시스템에서 조회된 자료는 모두 해당 소득으로 인정합니다.
- "<표5> 조회대상 소득항목 및 소득자료 출처"의 소득자료 출처기관이 아닌 기타 기관의 소득자료가 사회보장정보시스템에서 조회될 수 있으며 조회된 자료는 모두 해당 소득으로 인정합니다.
- 당첨자의 입주자격 심사를 위해 조사대상자 전원의 소득에 관한 개인의 정보를 사회보장정보시스템을 통해 원천정보를 보유한 공공기관으로부터 수집·조사하여야 하므로 개인정보 수집·이용 및 제3자 제공동의서를 조사대상자 전원이 동의하여야 하며(별도 양식), 제출을 하지 아니하는 경우에는 사전청약 신청이 취소됩니다.
- 소득기준을 충족하지 못해 부적격 통보를 받은 분의 이의신청은 신청인이 직접 해당 소득자료 제공기관(소득자료 출처기관 참조)의 자료를 수정한 후 동 기관의 확인서를 제출하는 경우 예만 접수 및 처리하며, 만일 소명기간 내에 객관적인 증빙자료(제공기관의 확인서)를 제출하지 아니하는 분은 부적격에 이의가 없는 것으로 간주되어 별도의 통지 없이 부적격 처리합니다.
- 공적이전소득은 국민연금급여, 사학퇴직연금급여, 공무원퇴직연금급여, 국방부퇴직연금급여, 별정우체국연금, 한국고용정보원 실업급여, 근로복지공단 산재보험급여, 보훈처 보훈대상자 보상급여 및 보훈대상자 명예수당 등입니다.
- 사회보장정보시스템을 이용하여 상시근로소득을 조회한 결과 여러기관의 소득자료가 확인될 경우 상시근로소득자료 반영순위(①건강보험→②근로복지공단→③국민연금공단→④한국장애인고용공단→⑤국세청)에 따라 선순위 기관의 조회결과를 우선 반영하여 소득을 산정하므로, 반드시 위 순위에 따라 본인 및 세대원의 소득을 확인한 후 신청해야 합니다.,
  ※ 예시 : ①건강보험공단(건강보험 보수월액) 자료상 월소득이 200만원이고, ⑤국세청(종합소득) 자료상 월소득이 190만원일 경우 소득자료 반영순위에 따라 ①건강보험공단(건강보험 보수월액)의 소득 자료를 적용함
- 휴직자의 소득은 사회보장정보시스템을 통해서 조사된 정상적으로 근무한 기간의 건강보험 보수월액 등의 기준을 적용합니다.

<표5> 조회대상 소득항목 및 소득자료 출처

구 분	항목	소득항목 설명	소득자료 출처
근로소득	상시근로소득	3개월 이상 계속적으로 고용되어 월정액 급여를 지급받는 자의 근로소득	반영순위 ① 국민건강보험공단(보수월액) ② 근로복지공단(산재·고용보험 월평균보수) ③ 국민연금공단(기준소득월액) ④ 한국장애인고용공단(최저임금, 보수월액) ⑤ 국세청(종합소득 중 근로소득)
	일용근로소득	· 근로계약에 따라 일정한 고용주에게 3개월 이상 계속하여 고용되지 아니한 자 · 건설공사종사자(동일한 고용주에게 계속하여 1년 이상 고용된 자 제외) · 하역(항만)작업 종사자(통상 근로를 제공한 날에 급여를 지급받지 아니하고 정기적으로 근로대가를 받는 자 제외)	국세청
	자활근로소득	자활근로, 자활공공근로, 자활공동체사업, 적응훈련, 직업훈련 등 자활급여의 일환으로 사업에 참여하여 근로를 제공하고 받는 급여 및 수당	자활사업실시기관, 지자체
	공공일자리소득	노인일자리사업, 장애인일자리사업, 공공근로 등에 참여한 대가로 얻는 소득	보건복지부, 노동부

집밥도 내 집에서 먹어야 맛있다

사업소득	농업소득	경종업(耕種業), 과수원예업, 양잠업, 종묘업, 특수작물생산업, 가축의 사육업, 종축업 또는 부화업 등과 이에 부수하는 업무에서 얻는 소득	국세청, 농림축산식품부
	임업소득	영림업·임산물생산업 또는 야생조수사육업 과 이에 부수하는 업무에서 얻는 소득	국세청
	어업소득	어업과 이에 부수하는 업무에서 얻는 소득	국세청
	기타사업소득	도매업·소매업, 제조업, 기타 사업에서 얻는 소득	국세청
재산소득	임대소득	부동산·동산·권리 기타 재산의 대여로 발생하는 소득	국세청
	이자소득	예금·주식·채권의 이자와 배당 또는 할인에 의하여 발생하는 소득	국세청
	연금소득	민간 연금보험, 연금저축 등에 의해 정기적으로 발생하는 소득	국세청
기타소득	공적이전소득	각종 법령의 규정에 의해 정기적으로 지급되는 각종 수당·연금·급여·기타금품 (일시금으로 받는 금품은 재산으로 산정)	보건복지부·국민연금·사학연금·공무원연금·군인연금관리공단·근로복지공단·보훈처 등

Ⅲ   신혼희망타운 신청자격 및 당첨자 선정방법

1. 신혼부부 신청자격

■ 입주자모집공고일 현재 수도권[서울특별시, 경기도, 인천광역시]에 거주하면서 아래 조건(①~④)을 모두 갖춘 신혼부부
  ① 혼인 중인 신혼부부로서 혼인기간이 7년 이내 또는 6세 이하의 자녀(만 7세 미만으로 태아 포함)를 둔 무주택세대구성원
    ※ 동일 배우자와 재혼하였을 경우 혼인기간은 전체 혼인기간을 합산
  ② 입주자저축(주택청약종합저축, 청약저축)에 가입하여 6개월이 경과되고, 매월 약정납입일에 월납입금을 6회 이상 납입한 분
    ● 공고일 이후 한국부동산원 청약홈(www.applyhome.co.kr)에서 본인의 입주자저축 가입 확인서(순위확인서)를 통해 확인
  ③ 무주택세대구성원 전원의 월평균소득이 "<표4> 전년도 도시근로자 가구당 월평균소득 기준(태아를 포함한 가구원수가 4인 이상인 세대는 가구원수별 가구당 월평균소득을 말함)"의 130%(단, 배우자가 소득이 있는 경우에는 140%) 이하인 분

신혼부부 소득기준		3인 이하	4인	5인	6인	7인	8인
배우자소득 없는 경우	도시근로자 가구당 월평균소득액의 130%	7,839,208원	9,222,467	9,222,467	9,611,741	10,111,430	10,611,119
배우자소득 있는 경우	도시근로자 가구당 월평균소득액의 140%	8,442,224원	9,931,887	9,931,887	10,351,106	10,889,232	11,427,359

    ※ '배우자가 소득이 있는 경우'란 배우자가 근로소득 또는 사업소득이 있는 맞벌이를 말함
  ④ 해당 세대의 총자산 합계액이 "<표3> 총자산보유기준" 이하인 자

■ 유의사항
• 금회 사전청약 당첨자로 선정된 분과 그 세대에 속한 자가 다른 주택 등을 소유하거나 다른 분양주택(분양전환되는 임대주택 포함)의 입주자로 선정되거나 「주택공급에 관한 규칙」제4조제5항, 제34조의 규정에 따른 거주기간을 충족하지 못하는 경우에는 사전청약 당첨이 취소됩니다.
• 분양가상한제 적용주택, 투기과열지구 또는 청약과열지역에 공급하는 주택 등에 이미 당첨되어 재당첨 제한 기간 내에 있는 분 및 그 세대에 속한 분과 부적격 당첨 후 입주자로 선정될 수 있는 기간(사전청약 모집공고일 기준 당첨일로부터 1년)내에 있는 분은 신청을 할 수 없습니다.
• (금회 모집지역 모두 해당) 10년 이상 장기복무 무주택 군인으로서 입주자모집공고일 현재 입주자저축에 가입하여 6개월이 경과하고, 6회 이상 납입인정된 분은 해당 주택건설지역에 거주하지 아니하여도 수도권에 건설되는 주택을 공급받으려는 경우에는 기타지역 거주자로 청약할 수 있습니다.
• (부천원종 지구만 해당) 국방부의 추천을 받은 25년 이상 장기복무 무주택 군인으로서 입주자저축에 가입하여 6개월이 경과하고, 6회 이상 납입인정된 분은 입주자모집공고일 현재 해당주택건설지역이 아닌 지역에 거주하는 경우에도 해당주택건설지역의 거주 자격으로 신청할 수 있습니다.
• 「주택공급에 관한 규칙」제35조부터 제47조까지의 특별공급 및 「주택공급에 관한 규칙」 개정('10.2.23)이전에 "3자녀 우선공급" 및 "노부모부양 우선공급"을 받은 분 및 그 세대에 속한 분은 특별공급을 받은 것으로 간주하므로 신혼희망타운 공공분양주택에 신청할 수 없습니다.(특별공급은 1회에 한하여 공급 함)
• 본청약 후 공공주택 특별법 시행규칙 별표6의2에 따라 총자산가액을 초과하는 주택의 입주자로 선정된 분은 "신혼희망타운 전용 주택담보 장기대출상품"에 가입하고 입주시까지 해당 모기지 가입 사실을 증명해야 하며, 해당 자격을 갖추지 못하였을 경우 입주자선정에서 제외되고 공급계약이 취소됩니다.
• 「공공주택 특별법 시행규칙」제19조 제6항 따라 선정된 입주예정자가 본청약시 신혼희망타운주택의 입주자로 선정된 경우, 신혼부부 특별공급을 받은 것으로 봅니다.

2. 예비신혼부부 신청자격

■ 입주자모집공고일 현재 수도권[서울특별시, 경기도, 인천광역시]에 거주하면서 아래 조건(①~④)을 모두 갖춘 예비신혼부부
  ① 혼인을 준비 중인 예비신혼부부로서 사전청약 입주자모집공고일 1년 이내에 혼인사실을 증명할 수 있는 자
    ※ 청약시 입력한 '예비배우자'와의 혼인사실을 증명해야 하며, 미혼신 또는 전배우자와 재혼한 사실이 확인되는 경우 「공공주택 특별법 시행규칙」 별표6의2 제3호다목에 따라 사전청약 당첨 취소되며, 입주도 불가
  ② 입주자저축(주택청약종합저축, 청약저축)에 가입하여 6개월이 경과되고, 매월 약정납입일에 월납입금을 6회 이상 납입한 분
    ● 공고일 이후 한국부동산원 청약홈(www.applyhome.co.kr)에서 본인의 입주자저축 가입 확인서(순위확인서)를 통해 확인
  ③ 무주택세대구성원 전원의 월평균소득이 "<표4> 전년도 도시근로자 가구당 월평균소득 기준(태아를 포함한 가구원수가 4인 이상인 세대는 가구원수별 가구당 월평균소득을 말함)"의 130%(단, 배우자가 소득이 있는 경우에는 140%) 이하인 분

예비신혼부부 소득기준		3인 이하	4인	5인	6인	7인	8인
배우자소득 없는 경우	도시근로자 가구당 월평균소득액의 130%	7,839,208원	9,222,467	9,222,467	9,611,741	10,111,430	10,611,119
배우자소득 있는 경우	도시근로자 가구당 월평균소득액의 140%	8,442,224원	9,931,887	9,931,887	10,351,106	10,889,232	11,427,359

    ※ '배우자가 소득이 있는 경우'란 배우자가 근로소득 또는 사업소득이 있는 맞벌이를 말함
  ④ 해당 세대의 총자산 합계액이 "<표3> 총자산보유기준" 이하인 분

■ 유의사항
• 금회 사전청약 당첨자로 선정된 분과 그 세대에 속한 자가 다른 주택 등을 소유하거나 다른 분양주택(분양전환되는 임대주택 포함)의 입주자로 선정되거나 「주택공급에 관한 규칙」제4조제5항, 제34조의 규정에 따른 거주기간을 충족하지 못하는 경우에는 사전청약 당첨이 취소됩니다.
• 예비신혼부부의 경우 청약시 '혼인으로 구성할 세대'를 기준으로 주택 소유, 총자산 및 소득기준을 검증합니다. 따라서 신청자는 청약 전 혼인으로 구성할 세대를 결정하시고 세대원을 입력하시기 바라며, 청약 후에는 신청자가 입력한 세대원 내역을 변경할 수 없음을 알려드립니다.
• 분양가상한제 적용주택, 투기과열지구 또는 청약과열지역에 공급하는 주택 등에 이미 당첨되어 재당첨 제한 기간 내에 있는 분 및 그 세대에 속한 분과 부적격 당첨 후 입주자로 선정될 수 있는 기간(사전청약 모집공고일 기준 당첨일로부터 1년)내에 있는 분은 신청할 수 없습니다.
• (금회 모집지역 모두 해당) 10년 이상 장기복무 무주택 군인으로서 입주자모집공고일 현재 입주자저축에 가입하여 6개월이 경과하고, 6회 이상 납입인정된 분은 해당 주택건설지역에 거주하지 아니하여도 수도권에 건설되는 주택을 공급받으려는 경우에는 기타지역 거주자로 청약할 수 있습니다.

- (부천원종 지구만 해당) 국방부의 추천을 받은 25년 이상 장기복무 무주택 군인으로서 입주자저축에 가입하여 6개월이 경과하고, 6회 이상 납입인정된 분은 입주자모집공고일 현재 해당주택건설지역이 아닌 지역에 거주하고 있는 경우에도 해당주택건설지역의 거주자 자격으로 신청할 수 있습니다.
- 「주택공급에 관한 규칙」 제35조부터 제47조까지의 특별공급 및 「주택공급에 관한 규칙」 개정('10.2.23)이전에 "3자녀 우선공급" 및 "노부모부양 우선공급"을 받은 분 및 그 세대에 속한 분은 특별공급을 받은 것으로 간주하므로 신혼희망타운 공공분양주택에 신청할 수 없습니다.(특별공급은 1회에 한하여 공급 함)
- 본청약 후 공공주택 특별법 시행규칙 별표6의2에 따라 총자산가액을 초과하는 주택의 입주자로 선정된 분은 "신혼희망타운 전용 주택담보 장기대출상품"에 가입하고 입주시까지 해당 모기지 가입 사실을 증명해야 하며, 해당 자격을 갖추지 못하였음이 판명되는 경우 입주자선정에서 제외되고 공급계약이 취소됩니다.
- 「공공주택 특별법 시행규칙」 제19조 제6항 따라 선정된 입주예정자가 본청약시 신혼희망타운주택의 입주자로 선정된 경우, 신혼부부 특별공급을 받은 것으로 봅니다.

3. 한부모가족 신청자격

■ 입주자모집공고일 현재 수도권[서울특별시, 경기도, 인천광역시]에 거주하면서 아래 조건(①~④)을 모두 갖춘 한부모가족
  ① 6세 이하(만7세 미만을 말함)의 자녀(태아를 포함)를 둔 한부모가족의 부 또는 모(「한부모가족지원법」 제4조제1호에 해당하는 자를 포함)
    ※ 가족관계증명서 및 주민등록표등본을 통해 공고일 현재 자녀 유무 등 해당 사실을 증명할 수 있는 자를 말함
  ② 입주자저축(주택청약종합저축, 청약저축)에 가입하여 6개월이 경과되고, 매월 약정납입일에 월납입금을 6회 이상 납입한 분
    ※ 공고일 이후 한국부동산원 청약홈(www.applyhome.co.kr)에서 본인의 입주자저축 가입 확인서(순위확인서)를 통해 확인
  ③ 무주택세대구성원 전원의 월평균소득이 "<표4> 전년도 도시근로자 가구당 월평균소득 기준(태아를 포함한 가구원수가 4인 이상인 세대는 가구원수별 가구당 월평균소득을 말함)"의 130%(단, 배우자소득이 있는 경우는 140%) 이하인 분

한부모가족 소득기준		3인 이하	4인	5인	6인	7인	8인
배우자소득 없는 경우	도시근로자 가구당 월평균소득액의 130%	7,839,208원	9,222,467	9,222,467	9,611,741	10,111,430	10,611,119
배우자소득 있는 경우	도시근로자 가구당 월평균소득액의 140%	8,442,224원	9,931,887	9,931,887	10,351,106	10,889,232	11,427,359

    ※ '배우자가 소득이 있는 경우'란 배우자가 근로소득 또는 사업소득이 있는 맞벌이를 말함
  ④ 해당 세대의 총자산 합계액이 "<표3> 총자산보유기준" 이하인 분

■ 유의사항
- 금회 사전청약 당첨자로 선정된 분과 그 세대에 속한 자가 다른 주택 등을 소유하거나 다른 분양주택(분양전환되는 임대주택 포함)의 입주자로 선정되거나 「주택공급에 관한 규칙」 제4조제5항, 제34조의 규정에 따른 거주기간을 충족하지 못하는 경우에는 사전청약 당첨이 취소됩니다.
- 분양가상한제 적용주택, 투기과열지구 또는 청약과열지역에 당첨되는 주택 등에 이미 당첨되어 재당첨 제한 기간 내에 있는 분 및 그 세대에 속한 분과 부적격 당첨 후 입주자로 선정될 수 없는 기간(사전청약 모집공고일 기준 당첨일로부터 1년)내에 있는 분은 신청할 수 없습니다.
- (금회 모집지역 모두 해당) 10년 이상 장기복무 무주택 군인으로서 입주자모집공고일 현재 입주자저축에 가입하여 6개월이 경과하고, 6회 이상 납입인정된 분은 해당 주택건설지역에 거주하지 아니하여도 수도권에서 건설되는 주택을 공급받으려는 경우에는 기타지역 거주자로 청약할 수 있습니다.
- (부천원종 지구만 해당) 국방부의 추천을 받은 25년 이상 장기복무 무주택 군인으로서 입주자저축에 가입하여 6개월이 경과하고, 6회 이상 납입인정된 분은 입주자모집공고일 현재 해당주택건설지역이 아닌 지역에 거주하고 있는 경우에도 해당주택건설지역의 거주자 자격으로 신청할 수 있습니다.
- 「주택공급에 관한 규칙」 제35조부터 제47조까지의 특별공급 및 「주택공급에 관한 규칙」 개정('10.2.23)이전에 "3자녀 우선공급" 및 "노부모부양 우선공급"을 받은 분 및 그 세대에 속한 분은 특별공급을 받은 것으로 간주하므로 신혼희망타운 공공분양주택에 신청할 수 없습니다.(특별공급은 1회에 한하여 공급 함)
- 본청약 후 공공주택 특별법 시행규칙 별표6의2에 따라 총자산가액을 초과하는 주택의 입주자로 선정된 분은 "신혼희망타운 전용 주택담보 장기대출상품"에 가입하고 입주시까지 해당 모기지 가입 사실을 증명해야 하며, 해당 자격을 갖추지 못하였음이 판명되는 경우 입주자선정에서 제외되고 공급계약이 취소됩니다.
- 「공공주택 특별법 시행규칙」 제19조 제6항 따라 선정된 입주예정자가 본청약시 신혼희망타운주택의 입주자로 선정된 경우, 신혼부부 특별공급을 받은 것으로 봅니다.

4. 입주자 선정방법

■ 1단계 우선공급
- 사전청약 입주자모집공고일 현재 예비신혼부부, 혼인기간 2년 이내이거나 2세 이하(만3세 미만을 말함, 태아포함, 이하 같음)의 자녀를 둔 신혼부부 및 2세 이하 자녀를 둔 한부모가족을 대상으로 주택형별 공급량의 30%(소수점이하는 올림)를 "<표2> 우선공급 단계별 지역우선 공급기준"에 따라 공급합니다.
- 경쟁이 있을 경우에는 아래 "<표6> 우선공급 가점표1"의 가점항목 다득점순으로 선정하되, 가점이 동일한 경우 추첨으로 당첨자를 선정합니다.

<표6> 우선공급 가점표1

가점항목	평가요소	점수	비고
(1) 가구소득	① 70% 이하	3	배우자가 소득이 있는 경우 80% 이하
	② 70% 초과 100% 이하	2	배우자가 소득이 있는 경우 80~110%
	③ 100% 초과	1	배우자가 소득이 있는 경우 110% 초과
(2) 해당 시·도 연속 거주기간	① 2년 이상	3	사전청약 모집공고일 현재 해당 시·도에 주민등록등본상 계속해서 거주한 기간을 말하며, 해당 지역에 거주하지 않은 경우 0점 ※ 10년·25년 이상 장기복무군인으로 청약하는 자는 해당 지역에 실제 거주하지 않을 경우 0점 · 지구별 해당 시·도 - 성남낙생, 성남복정2, 군포대야미, 의왕월암, 수원당수는 경기도, 부천원종은 경기도
	② 1년 이상 2년 미만	2	
	③ 1년 미만	1	
(3) 주택청약종합저축 납입인정 횟수	① 24회 이상	3	입주자저축(청약저축 포함) 가입 확인서 기준
	② 12회 이상 23회 이하	2	
	③ 6회 이상 11회 이하	1	

※ (1) 가구소득 : 사회보장시스템을 통해 조회한 자료를 기준으로 판단하며, 가구원수별 금액에 해당하지 않는 분이 해당 가점을 받아 당첨되었음이 판명될 경우 사전청약 당첨자는 해당 사실을 소명해야 하며, 소명하지 못할 경우 부적격 처리되오니 점수 선택에 유의하여 주시기 바랍니다.

	가구당 월평균소득 비율	3인 이하	4인	5인	6인	7인	8인
70% 수준	배우자 소득이 없는 경우 : 70%	4,221,112원	4,965,944	4,965,944	5,175,553	5,444,616	5,713,679
	배우자 소득이 있는 경우 : 80%	4,824,128원	5,675,364	5,675,364	5,914,918	6,222,418	6,529,919
100% 수준	배우자 소득이 없는 경우 : 100%	6,030,160원	7,094,205	7,094,205	7,393,647	7,778,023	8,162,399
	배우자 소득이 있는 경우 : 110%	6,633,176원	7,803,626	7,803,626	8,133,012	8,555,825	8,978,639
130% 수준	배우자 소득이 없는 경우 : 130%	7,839,208원	9,222,467	9,222,467	9,611,741	10,111,430	10,611,119
	배우자 소득이 있는 경우 : 140%	8,442,224원	9,931,887	9,931,887	10,351,106	10,889,232	11,427,359

※ '배우자가 소득이 있는 경우'란 배우자가 근로소득 또는 사업소득이 있는 맞벌이를 말함

집밥도 내 집에서 먹어야 맛있다

■ 2단계 잔여공급

• 사전청약 입주자모집공고일 현재 혼인기간이 2년 초과 7년 이내이거나 3세 이상 6세 이하(만3세 이상 만7세 미만을 말함, 이하 같음) 자녀를 둔 신혼부부, 3세 이상 6세 이하 자녀를 둔 한부모가족 및 1단계 우선공급 낙첨자 전원을 대상으로 잔여 공급량의 70%를 "<표2> 우선공급 단계별 지역우선 공급기준"에 따라 공급합니다.

• 경쟁이 있을 경우에는 아래 "<표7> 잔여공급 가점표2"의 가점항목 다득점순으로 선정하되, 가점이 동일한 경우 추첨으로 당첨자를 선정합니다.

<표7> 잔여공급 가점표2

가점항목	평가요소	점수	비고
(1) 미성년자녀수	① 3명 이상	3	태아(입양) 포함
	② 2명	2	
	③ 1명	1	
(2) 무주택기간	① 3년 이상	3	<표1>의 신청자격별 검증 대상에 해당하는 모든 분이 계속하여 무주택인 기간으로 산정하되, 신청자가 만30세가 되기 전에 혼인한 경우에는 혼인관계증명서 상 최초 혼인신고일)부터 산정. ※ "공고일 현재 만30세 미만이면서 혼인한 적이 없는 분은 가점 선택 불가
	② 1년 이상 3년 미만	2	
	③ 1년 미만	1	
(3) 해당 시·도 연속 거주기간	① 2년 이상	3	사전청약 모집공고일 현재 "해당 시·도"에 주민등록등본상 계속해서 거주한 기간을 의미하며, 해당 지역에 거주하지 않을 경우 0점 ※ 10년25년 이상 장기복무군인으로 청약하는 자는 해당 지역에 실제 거주하지 않을 경우 0점 • 지구별 해당 시·도 • 성남낙생, 성남복정2, 군포대야미, 의왕월암, 수원당수, 부천원종 : 경기도
	② 1년 이상 2년 미만	2	
	③ 1년 미만	1	
(4) 주택청약종합저축 납입인정 횟수	① 24회 이상	3	입주자저축(청약저축 포함) 가입 확인서 기준
	② 12회 이상 23회 이하	2	
	③ 6회 이상 11회 이하	1	

※ (1) 미성년자녀수 입력방법

– (일반) 입주자모집공고일 현재 신청자의 미성년 자녀(임신/출산/입양한 자녀를 포함하며, 이하 '자녀'라고 함)를 말하며, 예비신혼부부의 경우 혼인으로 구성될 세대에 등재하는 미성년 자녀수를 입력하고, 한부모가족은 신청자의 가족관계증명서와 주민등록등본에 확인이 되는 미성년의 자녀수를 입력합니다.

– (재혼 또는 이혼) 신청자 또는 (예비)배우자의 주민등록등본에 등재된 신청자의 자녀(직계비속)를 입력하되, (예비)배우자의 재혼 전 자녀(배우자의 직계비속)는 신청자의 주민등록등본에 등재된 경우만 인정합니다.

– (입양) 공고일 시까지 입양자녀를 유지하여야 하고 입주지정기간 개시일 이후 입양상태를 증명할 수 있는 서류(입양관계증명서, 가족관계증명서)를 추가로 제출하여야 하며, 서류 미제출 또는 입주 전 파양한 경우에는 당첨 및 계약 취소되며, 향후 신청이 제한됩니다.

– (태아) 공고일 현재 임신사실 확인이 가능해야 하며, 입주 시 출산관련자료(출생증명서, 유산·낙태 관련 진단서, 임신 지속 시 임신진단서)를 제출하여야 하며 서류 미제출, 허위임신, 불법낙태의 경우 당첨취소 및 계약 취소됩니다.

– 당첨서류 제출 시 임신진단서를 제출한 분은 입주시까지 출생증명서 또는 유산·낙태 관련 진단서를 제출하여야 합니다.

※ (2) 무주택기간

– <표1>의 신청자격별 검증 대상에 해당하는 모든 분이 무주택이 된 날부터 산정

산 정 예 시

무주택기간은 입주자모집공고일(2021.10.15) 현재 무주택세대구성원 전원이 주택을 소유하지 아니한 기간(주택공급신청자의 무주택기간은 만30세가 되는 날부터 계산하되, 만30세 이전에 혼인한 경우 혼인신고일부터 계산)으로 하여, 무주택세대구성원(예비신혼부부의 경우 혼인으로 구성될 세대원 전원)이 주택을 소유한 사실이 있는 경우에는 그 주택을 처분한 후 무주택이 된 날부터 기간을 산정(주택소유여부는 "Ⅱ. 신청기준"의 "2.무주택세대구성원 및 주택소유여부 판정기준" 참조)

예시1 : 미혼인 신청자가 현재 만34세이고, 무주택세대구성원 전원이 한 번도 주택을 소유한 적이 없을 경우 무주택기간은 4년.
예시2 : 미혼인 신청자가 현재 만35세이고, 무주택세대구성원이 가장 최근에 주택을 처분한 지 1년이 되었다면, 무주택기간은 1년.
예시3 : 기혼(만26세 혼인)인 신청자가 현재 만31세이고, 무주택세대구성원 전원이 한 번도 주택을 소유한 적이 없을 경우 무주택기간은 5년.
예시4 : 기혼(만26세 혼인)인 신청자가 현재 만34세이고, 무주택세대구성원이 주택을 처분한 지 2년이 되었다면, 무주택기간은 2년.
예시5 : 현재 만32세 미혼(만26세에 혼인 후 이혼)인 신청자의 무주택기간은 6년임.
예시6 : 현재 만28세 미혼인 신청자의 무주택기간은 없으며 해당 가점은 0점.
※ 참고 : 배우자가 혼인 전 주택을 소유했더라도, 혼인 전 해당 주택이 처분됐다면 신청자의 무주택기간에는 영향이 없습니다.

– 만30세가 되지 않는 미혼 한부모가족 또는 예비신혼부부의 "(2)무주택기간 가점"은 0점으로 합니다.

• 신청자 본인 외 다른 세대원이 중복청약하여 그 중 한 곳이라도 당첨될 경우 모두 부적격 처리되오니 유의하시기 바랍니다.

Ⅳ 신청 시 확인사항 [재당첨제한, 전매제한, 거주의무, 주택우선매입 등]

1. 분양가상한제 적용주택 등의 과거 당첨사실 조회 방법

한국부동산원 청약홈(www.applyhome.co.kr)→청약자격확인→청약제한사항 확인→ 공동인증서(구:공인인증서) 인증→ 조회기준일 입력→ 조회

■ 「주택공급에 관한 규칙」 제54조에 의한 재당첨제한 적용주택(분양가상한제 적용주택, 분양전환 되는 임대주택, 토지임대부 분양주택, 투기과열지구 및 청약과열지역에서 공급되는 주택 등)에 기당첨되어 재당첨 제한 기간 내에 있는 분 및 그 세대에 속한 「주택공급에 관한 규칙」 제58조에 의한 부적격 당첨 후 입주자로 선정될 수 없는 기간(사전청약 모집공고일 기준 당첨일로부터 1년)내에 있는 분은 금회 공급주택에 신청하실 수 없습니다.

■ 신청자, (예비)배우자 및 세대원은 각자의 공동인증서(구:공인인증서)를 이용하여 각각 검색하여야 합니다.

■ (예비)배우자의 혼인 전 당첨사실도 주택공급신청자의 청약신청 시 영향이 있으므로, 이를 감안하여 판단하여야 합니다.

■ 공동인증서를 발급받지 않은 경우 입주자저축 가입은행에서 당첨사실을 조회하실 수 있습니다.

2. 전매제한, 재당첨 제한, 거주의무, 주택우선매입 안내

■ 구체적인 전매제한 및 거주의무 기간은 본청약 시점에서 인근지역 주택매매가격 등을 감안한 분양가심사위원회 심의를 거쳐 결정됩니다.

■ 전매제한, 거주의무, 재당첨제한 등의 사항은 본청약 시점의 관계법령을 적용 받으므로 향후 관계법령 개정에 따라 변경될 수 있습니다.

■ 금회 공급되는 주택은 투기과열지구 및 청약과열지역에서 공급되는 분양가 상한제 적용주택으로 본청약 입주자모집공고에 신청하여 당첨자로 선정될 경우 본청약 당첨자발표일로부터 「주택공급에 관한 규칙」 제54조에 따른 기간 동안 재당첨제한이 적용되고, 「주택법 시행령」 제60조의2 및 동 시행령 제73조에 의거하여 아래와 같이 **전매제한 및 거주의무**가 적용될 예정이오니 참고하시기 바랍니다.
■ 구체적인 전매제한 및 거주의무 기간은 청약 시점의 관계법령을 적용받아 결정될 예정이며, 현행 법령에 따른 내용은 아래 표를 참고하시기 바랍니다.

기준	투기과열지구 (성남낙생, 성남복정2, 군포대야미, 의왕월암, 수원당수)		투기과열지구 외의 지역 (부천원종)	
	전매제한	거주의무	전매제한	거주의무
분양가격이 인근지역 주택매매가격의 100퍼센트 이상인 경우	5년	-	3년	-
분양가격이 인근지역 주택매매가격의 80퍼센트 이상 100퍼센트 미만인 경우	8년	3년	6년	3년
분양가격이 인근지역 주택매매가격의 80퍼센트 미만인 경우	10년	5년	8년	5년

■ 전매제한 및 재당첨제한의 산정기준일은 본청약 당첨자 발표일이며, 거주의무의 산정기준일은 해당 주택의 최초 입주가능일입니다.
■ [전매제한 예시] 주택우선 매입] 공공주택특별법 제49조의6에 의거 당첨자(사전청약 당첨자)로 본청약에 신청하여 공공분양주택을 공급받은 자가 전매제한기간 내에 생업상의 사정 등으로 전매가 불가피하다고 인정되어 해당 입주자로 선정된 지위 또는 주택을 전매(입주자로 선정된 지위 또는 주택의 일부를 배우자에게 증여하는 경우는 제외)할 수 있다고 인정되는 경우 우리 공사에 주택의 매입을 신청하여야 하며, 우리 공사는 입주예정자가 납부한 입주금과 그 입주금에 「은행법」에 따른 1년 만기 정기예금의 평균이자율을 적용한 이자를 합산한 금액을 입주예정자에게 지급하고 주택을 매입합니다.
■ [거주의무 미준수시 주택우선 매입] 금회 공급되는 주택은 「주택법」 제57조의2에 따라 본청약 시 안내되는 최초 입주가능일로부터 각 블록별로 정해지는 거주의무기간 동안 해당 주택에 계속 거주해야 합니다. 다만, 해외 체류 등 부득이한 사유가 있는 때에는 그 기간에 해당 주택에 거주한 것으로 봅니다. 거주의무대상자가 부득이한 사유 없이 거주하지 않는 경우 우리 공사에 매입을 신청하여야 하며, 우리 공사는 입주예정자가 납부한 입주금과 그 입주금에 「은행법」에 따른 1년 만기 정기예금의 평균이자율을 적용한 이자를 합산한 금액을 입주예정자에게 지급하고 주택을 매입합니다.

3. 중복청약 및 당첨 시 처리기준

■ 1세대 내 무주택세대구성원(1페이지 무주택세대구성원 설명 참조) 중 1인만 신청가능하며, 공급신청자와 동일한 세대의 세대원 2인 이상이 각각 신청·중복청약하여 한 곳이라도 당첨될 경우 모두 부적격 처리됩니다. (사전청약 당첨일로부터 1년간 다른 주택의 사전청약 당첨자로 선정될 수 없음)
■ 동일세대 내에서 1인 이상이 '21.10.15 사전청약 입주자모집(공공분양, 신혼희망타운) 단지에 중복 및 교차청약 시 모두 부적격 처리됨을 유의하시기 바랍니다.

V 신청일정 및 신청접수 유의사항

1. 신청일정

★ 사전청약은 코로나19 바이러스 전염예방과 고객님의 안전을 위해 인터넷 신청을 원칙으로 합니다.

■ 사전청약 2차지구 신혼희망타운 입주자모집 신청일정

청약 일정 구분	접수기간	장소
해당지역 거주	10.25.(월) 10:00~10.29.(금) 17:00	· 인터넷신청 - 사전청약 홈페이지 (사전청약.kr) - LH청약센터 모바일앱 · 인터넷 대행 현장 접수 - 지구별 현장접수처(아래 현장접수처 표 참고)
경기도 및 기타지역(수도권) 거주	11.01.(월) 10:00~11.05.(금) 17:00	· 단, 인터넷 대행 현장 접수는 인터넷 사용 취약자(만65세이상 고령자 및 장애인)를 대상으로 제한적으로 운영
당첨자발표	11.25.(목) 14:00	· 현장접수처는 접수기간 내 주중(공휴일 제외) 10:00~17:00에만 운영합니다.

※ 인터넷대행 접수는 사전에 방문예약을 신청한 분에 한하여 가능하므로 사전청약 홈페이지(사전청약.kr)에서 각 현장접수 별 담당지구 및 청약일정을 숙지하여 방문하여 주시기 바랍니다.
※ 현장접수처 운영 기간 중 사회적 거리두기 상황 조정 또는 코로나19 바이러스 확진자가 발생 시 현장접수처는 운영 종료 또는 즉시 폐쇄되고 인터넷 신청으로만 진행될 수 있으니 이점 양지하여 주시기 바랍니다.
※ '해당지역 거주자'(사전청약 공고일 현재 해당지역에 거주하며 본청약 공고일까지 해당지역 거주기간 이상 거주 예정자도 포함)는 '경기도 및 기타지역(수도권) 거주' 신청일에 해당지역 거주로 신청할 수 없습니다.
※ 성남낙생, 성남복정2, 군포대야미, 의왕월암, 부천원종 지구의 경우, '21.10.25.(월) 10:00~10.29.(금) 17:00'에는 '해당지역 거주기간'(성남낙생, 성남복정2, 군포대야미, 의왕월암 지구의 경우 사전청약 공고일 현재 해당지역에 거주하며, 본청약 공고일까지 해당지역 거주기간 이상 거주 예정자 포함)을 충족하는 분에 한하며, 해당지역 거주기간을 충족하는 청약자 수가 모집호수의 100%에 미달되는 경우 기타지역(수도권) 거주를 접수 받으며, 100%초과 시 기타지역(수도권) 거주는 받지 않습니다.
※ 접수결과 및 마감여부는 청약일정 구분별 접수마감일 오후 9시 이후 사전청약 홈페이지(사전청약.kr)에 게시할 예정이나 접수 및 집계 상황에 따라 게시시간은 변동될 수 있습니다.
※ 당첨자 서류제출 일정은 당첨자발표 이후 사전청약 홈페이지(사전청약.kr)에 안내될 예정입니다.
※ 상기 '해당지역 거주', '경기도 및 기타지역(수도권) 거주' 해당 사항은 아래 표를 참고하시어 신청하여 주시기 바랍니다.

■ 청약 접수시 신청지구별 지역우선 자격사항

신청 지구	지역우선 공급 구분	자격사항
성남낙생	해당지역 거주	· 사전청약 공고일 현재 성남시 2년 이상 거주자 · 사전청약 공고일 현재 성남시 거주하며, 본청약 공고일까지 성남시 2년 이상 거주 예정인 자
	기타지역(수도권)거주	· 사전청약 공고일 현재 수도권 거주자
성남복정2	해당지역 거주	· 사전청약 공고일 현재 성남시 2년 이상 거주자 · 사전청약 공고일 현재 성남시 거주하며, 본청약 공고일까지 성남시 2년 이상 거주 예정인 자
	기타지역(수도권)거주	· 사전청약 공고일 현재 수도권 거주자
군포대야미	해당지역 거주	· 사전청약 공고일 현재 군포시 2년 이상 거주자 · 사전청약 공고일 현재 군포시 거주하며, 본청약 공고일까지 군포시 2년 이상 거주 예정인 자
	기타지역(수도권)거주	· 사전청약 공고일 현재 수도권 거주자
의왕월암	해당지역 거주	· 사전청약 공고일 현재 의왕시 2년 이상 거주자 · 사전청약 공고일 현재 의왕시 거주하며, 본청약 공고일까지 의왕시 2년 이상 거주 예정인 자
	기타지역(수도권)거주	· 사전청약 공고일 현재 수도권 거주자
수원당수	해당지역 거주	· 사전청약 공고일 현재 수원시 2년 이상 거주자 · 사전청약 공고일 현재 수원시 거주하며, 본청약 공고일까지 수원시 2년 이상 거주 예정인 자
	경기도	· 사전청약 공고일 현재 경기도 2년 이상 거주자 · 사전청약 공고일 현재 경기도에 거주하며, 본청약 공고시까지 경기도 2년 이상 거주 예정인 자
	기타지역(수도권)거주	· 사전청약 공고일 현재 수도권 거주자
부천원종	해당지역 거주	· 사전청약 공고일 현재 부천시 2년 이상 거주자
	기타지역(수도권)거주	· 사전청약 공고일 현재 수도권 거주자

집밥도 내 집에서 먹어야 맛있다

2. 신청접수 유의사항

■ 청약 신청 취소 및 변경 등은 청약 일정 구분별 접수기간 동안만 가능합니다.

■ 사전청약은 코로나19 바이러스 전염예방과 고객님의 안전을 위해 인터넷 신청을 원칙으로 하오니 인터넷 청약을 위하여 신청접수일전에 공동인증서를 미리 발급 받으시기 바랍니다.

■ 신청접수 시, 신청내역에 대해 적합성 등은 검증하지 않으며, 신청자격 적격여부 검증은 당첨된 사전청약 당첨자와 그 세대에 속한 자에 한해 실시합니다.

■ 공급구분 및 신청자격별 신청일정이 다르므로 반드시 확인하신 후 신청하시기 바랍니다.

■ 사전청약 입주자모집 당첨발표 전 신청자의 청약저축(주택청약종합저축 포함) 순위, 납입인정금액 및 당첨된 확정 후 주택소유여부, 자산기준 등 확인을 위해 가입은행 등 해당기관에 개인정보 제공이 필수적이므로 사전청약 입주자모집 개인정보 제공 및 활용에 동의하는 것으로 간주합니다.

■ 재당첨제한 적용주택에 당첨된 분 및 그 세대에 속한 분, 부적격 당첨자로 처리되어 청약 제한 기간 내에 있는 분은 금회 공급되는 주택의 사전청약 당첨자로 선정될 수 없으므로 청약 전 반드시 '청약Home(www.applyhome.co.kr)'에서 청약제한 사항(본인 및 세대구성원) 조회 및 확인하시기 바랍니다.

■ 팸플릿 등으로 단지배치도, 평면도 등을 확인하신 후 주택형별로 구분하여 신청하시기 바랍니다.(청약 일정 구분별 신청기간이 지나면 청약 신청서 변경 및 취소 불가함)

■ 각 주택형별로 배정물량이 있는 유형에 대하여만 신청가능 하며, 청약 접수한 주택형을 변경 또는 취소하고자 할 경우에는 청약시간 마감시간 전까지 입력 및 제출까지 완료하여야 합니다.

■ 신청대상자별로 신청자격이 상이하므로 본 입주자모집공고문의 내용을 충분히 숙지하시고 유의사항 및 제한사항 등 제반사항을 본인이 직접 확인 후 청약 신청하여야 하며, 당첨 후 부적격 당첨으로 인한 불이익(사전청약 당첨일로부터 1년간 다른 주택의 사전청약 당첨자로 선정될 수 없음)을 당하는 일이 없도록 유의하여 주시기 바랍니다.

■ 인터넷 및 인터넷대행접수 방법에 대한 자세한 내용은 Ⅵ. 신청방법을 참조하시기 바랍니다.

Ⅵ   신청방법

코로나19 바이러스 전염예방과 신청자의 편의를 도모하기 위하여 인터넷 신청을 원칙으로 합니다.

1. PC인터넷 신청·모바일 신청

■ PC인터넷·모바일 신청방법

· 해당 신청일에 공동인증서를 소지하고 사전청약 홈페이지(사전청약.kr) 또는 LH청약센터 모바일앱에 접속하여 인터넷 신청하시기 바라며, 모바일을 통해 청약할 경우 "LH 청약센터" 앱을 사전에 설치하고 공동인증서를 미리 등록하여 주시기 바랍니다.

· LH 웹사이트 또는 모바일 청약시스템의 서비스장애 등으로 인해 신청이 불가하였으나 인정되는 경우에는 LH 홈페이지(www.lh.or.kr) 또는 사전청약 홈페이지(사전청약.kr)에 공지 후 추가 접수를 받을 예정입니다.

  ※ 공동인증서는 공동인증기관(금융결제원, 코스콤, 한국정보인증, 한국전자인증, 한국무역 정보통신)중 하나의 공동인증서를 소지하여야 인터넷 신청을 할 수 있습니다.

  ※ 신청마감시간까지 청약신청을 완료(제출기준)하여야 하므로 마감시간에 임박하여 신청하지 마시고, 미리 신청하시기 바랍니다.

  ※ 인터넷 신청 시 신청 해당 유형별 접수일자 마감시간 전까지 신청내용을 변경(수정 또는 삭제)할 수 있으며, 해당 유형별 접수일자 마감시간 종료 후에는 변경(수정 또는 삭제) 할 수 없습니다.

■ PC인터넷·모바일 신청 시 유의사항

· 신청접수 시 지역구분의 주민등록표등본상 거주지 입력 시 유의사항

  ※ "<표2> 동일순위 내 지역우선 공급기준"를 참고하여 입력하여야 합니다.

· 주민등록상 주소 입력 시 : 우편번호로 지역우선을 구분하므로 지역구분 선택지역과 일치하게 주민등록상 주소, 우편번호 또는 전입일자를 정확하게 입력하여야 합니다.

· 신청접수 시 신청자격을 확인(검증)하지 않고 신청자의 입력사항만으로 당첨자를 결정하므로 본인의 신청자격(청약통장 가입은행, 청약순위, 해당지역 여부, 세대구성원, 무주택여부 및 기간 등)을 정확히 확인하신 후 신청하여 주시기 바랍니다.

· 신청자격은 당첨자발표 후 우리공사에서 확인하며, 확인결과 신청자격과 다르게 당첨된 사실이 판명될 때에는 불이익(사전청약 당첨일로부터 1년간 다른 주택의 사전청약 당첨자로 선정될 수 없음)을 받게 됨을 유념하시고, 본인의 착오신청으로 인한 불이익 발생 시 우리공사에서는 책임지지 않습니다.

· 납입인정금액 및 회차는 한국부동산원 주택청약서비스(www.applyhome.co.kr)에서 '청약통장 순위(가입)확인서'를 확인하시기 바랍니다.

  ※ 당첨자는 "청약통장 순위(가입)확인서"의 납입인정금액 및 회차를 기준으로 선정하오니 각별히 유의하시기 바랍니다.

  ※ 납입인정금액 및 회차 조회방법(반드시 '신혼부부 특별공급용'으로 발급해 주시기 바랍니다.)

구 분	조회방법
청약통장 가입자	한국부동산원 청약홈 접속(www.applyhome.co.kr) → 청약자격 확인 → 청약통장 순위확인서(신혼부부 특별공급용) → 기타 정보 입력 후 조회
인터넷 사용 불가 시	청약통장 가입은행 방문 → 청약통장 순위(가입)확인서 발급 → 납입인정금액 및 납입인정 회차 확인

· 전산장애 등의 사유로 공급업무가 원활히 진행되지 못할 경우 공급일정 등은 변경 또는 지연될 수 있으며, 일정이 변경될 때에는 사전청약 홈페이지(사전청약.kr)를 통해 안내 드리겠습니다.

2. 현장방문 인터넷 대행접수 안내 [대상 : 인터넷 사용 취약자(만65세 이상 고령자 및 장애인)]

■ 코로나19 관련 사전청약 청약접수 안내사항

· 사전청약 신청은 코로나19 바이러스 전염예방과 고객님의 안전을 위해 인터넷 신청을 원칙으로 하오며, 현장접수처는 인터넷 사용 취약자(만 65세 이상 고령자 및 장애인)을 대상으로 제한적으로 운영함을 양지하여 주시기 바랍니다.

· 인터넷 청약을 위하여 신청접수일전에 공동인증서를 미리 발급 받으시기 바라며, 공급구분별, 청약순위별 신청접수일이 다르므로 반드시 해당 접수일에 청약신청하시기 바랍니다. (자격별 해당 접수일 이외의 일자에는 접수불가 함에 유의)

■ 지구별 현장접수처 (인터넷 취약자를 위한 현장접수처는 주중에만 운영함)

접수처	해당 지구	위치	연락처
위례 현장접수처	성남복정2	서울시 송파구 장지동 위례지구 업무30 (복정역 1번출구)	02-406-8870
고양 현장접수처	부천원종	경기도 고양시 덕양구 삼송동 218-4	02-381-4007
동탄 현장접수처	성남낙생, 군포대야미, 의왕월암, 수원당수	경기도 화성시 청계동 519-1	031-8077-7979

· 현재 수도권 사회적 거리두기 4단계 시행에 따라 코로나19 바이러스 확산 방지를 위해 현장접수처 이용에 방문 예약을 신청한 인터넷 사용 취약자(만 65세 이상 고령자 및 장애인)에 한하여 2021.10.25(월) 오전 10:00부터 접수기간 내 평일 10:00~17:00에만 운영될 예정이며, 추후 사회적 거리두기 발표에 따라 현장접수처 개관 일정이 변경될 수 있으므로 가급적 사전청약 홈페이지(사전청약.kr)을 통해 인터넷 청약 이용을 권장합니다.

· 현장접수처 방문을 위한 방문예약 신청방법 및 지구별 각 현장접수처 별 담당지구 및 청약일정을 숙지하시어 방문예약을 신청하여 주시기 바랍니다.

  ※ 인터넷 사용 취약자(만 65세 이상 고령자 및 장애인)인 신청자 본인이 직접 현장을 방문하여 청약하려는 경우 사전에 방문예약을 신청한 분에 한하여 가능합니다.

  ※ 코로나19 바이러스 전염예방과 고객님의 안전을 위해 마스크 미착용자 및 체온이 높은 분(37.5도 이상)은 현장접수처 입장이 제한될 수 있으니 이 점 널리 양해 바랍니다.

  ※ 현장접수처 운영 기간 중 사회적 거리두기 상황 조정 또는 코로나19 바이러스 확진자가 발생 시 현장접수처는 운영 종료 또는 즉시 폐쇄되고 인터넷 신청으로만 진행될 수 있으니 이점 양지하여 주시기 바랍니다.

■ 대행접수 신청방법

- 인터넷대행 접수·상담은 인터넷 사용 취약자(만 65세 이상 고령자 및 장애인)인 분에 한해 사전에 방문예약을 신청한 분에 한하여 가능하므로 사전청약 홈페이지(사전청약.kr)에서 방문예약을 신청하여 주시기 바랍니다.
- 각 현장접수처 별 인터넷 대행접수를 받는 지구가 다르므로 상담 시 착오 없으시길 바랍니다.
- 인터넷 접수와 인터넷 대행접수시간이 상이하오니 착오 없으시기 바랍니다.
- 인터넷 대행접수는 고객님이 알려주시는 정보를 우리공사 직원이 입력하면서 인터넷청약을 진행합니다. 인터넷 대행접수 시 고객님이 현장에서 모든 입력정보를 직접 확인하여야 하며, 입력내용 미확인 등으로 부적격 처리될 경우 모든 책임은 고객님에게 있음을 알려드립니다.
- 인터넷 대행접수 이후에는 변경·취소가 불가능하며, 변경·취소 시에는 본인이 공동인증서를 발급하여 직접 LH 청약센터(apply.lh.or.kr) 또는 모바일앱에서 수정하여야 하오니, 신청 시 유의하여 주시기 바랍니다.
- 인터넷대행접수와 관련한 구비서류는 아래를 참고하시기 바랍니다.

■ 대행접수 시 구비서류

- 구비서류는 입주자모집공고일(2021.10.15) 이후 발급분에 한하며, 신청서류 중 1건이라도 미비 시에는 신청이 불가합니다.
- 아래 표의 구비서류 외에 다른 서류는 접수받지 않으며 증빙서류는 당첨자발표 후 당첨자에 한해서 제출받아 확인할 예정입니다.

구 분		구 비 서 류	비 고
신청주체별 구비서류	본인 신청 시	① 신분증(주민등록증, 운전면허증, 여권만 인정)	신청자 구비
		② 신청자의 주민등록등본 및 초본 ▪ "주민등록번호", "세대구성사유 및 일자", "세대주관계", "전입일/변동일/변동사유"가 반드시 모두 표기되도록 발급 ▪ 신청자의 주민등록등본에 배우자가 등재되어 있지 않은 경우 배우자의 주민등록등본 추가 제출	
		③ 도장(서명가능)	
	제3자 대리 신청 시 (본인 이외에는 모두 대리 신청자로 간주)	① 위임장(신청자의 인감도장이 날인된 위임장) 또는 본인(신청자)이 자필 서명한 위임장(본인서명사실확인서상의 서명일 것)	
		② 본인(신청자) 인감증명서(본인발급용) 또는 신청자 본인서명사실확인서(수임인 서명란에 대리인 성명을 반드시 명기)	
		③ 본인(신청자) 인감도장(본인서명사실확인서 첨부 시 불요)	
		④ 본인(신청자) 및 대리인의 신분증(주민등록증, 운전면허증, 여권만 인정)	
		⑤ 신청자의 주민등록등본 및 초본 ▪ "주민등록번호", "세대구성사유 및 일자", "세대주관계", "전입일/변동일/변동사유"가 반드시 모두 표기되도록 발급 ▪ 신청자의 주민등록등본에 배우자가 등재되어 있지 않은 경우 배우자의 주민등록등본 추가 제출	

Ⅶ 추첨, 당첨자 발표, 서류제출 등

1. 추첨 및 당첨자(사전청약 당첨자) 발표

■ 사전청약 당첨자 추첨

- 추첨 일시 및 장소는 현재 미정으로 추후 확정 시 사전청약 홈페이지(사전청약.kr)에 공지될 예정입니다.
- 사전청약 당첨자 추첨 참관은 신청자 본인에 한하여 가능하며 원하시는 분은 LH사전청약팀(경상남도 진주시 충의로 19, 연락처 : 055-922-3357)으로 사전에 신청하여 주시기 바랍니다. 다만, 코로나19 바이러스 전염예방과 고객님의 안전을 위해 참관인원은 최소인원으로 운영하고 선착순 모집함에 따라 접수는 조기 마감될 수 있습니다.

■ 당첨자 발표 일정 및 장소

당첨자 발표	당첨자 확인 방법
2021.11.25(목) 14:00 사전청약 홈페이지(사전청약.kr), LH청약센터 및 모바일앱	• 사전청약 홈페이지(사전청약.kr) → 공급정보 → 당첨자 명단 • LH청약센터(apply.lh.or.kr) 및 모바일앱 → "사전청약" 클릭 → 당첨자서비스 → 당첨조회(공동인증서 로그인)

- 사전청약 당첨자는 당첨자 서류제출 기한 내에 관련서류를 제출하여야 하고 미제출 시 사전청약 당첨 포기(사전청약 당첨일로부터 1년간 다른 사전청약 당첨자로 선정될 수 없습니다)로 간주됩니다.
- ※ 당첨자 서류제출 일정 및 제출장소는 당첨자발표 이후 사전청약 홈페이지(사전청약.kr) 안내될 예정입니다.
- ※ 당첨자 명단은 SMS 안내, 사전청약 홈페이지(사전청약.kr)에 게시하오나, 안내 착오 가능성이 있어 전화문의에는 응답할 수 없으므로 사전청약 홈페이지(사전청약.kr) 또는 LH청약센터 모바일앱으로 신청자 본인이 직접 확인하시기 바랍니다.
- ※ 당첨 이후 부적격자로 판명되는 경우에도 선정된 사전청약 당첨자는 부적격자가 아님을 증명할 수 있는 서류를 제출하여야 하며, 미제출 시 사전청약 당첨이 취소됩니다.

2. 당첨자(사전청약 당첨자) 제출서류

■ 공통 안내 사항

- 당첨자는 서류제출 기한(추후 사전청약 홈페이지에서 안내될 예정) 내에 관련서류를 제출해야 하며, 서류제출기간 내에 서류를 제출하지 않을 경우 사전청약 당첨 포기(사전청약 당첨자로 관리, 당첨일로부터 1년간 다른 주택단지의 사전청약 당첨자로 선정될 수 없음)로 간주하오니 유의하시기 바랍니다.
- 모든 제출 서류는 입주자모집공고일(2021.10.15) 이후 발급분에 한하며, 직인날인이 없거나 직인날인 된 서류를 팩스로 전송받은 서류는 인정하지 않습니다.
- 위변조된 서류 등을 제출할 경우, 「주택법」 제65조(공급질서 교란)으로 최대 10년의 범위로 입주자격이 제한되며, 3년 이하의 징역 또는 3천만원 이하의 벌금에 처해질 수 있습니다.
- 신청자격에 맞는 제증명서류(당첨자 제출서류 참조)를 제출하여야 하며, 신청자의 착오 등으로 신청내용과 제출서류가 상이할 경우 당첨을 취소하며, 부적격 당첨에 따른 결과는 신청자 본인의 책임입니다.
- 당첨자가 신청한 내용과 당첨 후 제출한 서류의 내용이 다를 경우 별도의 보완자료 등으로 당첨자격을 소명하여야 하며, 소명자료 제출관련 사항은 해당자에게 별도 안내예정입니다.
- 본인 및 배우자 이외에는 모두 대리 제출자로 간주하며(직계 존비속 포함), 대리 제출자는 위임장, 본인의 인감도장 및 인감증명서(또는 본인서명사실확인서), 본인 및 대리인의 신분증을 추가로 구비하여야 합니다.
- 당첨자의 배우자가 재외국민인 경우 주민등록등본, 외국인인 경우에는 국내거소신고증(또는 국내거소사실증명서), 외국인등록증(또는 외국인등록사실증명서)을 제출하여야 하며, 미제출로 인한 책임은 본인에게 있습니다.
- 제출받은 서류는 「주택공급에 관한 규칙」 제24조에 따라 입주자로 선정되지 아니한 경우 접수일로부터 6개월간, 입주자로 선정 된 경우 접수일로부터 5년(단, 당첨된 주택의 접수일로부터 본청약 신청까지 5년을 초과하는 경우 해당 주택의 본청약 신청일까지 보관)동안 보관한 뒤에 해당 기간이 경과하고 나면 폐기합니다.
- 관계 법령에 따라 공고문에 표기된 서류 외 추가 서류를 요구할 수 있습니다.

집밥도 내 집에서 먹어야 맛있다

■ 당첨자 제출서류

해당서류		서류유형	발급기준	서류 제출대상 및 유의사항
① 주민등록표등본		필수	본인	(안내) 주소변동사항, 세대주와의 관계, 세대원의 전입일/변동일사유, 세대구성사유, 세대원의 이름 및 주민등록번호 등을 전부 포함하여 발급
		선택	(예비)배우자, 세대원	• 당첨자의 주민등록표등본에 배우자가 등재되어 있지 않은 경우 배우자의 주민등록표등본 제출 • 공고일 이후 '공고일 당시 세대주'와 본인이 분리된 공급신청자는 적격심사를 위해 공고일 당시 세대주 및 세대구성원의 주민등록표등본 제출
②	개인정보 수집이용 제3자 제공동의서	필수	본인 및 세대원	(안내) 사전청약 홈페이지(사전청약.kr)에 게시된 동의서를 미리 작성하여 본인 및 세대구성원 전원(예비신혼부부의 경우 혼인으로 구성될 세대 전원)이 서명하여 제출하여야 하며, 동의서를 제출하지 않을 경우 사회보장정보시스템을 통한 적격심사가 불가하여 당첨자로 선정이 불가함 • 당첨자 및 세대구성원 전원(주민등록표등본상 분리된 배우자 및 그 세대원 포함) • 만14세 이상의 세대구성원은 본인이 직접 서명하고, 만14세 미만의 세대구성원은 보호자(법정대리인)가 서명함
	금융정보 등 (금융·신용·보험정보) 제공 동의서	필수	본인 및 세대원	(안내) 사전청약 홈페이지(사전청약.kr)에 게시된 동의서를 미리 작성하여 본인 및 세대구성원 전원(예비신혼부부의 경우 혼인으로 구성될 세대 전원)이 서명하여 제출하여야 하며, 동의서를 제출하지 않을 경우 사회보장정보시스템을 통한 적격심사가 불가하여 당첨자로 선정이 불가함 • 만14세 이상의 세대구성원은 본인이 직접 서명하고, 만14세 미만의 세대구성원은 보호자(법정대리인)가 서명함
	자산 보유 사실확인서	필수	본인 및 세대원	• 공적자료로 확인이 불가한 임차보증금, 분양권, 임대보증금 내역을 기재하고 신청자가 서명하여 관련 증빙을 첨부하여 제출함 ▪ 임차보증금 : 임대차계약서 사본(확정일자가 표시되어야 함) (우리공사 임대주택의 임차보증금일 경우 제출 불필요) • 분양권 : 분양계약서 사본 및 분양대금 납부현황 • 비상장주식 : 증권사 조회내역, 주식보관증 등 종목, 수량 및 가액을 증명 할 수 있는 자료 • 출자금/출자지분 : 출자증서 사본 ▪ 신고 누락된 자산이 추후 확인되어 자산 보유 기준을 충족하지 않은 경우 계약 취소 처리될 수 있음
③ 주민등록표초본		필수	본인	(안내) 반드시 주소변동 사항, 세대주성명/관계 등을 전부 포함하여 발급
		선택	(예비)배우자, 세대원	• 공고일 이후 '공고일 당시 세대주'와 본인이 분리된 공급신청자는 적격심사를 위해 공고일 당시 세대주 및 세대구성원의 주민등록표초본 제출
④ 가족관계증명서(상세내역)		선택	본인	(안내) 반드시 주민등록번호를 포함하여 발급 • 당첨자의 배우자가 없거나 주민등록표등본에 배우자가 등재되어 있지 않은 경우
⑤ 혼인관계증명서(상세내역)		필수	본인	(안내) 신혼부부 또는 예비신혼부부의 경우 제출 • 신혼부부로서 혼인신고일 확인 시 필요하며, 동일 배우자와의 혼인합산기간을 파악하기 위해 '상세 내역'을 포함 • 예비신혼부부로 청약하여 당첨된 경우, 현재 혼인 중이 아님을 확인하기 위해 '상세 내역'을 포함하여 발급 ▪ 예비신혼부부는 사전청약 공고일 1년 이내 혼인사실증명이 가능하도록 '상세 내역' 제출필요
			예비배우자	• 예비신혼부부로 청약하여 당첨된 경우, 현재 혼인 중이 아님을 확인하기 위해 '상세 내역'을 포함하여 발급
⑥ 재직증명서		선택	본인	• (부천대장 지구만 해당)해당주택건설지역 이외의 지역에 거주하는 분이 입주자모집공고일 현재 25년 이상 장기복무 군인자격으로 신청한 경우 • 수도권 이외의 지역에 거주하는 분이 입주자모집공고일 현재 10년 이상 장기복무 군인자격으로 신청한 경우
⑦ 임신증명서류 또는 출산증명서		선택	본인, (예비)배우자	• 소득산정 시 가구원수에 태아를 인정받으려고 하는 경우 ▪ 임신증명서류(임신진단서, 유산·낙태 관련 진단서 등)는 공고일 현재 임신사실 확인이 가능하여야 함
⑧ 입양관계증명서 또는 친양자 입양관계 증명서		선택	본인, (예비)배우자	• 입양한 자녀를 인정받고자 하는 경우
⑨ 임신증명 및 출산이행 확인각서		선택	본인, (예비)배우자	• 태아나 입양아를 자녀로 인정받고자 하는 당첨자가 해당 사실을 입주 시 재확인할 수 있도록 사업주체에게 관련 서류 제출을 확약 (LH공사에서 제공하는 양식)
⑩ 한부모가족증명서		선택	본인	• 한부모가족으로 신청하는 경우, 가족관계증명서 상 배우자가 있는 것으로 확인될 경우
⑪ 출입국에 관한 사실증명		필수	본인	• 기록대조일을 본인 생년월일 ~ 입주자모집공고일(2021.10.15)로, 출입국기록출력 여부를 Y로 설정하여 발급

Ⅶ 기타 유의사항 및 안내사항

1. 청약, 당첨 관련 유의사항

■ 이 공고에 명시되지 않은 사항은 「주택법」, 「주택공급에 관한 규칙」, 「공공주택 특별법」, 「공공주택 특별법 시행규칙」, 「공공분양주택 입주예약자 업무처리지침」 등 관계 법령에 따르며, 공고 이외에 주택공급 신청자가 주택공급 신청 시 알아야 할 사항은 팸플릿 등을 통해 확인하시기 바랍니다.

■ 전화상담 및 방문고객 청약상담 등은 청약자의 이해를 돕기 위한 것으로 상담내용에 대해 공고문 및 관련법령을 통해 청약자 본인이 직접 확인하시기 바라며, 미확인으로 인한 불이익에 대해 공사에서 이의를 제기하실 수 없습니다.

■ 당첨자는 사전청약 당첨자로 관리되어, 다른 주택단지의 사전청약 당첨자로 선정될 수 없습니다.

■ 당첨 후라도 서류의 결격 및 기타 부정한 방법으로 당첨되었을 경우 일방적으로 당첨 취소하며, 모든 책임은 당첨자에게 있습니다.

■ 당첨 발표 후 주택소유여부 전산검색결과 주택소유, 과거 당첨사실, 소득·자산기준 초과 등 부적격자로 안내된 분은 안내내용이 사실과 다르거나 이의가 있을 경우, 소명기간(우리 공사가 소명요청을 통보한 날로부터 7일)내 소명자료를 증명할 수 있는 소명자료를 제출해야 하며, 정당한 사유 없이 소명기간 내에 소명자료를 제출하지 아니할 경우 부적격 당첨자로 당첨이 취소되며, 불이익(당첨일로부터 1년간 다른 주택단지의 사전청약 당첨자로 선정될 수 없음)을 받게 됩니다.

■ 금회 사전청약 당첨자의 청약통장은 사전청약 입주자모집 이후 본청약 당첨자로 확정된 후에 청약통장의 효력이 상실되며, 해당 단지 본청약 입주자모집공고시까지는 가능한 청약통장을 유지하시기 바랍니다.

■ 공급 신청된 서류는 반환하지 않으며, 공급 신청 후에는 어떠한 경우라도 취소나 정정을 할 수 없으므로 신청접수 시 기재내용과 주택공급신청서에 기재된 내용과의 일치여부를 반드시 대조확인하시기 바랍니다.

■ 단지 및 지구여건을 반드시 확인하시기 바라며, 단지 및 지구여건 미확인으로 인하여 발생되는 사항에 대해서는 추후 이의를 제기할 수 없고 단지 및 세대의 시설물 등에 대한 추가나 변경을 요구하실 수 없습니다.

■ 사전청약 당첨자로 선정되어 본청약 후 당첨된 분은 계약체결여부와 관계없이 당첨자 명단관리 및 입주저축 재사용이 불가합니다.

■ 사전청약 당첨자로 선정되어 본청약 입주자로 선정되기 전에는 언제든지 사전청약 당첨자의 지위를 포기할 수 있으나, 사전청약 당첨자 선정이 취소되거나 그 지위를 포기한 자 및 그 세대에 속하는 자는 사전청약 당첨일로부터 1년 동안 다른 주택단지의 사전청약 당첨자로 선정될 수 없습니다.

■ 소송, 지구계획 변경, 문화재 발굴, 사업지연 등 기타 불가피한 사유로 사전청약에 당첨된 단지의 사업취소 또는 지연이 될 수 있습니다.

■ 본청약 이후 「주택공급에 관한 규칙」 제21조(입주자모집 공고)에 따라 입주자의 사전방문을 실시할 예정입니다.

■ 당첨 이후 주소변경이 있을 경우에는 즉시 변경내용을 LH 청약센터(apply.lh.or.kr) 또는 모바일앱에서 개인정보를 수정하거나 우리공사로 서면통보하시기 바라며, 변경하지 않아 발생하는 불이익은 당첨자의 책임입니다. [변경방법 : LH 청약센터(apply.lh.or.kr) 또는 모바일앱 → "사전청약" 클릭 → 당첨자서비스 → 당첨자 연락처 변경(공동인증서 로그인)]

2. 벌칙 등

■ 주민등록번호 위조, 타인의 주민등록증 절취, 청약관련서류 변조 및 도용, 주민등록법령 위반, 입주자저축 등을 타인 명의로 가입하거나 가입한 자의 입주자저축 등을 사실상 양도받아 신청 및 계약하는 등의 공급질서 교란 등 불법행위로 적발될 경우 관련법에 따라 계약체결 후라도 계약취소 및 고발조치 합니다.

■ 본 주택은 투기의 대상이 될 수 없으며, 주택공급 질서를 어지럽히는 행위 등으로 관련법을 위반할 경우 법에 따라 처벌받게 됩니다.

3. 지구 및 단지 여건

※ 지구 및 단지여건의 내용 및 구성은 사업추진 단계 및 추진 여건이 상이하여 각 지구별로 차이가 있을 수 있습니다. 이점 유의하시기 바랍니다.

[성남낙생 공공주택지구]
- 지구계획(토지이용계획, 지구단위계획, 각 시설 설치계획, 각종 영향평가) 및 인허가 사항 등은 사업추진과정 중에 변경(조정)될 수 있으며, 인허가 및 공사여건 변경에 따라 사업준공 등 추진 일정이 변경될 수 있음
- 지구 내의 도로, 상하수도, 공원, 녹지 등의 각종 기반시설 설치는 사업추진과정에서 국가, 지자체 등 관련기관과 협의에 의하여 변경되거나 지연될 수 있으며 입주 후 불편이 따를 수 있음
- 환경영향평가 소음대책으로 지구 남측 동막로 변에 방음터널 및 방음벽 설치 예정임
- 당해지구는 서울공항에 인접하여 지구 대부분 지역이 비행안전구역에 해당되고, 일정 부분 소음의 영향이 발생할 수 있음
- 지구 남측으로 기존 시가지가 위치하고 있으며, 지구 서측에 연접하여 낙생저수지가 위치함
- 당해지구 근린공원 내에 홍수유출저감을 위한 영구저류시설이 계획되어 있음
- 지구 내 도로 및 녹지 등 상부에는 도시기반시설인 전력 지중화용 지상기기, 지역난방 관련 지상기기, 노상시설물(전주, 가로등, 신호등), 소화전 및 도로교통 안내표지판 등이 설치될 예정이며, 해당 시설물에 대해 이설을 요구할 수 없음
- 지구 외 지역에 송전선로가 지나고 있어 철탑(지구 내 지중화에 따른 철탑 포함)이 조망 될 수 있으며 해당 시설물에 대해 이설을 요구할 수 없음
- 지구 내 도로 및 녹지 하부에는 배전선로 지중화 케이블, 지역난방관 및 도시가스관 등이 매설될 예정임
- 지구내부를 지상으로 관통하는 철탑(선)은 한전과 협의후 지구내에 지중화를 위한 케이블헤드(C/H)를 설치 할 예정이며, 지중화 일정은 향후 한전과의 협의 결과에 따라 지중화 공사 일정 및 완공시기가 결정될 예정임
- 지구 외 지역에 송전선로가 지나고 있어 철탑(지구 내 지중화에 따른 철탑포함)이 조망 될 수 있으며 해당 시설물에 대해 이설을 요구할 수 없음
- 사전청약 이 후 문화재 시굴 및 표본조사 결과에 따라 공사착공, 준공, 본청약, 입주 등 사업일정이 지연 또는 변경될 수 있음
- 당해지구 내에는 공공분양, 공공(장기)임대, 민간임대, 민간분양 등이 함께 계획되어 있음
- 당해지구 내 초등학교 및 유치원은 지구계획의 변경에 의하여 추후 변경될 수 있으며, 설립계획 및 수용계획은 향후 공동주택 입주 시기 및 학령인구 수 등을 감안하여 해당 교육청에서 결정할 사항이므로 변경될 수 있음
- 당해지구 내 복합커뮤니티용지는 수요, 매각 일정, 사업계획 등에 따라 계획이 변경될 수 있음
- 당해지구 내 근린생활시설 및 주차장 등은 용지매각 일정 및 매입자의 사업계획에 따라 주민입주 후 설치될 수 있음

■ 단지여건(A1블록)
- 청약 전 유의사항을 확인하시기 바라며, 미확인으로 인하여 발생하는 사항에 대하여는 추후 이의를 제기할 수 없음
- 입주 후 조성공사 및 주변 아파트 단지공사에 의한 소음, 분진, 생활편의시설 미비, 공사차량 통행 등에 따른 불편이 발생할 수 있음
- 공원·녹지·도로와 인접해 있는 주거동은 단지 내외의 산책로 등을 이용하는 주민들에 의해 불편이 발생될 수 있음
- 단지 동측으로 도로가 인접하여 단지 내 차량통행으로 인한 소음·분진 등 생활불편이 발생할 수 있으며, 도로와의 고저차로 인해 인접동의 경우 프라이버시 침해가 발생할 수 있음
- 단지 및 상가 주변에는 도시기반시설인 전력 지중화용 지상기기, 지역난방 관련 지상기기, 노상시설물(전주, 가로등, 신호등 등), 소화전 및 도로교통 안내표지판 등이 설치될 예정이며, 해당 시설물에 대해 이설을 요구할 수 없음
- 교통신호등, 횡단보도 등은 관계기관 협의 결과에 따라 설치 여부 및 위치가 변경될 수 있음
- 주변 건축물 및 시설물의 신설/변경 등으로 단지 내 아파트 동별·향별·층별 위치에 따라 소음·일조·조망 등의 환경권이 침해될 수 있음
- 지구 내 대중교통(사내버스, 마을버스 등)은 관할 지자체에서 노선을 관리함에 따라 입주 후 노선 변경 전까지 대중교통 이용에 불편이 따를 수 있으며 계획된 버스정류장 위치도 변경될 수 있음
- 단지 중앙의 경관녹지로 인하여 지하주차장이 연결되지 않을 수 있음

[성남복정2 공공주택지구]
- 지구계획(토지이용계획, 지구단위계획, 각 시설 설치계획, 각종 영향평가) 및 인허가 등은 사업추진과정 중에 변경될 수 있음
- 지구 내외의 도로, 상하수도, 공원, 녹지 등의 각종 기반시설 설치는 사업추진과정에서 국가, 지자체, 교육청 등 관련기관과 협의에 의하여 변경되거나 지연될 수 있으며 입주 후 불편이 따를 수 있음
- 지구 내에는 성남여자중학교, 신흥초등학교, 수정구청이 인접해 있으며, 지구 내 공원, 주차장, 신흥초교 증축부지 및 공공시설용지가 계획됨
- 지구 북측으로 영장산 및 영장근린공원이 위치하고, 지구 동측으로 산성역 포레스티아단지, 지구 서측으로 영장산 터널, 공원 및 저층 주거지가 위치함
- 환경영향평가 소음대책으로 공원일부 변 일부 방음벽을 설치 예정임
- 본 지구는 비행안전구역 5·6구역에 해당됨
- 홍수 유출 저감을 위한 영구저류시설이 지구 내 1개소 계획되어 있음
- 지구 내 초등학교 증축은 교육청 주관 교부부 심사 등의 절차를 통해 확정되며, 심사결과에 따라 일정, 학생배치계획 등 결정 예정임

■ 단지여건(A1블록)
- 청약 전 유의사항을 확인하시기 바라며, 미확인으로 인하여 발생하는 사항에 대하여는 추후 이의를 제기할 수 없음
- 입주 후 조성공사, 주변 아파트단지 및 공공청사 등의 공사에 의한 소음, 분진, 생활편의시설 미비, 공사차량 통행 등에 따른 불편이 발생할 수 있음
- 공원·녹지·도로와 인접해 있는 주거동은 단지 내외의 산책로 등을 이용하는 주민들에 의해 불편이 발생될 수 있음
- 단지 주변도로 및 학교와 인접한 동은 고저차에 의해 일부 저층세대 사생활 침해가 발생할 수 있음
- 도시체계 상 교통신호등, 횡단보도, 버스정류장 등은 관계기관 협의 결과에 따라 설치 여부 및 위치가 변경될 수 있음
- 추후 지구계획 변경 시 단지 외부의 공원·녹지 등이 변경될 수 있음
- 공원, 저류지 등과 인접한 주거동은 소음·악취·벌레 등이 일부 발생할 수 있음
- 주변 건축물 및 시설물의 신설/변경 등으로 단지 내 아파트 동별·향별·층별 위치에 따라 소음·일조·조망 등의 환경권이 침해될 수 있음
- 지구 내 대중교통(사내버스, 마을버스 등)은 관할 지자체에서 노선을 관리함에 따라 입주 후 노선 변경 전까지 대중교통 이용에 불편이 따를 수 있음
- 블록 내 공공분양, 공공임대가 함께 계획되어 있음
- 사업추진 중 법정보호종 등의 서식이 확인될 경우 관련 규정에 따른 법정보호종 포획·이주 등을 위해 공사일정 및 입주일정 등이 지연될 수 있음
- 발파 등 공사추진에 따른 소음·진동 영향의 저감대책 시행으로 공사일정 및 입주일정 등이 지연될 수 있음
- 공사 중 유물, 유구 발견 등 예기치 못한 사유 발생 시 공사일정, 입주시기 및 단지배치가 변경될 수 있음

[의왕월암 공공주택지구]
- 지구계획(토지이용계획, 지구단위계획, 주택건설계획, 각 시설 설치계획, 각종 영향평가) 및 인허가 등은 사업추진과정 중에 조정될 수 있으며, 인허가 변경 및 공사여건 변경에 따라 사업준공 등 추진 일정이 변경될 수 있음
- 지구 내의 도로, 상하수도, 공원, 녹지 등의 각종 기반시설 설치는 사업추진과정에서 국가, 지자체 등 관련기관에 의하여 변경되거나 지연될 수 있으며 입주 후 불편이 따를 수 있음
- 지구 내에는 공공(장기)임대, 민간분양, 공공지원 민간임대 등이 함께 계획되어 있음
- 지구 내 학교부지(초등학교)는 학교설립여부가 결정되지 않았으며, 학교설립계획은 공동주택 입주시기 및 학령 인구수 등을 고려하여 관할 교육청에서 결정하는 사항으로 관할 교육청의 학교설립시기 조정 및 설립계획 보류·취소 요청 등에 따라 변경될 수 있으며, 학교 설립이 되지 않을 경우 지구 밖 학교로 분산배치 될 수 있음
- 지구 북측에 의왕장안 도시개발지구, 부곡체육공원, 의왕역(지하철 1호선), 지구 서측에 왕송호수, 지구 동측에 과천~봉담간 고속화도로, 지구 남동측에 수원시가 위치하고 있음
- 지구 일부 구역은 공군수원비행장의 영향으로 비행안전구역에 해당됨
- 지구 서측 덕영대로, 지하철 1호선(경부선), 동측에 과천~봉담간 고속화도로가 지나고 있으며, 철도 및 도로로 인한 소음이 발생할 수 있음
- 지구 내 법정보호종(맹꽁이)의 대체 서식지가 조성될 예정임
- 지구 내 가스정압시설 및 오수중계 펌프장이 설치예정이며, 홍수의 영향을 저감하기 위하여 지구 남측공원 내 저류시설이 1개소가 계획되어 있음
- 지구 내 의왕시 향토문화재(지정번호 : 의왕향토유적 제1호) '한이모 선생 묘'가 위치하고 있으며, 지구내 역사공원으로 이전예정임
- 지구 주변으로 부곡중학교(약 0.8km), 부곡초등학교(약 1.6km), 덕성초등학교(약 1.8km)가 위치하고 있음
- 지구 서측에 의왕군포안산 신도시가 발표되어 추진예정이며, 신도시 영향으로 본 지구 지구계획 및 기반시설(도로, 상하수도, 하천, 공원·녹지, 학교 등) 계획이 변경될 수 있음

■ 단지여건(A1, A3블록)
- 청약 전 지구여건 및 단지여건을 확인하시기 바라며, 미확인으로 인하여 발생하는 사항에 대하여는 추후 이의를 제기할 수 없음
- 입주 후 지구 내 택지조성공사 및 주변 아파트 단지공사에 의한 소음, 분진, 생활편의시설 미비, 공사차량통행 등에 따른 불편이 발생할 수 있음

집밥도 내 집에서 먹어야 맛있다

- 공원·녹지·도로와 인접해 있는 주거동은 단지 내·외 산책로 등을 이용하는 주민들에 의해 사생활 침해가 발생될 수 있음
- 단지 내부에 통과축 구간으로 생기는 단지 내·외 공공 보행통로 및 단지 외부 근린공원으로 인해 단지내 주민들의 사생활 침해가 발생될 수 있음
- 향후, 교육지원청 협의 등에 따라 덕영대로와 접하는 공원녹지 구간에 보행육교가 설치될 수 있으며, 육교에 인접하는 주거동의 경우 사생활 침해가 발생될 수 있음
- 단지 주출입차로가 가급속차로가 설치되어 있지 않을 수 있으며, 출입구 위치에 따라 주출입구 인근 횡단보도 위치가 변경될 수 있음
- 지구내 대중교통(시내버스, 마을버스 등)은 관할 지자체에 따라 노선결정 및 운영관리함에 따라 입주 후 노선결정 및 운영전까지 대중교통 이용에 불편이 따를 수 있음
- 단지 내 상가 및 단지 외부 근린생활용지, 상업용지, 주차장 등은 공급시기 및 매수자의 사업계획 등에 따라 주민입주 후 설치될 수 있으며, 입주시 불편함이 발생할 수 있음
- 단지 외부의 도시계획시설인 교통신호등(신호기), 횡단보도 등은 관계기관과의 협의 결과에 따라 설치 여부와 위치가 변경될 수 있음
- 단지 외부의 버스정류장 위치 등은 지구계획 변경 및 관계기관 협의결과 등에 따라 변경될 수 있음
- 지구 내 도로 및 녹지 등 상부에는 도시기반시설인 전력 지중화용 지상기기, 노상시설물(전주, 가로등, 신호등 등), 소화전 및 도로교통 안내표지판이 설치될 예정이며, 해당 시설물에 대해 이설을 요구할 수 없음
- 주변 아파트 및 건축물의 신축과 주변 시설물의 변경 등으로 단지 내 아파트 동별·향별·층별 위치에 따라 소음·일조·조망 등의 환경권이 침해될 수 있음
- 저류지, 공원 등과 인접해 있는 주거동에는 소음, 악취 및 벌레가 일부 발생할 수 있음
- 문화재 조사 대상지구로, 문화재조사 진행 중 유구 발견 등 예기치 못한 사유가 발생할 경우 예정된 공사일정 및 입주시기 등이 지연될 수 있음
- 본 지구 환경영향평가에 따라 공사시 법정보호종(맹꽁이) 서식 등이 추가 확인될 경우 법정보호종 포획, 이주 등으로 인해 예정된 공사일정 및 입주시기 등이 지연될 수 있음

[군포대야미 공공주택지구]
- 청약 전 지구여건 및 단지여건을 확인하시기 바라며, 미확인으로 인하여 발생하는 사항에 대하여는 추후 이의를 제기할 수 없음
- 지구계획(토지이용계획, 지구단위계획, 주택건설계획, 각 시설 설치계획, 각종 영향평가) 및 인허가 등은 사업추진과정 중에 조정될 수 있으며, 인허가 변경 및 공사여건 변경에 따라 사업준공 등 추진 일정이 변경될 수 있음
- 지구 내 도로, 상하수도, 공원, 녹지 등의 각종 기반시설 설치는 사업추진과정에서 국가, 지자체 등 관련기관과 협의에 의하여 변경되거나 지연될 수 있으며 입주 후 불편이 따를 수 있음
- 지구 내에는 공공(장기)임대, 민간분양, 공공지원 민간임대, 주상복합 등이 함께 계획되어 있음
- 지구 내 공공편의용지는 해당기관의 수요가 없을 경우 타 용도로 변경될 수 있음
- 지구 북측에 갈치호수(저수지), 소규모 집단취락지, 수리산도립공원, 동측에 남북방향으로 지하철 4호선(대야미역), 남측에 동서방향으로 영동고속도로, 지구 서남측에 반월호수(저수지)가 위치하고 있으며, 철도 및 도로로 연한 소음이 발생할 수 있음
- 지구 남서측에 평탄한 농경지가 위치하고 있으며, 그 외 지구 주변을 둘러싸는 산지가 위치하고 있음
- 지구 주변에 군포IC(영동고속도로), 남군포IC(평택-파주고속도로(수원-광명))가 위치하고 있음
- 지구 주변에 대야미지구지구지구, 군포 송정지구, 군포 부곡지구, 의왕 초평지구(공사중), 군포복합물류터미널 및 의왕ICD, 군포첨단산업단지가 위치하고 있음
- 지구 남측에 의왕군포안산 신도시가 발표되어 추진예정이며, 신도시 영향으로 본 지구 지구계획 및 기반시설(도로, 상하수도, 하천, 공원·녹지, 학교 등) 계획이 변경될 수 있음
- 지구 남동측에 축암천(지방하천), 중앙에 대감천(소하천), 지구 내에는 3개의 하천이 흐르고 있어 3개의 하천을 저감하기 위한 환경시설 2개소가 계획되어 있음
- 지구 내 3개의 고압 송전선로가 관통하며(동측, 중앙 및 동측 송전선로는 지중화(지구내 케이블헤드(C/H) 설치) 예정이며, 지구 서측 송전선로는 존치 예정임
- 지구 주변으로 초등학교 2개소, 중학교 2개소, 고등학교 1개소가 계획되어 있음
- 지구 내 계획되어 있는 학교시설(유, 초, 중)은 지구계획 변경 등에 따라 추후 변경될 수 있으며, 학교 설립계획 및 학생 수용계획은 향후 공동주택 입주시기 및 학령 인구수 등을 고려하여 관할 교육청과 협의하는 사항으로 관할 교육청의 학교설립시기 조정 및 설립계획 보류·취소 요청 등에 의하여 변경될 수 있으며, 학교 설립이 되지 않을 경우 관할 교육청 검토결과 등에 따라 지구 밖 학교 분산배치 될 수 있음

■ 단지여건(A2블록)
- 본 단지는 도로를 사이로 분리되어 있고, 도로 상부 보행육교를 통해 연결되어 있어 단지 내 이동 및 일부 주민공동시설 이용에 불편이 있을 수 있음
- 주민공동시설과 인접한 일부 세대는 소음 및 프라이버시에 대한 불편이 발생할 수 있음
- 본 단지는 상위계획상 단지 내부에 공공보행통로가 조성될 수 있으므로, 이를 이용하는 단지 내·외의 주민들에 의해 불편이 발생할 수 있음
- 단지 중심 도로로 인해 차량통행으로 인한 소음·분진 등 생활의 불편이 발생할 수 있음
- 입주 후 지구내 택지조성공사 및 주변 아파트 단지공사에 의한 소음, 분진, 생활편의시설 미비, 공사차량통행 등에 따른 불편이 발생할 수 있음
- 본 단지는 단지 내 도로(속달로)를 중심으로 남측 2개의 구역으로 분리되어 있으며, 2개의 구역은 공공보행통로(입체)로 연결될 예정이며, 공공 보행통로로 인해 단지내 주민들의 사생활 침해가 발생할 수 있음
- 도로, 공원, 녹지, 학교 등과 인접한 주거동의 경우 부지 고저차로 인해 사생활 침해가 발생할 수 있음
- 본 단지내 일부세대는 주변 산지 조망 시 묘지가 보일 수 있음
- 공원·녹지·도로 및 학교 등을 인접한 주거동은 단지 내·외를 이용하는 주민들에 의해 사생활 침해가 발생될 수 있음
- 단지 내 계획된 학교 외에 둔대초등학교(단지 중심에서 직선거리 약 300m), 대야초등학교(단지 중심에서 직선거리 약 600m), 부곡중앙중학교 및 군포중앙고등학교(지구 동측경계로부터 직선거리 약 2.0km)가 위치함
- 단지 주출입차로는 가급속차로가 설치되지 않을 수 있으며, 남측구역에 접한 도로(속달로)는 어린이보호구역으로 지정될 예정임
- 지구내 대중교통(시내버스, 마을버스 등)은 관할 지자체에 노선결정 및 운영관리함에 따라 입주 후 노선결정 및 운영전에 대중교통 이용에 불편이 따를 수 있음
- 단지 외부 도시계획상 교통신호등(신호기), 횡단보도 등은 관계기관과의 협의 결과에 따라 설치 여부와 위치가 변경될 수 있음
- 단지 외부의 버스정류장 위치 등은 지구계획 변경 및 관계기관 협의결과 등에 따라 변경될 수 있음
- 주변 아파트 및 건축물의 신축과 주변 시설물의 변경 등으로 단지 내 아파트 동별·향별·층별 위치에 따라 소음·일조·조망 등의 환경권이 침해될 수 있음
- 지구 내 고압 송전선로는 단지 내 도로(속달로) 하부에 매설하여 지중화할 예정이며, 지중화 상부에 케이블헤드(C/H)는 지구 내 남북측에 설치할 계획으로 일부 세대에 케이블헤드(C/H) 시설이 조망될 수 있으며, 지중화공사 일정에 따라 입주시기 등이 변경될 수 있음
- 본 지구는 문화재조사 진행 중이고 조사 과정 중 문화재 등 예기치 못한 사유가 발생할 경우 예정된 공사일정 및 입주시기 등이 지연될 수 있음
- 공사중 지구 내 법정보호종(맹꽁이) 서식이 확인될 경우 지구내 대체서식지를 조성하여 포획·이주할 수 있으며, 포획·이주 일정에 따라 공사일정 및 입주시기 등이 지연될 수 있음
- 지구 내 도로 및 녹지 등 상부에는 도시기반시설인 전력 지중화용 지상기기, 노상시설물(전주, 가로등, 신호등 등), 소화전 및 도로교통 안내표지판이 설치될 예정이며, 해당 시설물에 대해 이설을 요구할 수 없음
- 단지 내 상가 및 단지 외부 근린생활용지, 상업용지, 주차장 등은 공급시기 및 매수자의 사업계획 등에 따라 주민입주 후 설치될 수 있으며, 입주시 불편함이 발생할 수 있음

[수원당수 공공주택지구]
- 지구계획(토지이용계획, 지구단위계획, 각 시설 설치계획, 각종 영향평가) 및 인허가 등은 사업추진과정 중에 조정될 수 있음
- 지구 남측에는 수원호매실지구가 기조성되어 있으며 서측으로 당수2지구가 계획 중에 있음
- 지구 서측 당수2지구와 연계 토지이용계획 수립에 따라 지구계획(토지이용계획, 지구단위계획, 각 시설 설치계획, 각종 영향평가) 및 인허가 등은 사업추진과정 중에 조정될 수 있음
- 지구 내에는 민간분양, 공공분양, 행복주택, 영구임대, 신혼희망타운 등이 함께 계획되어 있음
- 지구 내·외 도로, 상하수도, 학교, 공원, 녹지 등의 각종 기반시설 설치는 사업추진 과정에서 국가, 지자체, 교육청 등 관계기관 협의에 의하여 변경 또는 취소되거나 지연될 수 있으므로 이로 인해 입주 후 불편이 따를 수 있음
- 지구 내 상업시설 및 편의시설 등에 대한 계획은 사업추진 과정에서 조정 및 변경 될 수 있으며, 용지매각 일정 및 개별 사업일정에 따라 주민 입주 후 설치 될 수 있음
- 지구 내 학교 등 교육시설은 지구계획(개발 및 실시계획)의 인·허가 변경, 학교설립 관련 법령·지침 변경, 블록별 입주시기, 공동주택 분양규모(세대수), 학생수용여건, 학생수용계획 등을 감안하여 해당 관청에서 결정하는 사항으로 학교설립(개교) 시기 및 학교설립이 조정될 수 있음
- 지구 동측 과천봉담고속화도로, 광명수원간 고속도로, 국도42호선이 인접하고 있으며, 남동측에 신분당선 호매실역(약 1.5km)이 예정되어 있음
- 지구 동측 과천봉담고속화도로, 광명수원간고속도로로 변 일부에 방음시설이 계획되어 있음
- 지구 내 홍수의 영향을 저감하기 위한 저류시설이 1개소 계획되어 있음
- 지구 내에 위치한 저류시설은 홍수 등 비상시 빗물을 유입하는 것으로 평상시에는 수면이 존재하지 않을 수 있음
- 지구 내 북동측에 변전소가 위치하며, 전기공급설비(케이블헤드) 지중화를 추진할 예정임
- 수원비행장으로 인해 항공기 소음예측 결과 65 ~ 70WECPNL로 항공기 소음에 따른 불편이 따를 수 있음
- 단지 인근 대중교통(시내버스, 마을버스 등)의 노선은 관할 지자체에 노선을 관리함에 따라 입주 후 노선변경 전까지 대중교통 이용에 불편함이 발생할 수 있음
- 입주 후 택지조성 공사 등으로 인한 소음, 분진, 공사차량통행 등에 따른 불편이 따를 수 있음
- 본 공고문에 명기되지 않은 수원당수 공공주택지구 내의 유해시설 및 혐오시설의 위치는 청약 및 계약 전 현장을 직접 방문하여 주변 혐오시설 유무, 도로, 소음, 조망, 일조, 진입로 등 단지 및 주위 환경을 반드시 확인하기 바라며 미확인에 따른 이의를 제기할 수 없음
- 팸플릿 등에 표시된 당해 지구 내 공원, 녹지, 공공공지 등은 현재 상황 및 계획을 보여주는 것으로 개발계획변경에 따라 변경될 수 있으며, 관련 CG 등은 소비자의 이해를 돕기 위해 작성된 것으로 인쇄 상에 오류 등이 발생할 수 있으며, 이에 대한 이의를 제기할 수 없음

■ 단지여건(A5블록)
- 청약 전 단지여건을 확인하시기 바라며, 미확인으로 인하여 발생하는 사항에 대하여는 추후 이의를 제기할 수 없음
- 본 단지 입주 후 조성공사, 아파트 단지공사 등에 의한 소음, 분진, 생활여건시설 미비, 공사차량통행 등에 따른 불편이 발생할 수 있음
- 인접 상업시설, 업무시설 및 도시지원시설 등을 이용하는 주민들에 의해 사생활 침해가 발생될 수 있음
- 주변 건축물 및 시설물의 신설/변경 등으로 단지 내 아파트 동별·향별·층별 위치에 따라 소음·일조·조망 등의 환경권이 침해될 수 있음
- 단지 진입도로와 인접한 동은 일부 저층세대 프라이버시 침해가 발생할 수 있으므로 청약 접수 전 반드시 확인이 필요하고, 미확인으로 발생하는 민원에 대해서는 추후 이의를 제기할 수 없음
- 단지 인근 대중교통(시내버스, 마을버스 등)의 노선은 관할 지자체에서 노선을 관리함에 따라 입주 후 노선변경 전 까지 대중교통 이용에 불편함이 발생할 수 있음
- 단지 인근 도시계획도로상 교통신호등(신호기), 횡단보도 등은 관계기관과의 협의 결과에 따라 설치 여부와 위치가 변경될 수 있음
- 단지 외부는 지구계획 변경 시 공원녹지, 버스정류장 위치 등이 변경될 수 있음
- 단지 주변 도로로 인한 소음이 발생할 수 있으므로 청약 접수 전 반드시 확인이 필요하며, 미확인으로 발생하는 민원에 대해서는 추후 이의를 제기할 수 없음
- 단지 인근 도시지원시설, 상업시설 등으로부터 발생하는 소음, 불빛, 악취 등으로 불편이 발생할 수 있음
- 단지 외부에 주차장이 인접하여 차량으로 인한 매연, 불빛, 소음에 따른 불편이 발생할 수 있으며, 지상주차장 공사 시 소음, 진동, 분진 등이 발생할 수 있음

[부천원종 공공주택지구]
- 지구계획(토지이용계획, 지구단위계획, 각 시설 설치계획, 각종 영향평가) 및 인허가 사항 등은 사업추진과정 중에 조정될 수 있으며, 인허가 변경 및 사업여건 변경에 따라 사업준공 등 추진 일정이 변경될 수 있음
- 지구 내외 도로, 상하수도, 공원, 녹지, 공공청사 등의 각종 기반시설 설치는 사업추진과정에서 국가, 지자체 등 관련기관과 협의에 의하여 변경되거나 지연될 수 있으며 입주 후 불편이 따를 수 있음
- 당해지구 내 공공분양, 공공(장기)임대, 민간분양 등이 함께 계획되어 있음
- 당해지구 내 유치원은 지구계획의 변경 등에 의하여 추후 변경될 수 있으며, 설립계획 및 수용계획은 향후 공동주택 입주 시기 및 학령인구 수 등을 감안하여 해당 교육청에서 결정하는 사항이므로 변경될 수 있음
- 당해지구 내 공공청사용지는 해당기관의 수요가 없을 경우 타 용도로 변경될 수 있음
- 당해지구 내 일부 근린생활시설 및 주차장 등은 용지매각 일정 및 매입자의 사업계획에 따라 주민입주 후 설치될 수 있음
- 지구 동측에 인접하여 서해선 철길이 공사중에 있으며, 지구 남동측에 원종역이 설치될 예정임
- 환경영향평가 소음대책으로 지구 복측 봉오대로 변에 방음벽 설치 예정임
- 당해지구 내 김포공항에 인접하여 지구 전체가 비행안전구역에 해당함
- 지구 인근에 군부대가 위치하고 있음
- 지구 북측에 인접하여 건너편으로 대장신도시가 조성될 예정이며, 지구 동측 및 남측으로 기존 시가지가 위치하고 있으며, 지구 서측으로는 오정대공원이 위치함
- 당해지구 소공원 내에 홍수유출저감을 위한 영구저류시설이 1개소 계획되어 있음
- 지구 내 도로 및 녹지 등 상부에는 도시기반시설인 전력 지중화용 지상기기, 지역난방 관련 지상기기, 노상시설물(전주, 가로등, 신호등 등), 소화전 및 도로교통 안내표지판 등이 설치될 예정이며, 해당 시설물에 대해 이설을 요구할 수 없음
- 지구 내 도로 및 녹지 하부에는 배전선로 지중화 케이블, 지역난방관로 및 도시가스관로 등이 매설될 예정임

■ 단지여건(B2블록)
- 청약 전 유의사항을 확인하시기 바라며, 미확인으로 인하여 발생하는 사항에 대하여는 추후 이의를 제기할 수 없음
- 입주 후 조성공사 및 주변 아파트 단지공사에 의한 소음, 분진, 생활여건시설 미비, 공사차량 통행 등에 따른 불편이 발생할 수 있음
- 공원·녹지·도로와 인접해 있는 주거동은 단지 내외의 산책로 및 보행육교 등을 이용하는 주민들에 의해 사생활이 발생될 수 있음
- 단지 북측에 봉오대로가 인접하여 도로 내 차량통행으로 인한 소음·분진 등 생활상의 불편이 발생할 수 있으며, 도로와의 고저차로 인해 인접동의 경우 프라이버시 침해가 발생할 수 있음
- 단지 남측으로 학교가 위치하여 인접동의 경우 프라이버시 침해가 발생할 수 있음
- 단지 및 상가 주변에는 도시기반시설인 전력 지중화용 지상기기, 지역난방 관련 지상기기, 노상시설물(전주, 가로등, 신호등 등), 소화전 및 도로교통 안내표지판 등이 설치될 예정이며, 해당 시설물에 대해 이설을 요구할 수 없음
- 도시체계 상 교통신호등, 횡단보도 등은 관계기관 협의 결과에 따라 설치 여부와 위치가 변경될 수 있음
- 단지 외부는 지구계획 변경 시 공원녹지, 버스정류장 위치 등이 변경될 수 있음
- 주변 건축물 및 시설물의 신설/변경 등으로 단지 내 아파트 동별·향별·층별 위치에 따라 소음·일조·조망 등의 환경권이 침해될 수 있음
- 지구 내 대중교통(시내버스, 마을버스 등)은 관할 지자체에서 노선을 관리함에 따라 입주 후 노선 변경 전까지 대중교통 이용에 불편이 따를 수 있음

4. 본청약 및 입주 예정시기

■ 본청약 및 입주예정 시기는 공정에 따라 변동될 수 있으며, 정확한 시기는 추후 공지 및 개별 안내할 예정입니다.

지구	블록	본청약 예정 시기	입주 예정 시기
성남낙생	A1	'23.11.15일경	'27.03월경
성남복정2	A1	'23.05.15일경	'25.10월경
군포대야미	A2	'24.04.15일경	'27.01월경
의왕월암	A1	'23.05.15일경	'26.01월경
	A3	'23.05.15일경	'26.01월경
수원당수	A5	'23.04.15일경	'25.08월경
부천원종	B2	'22.09.15일경	'24.10월경

5. 선호도조사

■ 조사대상
- 사업시행자가 제시하는 세대내 평면, 인테리어, 주민공동시설, 옥외공간, 공용부위 등

■ 조사결과 반영
- 입주민 공동시설(옥외공간, 주민공동시설, 공용부위 등)과 세대별 평면구조는 공동주택의 특성상 입주자가 가장 많이 선택한 항목을 반영하여 설계 할 계획입니다.
- 각 세대별 개별설치가 가능한 부분(옵션선택, 침실통합 여부, 발코니 확장, 장애인, 노약자 편의시설) 등은 본 청약시 사전청약 당첨자의 선택에 따라 시공할 예정입니다.

■ 일정 및 조사방법
- 설문조사 일정 및 조사방법은 사전청약 당첨자에게 개별 안내될 예정입니다.

6. 사업주체 및 시공업체 현황

지구	블록	사업주체(사업자등록번호)	시공업체(사업자등록번호)	연대보증인	감리회사
성남복정2	A1				
군포대야미	A2				
의왕월암	A1	한국토지주택공사 (129-82-10595)	-	-	-
	A3				
수원당수	A5				
부천원종	B2				

집 밥 도 내 집 에 서 먹 어 야 맛 있 다

| 성남낙생 | A1 | 한국토지주택공사 (129-82-10595)
디엘이앤씨㈜ (676-87-01904)
극동건설㈜ (201-81-45083)
㈜고덕종합건설 (209-81-12984)
㈜금성백조건설 (312-81-19148) | 디엘이앤씨㈜ (676-87-01904)
극동건설㈜ (201-81-45083)
㈜고덕종합건설 (209-81-12984)
㈜금성백조건설 (312-81-19148) | | |

※ 성남낙생지구는 LH와 민간사업자가 공동으로 시행하는 '민간참여 공공주택건설사업'으로 설계, 분양, 브랜드 등의 제반사항에 대해서는 민간참여사업 협약서·공모지침서에 따라 적용될 예정입니다.
※ 성남낙생지구의 사업주체 및 시공업체는 사업자의 사유 발생시 변경 될 수 있습니다.(한국토지주택공사 제외)
※ 시공업체, 연대보증인, 감리회사는 사전청약 모집공고일 현재 결정되지 않았으며 본청약 모집공고시 안내 예정입니다.

▌ 7. 사전청약 인터넷 대행 현장 접수처 및 공식홈페이지 안내

■ 인터넷 대행 현장 접수처 및 사전청약 문의번호

접수처	해당지구	위치	사전청약 문의
위례 현장접수처	성남복정2	서울시 송파구 장지동 위례지구 업무30 (복정역 1번출구)	LH 사전청약 콜센터 : 1670-4007 (운영시간 : 평일 09:00 ~ 18:00)
고양 현장접수처	부천원종	경기도 고양시 덕양구 삼송동 218-4	
동탄 현장접수처	성남낙생, 군포대야미, 의왕월암, 수원당수	경기도 화성시 청계동 519-1	

※ 인터넷 사용 취약자(만 65세 이상 고령자 및 장애인)인 신청자 본인이 직접 현장을 방문하여 청약하려는 경우 사전에 방문예약을 신청한 분에 한하여 가능하므로 사전청약 홈페이지(사전청약.kr)에서 각 현장접수처 별 담당지구 및 청약일정을 숙지하시어 방문예약 신청하여 주시기 바랍니다.
※ 코로나19 바이러스 전염예방과 고객님의 안전을 위해 마스크 미착용자 및 체온이 높은 분(37.5도 이상)은 현장접수처 입장이 제한될 수 있으니 이 점 널리 양해 바랍니다.
※ 현장접수처 운영 기간 중 사회적 거리두기 상황 조정 또는 코로나19 바이러스 확진자가 발생 시 현장접수처는 운영 종료 또는 즉시 폐쇄되고 인터넷 신청으로만 진행될 수 있으니 이점 양지하여 주시기 바랍니다.

■ 공식홈페이지 : 사전청약 홈페이지(사전청약.kr), LH청약센터(apply.lh.or.kr)

 한국토지주택공사

1차 사전청약에 관한 모집공고도 궁금하시다면 다음의 홈페이지 주소와 QR코드를 통해 확인하실 수 있습니다.

평면도를 팸플릿으로 올려놓은 자료도 있으니 꼭 들어가 보시는 것을 추천드립니다.

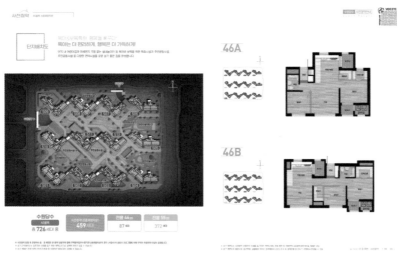

사전청약 팸플릿 중 일부

http://사전청약.kr/supplyPlan/recruitment.do

——————— 집 밥 도 내 집 에 서 먹 어 야 맛 있 다

| 마치며 |

이 책에서 다루지 않은 내용들도 분명히 있습니다.

청약과 관련된 모든 법률적 근거부터 정책, 보도자료 등을 넣는 것만으로도 책 몇 권의 분량이 나오고 거기에 더한 컨설팅 내용, 생각, 분석 등을 넣게 되면 시리즈로 만들어야 할 정도로 방대한 양입니다.

그러나 우리가 읽고 있는 이 책은 대학교 전공서적이 아니죠.

학문적인 부분을 다루는 것이 아니라 필요한 부분만을 발췌한 요약본이 필요한 겁니다.

그러다 보니 다루지 않은 내용들이 있고 그걸 굳이 양으로 치면 상당하죠.

처음에 집필하기 전에는 어차피 유튜브에서 다뤘던 내용이고 하니 시간이 별로 안 걸릴 것이라 생각했는데 예상치 못한 문제점들을 많이 맞닥뜨렸습니다.

그러다 보니 책을 집필하는 데 상당히 많은 시간이 걸렸습니다.

다행히도 썼던 내용이 날아가거나 하는 불상사는 없었기에 중간에 포기하지 않고 달려왔습니다.

오로지 여러분들께 어떻게 하면 쉽게 설명을 해 드릴까?

어떻게 하면 이 책만으로도 자신감을 얻으며 도전하고 당첨까지 이어 드릴 수 있을까?

하는 고민만을 하며 집필하였습니다.

책 내용 중에 몇 번이나 언급을 했지만 이 책을 본다고 무조건 당첨이 되진 않습니다.

이건 책 한 권으로 몇 억을 벌게 되는 그런 마법을 부여하는 도서가 아니기 때문입니다.

단, 청약 전략은 어떻게 짜야 하는지 그걸 단기, 중·장기로 나눠서 불특정 다수에게 최대한 공통의 시선에서 필요한 팁을 드리는 책이기에 참고하시면 많은 분들이 당첨되실 겁니다.

책을 안 본 100명의 표본과 본 100명의 표본이 있다고 했을 때 안 본 사람은 10명만 당첨이 되었다면 책을 본 사람은 최소 30명까지 늘 수 있을 거라고 확신하고요.

그만큼 심혈을 기울여서 만들었고 이제 독자여러분들께서 저의 이런 정신을 그대로 이어받으셔서 당첨되기 위한 노력만 하시면 됩니다.

방법은 다 설명드렸습니다.

여기까지 오셨으면 당첨이 될 각이 나오는지 안 나오는지 느끼셨을 겁니다.

정말 많은 분들이 당첨이 되었으면 좋겠고 그동안 각이 안 나왔다가 이 책을 읽고 각이 보였다면 주변 분들께 꼭 추천을 부탁드리겠습니다.

당첨되는 그날까지 힘내세요!

파이팅!

집밥도
내 집에서
먹어야 맛있다

ⓒ 닥터빌리, 2021

초판 1쇄 발행 2021년 11월 17일

지은이   닥터빌리
펴낸이   이기봉
편집   좋은땅 편집팀
펴낸곳   도서출판 좋은땅
주소   서울특별시 마포구 양화로12길 26 지월드빌딩 (서교동 395-7)
전화   02)374-8616~7
팩스   02)374-8614
이메일   gworldbook@naver.com
홈페이지   www.g-world.co.kr

ISBN   979-11-388-0394-6 (13320)